Hans-Herbert Stoldt
Geschichte und Kritik der Markushypothese

HANS-HERBERT STOLDT

Geschichte und Kritik
der Markushypothese

VANDENHOECK & RUPRECHT
IN GÖTTINGEN

CIP-Kurztitelaufnahme der Deutschen Bibliothek

Stoldt, Hans-Herbert
Geschichte und Kritik der Markushypothese. –
1. Aufl. – Göttingen : Vandenhoeck und Ruprecht, 1977.
ISBN 3-525-53560-0

Inhalt

Die Problemlage

Die kritische Quellenanalyse der Evangelien wird mit Recht als eines der diffizilsten Probleme der geistesgeschichtlichen Forschung angesehen. Ihre Schwierigkeit liegt nicht nur in der Materie selbst begründet, sondern auch in dem fast beispiellosen Aufwand an sorgfältigster Kleinarbeit, die seit nunmehr zweihundert Jahren von einer Generation zur anderen dieser Aufgabe zugewandt worden ist. Ein ganzes Heer von Gelehrten hat hieran seinen Scharfsinn betätigt und einen solchen Grad philologischer Akribie und geradezu detektivischen Spürsinns entwickelt, daß keinem anderen Werk der Geistesgeschichte auch nur in angenähertem Maße eine ähnliche wissenschaftliche Durchleuchtung zuteil wurde. Das gesamte Gebiet ist so gründlich durchgearbeitet – man muß schon sagen: durchgepflügt und durchgeeggt – worden, daß wir heute von jedem einzelnen wichtigen Wort wissen, wie oft es in dem einen Evangelium, wie oft in den anderen und schließlich im Neuen Testament überhaupt vorkommt. Das ist nicht um des Wortes willen geschehen, sondern um Baustein auf Baustein zum Gebäude einer Quellentheorie zusammenzufügen.

Infolge dieses unvergleichlichen Aufwandes an Gelehrtenfleiß ist die Arbeit an der Quellenforschung immer zeitraubender und zugleich mühsamer geworden. Man sollte nun meinen, es gäbe hier nichts Neues mehr zu entdecken, selbst an Kleinigkeiten nicht. Was hunderttausend Augen durchforscht hätten, sei keine Terra incognita mehr, und was *sie* nicht gesehen hätten, sei auch für die folgenden nicht mehr sichtbar; man müsse daher von weiteren, nochmaligen Untersuchungen sagen: „Je n'en voie pas la nécessité." Aber wann hat es je neue wissenschaftliche Erkenntnisse gegeben, deren Ausgangspunkt nicht der Zweifel an den alten gewesen wäre?

Von diesem Zweifel gehe ich aus – nicht um des Zweifels willen, sondern weil ich Veranlassung gefunden habe zu zweifeln. Er wurde vor allem wachgerufen durch das Faktum des starken emotionsgeladenen Einsatzes, der in der Geschichte der Evangelienforschung der letzten hundertvierzig Jahre festzustellen ist. Das hat mich veranlaßt, ihren „Ergebnissen" kritisch nachzugehen und alle Quellentheorien, die forschungsgeschichtlich relevant geworden sind, an Hand des Urtextes sine ira et studio noch einmal gründlich zu überprüfen – ohne Rücksicht darauf, ob sie heute als „überholt" oder als „allgemein anerkannt" gelten.

Dazu hat mich nicht nur ein theoretisches wissenschaftliches Interesse, sondern auch eine Erwägung von elementarer pragmatischer Bedeutung getrieben, nämlich die, daß alle Aussagen über die Evangelien und damit über die Jesusforschung, die auf einer falschen Quellenhypothese basieren, zwangsläufig fehlgehen müssen. Es ist wie bei einer mathematischen Aufgabe: Wenn der Ansatz falsch ist, muß notwendig auch das Ergebnis falsch werden. Aber es liegt noch schlimmer: Bei der Bearbeitung einer mathematischen Aufgabe können unbeschadet des verkehrten Ansatzes und Ergebnisses immerhin die Zwischenrechnungen richtig sein. In der Evangelienforschung ist auch das nicht möglich; hier müssen auch diese unweigerlich falsch werden, weil selbst das kleinste Teilergebnis sich auf der zugrunde liegenden Quellentheorie aufbaut. Man kann es drehen und wenden, wie man will: Es gibt nur *einen* Schlüssel für die Erforschung der Evangelien und ihrer Inhalte: die richtige Lösung des Quellenproblems. Sie ist die condicio, sine qua non, wenn auch noch nicht die condicio, qua.

Das vorliegende Werk dient noch nicht der kritischen Analyse des *gesamten* Evangelienproblems, sondern untersucht zunächst nur dessen wesentlichste, weil am meisten umkämpfte Teilfrage, das *synoptische* Problem.

Unsere vier kanonischen Evangelien stellen nicht nur ein in der gesamten Weltliteratur, der sakralen wie der profanen, schlechthin singuläres literarisches Phänomen dar, sondern sie enthalten auch ein absolut einmaliges Quellenproblem, dessengleichen sich nirgends wiederfindet. Die ersten drei stehen bekanntlich in einem so nahen Verwandtschaftsverhältnis, daß man ihren Text in einer Zusammenschau in Form von Parallelkolumnen nebeneinander stellen kann, wie es als erster Johann Jacob Griesbach tat, der hierfür auch den Begriff „Synopse" prägte:
Synopsis Evangeliorum Matthaei, Marci et Lucae una cum iis Joannis pericopis, quae omnino cum caeterorum Evangelistarum narrationibus, conferendae sunt. Textum recensuit … J. J. Griesbach. Halle 1776, 1797[2], 1822[4] (Text bereits 1774 in der 1. Aufl. von Griesbachs griech. N. T.).

Der auffälligen Übereinstimmung zwischen den drei ersten Evangelien steht nun gleichzeitig eine Fülle von in sich wieder stark divergierenden Abweichungen gegenüber, die sich teilweise auf ganze Kapitel erstrecken. Dieses eigentümliche Verhältnis von Konkordanz und Diskrepanz macht das „Synoptische Problem" aus.

Das vierte Evangelium weist nicht nur eine gänzlich andere Diktion der Reden Jesu auf, sondern gibt auch eine nach Chronologie und Topographie abweichende Darstellung seiner äußeren Wirksamkeit sowie seiner inneren Haltung. Die Forschung des vorigen Jahrhunderts hat daher die Dinge so angesehen, daß es hier nur ein Entweder/Oder gebe, und die Alternative aufgestellt: Entweder Synoptiker oder Johannes. Sie hat sich für die Synoptiker entschieden. Am schwersten hat sich dabei bemerkenswerterweise David Friedrich Strauß getan. Er war zu scharfsinnig, um nicht zu sehen, daß dieses ungemein diffizile Problem nicht so mit leichter Hand zu lösen gehe, und unterlag Schwankungen in seinem Urteil. In der dritten Auflage seines „Leben Jesu" widerrief er seine anfangs (1835) geäußerte negative Ansicht über den Quellenwert des Johannesevangeliums, aber in der vierten Auflage widerrief er seinen vorhergegangenen Widerruf:

„In allen diesen Stellen sind jetzt die früheren Lesarten hergestellt, und hat somit, wenn man will, meine Arbeit bei dieser neuen Auflage vornehmlich darin bestanden, die Scharten, die in mein gutes Schwert nicht sowohl der Feind gehauen als ich selbst hineingeschliffen hatte, wieder auszuwetzen" (Vorrede).

Infolge dieser Negation der wissenschaftlichen Auswertbarkeit des Johannesevangeliums für die Leben-Jesu-Forschung dominierten nun über ein Jahrhundert lang die Synoptiker und das Synoptische Problem in der Quellenuntersuchung.

Es gibt nun zwei Grundmöglichkeiten zur Lösung des Synoptischen Problems. Hierfür hatte bereits 1794 der zu seiner Zeit hochgepriesene Johann Gottfried Eichhorn (1752–1827) die berühmte Alternative aufgestellt: „Entweder haben sich die drei Evangelisten unter einander gebraucht, oder sie hängen von einer gemeinsamen Quelle ab" (Über die drei ersten Evangelisten, in: Eichhorns Allg. Bibliothek der biblischen Literatur. 1. Aufl. S. 766). Die erste Möglichkeit zielt auf eine innersynoptische Lösung, die zweite auf eine vorsynoptische. Eichhorn selbst suchte den Nachweis zu führen, daß eine Benutzung – welcher Art auch immer – der synoptischen Evangelien untereinander nicht stattgefunden haben könne, und entschied sich für die Schriftliche Urevangeliumshypothese. Ihr trat die Mündliche Urevangeliumshypothese entgegen, begründet durch Carl Ludwig Gieseler (1792–1854) mit seinem Werk „Historisch-kritischer Versuch über die Entstehung und die frühesten Schicksale der schriftlichen Evangelien" (1818).

Die Problematik und dementsprechend die Argumentation lag für diese beiden konträren Hypothesen genau umgekehrt: Für die mündliche Urevangeliumshypothese boten die Abweichungen der Synoptiker von einander keine Schwierigkeit; man erklärte sie mit der Streubreite der Überlieferung, dem „Schicksal aller Tradition", und verglich dies mit „einem Punkte, der nach mehreren Richtungen in Linien ausgeht, die, je weiter sie fortschreiten, desto stärker divergieren" (Gieseler S. 110). Aber die punktuelle Genauigkeit in der Übereinstimmung des Wortlautes in ganzen Sätzen sowie in einzelnen seltenen, sonst ungebräuchlichen Wendungen vermochte die mündliche Urevangeliumshypothese nicht befriedigend zu erklären, geschweige denn zur Evidenz zu bringen.

9

Dies nun bedeutete für die Schriftliche Urevangeliumshypothese insofern kein Problem, als sie für alle drei Synoptiker die gleiche Urschrift zugrunde legte. Aber diese war nach ihrer einhelligen Meinung in aramäischer Sprache verfaßt; die wörtlichen Übereinstimmungen hingegen fanden sich im *griechischen* Text des Neuen Testaments – und ein aramäischer war nicht auffindbar! Davon jedoch abgesehen, bestand die Hauptschwierigkeit der schriftlichen Urevangeliumshypothese darin, glaubhaft zu machen, wie sich bei der sonstigen weitgehenden Übereinstimmung bei einer *gemeinsamen* schriftlichen Grundlage, eben dem Urevangelium, die umfangreichen Abweichungen erklärten, die sich z. T. auf ganze Kapitel erstreckten. Wenn die Vertreter dieser Theorie jene vielfältigen Probleme lösen wollten, blieb ihnen nichts anderes übrig, als die Zuflucht zu zahlreichen Hilfshypothesen zu nehmen in Form von mehreren angenommenen Bearbeitungen oder Übersetzungen des behaupteten aramäischen Urtextes. Dies kam schließlich darauf hinaus, daß von ihnen ein scharfsinnig ausgeklügeltes, kunstvoll durchstrukturiertes Hypothesensystem aufgestellt wurde, das rund zwanzig Auxiliartheorien umfaßte. Mit deren Hilfe vermochte man nun zwar so ziemlich alle Phänomene der Konkordanz und Diskrepanz zwischen den einzelnen synoptischen Evangelien zu „erklären" – allerdings mit einigen „Ausnahmen", die verharmlost wurden –, aber infolge der realen Unmöglichkeit der ausgetüftelten Hypothesenpyramide führte diese sich selbst ad absurdum. Daher hat die Forschung des vorigen Jahrhunderts beide Lösungsversuche verworfen – mit Recht. Sie gehören zu den Fehldeutungen der Evangelien.

Damit war nun auch die Eichhornsche Alternative als erledigt anzusehen, und es ergab sich für die Evangelienkritik die Einsicht: das synoptische Problem kann nur aus einem Benutzungsverhältnis irgendwelcher Art zwischen den drei Evangelien des Matthäus, Markus und Lukas erklärt werden. *Aber welcher Art? Das war und blieb das umkämpfte Problem und ungelöste Rätsel.*

Es galt bisher als ausgemacht, daß es im ganzen sechs verschiedene Benutzungsmöglichkeiten gäbe, die man nach dem Gesetz der Permutationslehre errechnete. Aber dabei sind die kombinatorischen Möglichkeiten zwischen den drei Evangelien keineswegs zu Ende gedacht: es gibt deren nicht sechs, sondern dreiunddreißig (Zusammenstellung und schematische Darstellung s. S. 134ff). Man kann sagen, daß beinahe alle theoretischen Beziehungsvarianten im Laufe der Forschungsgeschichte auch einmal praktisch vertreten worden oder wenigstens aufgetaucht sind. Gleichwohl sind es nur zwei von ihnen gewesen, auf die sich die wissenschaftliche Diskussion verdichtet hat und die somit historisch wirklich belangvoll geworden sind: die Griesbachsche Hypothese und die Markushypothese.

Beide Theorien gehen davon aus, daß der Schlüssel für die Lösung des Synoptischen Problems im Markusevangelium liegen muß. Denn dieses nimmt unverkennbar eine Mittelpunktstellung ein und steht zu dem ersten wie dem dritten Evangelium in einer anderen Beziehung als diese beiden zu einander. Man kann es auch umgekehrt sagen: Jedes von diesen beiden hat für sich alleine ein besonderes Bezugsverhältnis zum Markus, das mit dem zum anderen Evangelisten nicht vergleichbar ist. Beide Hypothesen gehen also von der Alternative aus: Entweder sind Matthäus und Lukas von Markus abhängig oder Markus von diesen beiden. Das würde in chronologischer Hinsicht bedeuten: Das Markusevangelium ist entweder das früheste oder das späteste der synoptischen Evangelien. Die Griesbachsche Hypothese behauptet dieses, die Markushypothese jenes.

Johann Jacob Griesbach (1745–1812), der der eigentliche Begründer der wissenschaftlichen Textkritik ist, legte die nach ihm benannte Quellenhypothese bereits 1789/90 in einer in lateinischer Sprache abgefaßten, scharfsinnigen analytischen Untersuchung dar:

Commentatio, qua Marci Evangelium totum e Matthaei et Lucae commentariis decerptum esse monstratur. Jenae 1789. 1790 (wieder abgedruckt in: Commentatt. theolog. ed. Velthusen, Kuinoil et Ruperti. Vol. 1 Lipsiae 1794 mit dem Vermerk „iam recognita multisque augmentis locupletata").

Diesem Hauptwerk Griesbachs war bereits eine kleinere Untersuchung über die Quellen der Auferstehungsberichte vorangegangen in Form eines Jenenser Osterprogramms:

Paschatos Solemnia pie celebranda civibus indicit Academia Jenensis: Inquiritur in fontes, unde Evangelistae suas de resurrectione Domini narrationes hauserint. Jenae 1783.

Die Grundthese der Griesbachschen Quellentheorie nun lautet:

„Sententiae, quam defendimus, summa haec est: *Marcum in conscribendo libro suo ante oculos positum habuisse non solum Matthaeum, sed et Lucam atque ex his decerpsisse, quidquid de rebus gestis, sermonibus et fatis Servatoris memoriae mandaret"* (Sectio I).

In dieser Auffassung hatte Griesbach bereits einen Vorläufer gehabt in dem Engländer *Henry Owen,* „Rector of St. Olave in Hart-Street and Fellow of the Royal Society", mit seinem Werk: Observations on the four Gospels. London 1764. Owen charakterisiert das Markusevangelium als eine kompilatorische Verkürzung von Matthäus und Lukas – „an abridgement of St. Matthew and St. Luke":

„That St. Mark followed this plan, no one can doubt, who compares his Gospel with those of the two former Evangelists. He copies largely from both: and takes either the one or the other perpetually for his guide. The order indeed is his own, and is very close and well connected" (S. 50).

Diese Owen-Griesbachsche Quellentheorie fand sofort bei dem Erscheinen der „Commentatio" allgemeine Beachtung, zumal Griesbach unbestreitbar ein Gelehrter von hohem wissenschaftlichem Rang war, und wurde von den meisten führenden Fachwissenschaftlern der ersten Hälfte des vorigen Jahrhunderts anerkannt und weiter verbreitet. Sie lag in gleicher Weise Heinrich Eberhard Gottlob Paulus' einflußreichem Kommentar über die drei Evangelien (3 Bde. 1800ff) zugrunde wie De Wettes „Einleitung in das N.T." (1826) und Fritzsches lateinischen Kommentaren zu Matthäus (1826) und Markus (1830), die David Friedrich Strauß im Vorwort zum 1. Band seines „Leben Jesu" als die beste Vorarbeit für eine kritische Darstellung des Wirkens Jesu rühmt. Bei Fritzsche heißt es ganz im Sinne Griesbachs:

„Marcus per universum librum nihil refert, quod non Matthaei et Lucae commentariis contineatur, si a paucis versis recesseris" (Comment. prolegg. 36).

Ferner stimmten Griesbach zu: K.G.W. Theile „De trium evangeliorum priorum necessitate" (1825) sowie der jung verstorbene Heinrich Saunier „Über die Quellen des Marcusevangeliums" (1825), H.Aug. Schott „Isagoge hist. crit. in libros novi foederis sacros" (1830) und vor allem der „Sächsische Anonymus" (Hasert), vor Ferdinand Christian Baur der Begründer der tendenztheoretischen Betrachtungsweise der Evangelien, mit seiner Schrift „Die Evangelien, ihr Geist, ihre Verfasser, ihr Verhältnis zu einander" (1845). Am nachhaltigsten aber wurde die Griesbachsche Hypothese von F.C. Baur selbst und seiner Schule, der sogenannten „Zweiten Tübinger Schule", vertreten.

Das ausschlaggebende und entscheidende Ereignis aber war, daß der scharfsinnigste Schüler F.C.Baurs, *David Friedrich Strauß, sie seinem „Leben Jesu, kritisch bearbeitet" (1835) zugrunde legte.* Nun hatte Strauß gar keine eigene Quellentheorie aufgestellt, da er dies Problem als durch Griesbach gelöst ansah:

„So trifft die … Angabe, daß Markus nach den Vorträgen des Petrus, also nach einer eigenthümlichen Quelle gearbeitet habe, bei unserem jetzigen zweiten Evangelium durchaus nicht zu, welches augenscheinlich aus Matthäus und Lukas zusammengeschrieben ist."

In einer Fußnote fügte Strauß hinzu:
„Dies ist zur Evidenz erhoben durch Griesbach in der Commentatio, qua… Vgl. Saunier, über die Quellen des Evangeliums des Marcus, 1825" (Bd.I, S.65).

In der 3. Auflage von Strauß' „Leben Jesu" heißt es statt „nach einer eigenthümlichen Quelle": „aus einer eigenen ursprünglichen Quelle" und anstatt „augenscheinlich": „nachweislich" (I, S.78).

Selbständig nahm Strauß zur Quellenfrage erst Stellung in seiner „Volksausgabe" des „Leben Jesu" (1864), Teil II: „Die Evangelien als Quellen des Lebens Jesu" – wiederum im Sinne Griesbachs.

Diese *Owen-Griesbachsche Quellentheorie* hatte den bestechenden Vorzug, daß sie ohne Hilfshypothesen auskam. Ihre Begründer waren zu ihrem Ergebnis lediglich aufgrund einer internen Analyse der synoptischen

12

Evangelien gelangt; sie brauchten nicht nach „erschlossenen" oder zu erschließenden Größen Ausschau zu halten oder nach Ergänzungskon-
struktionen zu suchen. Die Hypothese „ging auf". Ihre Auffassung war die,
daß das Markusevangelium in textualer Hinsicht als eine aus Matthäus
und Lukas zusammengestellte Kurzausgabe des kerygmatischen Wirkens
Jesu anzusehen sei, in der bewußt auf die Vorgeschichte (Geburtslegenden,
Evangelium infantiae und Genealogie) verzichtet worden sei. Außerdem
habe Markus nur einen Teil des bei dem ersten und dritten Evangelisten
aufzufindenden umfangreichen Redegutes gebracht und dabei insbesondere von der Wiedergabe der Bergpredigt Abstand genommen.

Diese Grundthese Griesbachs kommt vor allem in den Modifikationen
zum Ausdruck, in denen er die Quintessenz seiner Hypothese, daß Markus
ein Exzerpt aus Matthäus und Lukas darstelle, näher erläutert:

„Ita tamen, ut...

4) *brevitati studeret,* quippe qui libellum mole exiguum conscribere vellet;
   hinc non solum

5) *omitteret,* quae ad munus doctoris, quo Dominus publice functus est,
   non pertinerent, Matth 1 et 2, Luc 1 et 2, sed etiam

6) *praeteriret* sermones complures Christi verbosiores, e.gr. *Matth* 5.6.
   et 7; 10,16–42; 11,20–30; 12,33–45; 13,37–54; 18,10–35; 20,
   1–16; 22,1–14; 23,2–39; 24,37–51; 25,1–46; *Luc* 6,17–49; 19,
   11–28; imo inde a Luc 10,1 ad cap 18,14 tertiam fere Evangelii Lucae
   partem intactam praetermitteret, quoniam tota fere sermonibus Christi
   constat" (Sectio I, Ausg. Velthusen 1794 S. 365 ff).

Nun ist das Markusevangelium aber trotz seiner quantitativen Kürze in
zahlreichen Einzelzügen qualitativ ausführlicher als die entsprechenden
Parallelberichte des ersten und dritten Evangeliums. Dieses Faktum, das
von Griesbach richtig erkannt war, wurde von ihm im gleichen Zusammenhang so erklärt: „ita, ut (Marcus)

13) παραφραστικῶς exprimeret ac planius et distinctius exponeret, quae
    illi brevius tradidissent,

14) adderet ad Matthaei et Lucae narrationes haud paucas περιστάσεις
    singulares, quas suis lectoribus gratas esse futuras iudicasset...
    (S. 368f),

10) adderet illustrationis causa, quae suis lectoribus ad rectius intelligen-
    dam narrationem vel necessaria vel utilia putaret e.gr. Marci 7,3.4.5;
    11,13; 12,42" (S. 368).

Diese kleinen abundanten Teile des zweiten Evangeliums waren vor
Griesbach von Joh. Benjamin Koppe in seiner Abhandlung „Marcus non
Epitomator Matthaei" (1782; Neuausgabe 1789) in entgegengesetztem
Sinne gedeutet worden: Markus könne kein Epitomator sein, weil er
Locupletator sei. Koppe zog daraus den Schluß:

13

„Probabile est, brevius Evangelium tempore fuisse prius, copiosiora autem, in quibus supplebantur et amplificabantur omissa aut nimis succincte tradita in illo, seriori tempore esse exarata" (S. 9).

Griesbach erwiderte mit dem treffenden Gegenargument:

„Respondemus: Ab auctoris consilio unice pendet, utrum iis, quae alii ante ipsum scripsere, addere aliquid an demere ab illis nonnulla satius sit" (S. 396).

Nun hat Markus neben seinen zahlreichen kleinen Überhängen über den Paralleltext des Matthäus und Lukas aber noch zwei ausgeführte Perikopen, für die sich weder im Text des ersten noch des dritten Evangelisten eine Entsprechung findet: Die Heilung des Taubstummen (Mk 7,32–37) sowie die Heilung des Blinden von Bethsaida (Mk 8,22–26). Griesbach erkennt sie als Eigentum des Markus an:

„Marcus totum libellum suum, si viginti et quatuor commata, quae de suo penu addidit, excipias, ... e Matthaei et Lucae commentariis...compilavit" (S. 369f).

Diese Behauptung, daß Markus „totum libellum suum compilavit" oder, wie es im Titel der „Commentatio" heißt, „Marci Evangelium totum e Matthaei et Lucae Commentariis decerptum esse", hatte Griesbach bereits in seinen erläuternden Ausführungen wesentlich eingeschränkt durch die Feststellung, daß Markus es liebe, sich „periphrastice exprimere" oder, wie er auch sagt, „periphrazein textum".

Darüber hinaus war aber Griesbach nicht entgangen, daß das Evangelium des Markus, auch wenn man die Benutzung von Matthäus und Lukas durch ihn unterstelle, trotz einer solchen Auswertung der beiden anderen Synoptiker als Quellen doch als eine evangelische Neugestaltung anzusehen sei:

„quia non illorum libros exscribere aut in epitomen redigere, sed ad eorum ductum novam narrationem, suorum lectoribus accommodatam, componere decreverat" (S. 402).

Es ist wichtig, dies ausdrücklich klarzustellen, weil von den Vertretern der Markushypothese in ihrer Polemik gegen Griesbach dieses Faktum fast ausnahmslos totgeschwiegen wird – ein ganzes Jahrhundert hindurch. Noch 1910 heißt es in der ersten Auflage der RGG:

„Zeitweilig fand die Hypothese, die nach unserem jetzigen Urteil die Dinge geradezu auf den Kopf stellt, großen Anklang, daß Markus unter *sklavischer Benutzung* von Matthäus und Lukas entstanden sei" (II Sp. 702 Bousset; Hvhbg. v. Vf.).

Auch 1928 in der zweiten Auflage der RGG klingt es noch nicht anders:

„Bevorzugt war diese eine Zeitlang in der von Griesbach selbst vertretenen, heute kaum noch begreiflichen Form, nach der Markus als jüngster *unter sklavischer Benutzung des Matthäus und Lukas entstanden sei*" (II Sp. 423 Klostermann; Hvhbg. v. Vf.).

14

Und selbst 1931 heißt es noch in Jülicher/Faschers „Einl. in d. N.T.[7]", daß nach der Griesbachschen Hypothese Markus „gar am Ende als ohnmächtiger Exzerptor aus Matthäus und Lukas" dastehe (S.327). Soweit zu Griesbach.

Wenn nun die Begründer der Markushypothese sich anschickten, das Gegenteil zu beweisen, nämlich daß Matthäus und Lukas das Markusevangelium als Quelle benutzt hätten, so befanden sie sich nicht gerade in einer beneidenswerten Lage. Um das zu verdeutlichen, dürfte es zweckdienlich sein, an dieser Stelle zunächst einmal ganz allgemein *die Problematik und die grundsätzlichen Schwierigkeiten* hervorzuheben, *vor die sich die Quellenforscher prinzipiell gestellt sahen, wenn sie die Markushypothese zur Evidenz bringen wollten.*

Schon ein Blick auf den Umfang der drei ersten Evangelien läßt erkennen, daß das quantitative Verhältnis der Synoptiker stark divergiert und differiert. Markus umfaßt nur sechzehn Kapitel, von deren letztem jedoch nur die ersten acht Verse als echt gelten. Das Lukasevangelium dagegen weist vierundzwanzig Kapitel auf und das Matthäusevangelium gar achtundzwanzig. Allerdings sind jeweils ihre ersten beiden Kapitel nicht von Markus betroffen, da sie die sogenannte Vorgeschichte enthalten, das Markusevangelium aber erst mit dem Beginn der öffentlichen Wirksamkeit Jesu einsetzt. Aber selbst wenn man diesen Teil abrechnet, bleibt immer noch ein Mehrgut der beiden anderen von zehn bzw. sechs Kapiteln übrig.

Auf der anderen Seite hat nun Markus ebenfalls eine ganze Reihe Textüberhänge über Matthäus und Lukas aufzuweisen, und zwar zunächst in drei Sonderperikopen:

1) dem bereits oben (S.14) erwähnten Heilungswunder am Taubstummen (7,32–37),
2) dem ebendort (s.14) genannten Bericht über die Heilung des Blinden von Bethsaida (8,22–26),
3) dem Gleichnis von der selbstwachsenden Saat (4,26–29), ferner
4) der kleinen, aber inhaltlich bedeutsamen Notiz (3,21): „Da es die Seinigen hörten, gingen sie aus, ihn zu greifen; denn, sagten sie, er ist von Sinnen".

In diesen vier Fällen handelt es sich um Mehr- und Einzelgut des Markus, für das sich also in den Evangelien des Matthäus und Lukas keine inhaltliche Entsprechung findet. Hierzu kommen nun noch:

5) eine ganz erstaunlich große Reihe abundanter Stellen des zweiten Evangeliums in Form von kleineren Überhängen, die Markus *über die jeweiligen gemeinsamen Textparallelen des Matthäus und Lukas hinaus* aufweist – hundertachtzig an der Zahl.

Diesen in Ziff. 5 angeführten Mehrstellen des Markus stehen nun umgekehrt auf seiten des ersten und dritten Evangelisten eine Reihe intern zwischen ihnen übereinstimmender Plusstellen im Vergleich zum Parallel-text des Markus gegenüber. Es handelt sich dabei um

1) gemeinsame kleinere Abundanzen des Matthäus und Lukas über den parallelen Text des zweiten Evangeliums hinaus in insgesamt fünfund-dreißig Fällen,
2) ein Zusammentreffen des ersten und dritten Evangelisten in gleichen Wendungen und Wörtern gegen Markus, ebenfalls in insgesamt fünf-unddreißig Fällen,
3) übereinstimmende Abweichungen des Matthäus und Lukas im gleichen Wort gegen Markus in zweiundzwanzig Fällen.

Wir führen nun im folgenden alle diese kleineren Divergenzen zwischen Markus auf der einen Seite und Matthäus und Lukas auf der anderen Seite in voller Zahl und Länge im Urtext an, um sie in ihrer ganzen Fülle und mit ihrem vollen Gewicht für die Abwägung der Hypothesenchancen auf-zeigen zu können.

Kleinere Überhänge des Markus über den Text des Matthäus und Lukas

Markus

1) 1, 1: Ἀρχὴ τοῦ εὐαγγελίου Ἰησοῦ Χριστοῦ
2) 1, 7: κύψας
3) 1, 13: καὶ ἦν μετὰ τῶν θηρίων
4) 1, 15: καὶ πιστεύετε ἐν τῷ εὐαγγελίῳ
5) 1, 19: ὀλίγοι
6) 1, 20: μετὰ τῶν μισθωτῶν
7) 1, 29: καὶ Ἀνδρέου μετὰ Ἰακώβου καὶ Ἰωάννου
8) 1, 33: καὶ ἦν ὅλη ἡ πόλις ἐπισυνηγμένη πρὸς τὴν θύραν
9) 1, 35: κἀκεῖ προσηύχετο
10) 1, 36+37: καὶ κατεδίωξεν αὐτὸν Σίμων καὶ οἱ μετ᾿ αὐτοῦ καὶ εὖρον αὐτὸν καὶ λέγουσιν αὐτῷ ὅτι πάντες ζητοῦσίν σε.
11) 1, 41: καὶ σπλαγχνισθείς
12) 1, 43: καὶ ἐμβριμησάμενος αὐτῷ εὐθὺς ἐξέβαλεν αὐτόν
13) 2, 2: καὶ συνήχθησαν πολλοί, ὥστε μηκέτι χωρεῖν μηδὲ τὰ πρὸς τὴν θύραν, καὶ ἐλάλει αὐτοῖς τὸν λόγον.
14) 2, 3: αἰρόμενον ὑπὸ τεσσάρων
15) 2, 9: καὶ ἆρον τὸν κράββατόν σου
16) 2, 13: καὶ (ἐξῆλθεν) πάλιν παρὰ τὴν θάλασσαν· καὶ πᾶς ὁ ὄχλος ἤρχετο πρὸς αὐτόν, καὶ ἐδίδαξεν αὐτούς
17) 2, 14: τὸν τοῦ Ἀλφαίου
18) 2, 15: ἦσαν γὰρ πολλοί, καὶ ἠκολούθουν αὐτῷ
19) 2, 16: ὅτι μετὰ τῶν τελωνῶν καὶ ἁμαρτωλῶν ἐσθίει

20) 2, 18:   καὶ ἦσαν οἱ μαθηταὶ Ἰωάννου καὶ οἱ Φαρισαῖοι νηστεύοντες
21) 2, 19:   ὅσον χρόνον ἔχουσιν τὸν νυμφίον μετ᾽ αὐτῶν, οὐ δύνανται νηστεύειν
22) 2, 23:   ὁδὸν ποιεῖν
23) 2, 25:   ὅτε χρείαν ἔσχεν
24) 2, 26:   ἐπὶ Ἀβιαθὰρ ἀρχιερέως
25) 2, 27:   τὸ σάββατον διὰ τὸν ἄνθρωπον ἐγένετο, καὶ οὐχ ὁ ἄνθρωπος διὰ τὸν σάββατον
26) 3, 5:   μετ᾽ ὀργῆς, συλλυπούμενος ἐπὶ τῇ πωρώσει τῆς καρδίας αὐτῶν
27) 3, 6:   μετὰ τῶν Ἡρῳδιανῶν
28) 3, 7:   πρὸς τὴν θάλασσαν
29) 3, 8:   καὶ ἀπὸ τῆς Ἰδουμαίας
30) 3, 9: ›   καὶ εἶπεν τοῖς μαθηταῖς αὐτοῦ ἵνα πλοιάριον προσκαρτερῇ αὐτῷ διὰ τὸν ὄχλον, ἵνα μὴ θλίβωσιν αὐτόν
31) 3, 14–16 a: ἵνα ὦσιν μετ᾽ αὐτοῦ καὶ ἵνα ἀποστέλλῃ αὐτοὺς κηρύσσων καὶ ἔχειν ἐξουσίαν ἐκβάλλειν τὰ δαιμόνια καὶ ἐποίησεν τοὺς δώδεκα.
32) 3, 17:   καὶ ἐπέθηκεν αὐτοῖς ὄνομα Βοανηργές, ὅ ἐστιν υἱοὶ βροντῆς
33) 3, 24:   καὶ οἱ γραμματεῖς οἱ ἀπὸ Ἱεροσολύμων καταβάντες.
34) 3, 30:   ὅτι ἔλεγον· πνεῦμα ἀκάθαρτον ἔχει.
35) 3, 34:   καὶ περιβλεψάμενος τοὺς περὶ αὐτὸν κύκλῳ καθημένους
36) 4, 1:   καὶ πάλιν ἤρξατο διδάσκειν
37) 4, 2:   καὶ ἔλεγεν αὐτοῖς ἐν τῇ διδαχῇ αὐτοῦ· ἀκούετε
38) 4, 7:   καὶ καρπὸν οὐκ ἔδωκεν.
39) 4, 8:   ἀναβαίνοντα καὶ αὐξανόμενα
40) 4, 10:   καὶ ὅτε ἐγένετο κατὰ μόνας
41) 4, 12 b: μήποτε ἐπιστρέψωσιν καὶ ἀφεθῇ αὐτοῖς
42) 4, 13:   οὐκ οἴδατε τὴν παραβολὴν ταύτην, καὶ πῶς πάσας τὰς παραβολὰς γνώσεσθε;
43) 4, 23:   εἴ τις ἔχει ὦτα ἀκούειν, ἀκουέτω
44) 4, 34:   κατ᾽ ἰδίαν δὲ τοῖς ἰδίοις μαθηταῖς ἐπέλυεν πάντα
45) 4, 35:   καὶ λέγαι αὐτοῖς ἐν ἐκείνῃ τῇ ἡμέρᾳ ὀψίας γενομένης
46) 4, 36:   καὶ ἀφέντες τὸν ὄχλον παραλαμβάνουσιν αὐτὸν ὡς ἦν ἐν τῷ πλοίῳ, καὶ ἄλλα πλοῖα ἦν μετ᾽ αὐτοῦ
47) 4, 38:   ἐν τῇ πρύμνῃ ἐπὶ τὸ προσκεφάλαιον
48) 4, 39:   σίωπα, πεφίμωσο
49) 4, 40:   τί δειλοί ἐστε οὕτως;
50) 5, 5:   καὶ διὰ παντὸς νυκτὸς καὶ ἡμέρας ἐν τοῖς μνήμασιν καὶ ἐν τοῖς ὄρεσιν ἦν κράζων καὶ κατακόπτων ἑαυτὸν λίθοις

51) 5, 6:   ἀπὸ μακρόθεν ἔδραμεν
52) 5, 13:   ὡς δισχίλιοι
53) 5, 20c: καὶ πάντες ἐθαύμαζον.
54) 5, 26–27a: καὶ πολλὰ παθοῦσα ὑπὸ πολλῶν ἰατρῶν καὶ δαπανή-
σασα τὰ παρ' αὐτῆς πάντα, καὶ μηδὲν ὠφεληθεῖσα
ἀλλὰ μᾶλλον εἰς τὸ χεῖρον ἐλθοῦσα, ἀκούσασα τὰ περὶ
Ἰησοῦ, ἐλθοῦσα ἐν τῷ ὄχλῳ
55) 5, 29:   καὶ ἔγνω τῷ σώματι ὅτι ἴαται. ἀπὸ τῆς μάστιγος
56) 5, 30:   ἐπιστραφεὶς ἐν τῷ ὄχλῳ ἔλεγεν· τίς μου (ἥψατο) τῶν
ἱματίων;
57) 5, 34b: καὶ ἴσθι ὑγιὴς ἀπὸ τῆς μάστιγός σου
58) 5, 40c: καὶ εἰσπορεύεται ὅπου ἦν τὸ παιδίον
59) 5, 41:   ταλιθὰ κοῦμ, ὅ ἐστιν μεθερμηνευόμενον
60) 5, 42:   ἦν γὰρ ἐτῶν δώδεκα
61) 6, 2:   καὶ γενομένου σαββάτου
62) 6, 5–6a: εἰ μὴ ὀλίγοις ἀρρώστοις ἐπιθεὶς τὰς χεῖρας ἐθεράπευ-
σεν. καὶ ἐθαύμασεν
63) 6, 7:   καὶ ἤρξατο αὐτοὺς ἀποστέλλειν δύο δύο
64) 6, 12+13:   ἐκήρυξαν ἵνα μετανοῶσιν καὶ δαιμόνια πολλὰ ἐξέβαλ-
λον καὶ ἤλειφον ἐλαίῳ πολλοὺς ἀρρώστους (καὶ ἐθερά-
πευον),
65) 6, 14:   ὁ βασιλεύς
66) 6, 14:   φανερὸν γὰρ ἐγένετο τὸ ὄνομα αὐτοῦ
67) 6, 17:   ὅτι αὐτὴν ἐγάμησεν
68) 6, 19–20:   ἡ δὲ Ἡρῳδιὰς ἐνεῖχεν αὐτῷ καὶ ἤθελεν αὐτὸν ἀπο-
κτεῖναι καὶ οὐκ ἠδύνατο· ὁ γὰρ Ἡρῴδης ἐφοβεῖτο τὸν
Ἰωάννην, εἰδὼς αὐτὸν ἄνδρα δίκαιον καὶ ἅγιον καὶ
συνετήρει αὐτὸν καὶ ἀκούσας αὐτοῦ πολλὰ ἠπόρει καὶ
ἡδέως αὐτοῦ ἤκουεν
69) 6, 21:   καὶ γενομένης ἡμέρας εὐκαίρου ὅτε ... δεῖπνον ἐποίησεν τοῖς μεγιστᾶσιν αὐτοῦ καὶ τοῖς χιλιάρχοις καὶ τοῖς
πρώτοις τῆς Γαλιλαίας
70) 6, 23:   ἕως ἡμίσους τῆς βασιλείας μου
71) 6, 24:   καὶ ἐξελθοῦσα εἶπεν τῇ (μητρὶ αὐτῆς·) τί αἰτήσομαι
72) 6, 25:   καὶ εἰσελθοῦσα εὐθὺς μετὰ σπουδῆς πρὸς τὸν βασιλέα
ᾐτήσατο λέγουσα
73) 6, 26:   οὐκ ἠθέλησεν ἀθετῆσαι αὐτήν
74) 6, 27:   καὶ εὐθὺς ἀποστείλας ὁ βασιλεὺς σπεκουλάτορα ἐπέ-
ταξεν ἐνέγκαι τὴν κεφαλὴν αὐτοῦ
75) 6, 30:   καὶ ὅσα ἐδίδαξαν
76) 6, 31:   καὶ λέγει αὐτοῖς· δεῦτε ὑμεῖς αὐτοὶ κατ' ἰδίαν εἰς
ἔρημον τόπον καὶ ἀναπαύσασθε ὀλίγον. ἦσαν γὰρ οἱ

ἐρχόμενοι καὶ οἱ ὑπάγοντες πολλοί, καὶ οὐδὲ φαγεῖν
εὐκαίρουν.

77) 6, 37: καὶ λέγουσιν αὐτῷ· ἀπελθόντες ἀγοράσωμεν δηναρίων
διακοσίων ἄρτους, καὶ δώσομεν αὐτοῖς φαγεῖν;

78) 6, 38: ὁ δὲ λέγει αὐτοῖς· πόσους ἔχετε ἄρτους; ὑπάγετε
ἴδετε, καὶ γνόντες λέγουσιν.

79) 6, 39: συμπόσια συμπόσια ἐπὶ τῷ χλωρῷ (χόρτῳ)

80) 6, 40: πρασιαὶ πρασιαὶ κατὰ ἑκατὸν καὶ κατὰ (πεντήκοντα)

81) 6, 41b: καὶ τοὺς δύο ἰχθύας ἐμέρισεν πᾶσιν

82) 6, 47b: καὶ αὐτὸς ... ἐπὶ τῆς γῆς

83) 6, 48b: καὶ ἤθελεν παρελθεῖν αὐτούς

84) 6, 52: οὐ γὰρ συνῆκαν ἐπὶ τοῖς ἄρτοις, ἀλλ᾽ ἦν αὐτῶν ἡ
καρδία πεπωρωμένη

85) 7, 2–4: καὶ ἰδόντες τινὰ τῶν μαθητῶν αὐτοῦ ὅτι κοιναῖς χερ-
σίν, τοῦτ᾽ ἔστιν ἀνίπτοις, ἐσθίουσιν τοὺς ἄρτους —
οἱ γὰρ Φαρισαῖοι καὶ πάντες οἱ Ἰουδαῖοι ἐὰν μὴ πυγμῇ
νίψωνται τὰς χεῖρας οὐκ ἐσθίουσιν, κρατοῦντες τὴν
παράδοσιν τῶν πρεσβυτέρων, καὶ ἀπ᾽ ἀγορᾶς ἐὰν μὴ
ῥαντίσωνται οὐκ ἐσθίουσιν, καὶ ἄλλα πολλά ἐστιν ἃ
παρέλαβον κρατεῖν, βαπτισμοὺς ποτηρίων καὶ ξεστῶν
καὶ χαλκίων

86) 7, 8: ἀφέντες τὴν ἐντολὴν τοῦ θεοῦ κρατεῖτε τὴν παράδοσιν
τῶν ἀνθρώπων

87) 7, 13: καὶ παρόμοια τοιαῦτα πολλὰ ποιεῖτε

88) 7, 18+19: οὐ δύναται αὐτὸν κοινῶσαι, ὅτι οὐκ εἰσπορεύεται αὐτοῦ
εἰς τὴν καρδίαν ... καθαρίζων πάντα τὰ βρώματα

89) 7, 24: καὶ εἰσελθὼν εἰς οἰκίαν οὐδένα ἤθελεν γνῶναι

90) 7, 26: ἡ δὲ γυνὴ ἦν Ἑλληνίς, Συροφοινίκισσα τῷ γένει

91) 8, 3b: καί τινες αὐτῶν ἀπὸ μακρόθεν ἥκασιν

92) 8, 12: καὶ ἀναστενάξας τῷ πνεύματι αὐτοῦ λέγει

93) 8, 14: εἰ μὴ ἕνα ἄρτον οὐκ εἶχον μεθ᾽ ἑαυτῶν ἐν τῷ πλοίῳ

94) 8, 15: καὶ ... Ἡρῴδου

95) 8, 17–18: οὐδὲ συνίετε; πεπωρωμένην ἔχετε τὴν καρδίαν ὑμῶν;
ὀφθαλμοὺς ἔχοντες οὐ βλέπετε καὶ ὦτα ἔχοντες οὐκ
ἀκούετε;

96) 8, 27: ἐν τῇ ὁδῷ

97) 8, 32: καὶ παρρησίᾳ τὸν λόγον ἐλάλει

98) 8, 35: καὶ τοῦ εὐαγγελίου

99) 9, 1: καὶ ἔλεγεν αὐτοῖς

100) 9, 3: στίλβοντα (λευκὰ) λίαν, οἷα γναφεὺς ἐπὶ τῆς γῆς οὐ
δύναται οὕτως λευκᾶναι

101) 9, 10: καὶ τὸν λόγον ἐκράτησαν πρὸς ἑαυτοὺς συζητοῦντες τί
ἐστιν τὸ ἐκ νεκρῶν ἀναστῆναι

19

102) 9, 14–16: γραμματεῖς συζητοῦντας πρὸς αὐτούς. καὶ εὐθὺς πᾶς ὁ ὄχλος ἰδόντες αὐτὸν ἐξεθαμβήθησαν, καὶ προστρέχοντες ἠσπάζοντο αὐτόν. καὶ ἐπηρώτησεν αὐτούς· τί συζητεῖτε πρὸς αὐτούς;

103) 9, 25 b: τὸ ἄλαλον καὶ κωφὸν πνεῦμα, ἐγὼ ἐπιτάσσω σοι, ἔξελθε ἐξ αὐτοῦ καὶ μηκέτι εἰσέλθῃς εἰς αὐτόν.

104) 9, 26+7: καὶ κράξας καὶ πολλὰ σπαράξας ἐξῆλθεν· καὶ ἐγένετο ὡσεὶ νεκρός, ὥστε τοὺς πολλοὺς λέγειν ὅτι ἀπέθανεν. ὁ δὲ Ἰησοῦς κρατήσας τῆς χειρὸς αὐτοῦ ἤγειρεν αὐτόν, καὶ ἀνέστη.

105) 9, 28: εἰς οἶκον

106) 9, 29: καὶ εἶπεν αὐτοῖς· τοῦτο τὸ γένος ἐν οὐδενὶ δύναται ἐξελθεῖν εἰ μὴ ἐν προσευχῇ

107) 9, 33–34: καὶ ἦλθον εἰς Καφαρναούμ. καὶ ἐν τῇ οἰκίᾳ γενόμενος ἐπηρώτα αὐτούς· τί ἐν τῇ ὁδῷ διελογίζεσθε; οἱ δὲ ἐσιώπων· πρὸς ἀλλήλους γὰρ διελέχθησαν ἐν τῇ ὁδῷ

108) 9, 35: καὶ καθίσας ἐφώνησεν τοὺς δώδεκα καὶ λέγει αὐτοῖς

109) 9, 36: ἐναγκαλισάμενος

110) 9, 39: οὐδεὶς γάρ ἐστιν ὃς ποιήσει δύναμιν ἐπὶ τῷ ὀνόματί μου καὶ δονήσεται ταχὺ κακολογῆσαί με

111) 9, 48: ὅπου ὁ σκώληξ αὐτῶν οὐ τελευτᾷ καὶ τὸ πῦρ οὐ σβέννυται

112) 9, 49: πᾶς γὰρ πυρὶ ἁλισθήσεται

113) 9, 50 b: ἔχετε ἐν ἑαυτοῖς ἅλα καὶ εἰρηνεύετε ἐν ἀλλήλοις

114) 10, 10: καὶ εἰς τὴν οἰκίαν πάλιν οἱ μαθηταὶ περὶ τούτου ἐπηρώτων αὐτόν.

115) 10, 12: καὶ ἐὰν αὐτὴ ἀπολύσασα τὸν ἄνδρα αὐτῆς γαμήσῃ ἄλλον, μοιχᾶται

116) 10, 16: καὶ ἐναγκαλισάμενος αὐτὰ κατευλόγει

117) 10, 17: καὶ ἐκπορευομένου αὐτοῦ ... καὶ γονυπετήσας

118) 10, 19: μὴ ἀποστερήσῃς

119) 10, 20: διδάσκαλε

120) 10, 21 a: ἐμβλέψας αὐτῷ ἠγάπησεν αὐτόν

121) 10, 24: οἱ δὲ μαθηταὶ ἐθαμβοῦντο ἐπὶ τοῖς λόγοις αὐτοῦ. ὁ δὲ Ἰησοῦς ... ἀποκριθεὶς (λέγει) αὐτοῖς· τέκναι πῶς δύσκολόν ἐστιν εἰς τὴν βασιλείαν τοῦ θεοῦ εἰσελθεῖν

122) 10, 29: καὶ τοῦ εὐαγγελίου

123) 10, 32: καὶ ἦν προάγων αὐτοὺς ὁ Ἰησοῦς, καὶ ἐθαμβοῦντο, οἱ δὲ ἀκολουθοῦντες ἐφοβοῦντο

124) 10, 38 b+39 b: ἢ τὸ βάπτισμα ὃ ἐγὼ βαπτίζομαι βαπτισθῆναι καὶ τὸ βάπτισμα ὃ ἐγὼ βαπτίζομαι βαπτισθήσεσθε

125) 10, 46: ὁ υἱὸς Τιμαίου Βαρτιμαῖος

20

126) 10, 49+50:   καὶ φωνοῦσιν τὸν τυφλὸν λέγοντες αὐτῷ· θάρσει, ἔγειρε,
                        φωνεῖ σε. ὁ δὲ ἀποβαλὼν τὸ ἱμάτιον αὐτοῦ ἀναπηδήσας
                        ἦλθεν πρὸς τὸν Ἰησοῦν

127) 10, 52:   ἐν τῇ ὁδῷ

128) 11, 4:   δεδεμένον πρὸς θύραν ἔξω ἐπὶ τοῦ ἀμφόδου

129) 11, 11b: καὶ περιβλεψάμενος πάντα ὀψὲ ἤδη οὔσης τῆς ὥρας

130) 11, 13b: ὁ γὰρ καιρὸς οὐκ ἦν σύκων

131) 11, 14b: καὶ ἤκουον οἱ μαθηταὶ αὐτοῦ

132) 11, 16:   καὶ οὐκ ἤφιεν ἵνα τις διενέγκῃ σκεῦος διὰ τοῦ ἱεροῦ

133) 11, 17:   πᾶσιν τοῖς ἔθνεσιν

134) 11, 23:   ἀλλὰ πιστεύῃ ὅτι ὃ λαλεῖ γίνεται, ἔσται αὐτῷ

135) 11, 25:   καὶ ὅταν στήκετε προσευχόμενοι

136) 11, 28:   ἵνα ταῦτα ποιῇς;

137) 12, 5b: καὶ πολλοὺς ἄλλους, οὓς μὲν δέροντες, οὓς δὲ ἀποκτέ-
                        νοντες

138) 12, 6:   ἔτι ἕνα εἶχεν, υἱὸν ἀγαπητόν

139) 12, 12b: καὶ ἀφέντες αὐτὸν ἀπῆλθον

140) 12, 13:   καὶ τῶν Ἡρῳδιανῶν

141) 12, 14:   δῶμεν ἢ μὴ δῶμεν;

142) 12, 15:   ἵνα ἴδω

143) 12, 21:   καὶ ἀπέθανεν μὴ καταλιπὼν σπέρμα

144) 12, 27b: πολὺ πλανᾶσθε

145) 12, 28:   καὶ προσελθὼν εἷς τῶν γραμματέων ἀκούσας αὐτῶν
                        συζητούντων, εἰδὼς ὅτι καλῶς ἀπεκρίθη

146) 12, 32–34:   ὅτι εἷς ἐστιν καὶ οὐκ ἔστιν ἄλλος πλὴν αὐτοῦ· καὶ τὸ
                        ἀγαπᾶν αὐτὸν ἐξ ὅλης τῆς καρδίας καὶ ἐξ ὅλης τῆς
                        συνέσεως καὶ ἐξ ὅλης τῆς ἰσχύος, καὶ τὸ ἀγαπᾶν τὸν
                        πλησίον ὡς ἑαυτὸν περισσότερόν ἐστιν πάντων τῶν
                        ὁλοκαυτωμάτων καὶ θυσιῶν· καὶ ὁ Ἰησοῦς, ἰδὼν αὐτὸν
                        ὅτι νουνεχῶς ἀπεκρίθη, εἶπεν αὐτῷ· οὐ μακρὰν εἶ ἀπὸ
                        τῆς βασιλείας τοῦ θεοῦ

147) 12, 37:   καὶ ὁ πολὺς ὄχλος ἤκουεν αὐτῷ ἡδέως

148) 12, 41:   καὶ πολλοὶ πλούσιοι ἔβαλλον πολλά

149) 12, 42:   ὅ ἐστιν κοδράντης

150) 12, 43:   καὶ προσκαλεσάμενος τοὺς μαθητὰς αὐτοῦ

151) 13, 3:   Πέτρος καὶ Ἰάκωβος καὶ Ἰωάννης καὶ Ἀνδρέας

152) 13, 34b: καὶ τῷ θυρωρῷ ἐνετείλατο ἵνα γρηγορῇ

153) 13, 35b–37: ἢ ὀψὲ ἢ μεσονύκτιον ἢ ἀλεκτοροφωνίας ἢ πρωΐ· μὴ
                        ἐλθὼν ἐξαίφνης εὕρῃ ὑμᾶς καθεύδοντας. ὃ δὲ ὑμῖν
                        λέγω, πᾶσιν λέγω, γρηγορεῖτε.

154) 14, 5:   ἐπάνω δηναρίων τριακοσίων . . . καὶ ἐνεβριμῶντο αὐτῇ.

155) 14, 6:   ἄφετε αὐτήν

156) 14, 7:   καὶ ὅταν θέλητε δύνασθε αὐτοῖς εὖ ποιῆσαι

21

157)	14, 8 a:	ὃ ἔσχεν ἐποίησεν	
158)	14, 13 a:	καὶ ἀποστέλλει δύο τῶν μαθητῶν αὐτοῦ	
159)	14, 30:	(πρὶν ἢ) δὶς (ἀλέκτορα φωνῆσαι)	
160)	14, 36:	ἀββᾶ	
161)	14, 40 b:	καὶ οὐκ ᾔδεισαν τί ἀποκριθῶσιν αὐτῷ	
162)	14, 44:	καὶ ἀπάγετε ἀσφαλῶς	
163)	14, 54:	θερμαινόμενος πρὸς τὸ φῶς	
164)	14, 56 b:	καὶ ἴσαι αἱ μαρτυρίαι οὐκ ἦσαν	
165)	14, 59:	καὶ οὐδὲ οὕτως ἴση ἦν ἡ μαρτυρία αὐτῶν	
166)	14, 65:	καὶ οἱ ὑπηρέται ῥαπίσμασιν αὐτὸν ἔλαβον.	
167)	14, 68:	καὶ ἀλέκτωρ ἐφώνησεν	
168)	14, 72:	ἐκ δευτέρου (ἀλέκτωρ ἐφώνησεν)	
169)	15, 8:	καὶ ἀναβὰς ὁ ὄχλος ἤρξατο αἰτεῖσθαι καθὼς ἐποίει αὐτοῖς	
170)	15, 21:	τὸν πατέρα τοῦ Ἀλεξάνδρου καὶ Ῥούφου	
171)	15, 24:	τίς τί ἄρῃ	
172)	15, 25:	ἦν δὲ ὥρα τρίτη καὶ ἐσταύρωσαν αὐτόν	
173)	15, 29:	οὐά	
174)	15, 41:	καὶ ἄλλαι πολλαὶ αἱ συναναβᾶσαι αὐτῷ εἰς Ἱεροσόλυμα	
175)	15, 43:	τολμήσας	
176)	15, 44–45:	ὁ δὲ Πιλᾶτος ἐθαύμασεν εἰ ἤδη τέθνηκεν, καὶ προσκαλεσάμενος τὸν κεντυρίωνα ἐπηρώτησεν αὐτὸν εἰ πάλαι ἀπέθανεν· καὶ γνοὺς ἀπὸ τοῦ κεντυρίωνος ἐδωρήσατο τὸ πτῶμα τῷ Ἰωσήφ	
177)	16, 1:	ἠγόρασαν ἀρώματα ἵνα ἐλθοῦσαι ἀλείφωσιν αὐτόν	
178)	16, 3:	καὶ ἔλεγον πρὸς ἑαυτάς· τίς ἀποκυλίσει ἡμῖν τὸν λίθον ἐκ τῆς θύρας τοῦ μνημείου;	
179)	16, 4 b:	ἦν γὰρ μέγας σφόδρα	
180)	16, 8:	ἔφυγον (ἀπὸ τοῦ μνημείου) εἶχεν γὰρ αὐτὰς τρόμος καὶ ἔκστασις καὶ οὐδενὶ οὐδὲν εἶπαν· ἐφοβοῦντο γάρ.	

Von diesen angeführten Überhängen des Markus sind in mehr als der Hälfte der Fälle der Text des Matthäus und Lukas gleichzeitig betroffen, in den übrigen Fällen jeweils nur der Evangelist, dessen Akoluthie Markus sich angeschlossen hat.

Gemeinsame kleinere Überhänge des Matthäus und Lukas
über den Text des Markus

Markus Matthäus und Lukas

1)	1, 5	3, 5	3, 3:	πᾶσα περίχωρις τοῦ Ἰορδάνου
2)	1, 8	3, 12	3, 16:	καὶ πυρί
3)	1, 40	8, 2	5, 12:	κύριε

	Markus	Matthäus	Lukas	
4)	2, 3	9, 2	5, 18:	ἐπὶ κλίνης
5)	2, 12	9, 7	5, 25:	ἀπῆλθεν εἰς τὸν οἶκον αὐτοῦ
6)	2, 23	12, 1	6, 1:	ἐσθίειν
7)	2, 26	12, 4	6, 4:	μόνοι (ἱερεῖς)
8)	3, 5	12, 13	6, 10:	σου (τὴν χεῖρα)
9)	4, 10	13, 11	8, 10:	γνῶναι (τὰ μυστήρια)
10)	4, 15	13, 19	8, 12:	καρδία
11)	4, 36	8, 23	8, 22:	ἐμβαίνειν εἰς τὸ πλοῖον
12)	4, 36	8, 23	8, 22:	οἱ μαθηταὶ αὐτοῦ
13)	4, 38	8, 25	8, 24:	προσελθόντες
14)	5, 27	9, 20	8, 44:	τοῦ κρασπέδου
15)	6, 7	10, 8	9, 1:	καὶ θεραπεύειν νόσους
16)	6, 44	14, 21	9, 14:	ὡσεί (πεντακισχίλιοι)
17)	9, 2	17, 2	9, 29:	τὸ πρόσωπον
18)	9, 7	17, 5	9, 34:	αὐτοῦ λαλοῦντος (Lk.: αὐτοῦ λέγοντος)
19)	9, 19	17, 17	9, 41:	καὶ διεστραμμένη
20)	9, 19	17, 17	9, 41:	ὧδε
21)	10, 22	19, 22	18, 23:	ἀκούσας
22)	10, 26	19, 25	18, 26:	ἀκούσαντες
23)	11, 27	21, 23	20, 1:	διδάσκοντος (Mt.: διδάσκοντι)
24)	12, 3	21, 35	20, 10:	οἱ γεωργοί
25)	12, 7	21, 38	20, 14:	ἰδόντες αὐτόν (Mt.: τὸν υἱόν)
26)	12, 12	21, 45	20, 16:	οἱ ἀρχιερεῖς
27)	12, 12	21, 45	20, 16:	ἀκούσαντες
28)	12, 28	22, 35	10, 25:	διδάσκαλε
29)	12, 28	22, 36	10, 25:	πειράζων (Lk.: ἐκπειράζων)
30)	12, 38	23, 1	20, 45:	τοῖς μαθηταῖς
31)	13, 19	24, 21	21, 23:	μεγάλη
32)	14, 37	26, 40	22, 45:	πρὸς τοὺς μαθητάς
33)	14, 62	26, 64	22, 69:	ἀπ᾽ ἄρτι (Lk.: ἀπὸ τοῦ νῦν)
34)	14, 65	26, 68	22, 64:	τίς ἐστιν ὁ παίσας σε;
35)	14, 72	26, 75	22, 62:	ἐξελθὼν ἔξω ἔκλαυσεν πικρῶς

Zusammentreffen des Matthäus und Lukas gegen Markus in gemeinsamen Wendungen und Wörtern

	Markus	Matthäus	Lukas
1)	1, 10	σχίζεσθαι	ἀνεωχθῆναι
2)	1, 10	εἰς αὐτόν	ἐπ᾽ αὐτόν
3)	1, 13	σατανᾶς	διάβολος

		Markus	*Matthäus*	*Lukas*
4)	2, 9	ὕπαγε (SDit)		περιπάτει
5)	2, 12	ἐξίστασθαι	φοβηθῆναι	πλησθῆναι φόβοι
6)	2, 16	ὅτι		διὰ τί
7)	2, 21	ἐπιράπτειν		ἐπιβάλλειν
8)	2, 26	σὺν αὐτῷ		μετ' αὐτοῦ
9)	3, 1	ἐξηραμμένη (χεῖρ)		ξηρά (χεῖρ)
10)	4, 41	ἐφοβήθησαν	ἐθαύμασαν	φοβηθέντες ἐθαύμασαν
11)	5, 14	ἐλθεῖν	ἀπελθεῖν	ἐξελθεῖν
12)	5, 27	ἐλθεῖν		προσελθεῖν
13)	6, 11	χοῦς		κονιορτός
14)	6, 32	ἀπελθεῖν	ἀναχωρεῖν	ὑποχωρεῖν
15)	6, 43	πληρώματα	τὸ περισσεῦον	τὸ περισσεῦσαν
16)	8, 31	ὑπὸ (τῶν πρεσβυτέρων)		ἀπὸ (τῶν πρεσβυτέρων)
17)	8, 34	ἀκολουθεῖν ὀπίσω	ἐλθεῖν ὀπίσω	ἔρχεσθαι ὀπίσω
18)	9, 18	ἰσχύειν		δύνασθαι
19)	10, 51	ῥαββουνί		κύριε
20)	11, 2+11, 7	φέρειν		ἀνάγειν
21)	12, 15	φέρειν	ἐπιδεῖξαι	δεῖξαι
22)	12, 18	ἔρχεσθαι πρός		προσελθεῖν
23)	12, 22	ἔσχατον		ὕστερον
24)	12, 37	λέγειν		καλεῖν
25)	14, 11	εὐκαίρως		εὐκαιρίαν
26)	14, 36	αλλὰ — ἀλλὰ		πλήν — ἀλλά
27)	14, 47	παίειν		πατάσσειν
28)	14, 47	ὠτάριον		ὠτίον (Lk.: 22, 51)
29)	14, 53	συνέρχεσθαι		συναχθῆναι (Lk.: 22, 66)
30)	15, 1	ἀποφέρειν (ἀπήνεγκαν)		ἀπάγειν (Lk.: ἄγειν)
31)	15, 20	ἐξάγειν		ἀπάγειν
32)	15, 39	κεντυρίων		ἑκατόνταρχος (Lk.: ἑκατοντάρχης)
33)	15, 43	εἰσελθεῖν πρὸς (τὸν Πιλᾶτον)		προσελθεῖν (τῷ Πιλάτῳ)
34)	15, 46	ἐνειλεῖν		ἐντυλίσσειν
35)	8, 31	μετὰ τρεῖς ἡμέρας ἀναστῆναι		τῇ τρίτῃ ἡμέρᾳ ἐγερθῆναι

Zusammentreffen des Matthäus und Lukas gegen Markus
in Abweichungen am gleichen Wort

		Markus	Matthäus	Lukas
1)	2, 22	εἰ δὲ μή	εἰ δὲ μὴ γε	
2)	4, 4	ἐξῆλθεν ὁ σπείρων σπεῖραι	ἐξῆλθεν ὁ σπείρων τοῦ σπεῖραι	
3)	4, 9	ὃς ἔχει ὦτα	ὁ ἔχων ὦτα	
4)	4, 11	τὸ μυστήριον (τῆς βασιλείας)	τὰ μυστήρια (τῆς βασιλείας)	
5)	4, 41	ὁ ἄνεμὸς ὑπακούει αὐτῷ	οἱ ἄνεμοι ὑπακούουσιν αὐτῷ	
6)	6, 7	προσκαλεῖται	προσκαλεσάμενος	συγκαλεσάμενος
7)	6, 7	ἐδίδου	ἔδωκεν	
8)	8, 36	ὠφελεῖν	ὠφελεῖσθαι	
9)	9, 14	ἐλθόντες	ἐλθόντων	
10)	9, 31	παραδίδοται	μέλλει παραδίδοσθαι	
11)	10, 20	ἐφυλαξάμην	ἐφύλαξα	
12)	10, 28	ἠκολουθήκαμεν	ἠκολουθήσαμεν	
13)	11, 1	ἐγγίζουσιν	ἤγγισαν	ἤγγισεν
14)	11, 1	ἀποστέλλει	ἀπέστειλεν	
15)	11, 2	λύσατε	λύσαντες	
16)	11, 3	εἴπατε	ἐρεῖτε	
17)	11, 8	εἰς τὴν ὁδόν	ἐν τῇ ὁδῷ	
18)	12, 17	ἐξεθαύμαζον	ἐθαύμασαν	θαυμάσαντες
19)	13, 2	καταλυθῇ	καταλυθήσεται	
20)	13, 25	αἱ δυνάμεις αἱ ἐν τοῖς οὐρανοῖς	αἱ δυνάμεις τῶν οὐρανῶν	
21)	14, 10	Ἰσκαριώθ	Ἰσκαριώτης	
22)	15, 14	σταύρωσον	σταυρωθήτω	σταυρωθῆναι

Soweit die Zusammenstellung der textualen Divergenzen und Differenzen zwischen dem Markusevangelium und denen des Matthäus und Lukas.

Zwischen den Zeilen dieses Gesamtüberblicks ist bereits *die im vorhinein bestehende immanente Problematik der Markushypothese* herauszulesen. Aufgrund dessen läßt sich nunmehr genau der *Aufgabenbereich* bestimmen, *vor den sich die Protagonisten der Markushypothese gestellt sahen,* wenn sie den Nachweis für deren Richtigkeit zu führen hatten. Es oblag ihnen unausweichlich, für folgende Fragen eine Antwort zu finden und für die von diesen umschlossenen Probleme eine Lösung zu erbringen – eine Lösung, die sich als zwingender als die von Griesbach gefundene zu erweisen hatte:

1) Woher kam das umfassende inhaltliche Mehrgut, das Matthäus und Lukas gemeinsam über den Stoff des Markusevangeliums hinaus enthielten?

2) Wie konnte es angehen, daß jenes oben (S. 14 Ziff. 1–4) erwähnte inhaltliche Mehrgut des Markusevangeliums übereinstimmend im Matthäus- und Lukasevangelium defizient blieb, wenn Markus ihre Quelle gewesen war?

3) Wie war es zu erklären, daß Matthäus und Lukas in hundertachtzig Fällen unabhängig und ohne Wissen voneinander übereinstimmend stets die gleichen Wendungen und Sätze des Markusevangeliums ausgelassen und übergangen hatten – wenn dieses ihre Quelle gewesen war?

4) Wie war es möglich, daß der erste und der dritte Evangelist ohne Kontakt miteinander, aber trotz ihrer getrennten Arbeitsweise doch übereinstimmend an genau der gleichen Stelle dem ihnen vorliegenden Text des Markus in fünfunddreißig Fällen genau die gleiche Wendung hinzufügten?

5) Wodurch wurden Matthäus und Lukas veranlaßt, in weiteren fünfunddreißig Fällen übereinstimmend ein Wort, das sie hypothesengemäß in ihrer Markusvorlage vorfanden, unabhängig voneinander durch ein neues, aber bei ihnen beiden gleichlautendes zu ersetzen?

6) Aus welchem Grunde hatten die beiden anderen Synoptiker in zweiundzwanzig Fällen unabhängig und ohne Kontakt miteinander, aber doch in gleicher Weise an demselben Wort, das sie im Text mit Markus gemeinsam hatten, genau die gleiche kleine Modifikation vorgenommen?

Man sieht, es war eine gar schwere Bürde, die sich die Begründer der Markushypothese aufluden, wenn sie sich ohngeachtet einer solchen Vorausbelastung ans Werk machten, ihre Richtigkeit zu erweisen. Und es war schon rein quantitativ eine wahre Sisyphusarbeit, die sie zu bewältigen hatten – von den sich bergehoch auftürmenden inneren Schwierigkeiten der Markushypothese gar nicht zu reden.

Allerdings erheben sich berechtigte Zweifel, ob sie sich derselben auch wirklich voll bewußt waren. Jedenfalls ist *die immanente Problematik der Markushypothese niemals von ihnen als Gesamtheit in ihrer lastenden Schwere herausgestellt worden,* obschon es doch wohl die vordringliche Aufgabe eines planmäßig verfahrenden Quellenforschers sein müßte, vor dem Einstieg in die Einzelarbeit sich einen umfassenden Überblick über das Ganze des anstehenden Problembereichs zu verschaffen und dann nach dem strategischen Prinzip zu verfahren: Lage beurteilen, Entschluß fassen, handeln.

Nach einer solchen vorbereitenden Abwägung des Für und Wider ihrer Quellentheorie hält man bei den Begründern der Markushypothese vergeblich Ausschau. Man hat vielmehr den Eindruck, daß sie vorschnell medias in res gehen und ihren Blick überwiegend den Detailfragen zuwenden, die beim Durchgang durch die synoptischen Evangelien unter der Perspektive der Markushypothese betrachtet und gegebenenfalls mit dieser „zum Stimmen gebracht" werden. Aber nur wenn *das Ganze* dieser Teile ineinandergriffe und sich zu einer lückenlosen Beweiskette ohne ungelöst bleibende Fragen zusammenschlösse, könnte man sagen, daß die Markushypothese aufginge – jedenfalls von dieser Seite her.

Wir werden daher im folgenden *diese Quellentheorie einer scharfen Feuerprobe unterziehen und an Hand ihrer Geschichte prüfen*, ob sie diese zu bestehen vermag, d.h., *ob sie durch das Gewicht ihrer sachlichen Argumente den Wahrheitsbeweis dafür erbringen kann*, daß die Markushypothese die richtige Lösung des synoptischen Problems darstellt.

Es dürfte dabei von entscheidender Bedeutung sein, diese grundlegende Frage bereits von Anfang an, d.h. *schon in der Fundierung durch ihre Begründer, zu überprüfen* – „at the very beginning of the hypothesis". Aus welchem Grunde? Nun, man könnte immerhin einwenden, es handle sich dabei doch um „olle Kamellen", alte Forschungsergebnisse, die bereits hundert Jahre und mehr zurücklägen. Inzwischen seien sie doch immer von neuem durch die einschlägige Fachforschung überprüft und bestätigt worden; es sei gar nicht mehr nötig, dies noch einmal zu wiederholen; sie gehörten seit langem zu den „gesicherten Ergebnissen der Wissenschaft" und stünden da wie ein rocher de bronze.

Aber gesetzt den Fall, dieses „gesicherte Ergebnis der Wissenschaft" wäre falsch, dann müßte oder zumindest könnte es bereits am Anfang falsch geworden sein. Und dann käme es allerdings *entscheidend darauf an, es in statu nascendi zu überprüfen* und sein peccatum originale ausfindig zu machen. Das tun wir im folgenden.

A. Kritische Analyse der Entstehung der Markushypothese

I. Die Begründung

Die Auseinandersetzung um die Markushypothese ist in ihrem Anfangsstadium von einer geradezu dramatischen Bewegtheit erfüllt. Bereits die Ouvertüre beginnt mit einem Bruderzwist. Als ihre beiden Begründer gelten Wilke und Weiße. Diese werden seit eh und je in einem Atemzuge genannt und geradezu als forschungsgeschichtliches Dioskurenpaar betrachtet, von denen Jülicher/Fascher sagen, sie hätten „die Markushypothese glänzend inauguriert" (Einl. in d. N.T. 1931[7] S.329). Das mag wohl daran liegen, daß die grundlegenden Werke beider im gleichen Jahre erschienen (1838).

Aber sie waren sich tatsächlich nur in dem einen Punkte einig, daß das Markusevangelium die Quelle des Matthäus und Lukas gewesen sei, wobei sie bereits in einer wesentlichen Modalität differierten: Weiße sah das Markusevangelium als eine indirekt von Petrus inspirierte apostolische Quelle zweiter Hand an, Wilke schlechthin als das „Urevangelium". Hinsichtlich der nun weiterführenden, zwangsläufig sich erhebenden grundlegenden Frage, woher denn Matthäus und Lukas ihren durch Markus inhaltlich nicht gedeckten gemeinsamen Teil hätten, blieben sie und ihre Anhänger tief zerstritten.

Man kann diese Frage geradezu als das Grundproblem der Markushypothese ansehen, das sich leitmotivartig durch ihre gesamte Geschichte hindurchzieht: Woher kommt der nicht-markinische gemeinsame Stoffteil des ersten und dritten Evangeliums? Die unüberbrückbare Meinungsdivergenz der beiden Begründer der Markushypothese über diese fundamentale Frage ihrer Quellentheorie führte bereits im ersten Jahr der Publikation ihrer beiden Werke zu einer tiefgreifenden Kontroverse zwischen Weiße und Wilke: Dieser vertrat eine innersynoptische Lösung, jener eine außersynoptische.

Obgleich Wilkes Werk einige Monate nach dem Weißes erschien – jedoch beide im gleichen Jahr –, wenden wir uns zunächst Wilkes Begründung der Markushypothese zu und dann erst Weißes, weil von seiner Fundierung der Quellentheorie die weiterführende geschichtliche Wirkung ausgegangen und als Nachwirkung geblieben ist bis auf den heutigen Tag.

a) Die innersynoptische Lösung (Christian Gottlob Wilke)

Christian Gottlob Wilke (1788–1854) war fünf Jahre hindurch evangelischer Feldprediger des sächsischen Heeres, vierzehn Jahre lang Pfarrer zu Hermannsdorf im Erzgebirge; seit 1836 lebte er als Privatmann in Dresden. 1838 gab er seinen „Urevangelisten" heraus, 1840/1841 ein Wörterbuch zum Neuen Testament „Clavis Novi Testamenti Philologica", das von Wilhelm Grimm überarbeitet wurde; 1845 veröffentlichte er eine Rechtfertigungsschrift für seinen geplanten Übertritt zum Katholizismus: „Kann ein Protestant mit gutem Gewissen zum Katholizismus übertreten?" Im folgenden Jahre konvertierte er. Bis zu seinem Tode lebte er dann in Würzburg.

Der genaue Titel seines Hauptwerkes, das im Jahre 1838 erschien, lautet:

Der Urevangelist

oder

exegetisch-kritische Untersuchung über das Verwandtschaftsverhältnis der drei ersten Evangelien

von Christian Gottlob Wilke,

vormaligem Pfarrer zu Hermannsdorf im Sächsischen Erzgebirge.

Dresden und Leipzig 1838.

Wilke schickt seinem Werk ein Vorwort voraus. Wir geben es in vollem Wortlaut wieder, weil es informativ ist für die Erkenntnis seiner Grundeinstellung gegenüber dem allgemeinen Phänomen der Wissenschaft wie im besonderen seinem anstehenden Forschungsgegenstand:

„Mit welchen Schwierigkeiten das Werk verknüpft sei, das in dem Wechselverhältnis der Evangelien enthaltene Problem aufzulösen, oder auch nur der darüber anzustellenden Untersuchung planmäßige Analyse und systematische Einrichtung zu geben, das braucht vor Sachverständigen nicht erst auseinandergesetzt zu werden. Ich habe länger als zehn Jahre über das Problem und den Plan dieser Schrift nachgedacht, und gebe nur das Resultat der Studien, die ich in meinem Pfarrerleben neben den Geschäften des Amtes und seit dem Jahre 1832 unter den bittersten Erfahrungen unermüdet fortsetzte. Ich freue mich innig, daß ich nach harten Kämpfen die Geistesruhe habe wieder gewinnen und behaupten können, die zur Ausarbeitung dieses Werkes erforderlich war. Ob nun durch mein Bemühen die streitige Frage entschieden oder ihrer Entscheidung näher gebracht worden sei, darüber mögen sachkundige und unbefangene Richter urteilen; *von denen aber, frei gesagt, wünsche ich meine Leistung nicht beurteilt, welche sich in der Meinung festgesetzt haben, daß Markus sein Evangelium aus den Werken des Matthäus und Lukas exzerpiert habe, weil ich diesen immerhin achtungswürdigen Männern die nötige Unbefangenheit des Urteils eben so wenig zutraue, als ich selbst für ihre Ansicht gewonnen werden kann* (Hvhbg. v. Vf.). Wiewohl ich mich überall eines korrekten und bestimmten Ausdrucks befleißigt habe, so sind doch hie und da Phrasen untergelaufen, die ich jetzt ändern würde; weshalb ich mir wünschen muß, daß billige Beurteiler mehr die Sache und den Gehalt als die Form und den Ausdruck ins Auge fassen mögen.

Das Resultat des Ganzen wird sich – diese Überzeugung habe ich – vor jeder Kritik behaupten, und Ausstellungen, die man etwa gegen Einzelnes machte, würden mir nur Veranlassung geben, die Zahl der Beweise zu vermehren, so wie ich den in dieser Schrift gegebenen ohnehin noch viel mehr hätte beifügen können, wenn ich auf Kürze nicht ebensosehr als auf Gründlichkeit hätte bedacht sein müssen.

Noch ist genauere Untersuchung darüber anzustellen, woher Lukas die Materialien, mit denen er Markus' Evangelium bereichert, entlehnt habe (Hvhbg. v. Vf.), ferner, welches der Zweck jedes einzelnen Evangeliums sei, endlich wie und wodurch die Übereinstimmung des Johannes mit dem Typus der andern Evangelien vermittelt worden sei. Auch diesen Untersuchungen werde ich mich, wenn meine Lage, wie ich wünsche und hoffe, sich verbessert, unterziehen. Wie bald ich mein Vorhaben werde ausführen können, oder wie lange ich die Ausführung werde aufschieben müssen, weiß ich nicht; allein mein Mut wird wachsen, mein Fleiß sich verdoppeln, wenn das, was ich mit gegenwärtiger Schrift Gönnern und Freunden kritischer Untersuchungen darbiete, eine günstige Aufnahme gefunden hat.

Dresden, den 12. April 1838. Ch. G. Wilke."

Wir lassen dieses Vorwort Wilkes zunächst kommentarlos als indirekte Selbstcharakteristik für sich allein sprechen und nehmen erst am Ende unserer Gesamtkritik an Wilke wertend und auswertend dazu Stellung.

Er hatte nun seinem Werk den Titel gegeben „Der Urevangelist." Sein Ergebnis lautet kurz und bündig:

„Markus ist der Urevangelist. Sein Werk ist's, das den beiden andern des Matthäus und Lukas zum Grunde liegt" (S. 684).

Man muß sich aus der Perspektive jener Zeit einmal vorstellen, welche Wirkung diese im Titel angekündigte Grundthese ausüben mußte. Vorangegangen war ja Eichhorn mit seiner Theorie eines zu erschließenden schriftlichen Urevangeliums sowie Gieseler mit der eines mündlichen. Beide hatten sich unter Aufgebot nicht unbeträchtlichen Scharfsinns nachhaltig bemüht, ein solches zu konstruieren. Nun kam Wilke und erklärte: Ihr sucht das Urevangelium? Warum wollt ihr weiter schweifen? Seht, hier ist es: Markus!

Man kann sich die Überraschung der Zeitgenossen kaum groß genug vorstellen. Es war eine echte wissenschaftliche Sensation – so fern lag der Gedanke, das gesuchte Urevangelium, das man als die Grundlage der kanonischen ansah, sollte eins von diesen selbst sein. Allenfalls hätte man es unter den fragmentarisch erhaltenen zu finden gehofft, wie Lessing es mit seinem Nazaräerevangelium getan hatte, von dessen Existenz wir durch Hieronymus wissen (Lessing: Neue Hypothese über die Evangelisten als bloß menschliche Geschichtsschreiber betrachtet. 1778, hrsg. 1784). Aber eins der synoptischen Evangelien selbst? Das übertraf die kühnsten Erwartungen. Dieser Grundgedanke Wilkes ließ die These des unmittelbar vorhergegangenen Weißeschen Werkes, in dem Markus nur als das älteste Evangelium hingestellt wurde, dagegen verblassen und drängte es in den Hintergrund. Die ohnehin schon faszinierende Wirkung des Titels „Der Urevangelist" wurde noch dadurch fast bis zur Erregung gesteigert, daß Wilke gegen Ende seines Werkes mit Emphase versicherte:

„*Wir geben für alle Ewigkeit Brief und Siegel, daß unser Resultat das richtige sei*" (S. 684).

Damit hatte er sich selbst in die Pflicht genommen und war unausweichlich genötigt, seine Grundthese zwingend zur Evidenz zu bringen.

Wir wenden uns nunmehr Wilkes sachlichen Argumenten zu, um zu prüfen, welchen Beweiswert sie besitzen.

Er teilt sein Werk, das mit seinem Umfang von 694 Seiten eine, wie Hilgenfeld sagte, „ebenso mühsame wie ermüdende Untersuchung" darstellt, in zwei Hauptteile, denen er eine Einleitung vorausschickt. Diese enthält bereits den entscheidenden, grundlegenden Teil seiner Fundierung der Markushypothese und behandelt auf zweiundzwanzig Seiten „*Das wechselseitige Verhältnis der drei ersten Evangelien im allgemeinen*". Wilke stellt darin drei synoptische Tafeln auf:

„Die erste wird diejenigen Erzählungsstücke aufweisen, welche allen drei Evangelien mit einander gemeinsam sind, auch werden ihr diejenigen Abschnitte beigegeben werden können, welche mit einem der beiden andern Evangelisten Markus gemein hat, weil mit diesem immer einer von jenen parallel geht. Auf der andern Tafel werden diejenigen Stücke zu stehen kommen, die dem Matthäus und Lukas angehören. Die dritte wird diejenige aufnehmen, die nur das Eigentum eines Einzelnen sind" (S. 4).

Der Aufstellung der ersten Tafel legt Wilke folgendes Prinzip zu Grunde: „*Da Markus immer der Begleitete ist,* so daß die von ihm befolgte Ordnung immer von einem der beiden Mitdarsteller festgehalten wird, so wird es zur Übersicht des Materials am zweckmäßigsten sein, den Markus in dreispaltigem Context voranzustellen" (S. 4; Hvhbg. v. Vf.).

Aus dieser Vorbemerkung wird bereits ersichtlich, daß Wilke bei seinem Aufstellungsprinzip von einer *vorgefaßten* Meinung ausgeht, die es indes erst noch zu beweisen galt, nämlich der Markushypothese. Er verfährt jedoch so, als ob sie bereits bewiesen wäre: „Da Markus immer der Begleitete ist..." Und aus dieser unbewiesenen Voraussetzung zieht Wilke dann bereits die Folgerung: „so daß die von ihm (Markus) befolgte Ordnung immer von einem der beiden Mitdarsteller festgehalten wird".

Aber eben dies ist eine strittige Frage, die in den Kern des synoptischen Problems hineinführt. Wir stellen die grundsätzliche Auseinandersetzung darüber jedoch zunächst zurück und nehmen sie im zweiten Teil unserer Untersuchung „Kritische Analyse der Beweise der Markushypothese" zur definitiven Entscheidung wieder auf.

Welche Auswirkung nun Wilkes Vorwegnahme des erst noch zu beweisenden Untersuchungsergebnisses hat, zeigt sich darin, daß er allen drei Tafeln die *gemeinschaftliche Relation* der drei Evangelisten zugrunde legt. Man fragt unwillkürlich: Wo beginnt und endet denn diese „gemeinschaftliche Relation"?

Wilkes Antwort lautet: „Der Anfangspunkt der gemeinschaftlichen Relation ist also der Beginn des öffentlichen Lebens Jesu" (S. 8). Und dazu macht er nun eine wesentliche Einschränkung: „sofern ihm die Taufe des Johannes als Bedingung vorausgeht" (S. 8). Das aber heißt mit anderen Worten: *Es ist der Beginn des Markusevangeliums.* Man fragt weiter: Und wo endet die gemeinschaftliche Relation? Wilkes Antwort lautet: „Der Endpunkt ist Jesu Auferstehung" (S. 8). Diese nämlich sieht Wilke am unechten Markusschluß für echt an. Mit dieser Auffassung steht er allerdings bis auf den heutigen Tag in der Forschung allein da.

Diesen Markusrahmen legt Wilke nun auch der zweiten Tafel zugrunde, die nur die gemeinsamen Abschnitte des Matthäus und Lukas umfaßt. Dabei läßt er sowohl die Geburtslegenden als auch das Evangelium infantiae und die Genealogien aus. Mit welchem Recht? Weil sie nicht im *Markus* stehen; denn thematisch können sie ja beim ersten und dritten Evangelisten auf jeden Fall in Parallele gestellt werden. Aber das läßt Wilke nicht als Anfangspunkt dieser beiden Evangelien gelten. Er sagt vielmehr: „Vor diesen Anfangspunkt stellen Matthäus und Lukas jeder eine besondere Geburts- und Kindheitsgeschichte Jesu" (S. 8). Und welches ist dieser „Anfangspunkt", den Wilke zugrunde legt? Nun, eben *der Beginn des Markusevangeliums!*

Auch in der Tafel drei, die das Sondergut umfaßt, führt Wilke die „Vorgeschichte" des Matthäus bzw. Lukas nicht auf, sondern nur das Sondergut, das *innerhalb des Markusrahmens* liegt. Infolgedessen ergibt sich von vornherein kein Gesamtbild der Synoptiker, sondern nur eine *Zusammenschau unter der Markusperspektive!*

Nun greifen in der Hypothesenargumentation ja stets die positive und die negative Beweisführung ineinander; sie sind miteinander gekoppelt, ja durchdringen sich gegenseitig, d. h., wenn man die eigene Ansicht zur Evidenz bringen will, muß man die entgegenstehenden ad absurdum führen. Wilkes Theorie von Markus als dem Urevangelisten standen drei andere Hypothesen entgegen: 1. die Eichhornsche Konstruktion eines schriftlichen Urevangeliums, 2. Gieselers Aufstellung einer mündlich weitergetragenen Urfassung und 3. die Griesbachsche Hypothese. Wilkes richtige Widerlegung der ersten beiden Theorien lassen wir außer Betracht, da sie ja von dem hier zur Frage stehenden Benutzungsverhältnis nicht betroffen sind.

Wilkes intensivste und emphatischste Auseinandersetzung gilt auch sowieso der Griesbachhypothese. Wie ernst er sie nimmt, geht schon daraus hervor, daß er selbst nicht umhin kann, ihr zumindest den unmittelbaren Anschein der Richtigkeit zuzusprechen. Sein „17. Datum" lautet:

„Dadurch, daß Matthäus und Lukas den ursprünglichen Text jeder an verschiedenen Stellen mit verschiedenen Elementen versetzt haben, hat Markus' Text das Ansehen einer aus den Rezensionen jener Schriftsteller gemachten Mischung und Kompilation erhalten" (S. 28; Hvhbg. v. Vf.).

Das ist in der Tat ein bemerkenswertes Eingeständnis Wilkes. Wodurch sucht er es zu entkräften? Nun, dadurch, daß er fortfährt: *„obgleich Markus von dem, was eigentümliche Schreibart seiner Nebenschriftsteller ist, nichts hat"* (S. 28; Hvhbg. v. Vf.).

Fragt man sich nun, welches denn die „eigentümliche Schreibart seiner Nebenschriftsteller ist", so versteht Wilke darunter das, was sich im Markusevangelium *nicht* findet. Und fragt man weiter, welches denn die „eigentümliche Schreibart" des *Markus* sei, so ist es das, was Matthäus und Lukas mit Markus gemeinsam haben; denn, wie Wilke später sagt, „gerade die Sätze, welche das Substrat der Umbildung sind, haben ihre eigentümliche Gestalt noch im Markus" (S. 457).

Und woher weiß Wilke, daß das „Substrat der Umbildung" gerade Markus und nicht Matthäus und Lukas sind? Weil Markus der „Ursprüngliche" und der „Urevangelist" ist! Man sieht, es ist stets dieselbe *Petitio principii* und immer der gleiche *Circulus vitiosus*.

Und den „Beweis" dafür, daß Markus der Ursprüngliche sein müsse, führt Wilke aus der subjektiven Unmöglichkeit, daß er der Nichtursprüngliche sein könne. Sein „18. Datum" läßt bereits durch eine negative Scheinargumentation die Tendenz Wilkes deutlich werden:

„Markus' Text sondert sich so von den Nebentexten aus und vereinigt die Bestandteile derselben so in sich, daß er als eine aus ihnen gemachte Mischung entweder der Ausfluß einer unwillkürlich im Gedächtnis des Schreibers aus beiden Texten entstandenen Koalition oder ein beim Ausschreiben beider Texte zufällig gemachter Zusammenwurf oder endlich der Effekt einer absichtlichen Kastration beider Texte sein müßte. – Aber jede dieser Voraussetzungen hebt er selbst auf…" (S. 438 f).

Nach dieser „Einstimmung", man möchte sagen: nachdem er den Boden psychologisch genügend vorbereitet hat, holt Wilke zum entscheidenden Schlage aus, indem er in einer wahrhaft hyperbolischen Verzerrung, die mit sachlicher Argumentation nichts mehr zu tun hat, die Griesbachsche Grundthese ad absurdum zu führen sucht:

„*Markus wäre nicht Abbreviator, auch nicht Epitomator, nicht Exzerptor, sondern – Kastrator der Nebentexte, oder wie sollte man den Verstümmler der geborgten Sätze und den Menger des Verstümmelten sonst nennen?* Und diese Idee bestünde mit der Idee eines vernünftigen Schriftstellers? Und könnte geäußert werden, ohne den besonnenen, seine Mitreferenten an Genauigkeit bei weitem übertreffenden Verfasser des Fasels und Leichtsinnes zu beschuldigen? Was sollte den Markus zu diesem *Spiel mit den Ausdrücken seiner Gewährsmänner* und zu dem Entschlusse, *aus ihren Worten einen Mischmasch zu machen,* bewogen haben? Strebte er etwa so nach Originalität?" (S. 443 f; Hvhbg. v. Vf.).

Nun, diese Ausdruckshypertrophie Wilkes bedarf keines Kommentars. Wir nehmen zu diesem und verwandten Fällen später in Teil C „Die ideologischen Hintergründe der Markushypothese" prinzipiell Stellung.

Wilke scheint nach dieser emotional bestimmten Abqualifikation der Griesbachschen Hypothese seine eigene Quellentheorie für hinreichend fundiert zu halten – jedoch *mit einer Einschränkung*:

„21. Datum: Nach dem Wechselverhältnisse, in welches die parallelen Texte der mitgeteilten Redestücke zu einander gestellt sind, steht der Annahme, daß Markus der Urverfasser der Relationen sei, *nichts weiter im Wege als die Zusätze, um welche sein Text reicher als der gemeinsame ist*".

Eben das ist das erste Grundproblem, das an die Begründer der Markushypothese herantritt: *die Überhänge des Marcus*. Wilke hat nun also zu erweisen, warum Matthäus und Lukas das Mehrgut des Markus „übergangen" und „ausgelassen" haben, wie es ja hypothesengemäß der Fall sein muß, und zwar nicht nur seine Sonderperikopen, sondern auch die Fülle paraphrastischer kleinerer Wendungen, die Markus über den Text der beiden anderen Synoptiker hinaus aufweist.

Wie wird Wilke mit diesem Problem fertig? Seine Lösung ist ebenso einfach wie falsch: Es sind – „*Interpolationen*", sagt er. Im Anschluß an sein Hauptergebnis „Markus ist der Urevangelist" und „Sein Werk ist's, das den beiden andern zum Grunde liegt", erklärt er auf derselben Seite:

„Markus' Werk – das hat sich mit dem Hauptresultat zugleich ergeben – hat, *einzelne Interpolationen abgerechnet,* ursprünglich keinen anderen Plan und keine andere Form gehabt, als er jetzt hat" (S. 684).

Das ist nun die entscheidende Bemerkung, durch die Wilke seine Markushypothese vor dem Eingeständnis ihrer Insuffizienz zu retten sucht. Man sieht hier bereits, ja, es ist unverkennbar, wie er sie zu verharmlosen sucht: Aus den hundertachtzig Überhängen des Markus werden „einzelne Interpolationen" oder auch – „Eliminationen".

In manchen Fällen waren nämlich auch Wilke selbst doch offenbar Bedenken und Zweifel aufgekommen, ob es wirklich angängig sei, die kleinen markinischen Überhänge uneingeschränkt als „Einschiebsel" und „Zusätze" – wie er statt „Interpolationen" auch gerne sagt – von Redaktoren

34

anzusehen. Daher wandte er noch ein zweites Mittel an, damit auch diejenigen abundanten Teilchen des Markustextes, bei denen er selbst seiner Sache nicht sicher war, seiner Markushypothese nicht abträglich werden könnten, und erklärte sie kurzerhand für „Eliminationen" – oder, wie er auch sagt: „Textreinigungen" und „Absonderungen" – des ersten und dritten Evangelisten aus dem Markustext, der ihnen hypothesengemäß ja vorgelegen hatte:

„Anderes aber, was, gegen Matthäus und Lukas gehalten, in Markus' Text Zusatz zu sein scheint (sic!), gehört in den Text, und von ihm läßt es sich eher beweisen, daß die Andern es weggelassen, als daß Markus es nachgetragen habe" (S. 674).

Ohngeachtet seines Zweifels erklärt er bereits zwei Seiten weiter mit apodiktischer Sicherheit: „Jene haben ausgelassen, was sie unleugbar vor sich gehabt haben" (S. 676).

Es handelt sich um folgende angebliche Interpolationen und Eliminationen:

Interpolationen im Markusevangelium
(nach Wilke)

1, 2:	ἰδοὺ ἐγὼ ἀποστέλλω — ἐν τῇ ἐρήμῳ
1, 7:	κύψας
1, 13:	καὶ ἦν — σατανᾶ
2, 14:	τὸν τοῦ Ἀλφαίου
2, 26:	ἐπὶ — ἀρχιερέως
3, 6:	μετὰ τῶν Ἡρωδιανῶν
3, 17:	καὶ ἐπέθηκεν — βροντῆς
4, 7:	καὶ καρπὸν οὐκ ἔδωκε
4, 10:	σὺν τοῖς δώδεκα
5, 13:	ἦσαν δὲ ὡς δισχίλιοι
6, 9:	ἀλλ' ὑποδεδεμένους
6, 37:	δηναρίων διακοσίων
6, 40:	ἀνέπεσον ἀνὰ πεντήκοντα, πρασιαὶ ἑκατόν
7, 2:	τοῦτ' ἔστιν ἀνίπτοις
7, 3. 4. 13:	οἱ γὰρ Φαρισαῖοι — καὶ χαλκίων . . . ἀκυροῦντες — ποιεῖτε
8, 1–10:	
8, 17:	} Die Speisung der Viertausend.
8, 20:	
9, 6:	ἔκφοβοι γὰρ ἐγένοντο
9, 32. 35. 39:	jeweils ganzer Vers
10, 16:	ἐναγκαλισάμενος αὐτὰ
10, 31. 32:	καὶ ἐθαμβοῦντο — ἐφοβοῦντο
10, 46:	ὁ υἱὸς Τιμαίου Βαρτιμαῖος

13, 14:	ὁ ἀναγινώσκων νοείτω
13, 21–23:	weil Dublette zu 13,5.6
13, 32:	οὐδὲ ὁ υἱός
14, 51. 52:	ganzer Vers
15, 10:	τὸν — Ῥούφου
15, 24:	καὶ σταυρώσαντες αὐτόν
15, 25:	ἦν τρίτη
15, 42:	ἐπεὶ — προσάββατον
15, 43:	ὃς καὶ αὐτὸς — τοῦ θεοῦ
16, 7:	τῷ Πέτρῳ
16, 9:	ἀναστάς — ἕπτα δαιμόνια.

Wilke sieht den unechten Markusschluß partiell als echt an (s. o. S. 32).

Eliminationen
aus dem Markusevangelium durch Matthäus und Lukas
(nach Wilke)

1, 29:	μετὰ Ἰακώβου καὶ Ἰωάννου
1, 33:	καὶ ἦν ὅλη ἡ πόλις ἐπισυνηγμένη πρὸς τὴν θύραν
2, 3:	αἰρόμενον ὑπὸ τεσσάρων
2, 9:	καὶ ἆρον τὸν κράβατόν σου
3, 32:	καὶ ἐκάθητο περὶ αὐτόν
4, 38:	καὶ αὐτὸς ἦν ἐν τῇ πρύμνῃ
5, 23:	τὸ θυγάτριόν μου ἐσχάτως ἔχει
6, 38:	ὑπάγετε ἴδετε. καὶ γνόντες λέγουσιν
6, 43:	καὶ ἀπὸ τῶν ἰχθύων
10, 21:	ὁ δὲ Ἰησοῦς ἐμβλέψας αὐτῷ ἠγάπησεν αὐτόν
11, 16:	καὶ οὐκ ἤφιεν ἵνα τις διενέγκῃ σκεῦος διὰ τοῦ ἱεροῦ
14, 58:	χειροποίητον + ἀχειροποίητον
15, 44–45:	ὁ δὲ Πιλᾶτος ἐθαύμασεν εἰ ἤδη τέθνηκεν, καὶ προσκαλεσάμενος τὸν κεντυρίωνα ἐπηρώτησεν αὐτὸν εἰ πάλαι ἀπέθανεν· καὶ γνοὺς ἀπὸ τοῦ κεντυρίωνος ἐδωρήσατο τὸ πτῶμα-τῷ Ἰωσήφ

Der kundige Thebaner erkennt auf den ersten Blick, daß es sich bei Wilkes „Interpolationen" und „Eliminationen" in jedem einzelnen Falle um *Hauptbelege und Beweiselemente der Owen-Griesbachschen Hypothese* handelt. Wenn Wilke sie widerlegen wollte, mußte er ihre Argumente entkräften. Da er hierzu nicht in der Lage war, zog er es vor, den Gordischen Knoten zu durchschlagen, d.h. er griff zum Ultimum refugium des festgefahrenen Hypothesenexponenten und ließ nun zweimal einen Deus ex machina in Erscheinung treten: „Interpolation" – „Elimination".

Im übrigen ist zu diesen Korrekturen des Urtextes folgendes Grundsätzliche zu sagen: Wenn die angeblichen Zusätze und Auslassungen auch nur den Anschein einer Wahrscheinlichkeit für sich haben sollten, dann müßte es doch zum mindesten textkritisch begründet oder belegbar sein, d. h., es müßten in den Codices irgendwelche Varianten zu finden sein, die den von Wilke behaupteten Status noch wiedergeben oder durch Spuren darauf hindeuten. Das aber ist nirgends der Fall. Daraus ergibt sich, daß Wilke seine Behauptungen ohne textuale Bezeugung unfundiert aufgestellt hat.

Nun ist aber mit diesen kleineren Überhängen des Markus über Matthäus und Lukas auch für Wilke das Problem des markinischen Mehrgutes noch keineswegs als „gelöst" anzusehen. Denn jetzt erhebt sich die Frage: Was ist denn nun mit den *großen* Überhängen des Markus, den beiden Perikopen von der Heilung des Taubstummen (Mk 7,32—37) sowie der Heilung des Blinden von Bethsaida (8,22—26)? Denn beide lassen sich auch für Wilke weder als „Einschiebsel" noch als „Textreinigungen" aus der Welt schaffen. So erklärt er sie denn auch für *echt* und macht sich anheischig, den Beweis dafür zu erbringen:

„5. Datum. Der Redaktor des Matthäusevangeliums hat das Evangelium des Markus mit seinem ganzen Inhalte, d. h. auch diejenigen Abschnitte, welche Markus allein hat, vor sich gehabt" (S. 680).

Wilke behauptet nachher das gleiche von Lukas, führt aber seinen Hauptbeweis an Matthäus durch, und zwar in einer recht langatmigen Deduktion, von der wir nur den entscheidenden Punkt hervorheben:

„Warum nahm nun aber der Matthäus-Kompilator die spezielle Erzählung des Markus nicht auf? Blicken wir auf seinen Vers 15,30, so sehen wir, daß er sich dafür reichlich entschädigt hat. Er hat gar viel solcher Leute, die geheilt wurden, und endlich mußte er auch ihre Zahl vervielfältigen, da er, wie wir gesehen haben, die zweite Speisung anbringen wollte. Es kann uns also gewiß sein, daß Matthäus die Erzählung des Markus vor sich gehabt habe" (S. 681).

Nun, gar so gewiß kann uns das nicht sein. Denn es ist unschwer zu erkennen, daß Wilke das, was er beweisen will, bereits voraussetzt, nämlich daß Matthäus die Perikope des Markus über die Heilung des Taubstummen „vor sich gehabt habe". Zu diesem Zweck stellt Wilke den *summarischen* Bericht des Matthäus über die Krankenheilungen (Mt 15,30—31) in Parallele mit der *Einzel*heilung des Taubstummen bei Mk (7,32—37).

Es bedarf keines Wortes, daß hier weder ein Parallelfall noch überhaupt ein vergleichbarer Fall vorliegt. Man hätte eine *individuelle* Krankenheilung bei Matthäus mit der zu Rede stehenden bei Markus vergleichen können, aber nicht eine Gesamtdarstellung mit einem Spezialfall. Beide Perikopen haben schon wesensgemäß nichts miteinander zu tun; die eine stellt nicht eine Variante der anderen dar. Die Behauptung Wilkes, daß der

„Matthäus-Kompilator" die spezielle Erzählung des Markus nicht aufgenommen habe, weil er „sich reichlich dafür entschädigt" habe („er hat gar viel solcher Leute, die geheilt wurden"), entbehrt des Beweises und ist einfach erdacht, um nicht zu sagen: aus der Luft gegriffen.

Nun hat Wilke aber noch eine zweite Begründung für seine Behauptung: „... und endlich mußte er (scil. Matthäus) auch ihre Zahl vervielfältigen, da er, wie wir oben gesehen haben, die zweite Speisung anbringen wollte" (S. 681).

Tatsächlich folgt auf Mt 15, 29–31 die „Speisung der Viertausend". Wilke will nun behaupten, Matthäus habe die Einzelheilung des Taubstummen, die er bei Markus vorgefunden habe, in eine Massenheilung differenziertester Art verwandelt, weil er „Volk" brauchte für die darauf folgende Speisung der Viertausend. Abgesehen nun davon, daß es sich hier wiederum um eine weder bewiesene noch beweisbare hypothetische Zweckbehauptung handelt, gibt es einen *klaren Gegenbeweis*: Bei *Markus* folgt auf die Heilung des Taubstummen ebenfalls die Speisung der Viertausend. Markus aber läßt *nicht* vorbereitenderweise Massen herbeiholen und macht keine Anstrengungen, „ihre Zahl zu vervielfältigen, da er die zweite Speisung anbringen wollte", sondern er läßt unmittelbar nach der Heilung des Taubstummen ohne weitere Überleitung oder Motivation das Volk dasein: „In jenen Tagen, als wieder eine große Menge da war und sie nichts zu essen hatten" (Mk 8, 1).

Aber Wilke ficht das nicht an; er weiß sich zu helfen und erklärt kurzerhand: „*Die erwähnte Speisungsgeschichte ist aus dem Matthäus erst später in den Markus hineingetragen worden*" (S. 569; Hvhbg. v. Vf.). Nun, wenn man sich solcher Kunstgriffe der Beweisführung bedient, dann ist freilich leicht hypothetisieren.

Nicht besser ist es mit Wilkes Argumentation bei der zweiten Perikope des markinischen Sondergutes bestellt, der Heilung des Blinden von Bethsaida. Wir ziehen seine ausführliche Beweisführung wieder auf das Wesentliche zusammen, zumal deren Grundgedanke einfach ist. Der Bericht des Markus über die Blindenheilung ist eingebettet zwischen das Gespräch vom Sauerteig (Mk 8, 14–21 par Mt 16, 5–12) und das Petrusbekenntnis zu Cäsarea Philippi (Mk 8, 27–29 par Mt 16, 13–28). Wilke zielt in seiner Beweisführung darauf hin, daß die topographische Situation bei Matthäus ebenfalls auf Bethsaida verweise, und argumentiert nun folgendermaßen:

„Die Worte Mk 8, 13 ἀπῆλθεν εἰς τὸ πέραν (worauf V. 22 zurücksieht) und Mt V. 5 (wodurch die Erwähnung von Bethsaida überflüssig gemacht wird) verhalten sich so zueinander, daß einer von beiden Schriftstellern den gegebenen Text geändert haben muß. Wir wollen beweisen, daß Matthäus geändert habe" (S. 682).

Um das durchführen zu können, arbeitet Wilke wieder mit den beiden Mitteln der Interpolation und Elimination und behauptet nun:

„Jesus fährt auch nach Matthäus, wie man das Zeichen gefordert hat, mit den Jüngern zugleich ab (Mt 16,4) und zu ἀπῆλθεν gehört εἰς τὸ πέραν (wie bei Markus), was Matthäus hier wegläßt. Vor ἐπελάθοντο λαβεῖν ἄρτους setzt aber Matthäus künstlich jenes Weggelassene und schreibt ἐλθόντες εἰς τὸ πέραν οἱ μαθηταί. *Man lasse nur diese Worte weg*, und man hat den Text des Markus" (S. 683; Hvhbg. v. Vf.).

Das ist nun ein wahres Zauberstück, wie Wilke hier argumentiert: „Man lasse nur diese Worte weg, und man hat den Text des Markus". Mit genau dem gleichen Recht könnte man von dem Markustext sagen: Man setze nur diese Worte hinzu, und man hat den Text des Matthäus.

Nun hatte Wilke bis hierhin nur den Beweis zu erbringen versucht, daß *Matthäus* die beiden Sonderperikopen des Markus gekannt habe, wenngleich er sie „ausließ". Jetzt fehlt noch der entsprechende „Beweis" für *Lukas*. Diese Argumentation macht Wilke sich noch leichter:

„Das angeführte und, wie wir wenigstens fest glauben (sic!), erwiesene Datum ist sehr wichtig. Denn was folgt aus ihm? Erstlich folgt, daß, wenn der Redaktor des Matthäusevangeliums die genannten Stücke vor sich gehabt hat, ebendieselben auch Lukas, der die Stücke von Nr. 22–27 absichtlich wegließ, werde vor sich gehabt haben. Wir haben also anzunehmen, das *ganze* Werk des Markus, d. h. alle die Stücke, welche dieses enthält, haben die andern Evangelisten vor sich gehabt" (S. 683).

Nein, das haben wir keineswegs anzunehmen. Weil Matthäus die Perikopen des markinischen Sondergutes laut Wilke gekannt habe, müsse sie Lukas ebenfalls gekannt haben? Warum? Nun, das ergibt sich für Wilke konsequenterweise als eine Folgerung aus der Markushypothese. Denn diese besagt ja, daß das Markusevangelium die Vorlage und Quelle sowohl des Matthäus wie des Lukas gewesen sei und daß diese beiden somit in gleicher Weise dessen ganzen Text gekannt hätten.

Die typische Petitio principii, die hier wieder vorliegt, ist unverkennbar: Für die Markushypothese soll der Richtigkeitsbeweis dadurch erbracht werden, daß die Benutzung des zweiten Evangeliums durch Matthäus und Lukas nachgewiesen wird. Nun aber sucht man die Benutzung des Markus durch den ersten und dritten Evangelisten aus der „Richtigkeit" der Markushypothese zu erweisen und schließt daraus, „daß, wenn der Redaktor des Matthäusevangeliums die genannten Stücke vor sich gehabt, ebendieselben auch Lukas…werde vor sich gehabt haben".

Somit hatte Wilke auf seine Art den Überhang des Markusevangeliums über die beiden anderen Synoptiker „erklärt". Nun blieb aber das noch viel umfangreichere gemeinsame Mehrgut des Matthäus und Lukas übrig, das sich vor allem im Spruchgut kundtut. Woher kam nun dieses? Und wie war es im Rahmen der Markushypothese zu erklären? Das war das andere synoptische Hauptproblem, vor das Wilke sich gestellt sah und mit dem er sich auseinanderzusetzen hatte.

Hier ist nun der Punkt, an dem der charakteristische Unterschied zwischen den beiden gleichzeitigen Begründern der Markushypothese, Wilke und Weiße, in der Bewältigung ihres Fundamentalproblems hervortritt. Weiße sucht sein Heil in einer außersynoptischen Lösung, Wilke wählt eine innersynoptische, ohne Zuhilfenahme einer zweiten Quelle. Er formuliert sie in seinem sechsten „textualen Datum":

„Was in Matthäus' Evangelium den Einschaltungen des Lukas Gleiches oder Verwandtes vorkommt, das ist nirgends anderswoher als aus Lukas entlehnt" (S. 685).

Wilkes Beweis dafür ist kurz. Hat er sich auf 684 Seiten bemüht, evident zu machen, daß Markus die Quelle des Matthäus und Lukas sei, so benötigt er für seinen weiteren Beweis, daß Matthäus nach dem Markus auch noch den Lukas benutzt habe, ganze sieben Seiten. Seine Hauptstütze dabei ist das wohl kaum zu bestreitende Faktum, daß die Feldpredigt des Lukas eine ältere Form aufzeigt als die Bergpredigt des Matthäus. Der Schluß, den Wilke daraus zieht, ist jedoch nicht zwingend:

„Die Bergrede des Lukas ist nicht die verkürzte des Matthäus, sondern umgekehrt die des Matthäus ist die erweiterte des Lukas" (S. 685).

Dieser Schluß ist deshalb nicht zwingend, weil Wilke von vornherein nur die Alternative zwischen diesen beiden Möglichkeiten gelten läßt. Es gibt aber deren mehrere. Bisher konnte jedenfalls nicht bewiesen werden, daß einer der beiden das Evangelium des andern gekannt und benutzt habe; die Abweichungen sind größer als die Übereinstimmungen. Es ist zumindest noch die Möglichkeit als gegeben anzusehen, daß beide den konvergenten Stoff aus der gleichen Quelle geschöpft haben, den divergenten dagegen aus abweichenden. Gerade bei der Bergpredigt liegt es nahe anzunehmen, daß sie sich nicht derselben Quelle bedient haben.

Matthäus hat also nach Wilke die Feldpredigt des Lukas übernommen und erweitert. Das ganze sechste Kapitel sei Einschaltung, sagt Wilke: „Was bei Matthäus das Ansehen haben könnte, die Logia zu sein, welche Papias als Abfassungen des Matthäus erwähnt, das hat für sich nicht bestanden" (S. 691). Die Bergpredigt sei auch nicht von dem Apostel Matthäus verfaßt, sondern von dem „Redaktor des Matthäusevangeliums" – er nennt ihn auch öfter den „matthäischen Kompilator" oder „matthäischen Einschalter" oder „matthäischen Kopisten". „Soll ein solcher Kompilator der Apostel Matthäus gewesen sein?" fragt Wilke. „Das können wir nimmermehr glauben, und so geben wir die Authentie des ersten Evangeliums völlig verloren" (S. 691 f).

Insgesamt führt Wilke das ganze Überhanggut, das Matthäus und Lukas gemeinsam haben, nur auf Lukas zurück. Matthäus habe ihn öfter modifiziert, sei es, weil ihm das eine oder andere passender erschien, oder weil es durch die Stellung einzelner Perikopen, die er von Markus übernommen habe, erforderlich gewesen sei, oder aus anderen Gründen, denen Wilke im einzelnen nachzugehen sucht. Dadurch gelangt er zu dem reichlich vorschnell gewonnenen „Ergebnis":

„Wir haben also gesehen, Matthäus war mit Lukas' Texten bekannt" (S. 691).

Die Frage, woher denn nun Lukas seinen außermarkinischen Stoff — oder, wie Wilke sagt: „Materialien, mit denen er Markus' Evangelium bereichert" — entnommen habe, läßt er unerledigt, wie er in seinem Vorwort selbst erwähnt (s. o. S. 30).

Wilke beendet seine umfangreiche Untersuchung mit den Worten: „Wir schließen unser Werk mit der Versicherung, daß wir nach redlicher Forschung und angestrengtem Fleiße zur Erklärung des vielbesprochenen Phänomens nichts anderes haben auffinden können, als was in dieser Schrift, durch die wir uns den Beifall unparteiischer Wahrheitsforscher haben erwerben wollen, mit seinen Gründen dargelegt worden ist" (S. 694).

Zur Kritik Wilkes

Es entbehrt nicht der wissenschaftlichen und menschlichen Tragik, daß die schärfste Kritik an Wilke ausgerechnet von seinem Mitstreiter für die Richtigkeit der Markushypothese geübt wurde, Christian Hermann Weiße — und zwar noch im gemeinsamen Erscheinungsjahr ihrer beiden grundlegenden Werke. Kaum war nämlich Wilkes „Urevangelist" herausgekommen, da preschte sofort sein erster und schärfster Antagonist vor und unterzog sein Buch einer mitleidlosen, vernichtenden Kritik. Sie erschien in den „Berliner Jahrbüchern für Wissenschaftliche Kritik" 1838 Sp. 595 ff.

Es läßt sich nicht leugnen, daß Weiße dabei die beiden Hauptansatzpunkte für seine Beanstandungen der Argumentation Wilkes richtig gewählt hat, nämlich die „Textreinigungen" im Markusevangelium sowie die Rückführung des matthäisch-lukanischen Überhangs auf die behauptete Abhängigkeit des Matthäus von Lukas. Weiße sagt davon, er müsse fürchten, „daß diese Punkte auch für andere ein Stein des Anstoßes sein werden und dem Erfolge des Werkes vielleicht wesentlichen Eintrag tun können. Besonders gilt dies von dem ersten der hier zu erwähnenden Punkte, nämlich von der *Menge gewaltsamer Textesveränderungen*, namentlich Eliminationen, welche der Verfasser insbesondere mit dem Texte des Markus sich erlaubt hat" (S. 613; Hvhbg. v. Vf.).

Und nun sagt Weiße etwas, das für einen Vertreter der Markushypothese wenig schön klingt:

„Solches Verfahren ist um so bedauerlicher, je unvermeidlicher es bei Unkundigen und noch mehr bei Übelwollenden den Verdacht erwecken muß, als könne eine Hypothese, die, um sich durchzuführen, solcher Gewaltsamkeiten bedürfe, unmöglich wohl begründet sein".

Als „wohl der keckste aller derartigen von ihm verübten Gewaltstreiche" wird von Weiße die Wilkesche Elimination des zweiten Speisewunders bezeichnet (S. 616). Er fährt dann in diesem Sinne fort:

„Zu den verwegensten dieser angeblichen Textesreinigungen gehört ferner die Verwerfung von Mk 14, 47 und 51−52 ... zu den müßigsten und grundlosesten die von Mk 3, 6, ... 4, 10, ... von 6, 7 ..." (S. 617).

Weiße versäumt es auch nicht, Wilke und den Leser ab und zu auf sein eigenes Werk gebührend aufmerksam zu machen:

„Hinsichtlich der Worte Mk 14, 18 ... erlaubt sich Referent, den Verfasser auf seine Evangelische Geschichte I, 601 ff zu verweisen, in der Hoffnung, daß er die hinsichtlich des dem Verfasser anstößigen Umstandes dort gegebene Erklärung befriedigend finden wird" (S. 617).

Zu dem zweiten Punkte (Abhängigkeit des Matthäus von Lukas) nimmt Weiße nicht weniger scharf kritisch Stellung:

„Der ‚Matthäische Compilator' (so liebt der Verfasser den Urheber unseres ersten Evangeliums zu nennen) soll aus Lukas geschöpft, soll zugleich mit dem Markus auch den Lukas vor Augen gehabt und, mit wenig eigentümlichen Zusätzen, aus beiden Vorgängern seine Erzählung zusammengesetzt haben" (S. 619).

Und nun bringt er ein Argument gegen seinen promarkinischen Kampfgenossen Wilke vor, das von diesem so unerbittlichen, an schonungsloser Schärfe nicht zu überbietenden Gegner der Griesbachhypothese in Verbindung mit dem vorhergegangenen schweren Tadel nur als Verrat in den eigenen Reihen und als Dolchstoß von hinten empfunden werden konnte:

„Man sieht, unser Verfasser teilt dem Verfasser des ersten Evangeliums dieselbe Rolle zu, welche nach der *Griesbachschen Hypothese* dem Verfasser des Markusevangeliums zugeteilt wird, nur mit dem Unterschiede, daß er nicht an jeder einzelnen Stelle aus den Erzählungen der beiden Mitreferenten zusammengesetzt haben, sondern, wo Markus ihm voranging, dem Markus allein gefolgt sein, jedoch dessen Erzählungen nach Willkür versetzt und mit gleicher Willkür Ergänzungen, die er aus Lukas entlehnt, dazwischen geschoben haben soll. Solches Verfahren ist schon an sich nicht im geringsten wahrscheinlicher als das nach jener Hypothese (scil. der Griesbachschen) dem Markus aufgebürdete – *warum hätte Matthäus, wenn er so verfahren wollte, nicht lieber geradezu den Lukas abgeschrieben?*" (S. 619; Hvhbg. v. Vf.).

Es ist unschwer zu erkennen, worauf Weiße hier anspielt: auf Wilkes exaltierte Verurteilung von Griesbach „Kastrator der Nebentexte" und „aus ihren Worten einen Mischmasch zu machen"). Man sieht aber auch, aus welchem Grunde der Kommilitone Weiße sich plötzlich als Kontramilitone Wilkes erweist: *Es ist eine echte wissenschaftliche Markuskontroverse, die sich gleich am Anfang und im ersten Jahr ihrer Begründung hier auftut. Es geht um nichts Geringeres als um die Grundsatzfrage, ja um das Fundamentalproblem der Markustheorie überhaupt:* Wie ist der umfassende gemeinsame, durch Markus nicht gedeckte Textüberhang des Matthäus zu erklären? An dieser Frage scheiden sich die Geister – damals wie heute.

Man hätte an sich meinen sollen, nach der rigorosen Kritik Weißes an Wilkes innersynoptischer Lösung wäre diese tot gewesen. Das war jedoch nicht der Fall: Sie wurde vielmehr drei Jahre später zu neuem, ungeahntem Leben erweckt, und zwar durch keinen Geringeren als Bruno Bauer in seiner „Kritik der evangelischen Geschichte der Synoptiker" (1841/42). Dadurch gelangte Wilke plötzlich zu kaum mehr erhofftem Ruhm. Denn Bruno Bauer stimmte *ihm* in seiner ganzen Argumentation wie in seinen Ergebnissen uneingeschränkt zu – auf Kosten Christian Hermann Weißes. Wohl erkannte er dessen Verdienst bei Begründung der Markushypothese an, aber hinsichtlich des gemeinsamen matthäisch-lukanischen Überhangs an Redegut verwarf er ganz und gar Weißes Herleitung aus einer Logiensammlung. Er vertrat vielmehr nachdrücklich Wilkes Standpunkt, daß Matthäus aus Lukas geschöpft habe, und teilte deswegen *ihm* die Krone der Unvergänglichkeit zu:

„Einen Teil von Weißes Räsonnement und vielleicht diesen Teil mit seiner ganzen Grundlage hat bereits Wilke in seinem Werke – *dessen Angedenken unsterblich sein wird! –* widerlegt und gestürzt" (Hvhbg. v. Vf.).

Weiße nun nahm seinerseits Bruno Bauers entschiedene Bevorzugung Wilkes mitnichten stillschweigend hin. Er reagierte sofort in der „Neuen Jenaischen Literaturzeitung" und übte noch dreizehn Jahre später in seinem zweiten einschlägigen Werk, der „Evangelienfrage" (1856), Revanche an Bruno Bauer, indem er ihn einen „unberufenen Nachtreter Wilkes" nannte (S.83).

Nun hat Wilkes „Lösung" des Markusproblems noch eine weitere – von ihm wohl kaum beabsichtigte oder gesehene – forschungsgeschichtliche Auswirkung zur Folge gehabt. Er hatte ja den Standpunkt vertreten: „Wir haben also anzunehmen, das ganze Werk des Markus ... haben die andern Evangelisten vor sich gehabt" (S.684), dabei jedoch eine zwar harmlos klingende, aber inhaltlich schwerwiegende Einschränkung gemacht: „einzelne Interpolationen abgerechnet". Man muß sich einmal die Frage stellen: Was bedeutet das denn letzten Endes in seiner Auswirkung? Nun, was kann es anders heißen, als daß das Markusevangelium eben *nicht* ganz die gleiche Form aufgewiesen habe wie unser kanonisches zweites Evangelium! Und das besagt in der späteren Fachsprache, daß hier von Wilke – und zwar nur schwach und mehr andeutungsweise, aber doch im Prinzip – bereits die Annahme eines „Urmarkus" unterstellt wird. Er nennt es nur – etwas abgeschwächt – „Urtypus" (S. 674).

Ergebnis

Wenn wir nun zusammenfassend ein Gesamturteil über den Ertrag von Wilkes Forschungsarbeit abgeben sollen, so kann es nur lauten: Die Begründung der Markushypothese ist ihm nicht gelungen:

1) Wilke setzt in seiner Argumentation bereits voraus, was er erst noch beweisen soll („da Markus immer der Begleitete ist"). Seinen synoptischen Vergleichstafeln legt er inhaltlich immer nur den Markusrahmen mit den entsprechenden Parallelrelationen der beiden andern Evangelisten zugrunde. Seine Behauptung, das Markusevangelium habe die Vorlage und Quelle des Matthäus und Lukas gebildet, kann er nur unter wiederholter Zuhilfenahme einer Petitio principii aufstellen.

2) Seine Textveränderungen (Interpolationen und Eliminationen) sind willkürlich und sachlich nicht gerechtfertigt, da sie textual nicht belegbar und in keinem Falle beweisbar sind. Sie enthalten bereits in nuce die Annahme eines Urmarkus als Hilfshypothese.

3) Die von ihm behauptete Abhängigkeit des Matthäus von Lukas hat Wilke nicht zu beweisen vermocht. Die sich zwangsläufig ergebende Frage, welches denn die Quelle des *Lukas* für sein mit Matthäus gemeinsames Redegut gewesen sei, wird von Wilke nicht untersucht und bleibt offen (s. o. Wilkes Vorwort).

Abschließend ist festzustellen: Wir können Wilkes mit Emphase verkündete Behauptung: „Wir geben für alle Ewigkeit Brief und Siegel, daß unser Resultat das richtige sei", posthum *nicht* bestätigen.

Soviel sei in sachlicher Hinsicht gesagt. Wir meinen jedoch, daß es damit noch nicht sein Bewenden haben kann, sondern daß darüber hinaus zu einer Gesamtbeurteilung seiner Forscherleistung auch eine Charakteristik seines wissenschaftlichen Habitus gehört, sofern dieser bei der Durchführung seiner Untersuchungen als mitwirkender Faktor in Erscheinung tritt. Und das ist u. E. bei Wilke der Fall.

An seinem oben in ganzem Zusammenhang zitierten Vorwort (S. 29 f.) sind zwei Merkmale unübersehbar: seine starke Subjektivität und sein emotionaler Einsatz. Sein freimütig geäußerter Wunsch, nicht von denen beurteilt zu werden, „welche sich in der Meinung festgesetzt haben, daß Markus sein Evangelium aus den Werken des Matthäus und Lukas exzerpiert habe", ist als wissenschaftliche Haltung undiskutabel. Er läuft auf das Verlangen hinaus, nur von denen rezensiert zu werden, die der gleichen

44

Meinung wie er selber sind. Und das heißt mit anderen Worten: Kritik verboten!

Noch bedenklicher stimmt Wilkes Begründung: „... weil ich diesen immerhin achtungswürdigen Männern die nötige Unbefangenheit des Urteils ebensowenig zutraue, als ich selbst für ihre Ansicht gewonnen werden kann". Dies bedeutet nun allerdings nicht weniger als die Behauptung: In dieser Frage sind wir alle präokkupiert, ihr und – ich. So wenig Wilke dies nun hinsichtlich anderer Forscher einfach unterstellen darf, so wenig ist diese Selbstbezichtigung eine Selbstempfehlung für ihn. Denn es läßt berechtigte Zweifel aufkommen, ob es ihm tatsächlich um die Objektivität des wissenschaftlichen Forschens zu tun sei.

Auf der gleichen subjektiven Linie liegt sein Schlußwort: „Mein Mut wird wachsen, mein Fleiß sich verdoppeln, wenn das, was ich mit gegenwärtiger Schrift darbiete, günstige Aufnahme gefunden hat". Das ist eine in der wissenschaftlichen Forschung nicht übliche Captatio benevolentiae, die sich mit dem Dekorum eines Forschers nicht vereinbaren läßt.

So tragen auch außerhalb des Vorwortes seine Ausführungen innerhalb der Sachargumentation einen ausgesprochenen Gefühlsakzent. Wenn Wilke auf den sogenannten „mittleren Ausdruck" zu sprechen kommt, den nach der Griesbachhypothese Markus zwischen Matthäus und Lukas innehält, schreibt er: „Die Stellen Markus 1,32 und 1,42 sollen eine Mischung aus ihren Nebentexten sein. *Das glaube man ja nicht* ... Die andere Stelle ... soll eine Mischung sein. *Das glaube man wieder nicht*" (S. 475).

Eine solche Emphase der Argumentation begegnet uns wiederholt: „Es ist eine von allen Seiten her erwiesene Tatsache, daß Markus aus den Nebenevangelisten nicht geschöpft. Das ist so klar als der Tag ist, und wir haben alle diejenigen, die sich für unsere Untersuchung interessieren, recht sehr zu bitten, daß sie sich von der Richtigkeit dieses Resultats vor allen Dingen überzeugen und allem Gerede, wodurch das Gegenteil bewahrheitet werden soll, *auch nicht eine Sylbe, auch nicht ein Wörtchen glauben*" (S. 456; Hvhbg. v. Verf.).

Mit Vorliebe zieht Wilke die Bona fides der Andersdenkenden in Zweifel: „So sind wir nun allerdings so kühn zu glauben, daß wir schon durch die bisher gegebenen Nachweisungen die Sache ... zur Evidenz gebracht haben. *Es fehlt nur noch der gute Wille, uns beizustimmen.* Wir verlangen für unsere Person nichts als diesen guten Willen, da die Sache mit ihrer Kraft, zur Beistimmung zu nötigen, schon für sich selbst sorgt" (S. 375; Hvhbg. v. Vf.).

Betreffs der gegnerischen Ansicht dagegen vertritt Wilke nicht die Auffassung, daß sie doch wohl auch die Kraft besitzen könne, „zur Beistimmung zu nötigen": „Die entgegengesetzte Behauptung, dem sei nicht so, und Markus habe seinen Text nur aus den Elementen der Nebenerzählungen zusammengesetzt, *beruht auf nichts als einem Machtspruche*, und ein

Machtspruch, der auf Kritik gar nicht eingeht und mehr gelten will als Gründe und Resultate, erhält dann billig sein Recht eingeräumt, daß man ihn auf sich beruhen läßt, ohne sich übrigens in der Untersuchung stören zu lassen. Wir gehen nun weiter" (S. 389).

Diese Methode, die Ansicht des Gegners durch Nichtbeachtung zu strafen, anstatt sie durch die Kraft sachlicher Argumente zu widerlegen, begegnet uns mehrfach bei Wilke: „Wenn sie trotz der vom Gegenteil gegebenen Nachweisungen bei ihrer Meinung beharren, *so kann uns das völlig gleichgültig sein*, da mit Absprechen und mit Machtsprüchen nichts entschieden wird, vielmehr hier alles auf Kritik ankommt" (S. 427). Dazu bringt er an dieser Stelle eine Fußnote, die peinlich an moralische Disqualifikation des Gegners erinnert: *„Hier wird gerecht gerichtet und nicht nach bloßem Verdacht.* Wir haben hier aber ein Analogon von dem Falle, daß zuweilen jemand auf Verdacht verurteilt wird von Menschen, die das selbst begehen, weshalb sie ihn in Verdacht ziehen, und eben darum ihren subjektiven Verdacht gegen den Unschuldigen auch wider geführte Gegenbeweise geltend machen, weil sie es selber begehen" (S. 428).

Auf solche Weise sucht Wilke immer wieder mit den sachlichen Argumenten der Andersdenkenden fertig zu werden. Bald sagt er von ihnen: *„Wir kehren uns an solche Rhetorikationen und Sophistikationen nicht"* (S. 246), bald meint er: „Es wird in der Tat nur sehr wenig Verstand erfordert, um zwischen den Erklärungsgründen zu wählen" (S. 419), und zwischendurch versichert er bisweilen scheinbar treuherzig: „Bei alle dem soll aber nichts erschlichen werden" (S. 394).

Wenn Wilke durch die Kraft seiner sachlichen Argumente nicht zu überzeugen vermochte, so wird durch die subjektive Bestimmtheit seiner Diktion das Gesamtbild seines Forscherhabitus nicht zum Positiven gewendet ...

Bruno Bauer hatte ihn unter die Unsterblichen gezählt. Nach Klopstock ist die Unsterblichkeit ein großer Gedanke. Wenn dieser hohe Wertbegriff von Bruno Bauer auf die mit einem unvergleichbaren Schwierigkeitsgrad belastete, aber durch ein singuläres geistesgeschichtliches Gewicht über alle anderen Disziplinen hinausgehobene wissenschaftliche Erforschung der Evangelien übertragen wurde, so empfand seine Zeit dies nicht als unangemessen. Daß er aber die Unsterblichkeit dem einen der beiden Begründer der Markushypothese, Christian Gottlob Wilke, zusprach, war nicht nur ein krasses, sondern auch ein unverzeihliches Fehlurteil; denn Wilke war bereits von dem zweiten Begründer der Markushypothese, Christian Hermann Weiße, zwingend widerlegt worden.

Wir wenden uns nunmehr Weiße zu.

b. Die außersynoptische Lösung (Christian Hermann Weiße)

Als der Hauptbegründer der Markushypothese gilt Christian Hermann Weiße (1801–1866). Ehe Weiße zur Neutestamentlichen Forschung gelangte, hatte er einen etwas wechselvollen Weg zurückgelegt. Er begann als Jurist, ging dann zur Philosophie über mit Bevorzugung der Religionsphilosophie und wurde ein typischer Vertreter des spätidealistischen Epigonentums. Fast Jahr für Jahr erschien ein Buch von ihm:

1833 Die Idee der Gottheit
1834 Die philosophische Geheimlehre von der Unsterblichkeit des menschlichen Individuums
ferner: Theodizee
1835 Grundzüge der Metaphysik
1836 Von der Unsterblichkeit
1837 Kritik und Erläuterung des Goethe'schen „Faust". Nebst einem Anhange zur sittlichen Beurteilung Goethe's.

Als sich Weiße 1837 für einige Jahre von der akademischen Tätigkeit in ein privates Forscherdasein zurückzog, da ihm in Leipzig die ordentliche Philosophieprofessur verweigert worden war, wandte er sich zwischenzeitlich der Theologie zu. Bereits ein Jahr später erschien sein zweibändiges Hauptwerk:

Die evangelische Geschichte
kritisch und philosophisch bearbeitet. 1838

Achtzehn Jahre später nahm Weiße dann noch einmal zu dem gleichen Thema in einer zweiten neutestamentlichen Schrift Stellung:

Die Evangelienfrage
in ihrem gegenwärtigen Stadium. 1856

Der Hauptbegründer der Markushypothese stand nun vor der gleichen unausweichlichen Aufgabe wie Wilke, nämlich die Herkunft des gemeinsamen matthäisch-lukanischen Textüberhanges über Markus zu erklären. Denn die unübersehbare Gegebenheit – für diesen wie für jenen – war ja die, daß das Markusevangelium zur Ableitung der abundanten Teile des ersten und dritten Evangeliums schon rein quantitativ nicht ausreichte. Da Weiße die innersynoptische Lösung ablehnte, blieb ihm nichts anderes übrig, als sich suchend nach einer Hilfshypothese umzutun. Er glaubte, auf die Spur einer solchen erforderlichen Ergänzungstheorie gewiesen zu werden durch das Fragment des Papias, das sich in der Kirchengeschichte des Euseb findet: Ματθαῖος μὲν οὖν Ἑβραΐδι διαλέκτῳ τὰ λόγια συνετάξατο (Eusebius, hist. eccl. III 39: II 1 n. 284. 290f).

Wie kam Weiße auf diesen Lösungsversuch des synoptischen Quellenproblems? Nun, er hatte die Anregung dazu den Schriften zweier der berühmtesten Gelehrten seiner Zeit entnommen: Schleiermacher und Lachmann.

1832 hatte Schleiermacher in seiner Schrift „Über die Zeugnisse des Papias von unsern beiden ersten Evangelisten" (in: Theologische Studien und Kritiken. 1832 = WW I,2 S.363–393) sowohl zu dem längeren Papiasfragment über Markus wie zu dem kürzeren über Matthäus Stellung genommen und zu diesem erklärt:

„Matthäus hat eine Sammlung von Aussprüchen Christi geschrieben, das mögen nun einzelne Sprüche gewesen sein oder längere oder beides, wie wohl am wahrscheinlichsten ist. Denn *etwas anderes kann einmal der Ausdruck des Papias nicht bedeuten*" (S.365; Hvhbg. v. Vf.).

Aber ebenso deutlich hatte Schleiermacher eine Identität dieser Logienzusammenstellung mit unserm Matthäusevangelium abgelehnt:

„Fragen wir uns selbst, ob es wohl wahrscheinlich ist, daß derselbe Matthäus nach dieser Sammlung von Reden noch unser Evangelium geschrieben habe: so kann ich nur ganz verneinend antworten" (S.367).

Und ebenso: „Eusebius hat in seinem Papias nichts von zwei Schriften des Matthäus gefunden; mithin ist auch wohl nur diese eine vorhanden gewesen, und die war nicht unser Evangelium" (S.368).

Jedoch war Schleiermacher der Ansicht: *„Das Matthäusevangelium schließt diese Sammlung in sich."* Weiterhin war er der Meinung, daß es „eben darum seinen Namen κατὰ Ματθαῖον führt, weil es auf jener Schrift des Matthäus beruht" (S.372; Hvhbg. v. Vf.).

Diese Auffassung Schleiermachers war dann drei Jahre später von Karl Lachmann aufgenommen und mit seiner Zustimmung versehen worden in seiner Abhandlung „De ordine narrationum in evangeliis synopticis", die er ebenfalls in den „Theologischen Studien und Kritiken" veröffentlichte (1835 S.570–590). Darin nimmt er zu Schleiermachers Ansicht betreffs des Matthäusevangeliums folgendermaßen Stellung:

„Matthaei autem evangelium illud intellego quod Schleiermacherus dixit (et sat fuit dixisse, vel sine argumentis: ita veritas rei primo aspectu patet; ut si Papiae testimonium aliter atque ille accipias, tamen debet concedi) illud, inquam, ex collectis et quasi domini Jesu Christi orationibus compositum primo, cui postmodum alii narrationes inferserunt" (S.577).

Lachmann ist also mit Schleiermacher der Ansicht, daß die Logiensammlung des Matthäus im kanonischen Matthäusevangelium enthalten sei und daß sie dessen Grundstock bilde, dem dann später von anderer Seite geschichtliche Berichte hinzugefügt worden seien (wörtlich: „dem bald darauf andere (Leute) Erzählungen hineingestopft haben.")

Christian Hermann Weiße griff nun diese Idee Schleiermachers ebenfalls auf und identifizierte sich ausdrücklich mit ihr:

„Man sieht, daß wir von der neuerdings durch Schleiermacher so lebhaft in Anregung gebrachten Frage über die Bedeutung des Wortes Logia sprechen, durch welches Papias die Schrift des Matthäus bezeichnet. *Daß dieses Wort, seinem ursprünglichen und in jedem anderen Gebrauche nie über-*

schrittenen Sinne nach, eine Sammlung nur von Reden und Aussprüchen des Herrn anzeigen würde: auf *diesen an sich unleugbar sich so verhaltenden Umstand* hat zuerst der genannte Forscher hingewiesen und darauf eine von der bisherigen abweichende Ansicht über die ursprüngliche Gestalt des Matthäusevangeliums zu begründen versucht" (Ev. Gesch. I S. 34; Hvhbg. v. Vf.).

Mit Hilfe dieser im Papiasfragment erwähnten Logiensammlung des Matthäus glaubte nun Christian Hermann Weiße den matthäisch-lukanischen Überhang an Spruchgut lückenlos erklären zu können und damit das synoptische Problem zu lösen:

„Nicht nur Markus ist jenen beiden (scil. Matthäus und Lukas) *gemeinschaftliche Quelle, sondern, unserer bestimmtesten Überzeugung nach, auch die Spruchsammlung des Matthäus"* (I S. 83; Hvhbg. v. Vf.).

So wird Weiße zum Begründer der Zweiquellentheorie. Er selbst bezeichnet seine Grundidee als ein „Aperçu".

Nun bot ihm das Matthäusevangelium in dieser Ausdeutung keine besonderen Schwierigkeiten; denn er hatte ja die Autorität sowohl Schleiermachers wie Lachmanns hinter sich, daß die Logienschrift des Apostels Matthäus im kanonischen Matthäusevangelium enthalten sei. Er nannte sie den *„ächten Matthäus"* und stellte nun fest, das Matthäusevangelium sei dadurch entstanden, daß der „ächte Matthäus" mit dem „ächten Markus" verschmolzen worden sei.

Aber wie stand es mit Lukas? Weiße hatte ja erklärt, daß die Spruchsammlung *„jenen beiden"*, also auch Lukas, „gemeinschaftliche Quelle" sei. Wie konnte er das hinsichtlich des dritten Evangeliums begründen? Nun, Weiße macht geltend, Lukas habe in seiner Eingangsdedikation erklärt, daß bereits viele sich der gleichen Aufgabe unterzogen hätten; es sei dabei anzunehmen, daß unter den „vielen" auch das Markusevangelium und die Logienschrift des Matthäus sich befunden hätten:

„Daß aber unter den Quellen, die er benutzte, die Schriften des Markus und des ächten Matthäus sich befanden: dies vorauszusetzen liegt nach allem Bemerkten so nahe, daß wir uns höchlich zu verwundern hätten, wenn es nicht geschehen wäre" (I S. 56).

Nun steht aber *dieser* Ansicht Weißes die Autorität Schleiermachers durchaus entgegen (Über die Schriften des Lukas, ein kritischer Versuch. WW. 1836 I,2 S. 1–220). Aber C. H. Weiße weiß gleichwohl Schleiermacher als Kronzeugen für seine Behauptung anzuführen. Es ist instruktiv und für seine Argumentationsweise charakteristisch zu sehen, wie er dabei vorgeht:

„Es ist nicht zu zweifeln, daß der berühmte Theolog selbst von ihr (scil. seiner Meinung) würde zurückgekommen sein, wenn es ihm vergönnt gewesen wäre, das treffliche Aperçu, welches er später über das Zeugnis des Papias und über die Beschaffenheit des Matthäusevangeliums gefaßt

hat, weiter zu verfolgen. Dieses, wie es ihn bereits zu der Anerkenntnis geführt hatte, daß wir in unserm Matthäus, wenn nicht die ganze, doch jedenfalls einen großen Teil der Spruchsammlung des ächten Matthäus besitzen, würde ihn bei genauerer Prüfung unfehlbar dahin gebracht haben, auch dasjenige zuzugestehen, was er in seiner ersten, aus diesem Aperçu hervorgegangenen Abhandlung freilich noch in Abrede stellt: daß auch Lukas diese Sammlung, sei es unmittelbar oder mittelbar, benutzt haben muß" (I S. 84).

Es bedarf keines Wortes, daß eine solche Argumentation, wie Weiße sie hier anwendet, *wissenschaftlich unzulässig ist*. Anstatt ehrlich und geradeheraus zu erklären: „Schleiermacher ist anderer Ansicht", nimmt C. H. Weiße die Autorität des „berühmten Theologen" – wie er selbst sagt – als Stütze für seine eigene Behauptung in Anspruch – ohne jede Berechtigung! – und unterstellt ihm, er würde „bei genauerer Prüfung unfehlbar" ebenfalls zu seiner, Weißes, Ansicht gelangt sein. Und vor das Ganze setzt Weiße ein apodiktisches „Es ist nicht zu zweifeln, daß …". So hat er auch hinsichtlich des Lukas seine Logienquelle durch Schleiermacher „autorisiert".

Somit besaß er nun eine Geschichtsquelle, das Markusevangelium, und eine Redenquelle, die Logiensammlung. Damit aber war Weiße noch keineswegs seiner Hypothesenschwierigkeiten enthoben. Denn: Das Markusevangelium lag als reale Schrift greifbar vor. Aber was wußte man von den „Logien"? Den Namen! Und was noch? Nichts! Wie gelangte man zur Kenntnis ihres Inhaltes und Wortlautes? Es blieb nichts anderes übrig, als ihn zu erschließen. Woraus? Aus den Evangelien des Matthäus und Lukas, da diese beiden ja hypothesengemäß die „Logia" als Quelle benutzt haben sollten.

Nun wäre das an sich kein großes Problem gewesen, sofern in diesen beiden Evangelien die Logien stets gleichgeordnet und in gleichem Wortlaut stünden. Das ist jedoch bekanntlich nicht der Fall – im Gegenteil! So stehen von der Bergpredigt, die bei Matthäus ein geschlossenes Logienmassiv von im ganzen drei zusammenhängenden Kapiteln einnimmt, bei Lukas nur siebenundzwanzig Verse im gleichen Textzusammenhang, aber nicht alle mit dem gleichen Wortlaut. Ein beträchtlicher Teil der matthäischen Bergpredigt hat bei Lukas überhaupt keine Entsprechung; die anderen ihrer Herrenworte stehen bei Lukas über das ganze Evangelium verstreut.

Aber mit der matthäischen Bergpredigt und ihrem lukanischen Pendant waren die Herrenworte ja noch nicht erschöpft; es gab noch andere große Reden, es gab zahlreiche Parabeln und viele Einzellogien. Sie alle waren keineswegs in beiden Evangelien in gleicher Weise vorhanden und standen keineswegs immer in dem gleichen Zusammenhang und in der gleichen Reihenfolge – ein eminent schwieriges Problem, angesichts solcher Divergenzen die Gestalt der hypothetischen zweiten Quelle des ersten und dritten Evangelisten so zu erschließen, daß sie Gestalt gewann.

Damit noch nicht genug. Denn nun erhob sich zusätzlich die Definitionsfrage der „Logia". Was war darunter zu verstehen? Weiße hatte sich ja eingangs mit Schleiermachers Begriffsbestimmung identifiziert und den Inhalt der Logiensammlung eindeutig in seinem Sinne präzisiert als „eine Sammlung nur von Reden und Aussprüchen des Herrn;" doch hinsichtlich der Lokalisation der Logien hatte er sich deutlich von ihm distanziert, aber unberechtigterweise dessen präsumptive Zustimmung dazu postmortal in Anspruch genommen, „daß auch *Lukas* diese Sammlung … benutzt haben muß".

Und nun war Weiße schon mitten in den Hypothesenschwierigkeiten gefangen. Denn jetzt wußte er sich keinen anderen Rat, als bei der Rekonstruktion der Logienquelle als ihren Fundort und Suchgebiet überhaupt *den ganzen gemeinsamen Überhang* des Matthäus und Lukas anzugeben:
„*Wir halten uns nämlich überzeugt, daß alles den beiden Evangelisten unter sich, aber nicht mit Markus Gemeinsame dahin zu rechnen sei*" (Bd. II S. 4).

Alles Gemeinsame?! Wie man sieht, beginnt Weiße sich festzulaufen; der gemeinsame Überhang des ersten und dritten Evangelisten besteht ja *nicht nur* aus Logia Kyriaka! Es sind vielmehr darin folgende Perikopen enthalten, die einwandfrei *nicht* als Herrenworte zu charakterisieren sind:
1) Die Reden Johannes des Täufers (Mt 3,7–12 par Lk 3,7–9,17),
2) Die ausgeführte Gestalt der Versuchungsgeschichte (Mt 4,3–10 par Lk 4,3–12),
3) Die Erzählung vom Hauptmann von Kapernaum (Mt 8,5–10; Lk 7,2–10),
4) Die Täuferanfrage (Mt 11,2–6; Lk 7,18–23),
5) Apologie Jesu auf die Anklage der Pharisäer auf Teufelsbündnis (Mt 12,22.27.28.30 par Lk 11,14.19.20.23).

Wie wird nun Weiße mit diesem Tatbestand, der seiner Ausgangsdefinition des Logienbegriffs eindeutig widerspricht, fertig? Denn die erste Schwierigkeit tritt ihm bereits sofort zu Beginn seines kritischen Durchgangs durch die Evangelien entgegen in Gestalt der Täuferreden. Er sagt gleichsam entschuldigend von ihnen:
„Sie sind das einzige Beispiel einer voraussetzlich aus jener Quelle, die sonst nur „Aussprüche des Herrn" zu geben verhieß, und, wie wir finden werden, auch durchgehends gegeben hat, geschöpften Rede eines Andern als eben des Herrn" (Bd. II, S. 5).

Weiße kann nun nicht umhin, diese Anfangsschwäche seiner Hypothese einzuräumen:
„Es muß nicht wenig auffallen und *könnte leicht an der Wahrheit dessen,* was wir über die Zusammensetzung des Matthäus- und Lukasevangeliums

festgestellt haben, uns einen Augenblick *irre machen,* wenn wir *sogleich an der ersten Stelle,* wo jenen Voraussetzungen zufolge die Benutzung der gemeinsamen Quelle eintreten müßte, auf etwas *diesen Voraussetzungen* scheinbar *so Widersprechendes* stoßen" (Bd. II, S. 5; Hvhbg. v. Vf.).

Hierin kann man Weiße nur beipflichten. Ob es nicht klüger von ihm gewesen wäre, gleich an dieser ersten Belegstelle, an der seine Hypothese sich als nicht tragfähig genug erwies, sie noch einmal gründlich zu überprüfen und die daraus sich ergebende Konsequenz zu ziehen? Er wäre dann vor dem bewahrt geblieben, was jetzt kommt: In einer längeren Pseudo-Argumentation versucht er, die Täuferreden in Logia Kyriaka umzuwandeln:

„Es bleibt uns demnach nichts anderes übrig (sic!), als für das Wahrscheinlichste (denn vollkommene Gewißheit ist hier allerdings nicht erreichbar) dies auszusprechen, daß der Apostel Matthäus sein Werk mit der Zusammenstellung einiger Aussprüche eröffnet hatte, die zwar von Jesus gesprochen, aber mit ausdrücklicher Rückbeziehung auf Johannes den Täufer, in der Absicht, um Sinn und Wirksamkeit dieses prophetischen Mannes auszudrücken, gesprochen, oder von dem Apostel in diesem Sinne verstanden worden waren" (Bd. II, S. 8).

Es fällt schwer zu glauben, daß Weiße von der Richtigkeit seiner Behauptung wirklich innerlich überzeugt gewesen sei. Die resignierende Bemerkung „Es bleibt uns demnach nichts anderes übrig" ist vielsagend. Man müßte, den Satz weiterführend, sie dahingehend ergänzen: wenn wir die Zweiquellentheorie retten wollen.

So sehr nun an sich bei den Täuferworten ein Problem vorliegt, insofern sich dazu mehrere parallele Aussprüche Jesu finden (Mt 7,19; 12,34; 13,30; 15,13; 23,33; Mk 10,28 par Lk 12,50), so sehr kann es jedoch an dieser Stelle kein Problem sein, da hier die Worte ausdrücklich und unmißverständlich als Täuferworte bezeichnet werden und deshalb nicht in einer Sammlung der Logia Kyriaka gestanden haben können.

Auch das zweite Beispiel bereitet Weiße nicht weniger Hypothesenschwierigkeiten; denn die Versuchungsgeschichte ist ja einwandfrei zu den historischen oder erzählenden Darstellungen zu rechnen und kann somit voraussetzungsgemäß in der Logienquelle keinen Platz gehabt haben.

Doch Weiße bemüht sich, auch dieses Hindernis, das seiner Hypothese entgegensteht, durch eine umdeutende Interpretation aus dem Wege zu räumen. Er läßt nämlich die Tentatio Christi *nicht* als eine geschichtliche Erzählung gelten, sondern verleiht vielmehr dem ganzen Bericht einen *symbolischen* Charakter und erklärt die Versuchung als „ein von Jesus selbst Gedachtes und Gesprochenes".

Es ist nun wiederum instruktiv zu sehen und für die pseudophilosophische Phantasie Weißes bezeichnend, welchen symbolischen Sinn im Munde Jesu er der Versuchungsgeschichte unterlegt:

„Es gehört dazu nur", sagt er, „daß man der Scheu vor einer symbolischen Deutung auch der geringeren Detailzüge sich entschlage." Mit der Wüste, in die Jesus vom Geiste geführt wird, ist nach Weiße „eine geistige Wüste" gemeint. Unter dem Fasten sei das „Bewußtsein des geistigen Fastens" zu verstehen. Die Zahl der vierzig Tage „scheint sagen zu wollen, daß die Zeitdauer der Prüfung keine zufällige, sondern eine durch höhere Notwendigkeit verhängte" war. Mit den Tieren, unter die Jesus nach Aussage des Markus versetzt ward, sind „die wilden Leidenschaften und Begierden gemeint, die sich in einem genialen Individuum menschlicher Weise jederzeit an die Stelle der mangelnden Geistesbefriedigung einzudrängen suchen." Unter dem. Zwiegespräch mit dem Satan, der eigentlichen Versuchung Jesu, sei „keine gemeine, keine bloß sinnliche" zu verstehen: „sie ist eine Versuchung zu geistiger Sünde, zur Sünde des Genius" (S. 18–25).

Doch lassen wir es dabei bewenden; die Beispiele genügen, um zu erkennen, daß es sich hier um einen Versuch Weißes handelt, einen Befund, der klar gegen seine Definition der Logienschrift spricht, doch noch für seine hypothetische Konstruktion zu retten.

Im übrigen liegt diese symbolistische Deutung, die nach Weiße „in den Aufzeichnungen des Apostels Matthäus höchst wahrscheinlich unmittelbar, wie es der Apostel aus seines Meisters Munde vernommen hatte, niedergeschrieben" wurde (Woher weiß er das?!), auf gleicher Ebene mit Weißes Interpretation von Goethes „Faust" – „nebst einem Anhange zur sittlichen Beurteilung Goethe's" (1837). Hierin deutet er Fausts beabsichtigten Freitod als „Symbol der geistigen Selbstvernichtung", Gretchens Fall als „Symbol für des Dichters Naturzustand und dessen Untergang", die erstrebten und versprochenen Schätze am Kaiserhof als „Schätze des Geistes ... den Genius, den Gehalt der Wissenschaft und Kunst, der Religion und allen intensiveren Geistesdaseins für das Staatsleben zu gewinnen, um dieses dadurch zu erfrischen und zu erneuen"; die Tiefen des Meeres beim Fest des Nereus deutet er als „geistiges Weltmeer".

Diese Art der Interpretation nennt Karl Rosenkranz in seiner Rezension von Weißes Kommentar eine „hypersthenische Auslegung" und sagt von dieser Übertreibung des Deutens mit Recht: „Weiße ist in eine Sucht verfallen, einzelne Momente in einen Spiritualismus hinaufzuschrauben" (Berliner Jahrbücher für wissenschaftliche Kritik. 1837; danach auch die Zitate).

Das dritte Hindernis nun, das Weißes reiner Logientheorie im Wege stand, war die bei Matthäus wie bei Lukas im Anschluß an die Bergpredigt folgende Perikope vom Hauptmann zu Kapernaum. Da diese einwandfrei unter die historischen Berichte zu rechnen ist, konnte sie nach der von Weiße selbst zugrundegelegten Schleiermacherschen Definition des Logienbegriffs nicht in der Logiensammlung des Matthäus gestanden haben. Jedoch Weiße ließ sich auch dadurch nicht in seiner Überzeugung von der Richtigkeit seiner Hypothese beirren. Er gibt vielmehr dieser Erzählung eine „Erklärung, die aus unserer Grundansicht über die synoptischen Evangelien auf das ungezwungenste und fast mit Notwendigkeit hervorgeht". Diese „Erklärung" besteht darin, daß Weiße den Bericht als eine „Parabel" hinstellt:

„So steht hier nichts der Vermutung entgegen, daß der Apostel Matthäus, dessen Schrift nichts als Reden und Aussprüche des Herrn enthielt, die gegenwärtige ähnlich, wie nach unserer obigen Bemerkung die Versuchungsgeschichte, wirklich nur als *eine Parabel, wiewohl im Tone eines historischen Berichts,* Jesu nacherzählt haben mochte" (Bd. II, S. 53 f; Hvhbg. v. Verf.).

Den „wahren Sinn und Inhalt dieser Parabel" sieht Weiße in der „geistigen Wunderwirkung Jesu in die Ferne; es ist sein weltgeschichtliches, an keine Schranke von Raum und Zeit gebundenes Wirken, was durch das Bild des leiblichen Heilwunders ausgedrückt werden soll" (Bd. II, S. 56).

Gleichzeitig gibt nun diese „Parabel, wiewohl im Tone eines historischen Berichts" Weiße Veranlassung zu einer Textkonjektur im Interesse seiner Logientheorie. Es will nämlich zu dem Charakter einer Parabel schlecht passen, daß am Schlusse beider Berichte ganz real erzählt wird: „Und der Knabe ward geheilt in dieser Stunde" (Mt 8, 13 par Lk 7, 10). Nun steht bei Matthäus vor dieser Schlußstelle das Wort von den Völkern, die von Osten und Westen dahergezogen kommen und die für die „Söhne des Reiches" bestimmten Sitze einnehmen. Dieses Wort fehlt in dem Parallelbericht des Lukas, findet sich jedoch bei ihm im „Reisebericht" im Zusammenhang mit der Bedrohung Israels durch die Ausschließung vom Reiche Gottes (13, 28–29).

Nun argumentiert Weiße, es sei kein Grund ersichtlich, weshalb Lukas diese Umstellung vorgenommen haben sollte, wenn dieses Wort im „ächten Matthäus so eng wie in unserm Matthäusevangelium mit der Erzählung verbunden" gewesen wäre. Dagegen werde das Verfahren leicht erklärlich, wenn das Logion von den Söhnen des Reiches in der Logienschrift als Gnome den Abschluß gebildet habe. Und dieser Annahme stehe *keine Schwierigkeit entgegen, wenn man die Perikope für eine Parabel nähme.*

Man merkt bereits, worauf Weiße hinaus will:

„Die Notiz von dem wirklichen Erfolg der Heilung, welche im ersten Evangelium auf jenen Spruch nachfolgt, bei Lukas an die Stelle desselben tritt, würde hiernach in der Urschrift ganz gefehlt haben; und sie konnte wegbleiben ohne irgend einen Nachteil für die Parabel als solche, da dieselbe durchaus nur in den zwischen Jesus und dem Centurio gewechselten Reden, nicht in dem Geschehen des Erfolges, ihre Pointe hat" (Bd. II, S. 55).

Damit hat Weiße durch seine textkritische „Konjektur", deren Unhaltbarkeit evident ist, das Hindernis für die Auffassung dieser Perikope als „Parabel" glücklich „hinweginterpretiert" und somit die ersten drei Hauptstücke des gemeinsamen matthäisch-lukanischen Überhangs, die einwandfrei keine Logia Kyriaka waren, doch noch in „Herrenworte" verwandelt, ohne daß man ihm diese Transaktion abzunehmen vermöchte.

Aber nun kommen die Punkte, an denen auch für Weiße kein Drehen und Deuteln mehr hilft, nämlich die gemeinsamen Überhänge des Matthäus und Lukas, die nicht nur aus reinen Logien bestehen, sondern eine geschichtliche Einkleidung aufweisen. Bei der Täuferanfrage (Mt 11,2–19; Lk 7,18–36) ignoriert Weiße noch die historische Umrahmung und katalogisiert die Perikope unter dem Stichwort „Aussprüche über Johannes den Täufer", ohne sich zu einer besonderen Rechtfertigung veranlaßt zu fühlen, daß er sie der Logienquelle zurechnet.

Aber in spürbare hypothetische und exegetische Nöte gerät Weiße bei der Perikope von der Apologie Jesu gegen die Anklage der Pharisäer auf Teufelsbündnis (Mt 12,22–32 par Mk 3,22–30; Lk 11 14–23). Hier liegt nämlich der Fall vor, daß die *Herrenworte, die zum Überhanggut des Matthäus und Lukas gehören, im Rahmen einer Erzählung stehen, die sich auch bei Markus findet, ohne daß aber diese Logia Kyriaka bei ihm (Markus) angeführt wären.*

Angesichts dieser unentrinnbaren Hypothesenschwierigkeit fällt Weiße nun um und versucht, *wider alle Gesetze und Voraussetzungen seiner eigenen Hypothese* glauben zu machen:

1) daß diese Perikope im *Markus*evangelium original gestanden habe *ohne* die vier Verse, die in Mt 12,22.27.28.30 par Lk stehen,

2) *daß dieselbe Perikope außerdem original in der Logienquelle gestanden habe,* und zwar einschließlich der vier Verse, die in Markus keine Entsprechung haben, und *einschließlich der Verse rein erzählenden Inhalts, die diese Perikope* einleiten (Mt 12,22–24 par Lk).

Dementsprechend heißt es bei Weiße:

„Die Erzählung von dem Gespräch zwischen Jesus und den Pharisäern über das Austreiben der bösen Geister hat, so scheint es, unser Evangelist (scil. Matthäus) in seiner Quelle mit manchen Modifikationen und Erweiterungen gleichfalls vorgefunden. Daß nämlich unser Evangelist hier nicht bloß den Markus ergänzt, sondern auch die Erzählung des ersteren mit jenen Ergänzungen zugleich in der Urschrift des Matthäus vorgefunden hat, schließe ich aus seiner Übereinstimmung mit Lukas, und daraus, daß Letzterer die Erzählung an einem anderen Orte als Markus gibt" (Bd. II, S. 75).

Man sieht, daß *Weiße hier keinen anderen Ausweg sieht, als seine eigene Logientheorie preiszugeben.* Wie hatte es noch eingangs bei ihm von der behaupteten zweiten Quelle des Matthäus und Lukas geheißen? „Daß dieses Wort, seinem ursprünglichen und in jedem anderen Gebrauche nie überschrittenen Sinne nach, eine Sammlung *nur* von Reden und Aussprüchen des Herrn anzeigen würde" (s.o. S. 48f.). Und Weiße hatte dies noch als „einen unleugbar sich so verhaltenden Umstand" bekräftigt (ibidem).

Und nun konnte er nicht umhin – wenn anders er nicht seine Zweiquellentheorie aufgeben wollte – Berichte einwandfrei erzählenden Inhalts in diese
„Sammlung *nur* von Reden und Aussprüchen des Herrn" mit hineinzu-
nehmen. *Damit war Weiße seinem eigenen Prinzip untreu geworden und
hatte gegen seine Ausgangsdefinition verstoßen.*

Dieser Verdacht war allerdings schon rege geworden, wenn man den
zweiten Band seiner „Evangelischen Geschichte" aufschlug. Weiße begann
ihn nämlich mit den Worten:

„Wir gedenken, im gegenwärtigen Buche die Reihe einzelner Erzählungen,
insbesondere von Christus gesprochener Worte, Reden und Parabeln aufzu-
führen, welche das erste und dritte Evangelium, die im allgemeinen dem
Faden der Erzählung des Markus folgen, an diesen Faden ergänzend an-
reihen".

Hierbei fiel bereits ein Wort auf, das in einer Spruchquelle nach Weißes
eigener Ausgangsdefinition nichts zu suchen hatte, nämlich „Erzählungen",
und ein zweites, das unerwartet kam: *„insbesondere ... Worte, Reden und
Parabeln".* Hier ist es nun, das leidige Wort, und hier steht es zum ersten
Male, das jetzt fortan die Definition der Logienquelle einschränkend begleiten wird – von der Begründung der Zweiquellentheorie an bis auf den
heutigen Tag: „eine Sammlung *insbesondere* von Reden und Sprüchen des
Herrn".

Das bedeutet: *Weißes reine Logientheorie im Schleiermacherschen Sinne*
d. h. die ausschließliche Beschränkung auf uneingekleidete Herrenworte
(„Denn etwas anderes kann einmal der Ausdruck des Papias nicht bedeuten") *hatte sich als nicht ausreichend tragfähig erwiesen zur Erklärung des
gemeinsamen außermarkinischen Überhangs des Matthäus und Lukas.
Schon Weiße selbst kam mit ihr nicht durch.*

Es ist unschwer zu errechnen, welche Weiterungen das nach sich ziehen
mußte. Wenn erst einmal der Weg beschritten war, auch erzählend um-
rahmte und in eine Geschichte eingebettete Herrenworte der Logienquelle
zuzuordnen, dann öffneten sich in der Tat Tür und Tor. Denn wo gibt
es in den Evangelien im Paralleltext des Markus überhaupt eine einzige
erzählende Perikope, in der nicht Herrenworte enthalten sind – wenn wir
vom Bericht über das Gastmahl des Herodes absehen? Dann konnte praktisch fast alles zur Logienschrift gehören. Und damit wurden die Abgren-
zungen zwischen den beiden, von Weiße deutlich unterschiedenen zwei
Hauptquellen, einem Geschichtswerk, dem Markusevangelium, und einer
Redenquelle, den Logien, fließend und so stark verwischt, daß es im
Grunde keinen prinzipiellen Unterschied zwischen ihnen mehr gab.

Aber es kam für Weißes Zweiquellentheorie noch schlimmer: Selbst
wenn man den Begriff der Logien in ihrem reinen, ursprünglich von Weiße
gefaßten Sinne versteht, dann bleibt natürlich die Frage nicht aus: *Finden
sich denn im Markusevangelium keine Logien?* Die Antwort konnte nur

lauten: *Gewiß! Auch im Markusevangelium gibt es eine Fülle von Logien dieser reinen Art als Logia Kyriaka: Reden, Parabeln und Einzellogien:*

1) Markus bringt die große Wiederkunftsrede im Umfang von zweiunddreißig Versen (13,5–37). Und es ist kein Ruhmesblatt der Vorkämpfer der Markushypothese (wie bereits Bernhard Weiß bemerkte), daß man, um dieses Faktum zu entkräften, zu der Hilfshypothese griff, es handle sich bei dieser eschatologischen Rede um ein in Umlauf befindliches Blatt über die Endzeit, das den Evangelien eingefügt worden sei.

2) Das Markusevangelium enthält, wie auch Lukas, die Rede gegen den Pharisäismus in abgekürzter Form (12,38–40).

3) Markus hat die ganze Gleichnisrede (4,1–34), enthaltend das Gleichnis vom Sämann mit der Deutung und den Worten über den Zweck der Gleichnisrede, ferner die Sprüche über den rechten Gebrauch der Parabeln, das Gleichnis von der selbstwachsenden Saat (Sondergut des Markus!) und das Gleichnis vom Senfkorn.

4) Markus bringt das Gleichnis von den bösen Winzern (12,1–12).

5) Die kleine Aussendungsrede (6,8–11).

6) Die Streitrede wider die Pharisäer über die Menschensatzungen und Gottesgebote (7,6–23).

7) Es enthält eine Fülle von Einzellogien: 2,17; 2,21–22; 2,28; 3,24f; 4,21; 4,22; 4,24; 4,25; 8,12; 8,15; 8,34–38; 9,1; 9,37; 9,40; 9,42; 9,43; 9,45; 9,47; 9,50; 10,11; 10,31; 10,42–44; 11,24; 11,25; 12,35–37; 12,38. Alle diese angeführten Einzellogien finden eine Parallele bei mindestens einem der beiden andern Synoptiker.

8) Markus hat folgende Logien als sein *Sondergut:*

   2,27: „Der Sabbat ist um des Menschen willen da, und nicht der Mensch um des Sabbats willen."

   9,49: „Denn jeder soll durch Feuer gesalzen werden."

   9,50b: „Habt Salz bei euch und habt Frieden untereinander."

Die Tatsache, daß das Markusevangelium auch Logien enthielt, erwies sich also als *unbestreitbar.* Damit erhob sich unabweisbar die Frage: Woher hat Markus sein Logiengut? Christian Hermann Weißes Antwort lautete: Von dem Apostel Petrus, dessen Dolmetscher er war. Dabei stützte Weiße sich wieder auf die Papiasnotiz bei Euseb, in der es hieß, daß Markus so schrieb, wie er es im Gedächtnis behalten hatte" – οὕτως ἔνια γράψας ὡς ἀπεμνημόνευσεν (hist. eccl. III, 39).

Hiergegen war ein schwerwiegender Einwand zu erheben: Die Übereinstimmung im Wortlaut der Logia bei Markus auf der einen Seite und Matthäus sowie Lukas auf der anderen Seite war zu groß, als daß diese beiden es aus einer *schriftlichen* Quelle entnommen haben könnten, jener aber aus einer *mündlichen. Damit blieb nun auf der Basis der Zweiquel-*

lentheorie nur die Möglichkeit, daß Markus ebenfalls die Logienschrift benutzt haben müßte.

Der Mann, der als erster diese Behauptung aufstellte – und zwar mit apodiktischer Sicherheit – war der eigenwilligste und schonungsloseste theologische Kritiker seiner Zeit, Heinrich Ewald (1803–75), bekannt als einer der „Göttinger Sieben". Obgleich Ewald von der Alttestamentlichen Theologie herkam, hatte er in seinem Publikationsorgan, den „Jahrbüchern der biblischen Wissenschaft" (1849ff), sowie in einer besonderen Schrift „Die drei ersten Evangelisten, übersetzt und erklärt" (1850), in mehreren Artikeln zur Evangelienfrage Stellung genommen und dabei auf folgendes hingewiesen: Vom Standpunkt der Markushypothese (die Ewald selbst auch vertrat) sei die Annahme unabweislich,

1) *daß Markus die Spruchsammlung gekannt haben müsse,*
2) *daß diese einen reinen Logiencharakter ohne jedes erzählende Moment getragen habe.*

Dabei bestritt Ewald noch die Ursprünglichkeit der „Zwei Quellen". Er hatte in der Pentateuchforschung das Prinzip der Schichtenanalyse mit Erfolg angewandt. Dieses übertrug er nun auf die Evangelienforschung und kam zu dem Ergebnis, das er, wie immer, mit einer keinen Zweifel zulassenden Bestimmtheit verkündete: Im synoptischen Schrifttum seien im ganzen neun verschiedene Schichten zu unterscheiden (auf die wir hier jedoch im einzelnen nicht eingehen). Hinsichtlich des Markusevangeliums vertrat Ewald die Auffassung, daß uns *das Markusevangelium nicht mehr in seiner ursprünglichen Gestalt vorliege, sondern früher größere Redeteile enthalten habe, so vor allem die matthäische Bergpredigt,* desgleichen aber auch noch einige zusätzliche Berichte rein erzählenden Charakters z.B. die *Perikope vom Hauptmann zu Kapernaum.*

Weisses Selbstkorrektur

Seit dem Erscheinen von Christian Hermann Weißes erstem Werk zur Evangelienforschung „Die evangelische Geschichte, kritisch und philosophisch bearbeitet" (1838) waren achtzehn Jahre vergangen, da trat er mit einem zweiten einschlägigen Werk hervor:

Die Evangelienfrage in ihrem gegenwärtigen Stadium (1856).

Durch die Darlegungen Ewalds war Weiße an der Richtigkeit seiner eigenen Argumentation irre geworden. Zwar lehnte er eine Kenntnis und somit auch eine Benutzung der Logienschrift durch Markus nach wie vor ab, ebenso verblieb er bei seinem Standpunkt, daß die Spruchquelle und das Markusevangelium zwei *verschiedene,* originale Schriften seien, aber hinsichtlich seiner Zuweisung des *gesamten* matthäisch-lukanischen Überhangs an die Logiensammlung war Weiße anderer Meinung geworden und *widerrief* seine alte Ansicht.

Er sagte nun, es seien im Matthäus- wie im Lukasevangelium noch „Spuren von gemeinsam benutzten Quellen" nachweisbar, „unterschieden von dem, beiden in gleicher Weise zum Grunde liegenden, Markusevangelium, und ebenso unterschieden von dem Inhalte, welchen wir, nach Merkmalen, die zu dem Behufe vor allen Dingen auf das sorgfältigste festzustellen wären, der Spruchsammlung des ächten Matthäus zuzuweisen haben" (S. 88).

Und nun gibt Weiße zu:

„Daß solche Spuren in der Tat vorhanden sind: *dies wagt Referent jetzt nicht mehr in Abrede zu stellen, und er erkennt es für einen Mangel seines evangelischen Geschichtswerkes, alle dem ersten und dritten Evangelium unter sich, aber nicht auch mit Markus gemeinsamen Erzählungsstücke* ohne nähere Prüfung ihrer inneren Gestalt und Beschaffenheit, so wie auch ihres Verhältnisses zur Gesamtkomposition, *der apostolischen Spruchsammlung zugewiesen zu haben,* deren Charakter dadurch zu einem ungleich mehr, als er solches auch unter anderen Bedingungen bleiben würde, problematischen wird. Doch bleibt in Bezug auf alle diese Erzählungen auch die Möglichkeit, daß sie ursprünglich dem Markusevangelium angehört haben" (S. 88; Hvhbg. v. Verf.).

Das ist Weißes Zurücknahme seines achtzehn Jahre zuvor verkündeten Forschungsgrundsatzes (s. o. S. 49 ff.). Auf welche Stücke, die er früher der Logienquelle zugewiesen hatte, bezieht sich nun sein Widerruf?

Er zählt sie ausdrücklich auf:

„1) Die Reden des Täufers.

2) Die ausgeführte Gestalt der Versuchungsgeschichte.

3) Diejenigen Teile der Bergpredigt, welche die ausführlichere Gestalt derselben Mt 5–7 mit der kürzeren Lk 6, 20–49 gemein hat.

4) Die Erzählung vom Hauptmann zu Kapernaum.

5) Die Gesandtschaft des Johannes samt den von beiden Evangelisten gleichmäßig damit verbundenen Reden Mt 11, 12–19; Lk 7, 18–25.

6) In dem Erzählungsstück Mt 12, 22–32, Lk 11, 14–23, dessen Hauptinhalt beiden Evangelien unter sich, aber nicht mit Markus gemeinsam ist, mehrere dem 1. und 3. Evangelium unter sich, aber nicht mit Markus gemeinsame Züge, so namentlich Mt V 22 und Lk V. 14; Mt V. 27 f und Lk V 19; Mt V 30 und Lk V. 23" (S. 156).

Dazu gibt Weiße nun noch eine Begründung, die erstaunlich wirkt durch die Entschiedenheit, mit der er nunmehr verwirft, was er früher vertreten hatte:

„*Die beiden ersten der hier aufgeführten Stücke der Spruchsammlung zuzuschreiben, ist ganz untunlich, wenn man nicht aus derselben eine evangelische Erzählung schon von ganz ähnlichem Charakter wie unsere kanonischen Evangelien machen und damit den Gewinn der allein richtigen Schleiermacherschen Erklärung des Wortes „Logia" preisgeben will.* Wohl keinem aufmerksamen Leser meines Buches werden die Übelstände unbemerkt geblieben sein, von denen infolge der irrigen Voraussetzung, daß sie der Spruchsammlung zugehören, die Behandlung dieser beiden Stücke in den ersten zwei Nummern des fünften Buches gedrückt wird. Ähnliches gilt auch von den drei letzten Stücken, und wenigstens von dem einen darunter, nämlich dem vierten, in nicht viel schwächerem Grade. Auch von ihnen wird es nicht deutlich, wie sie in einer Sammlung bloßer Aussprüche des Herrn, wie allen Anzeigen nach die Schrift des Matthäus dies war, sollten haben Platz finden können" (S. 156 f; Hvhbg. v. Vf.).

Nun gut, Weiße hatte widerrufen. Damit war der von ihm selbst zugrundegelegte reine Logiencharakter der Spruchsammlung, den er verlassen hatte, wiederhergestellt worden. Aber damit wurde ihm zugleich das *Grundproblem der Markushypothese von neuem gestellt:* Woher kommt denn nun also das Mehrgut, das der erste und dritte Evangelist gemeinsam über das Markusevangelium hinaus haben? Diese Kardinalfrage hatte Weiße jetzt abermals zu klären.

Die Lösung, die er neu bringt, ist noch erstaunlicher als die erste, die er gerade aufgegeben hatte: er weist alle die Stücke, die nur dem Matthäus- und Lukasevangelium gemeinsam sind, dem Markusevangelium zu, einschließlich der abgekürzten Bergpredigt:

„Es hat nämlich *Ewald* (Die drei ersten Evangelien S. 208 f) unter Anführung von Gründen, welche der sorgfältigsten Aufmerksamkeit wert sind, auf die Wahrscheinlichkeit hingewiesen, daß in dem Texte des Markusevangeliums c. 3, 19 vor den Worten καὶ ἔρχονται εἰς οἶκον eine bedeutende Lücke ist und daß diese Lücke durch nichts Geringeres als durch die Bergpredigt und die Erzählung vom Kapernaitischen Hauptmann auszufüllen ist. Ewald ist auf diese Vermutung durch Betrachtungen anderen Inhalts geführt worden als die von mir hier aufgestellten. Ihm war kein Zweifel daran beigekommen, daß die Bergpredigt in ihrem ganzen Umfang der Spruchsammlung angehört habe. Eben aus der Spruchsammlung soll, den Voraussetzungen dieses Kritikers zufolge, schon Markus, wie nach ihm die beiden andern, sie entlehnt haben. Und so ist er denn auch geneigt, diese Rede in ihrem ganzen Umfang, wie wir sie im ersten Evangelium lesen, als einen ursprünglichen Bestandteil auch des Markusevangeliums vorauszusetzen. In dieser Voraussetzung werden wir ihm, nach Maßgabe des Inhalts unserer obigen Erörterung, nicht beistimmen dürfen. Wir können uns die Vermutung Ewalds nur in der Weise zu Nutze machen, daß wir sie auf diejenigen Bestandteile der Rede beziehen, welche beiden Evangelien gemeinsam sind" (Evangelienfrage S. 159 f).

Aber Weiße stimmt Ewald darin bei, daß die Erzählung vom Hauptmann zu Kapernaum ursprünglich im Markusevangelium gestanden habe. Allerdings hatte Weiße sie in seiner *Evangelischen Geschichte* der Spruchquelle zugewiesen mit der Begründung, es handle sich hier um „eine Parabel, wiewohl im Tone eines historischen Berichts".

Nunmehr aber heißt es bei ihm:

„Solche Übertragungen bei Markus anzutreffen, sind wir auch mit Ewalds Beistimmung schon gewohnt; in einer ächt apostolischen Urkunde derartiges voraussetzen zu wollen, wäre in jeder Beziehung unstatthaft" (S. 161).

Und nun übersteigert Weiße sich selbst. Mit demselben Übereifer, mit dem er früher historische Berichte in die Logienquelle eingeordnet hatte, redigiert er sie jetzt wieder heraus und in das Markusevangelium hinein. Ja, er geht sogar noch darüber hinaus und schließt weitere Stücke darin ein, die er früher *nicht* der Logienquelle zugewiesen hatte. Hinter der Perikope vom Hauptmann zu Kapernaum steht – nur bei Lukas – die Erzählung von der Auferweckung des Jünglings zu Nain; anschließend folgt die Perikope von der Täuferanfrage. Dazu argumentiert Weiße:

„Erkennen wir aber in Bezug auf … den Grundstamm der Bergpredigt und den Kapernaitischen Hauptmann die Vermutung Ewalds (scil. Textlücke hinter Mk 3,19) als diejenige an, welche von allen irgend möglichen die meiste Wahrscheinlichkeit für sich hat: *so ist kein Grund da, der uns abhalten könnte, auch noch die beiden bei Lukas unmittelbar nachfolgenden Erzählungsstücke in dieselbe mit einzuschließen, die Erzählungen von der Erweckung des Jünglings zu Nain und von der Sendung des Täufers*" (S. 161 f; Hvhbg. v. Vf.).

Und nun ist Weiße gleichsam auf den Geschmack gekommen und möchte anschließend auch noch gleich die bei Lukas nachfolgende Erzählung von der Büßerin in Simons Haus (Lk 7,36–50) und das anschließende Sondergut des Lukas „Dienende Frauen" (8,1–3) ebenfalls dem „ursprünglichen Markus" einverleiben (a. a. O.).

Aber offensichtlich war es Weiße bei seiner Hypothesenüberschreitung doch nicht recht wohl gewesen; denn jetzt kommt ihm spürbar die von Ewald festgestellte Markuslücke sehr gelegen, um die noch aus seiner ersten Quellendeutung resultierende Hypothesenkalamität wieder aus der Welt schaffen zu können:

„Nehmen wir dazu noch den Umstand, daß V. 20 und V. 21 bei Markus als ganz deplaciert erscheinen und viel besser vor V. 31 ihre Stelle finden: so wird man uns die Berechtigung wohl zugestehen, auch dieses Stück insofern mit dem zuvor besprochenen unter gleichen Gesichtspunkten zu bringen, *daß wir uns am liebsten die Übereinstimmung des ersten und dritten Evangeliums, da, wo sie es durch den erhaltenen Markustext nicht ist, durch einen früheren, abhanden gekommenen, vermittelt denken*" (S. 162; Hvhbg. v. Vf.).

Haben wir recht gelesen? Wir haben. *Weiße nimmt in der Tat jetzt einen Urmarkus an!* – zwar nur „am liebsten", aber gesagt ist gesagt! *Und jetzt ist Weiße gegen Ende seiner Deduktion genau so weit wie Wilke*, obgleich er in seiner ersten Evangelienschrift, der „Evangelischen Geschichte", bei seiner Fundierung der Zweiquellentheorie ausdrücklich festgestellt hatte, daß

„die Erzählung, durch welche die Logia ergänzt werden, in allen ihren Hauptmomenten *aus Markus, aus demselben Markus, den wir noch jetzt als unabhängige Evangelienschrift besitzen,* entnommen ist – wenn wir ferner, *was Markus selbst betrifft,* zu der Behauptung fortgehen, daß ... dieser Augenschein durchaus für die *Entstehung des Werkes aus einem Gusse und unabhängig von schriftlichen Vorgängern* spricht" (Evangelische Geschichte Bd. I, S. 54; Hvhbg. v. Vf.).

Diesem von ihm soeben – wenn auch noch zögernd – unterstellten Urmarkus ordnet Weiße nun – schon weniger zögernd – noch weitere Stücke zu, deren frühere Zuweisung an die Spruchquelle offenbar ein ungutes Gefühl bei ihm hinterlassen hatte, so z.B. die Versuchungsgeschichte, wohl wegen ihrer symbolistischen Umdeutung durch ihn:
„Auch sie (die Versuchungsgeschichte) trägt in ihrer gesamten Haltung den Typus, welchen wir allenthalben bei den in das Gebiet äußerer Tatsächlichkeit übertragenen Gleichnisreden bei Markus antreffen, aber bei dem apostolischen Verfasser der Spruchsammlung in keiner Weise vorauszusetzen berechtigt sind" (Evangelienfrage S. 164).
Und um sie nun im Markusevangelium unterbringen zu können, nimmt Weiße eine Textlücke hinter Mk 1,13 an:
„*Die Worte* καὶ οἱ ἄγγελοι διηκόνουν αὐτῷ *sind und bleiben, ohne Hinzunahme der ausführlichen Erzählung, wie wir sie in der parallelen Darstellung der beiden andern Evangelisten lesen, dort ganz unverständlich*" (S. 163; Hvhbg. v. Vf.).

Das stimmt freilich, aber das ist genau das, was die *Griesbachschule* immer behauptet hatte!
Somit hatte nun Weiße alles, was er in seiner „Evangelischen Geschichte" der Spruchsammlung zugeschoben hatte, im Urmarkus untergebracht – bis auf die Täuferreden. Würde es ihm gelingen, auch noch diese dem „früheren, abhanden gekommenen" Markustext zuzuweisen? *Dies enthielt für ihn ein schwieriges Problem.* Wie erinnerlich, hatte er die Täuferworte als authentische Aussprüche Jesu bezeichnet, die von dem Apostel *Matthäus* auf den Täufer übertragen worden seien (s.o. S. 52). Wenn nun aber Weiße diese Worte auf das *Markus*evangelium (Urmarkus) transferieren wollte, dann entfiel damit zwangsläufig die Urheberschaft des Matthäus. Damit erhob sich von neuem die Frage: Wer hat diese Projektion der Logia Kyriaka auf Johannes Baptista vollzogen?
Eine schwere Frage in der Tat, und zwar in doppeltem Sinne. Denn schon damals vor achtzehn Jahren bei der Zuweisung an Matthäus hatte Weiße geschrieben:

„Fragen wir nun aber, wer es sei, der den Täufer solchergestalt in Redens-
arten sprechen läßt, welche dem wahren Christus abgeborgt sind, so ist
die Beantwortung dieser … Frage nicht ohne Schwierigkeit" (Evangelische Geschichte Bd. II, S. 7).

Weiße hatte diese Schwierigkeit zu überwinden vermocht und dabei dem
Matthäus ein frommes Verdienst zugesprochen: er habe es getan „in der
Absicht, um Sinn und Endzweck der Wirksamkeit dieses prophetischen
Mannes auszudrücken".

Jetzt entscheidet Weiße sich für Markus – was blieb ihm auch anderes
übrig? – und diesem unterlegt er ein weniger frommes Motiv:

„Ich habe mich schon darüber erklärt, wie wenig eine solche Voraussetzung
(scil. der Urheberschaft des Matthäus) zu dem wahren Charakter der
Spruchsammlung passen will; anders aber verhält es sich in Bezug auf
Markus. Dieser hat sich in *jedem* Falle einer Verwechslung oder Unterschiebung schuldig gemacht (sic!), auch wenn wir nur *das* auf seine Rechnung bringen wollen, was wir in dem uns vorliegenden Texte seines Evangeliums lesen" (S. 164).

Nun stand Weiße vor der Frage, an welcher Stelle des Markusevangeliums er denn die von ihm aus der Spruchquelle zurückgezogenen Täuferworte unterbringen könnte. Wiederum ein diffiziles Problem für ihn, zumal
er selbst zugeben mußte:

„Was endlich die Reden des Täufers anbetrifft: so wage ich hier zwar nicht
zu behaupten, daß in dem Markustexte, wie er hier vorliegt, an und für
sich selbst eine Lücke fühlbar ist" (S. 164).

Aber nachdem er Markus zum Sündenbock erklärt hatte, der sich einer
„Verwechslung oder Unterschiebung schuldig gemacht hatte", fühlte
Weiße sich doch berechtigt, hinter dessen Täuferworten eine *neue* Text-
lücke annehmen zu dürfen:

„es ist also offenbar der natürlichste Weg der Erklärung auch dieses sonderbaren Phänomens, daß wir nach Mk 1,5 oder 6 eine ähnliche Lücke
annehmen wie c. 1,13 und 3,19 und daß wir diese Lücke mit den oben
bezeichneten Apophtegmen der parallelen Evangeliendarstellungen ausfül-
len" (S. 165).

Aber damit war Weiße seiner Transferierungsschwierigkeiten noch
immer nicht enthoben. *Denn nun hingen die Verse Mt 3,12 par Lk 3,17
(von der Worfschaufel; Weizen und Spreu) in der Luft;* denn sie standen
in der Akoluthie ja erst *hinter* den Versen Mk 1,7 *und* 8! Was sollte
Weiße jetzt machen? Sollte er zwei Verse nach der dritten Textlücke hinter
Mk 1,6 *noch* eine vierte annehmen hinter Mk 1,8?

Weiße fand einen Ausweg, wenn auch keinen schönen: Er griff zu dem
letzten Radikalmittel, das auch Wilke – ach, wie oft! – angewandt hatte,
um hinderliche Textstellen aus dem Wege zu räumen: *Er eliminierte sie:*

„Sonach würden wir auch hier nach Mk 1,8 die Worte als weggefallen voraussetzen müssen, welche der erste und dritte Evangelist auf die des Markus folgen lassen" (Evangelienfrage S. 165).

Diese Entscheidung mag Weiße schwergefallen sein, und er fühlte sich bei einer solchen Transaktion offensichtlich nicht wohl. Am Ende seiner mühevollen Deduktion schreibt er:

„Ich verkenne nicht, daß an einem kritischen Verfahren der Art, wie das hier eingeschlagene, immer ein gewisser Schein von Gewaltsamkeit haften wird, und ich gestehe gern, daß ich mich dazu erst entschlossen habe, nachdem ich klar erkannt, daß jeder andere mögliche Versuch einer Erklärung der in Rede stehenden Phänomene zu noch viel stärkeren Gewaltsamkeiten nötigt. Da sich indes eine vollständige Integrität des überlieferten Markustextes – man denke nur an den so offenbar verfälschten Schluß – doch einmal nicht behaupten läßt: so dürfte in diesem Fall, wo so dringende Anlässe und Nötigungen zu solchem Verfahren vorhanden sind, der Vorwurf unberechtigter Gewaltsamkeit mit gutem Recht zurückgewiesen werden" (Evangelienfrage S. 165).

Wie hatte es noch geheißen in Weißes Rezension von Wilkes „Urevangelist" hinsichtlich dessen „Menge gewaltsamer Textesveränderungen, namentlich Eliminationen, welche der Verfasser insbesondere mit dem Text des Marcus sich erlaubt hat"? Derselbe Weiße schreibt dort:

„Solches Verfahren ist um so bedauerlicher, je unvermeidlicher es bei Unkundigen und noch mehr bei Übelwollenden den Verdacht erwecken muß, als könne eine Hypothese, die, um sich durchzuführen, solcher Gewaltsamkeiten bedürfe, unmöglich wohl begründet sein" (Berliner Jahrbücher für wissenschaftliche Kritik. 1838 Sp. 613).

ZUR KRITIK WEISSES

Beide Versuche Weißes, im Rahmen der Markushypothese die *Herkunft* des gemeinsamen außermarkinischen Überhanggutes des Matthäus und Lukas zu erklären, sind als gescheitert anzusehen: die Logienquelle erwies sich als nicht tragfähig genug, um auch jene Bestandteile aufnehmen zu können, die nicht aus Logia Kyriaka bestanden; und das „abhanden gekommene" Vorstadium des kanonischen Markus, der Urmarkus, den Weiße konstruierte, um jene Teile dorthin transferieren zu können, erwies sich als nicht existent und ist von der Forschung längst aufgegeben worden.

Aber mit dieser sachlichen Feststellung allein dürfte es bei Weiße genau so wenig sein Bewenden haben wie bei Wilke. Auch bei ihm kommt man bei einer Gesamtbeurteilung seiner wissenschaftlichen Leistung als Evangelienforscher an einer Darlegung seiner allgemeinen Argumentationsmethode wie an einer Charakteristik seines Forscherhabitus nicht vorbei.

Auch bei ihm wirkt sich beides auf die Art seiner Beweisführung aus. Sie ist ebenfalls einer starken Subjektivität und Emotionalität unterworfen.

Das zeigt sich besonders in seinen zahlreichen Versicherungs- und Bekräftigungsformeln:

„auf das fühlbarste; auf das sprechendste; auf das unzweideutigste von der Welt; auf die überraschendste und schlagendste Weise von der Welt; wie wir auf das sicherste vertrauen; unserer bestimmtesten Überzeugung nach; wir stehen nicht an, es mit Zuversicht auszusprechen; sie erklären sich bei dieser Annahme auf das einfachste und natürlichste, während sie bei jeder anderen einem unerklärten Eigensinn der Willkür der Evangelisten zugeschrieben werden müßten."

Bereits 1839 hatte Ferdinand Christian Baur in seiner Rezension von Weißes „Evangelischer Geschichte" auf diese unqualifizierbare Art des Verfassers hingewiesen:

„Dieses Vorwalten der eigenen Subjektivität, das sich auch in der von Herrn Weiße so oft wiederkehrenden unwissenschaftlichen Formel „nach unserer innigsten Überzeugung" charakteristisch ausspricht, unterscheidet das Weißesche Werk nicht zu seinem Vorteil von dem Straußschen" (Jahrbücher für wissenschaftliche Kritik. 1839 Sp. 161 ff).

Dabei handelt es sich nicht etwa, wie bereits aus Baurs Hinweis auf David Friedrich Strauß' Diktion hervorgeht, um eine allgemeine Zeiterscheinung, sondern um eine besondere Eigentümlichkeit beider Begründer der Markushypothese.

Diese Eigenheit der emotionalen Übersteigerung tritt besonders hervor bei Weißes Selbstkorrektur. Hier verurteilt er mit fast erschreckender Exaltation, was er vorher mit gleicher Emphase als das einzig Richtige hingestellt hatte. Um so erstaunter ist man, daß Weiße dazu eine Selbstrechtfertigung gibt, die mit einem Selbstlob endet:

„Ich habe Veranlassung genommen, ... von den Ansichten derselben abzugehen, in einer Weise jedoch, von der man finden wird, daß sie mit den allgemeinen Prinzipien und Voraussetzungen der Kritik, wie ich sie geübt, im besten Einvernehmen steht, ja daß sie nur durch sie ermöglicht wird" (Evangelienfrage S. 155 f).

Neben der Ausdrucksübersteigerung gehört zur Charakteristik der Forschermentalität Weißes auch das Faktum einer gewissen Bedenkenlosigkeit in der Beweisführung. Das zeigt sich einmal in der unzulässigen Inanspruchnahme des toten Schleiermacher für seine Ansicht betreffs der Benutzung der Logienquelle durch Lukas (s.o. S.49), zum andern in der Leichtfertigkeit, mit der Weiße Perikopen aus der Spruchquelle in den Urmarkus transferiert und darüber hinaus auch solche, die dort vorher nicht loziert waren.

Im übrigen ist Weiße ein unsicherer Argumentator. Er gerät ständig in Hypothesennot, aber er weiß alle Nöte zu überwinden durch eine Pseudo-argumentation, die in der Regel zu durchsichtig ist, als daß man sie nicht alsbald durchschauen könnte, so bei der Umdeutung der Täuferreden, der Versuchungsgeschichte und der Perikope vom Hauptmann zu Kapernaum zu Logia Kyriaka. Infolgedessen fühlt Weiße sich immer wieder veranlaßt, vorbeugend sich beim Leser zu entschuldigen und um Verständnis zu bitten für die hypothetischen Entscheidungen, die er getroffen hat – entgegen den Fakten:

1) „Es bleibt uns demnach nichts anderes übrig, als für das Wahrscheinlichste (denn vollkommene Gewißheit ist hier allerdings nicht erreichbar), dies auszusprechen..." (s. o. S. 52).

2) „So wird man uns die Berechtigung wohl zugestehen, daß wir am liebsten..." (s. o. S. 61).

3) „So wird dadurch die Möglichkeit anderer ähnlicher Lücken ... und ihre Annahme gerechtfertigt da, wo sie durch so dringende Umstände, wie im gegenwärtigen Fall, geboten ist" (Evangelienfrage S. 163).

4) „Es muß nicht wenig auffallen und könnte leicht an der Wahrheit dessen, was wir ... festgestellt haben, uns einen Augenblick irre machen..." (s. o. S. 51 f).

5) „Ich verkenne nicht, daß an einem kritischen Verfahren der Art ... immer ein gewisser Schein von Gewaltsamkeit haften wird... wo *so dringende Anlässe und Nötigungen* zu solchem Verfahren vorhanden sind ..." (s. o. S. 64; Hvhbg. v. Vf.).

Das alles läßt in Verbindung mit zahlreichen entsprechenden Fällen deutlich werden, daß Weiße sich eigentlich dauernd in einer leichten Hypothesenkalamität befindet. Dabei ist eines bemerkenswert: Fast jedesmal erkennt er selbst die augenblickliche Hypothesenschwierigkeit, in der er gerade steht, sieht sie klar und – zieht *keine* Konsequenzen daraus! Vielmehr versucht er immer von neuem, die jeweiligen Schwierigkeiten durch recht gewagte Aktionen zu überbrücken oder schlimmstenfalls zu übertünchen. Auf diese Weise wächst sich langsam, aber sicher seine ganze Argumentation zu einem *System von Aushilfen* aus. Ob es nicht besser für Weiße gewesen wäre, eine andere Folgerung aus seinen ewigen Hypothesennöten zu ziehen, nämlich das ganze Fundament seiner Zweiquellentheorie noch einmal von Grund aus auf seine Richtigkeit hin zu überprüfen? So aber werden wir seine mißlungene Begründung der Markushypothese nur unter die Fehldeutungen der Evangelien rechnen können.

Albert Schweitzer sagt in seiner „Geschichte der Leben-Jesu-Forschung" hinsichtlich der Wertrelation Strauß/Weiße: „Weiße gebührt der Thron zu seiner Rechten" (S. 125). Aber dies singuläre Lob wird durch Strauß selbst in keiner Weise gedeckt; er bezeichnet ihn als „Dilettanten" (Leben Jesu, Volksausgabe S. 50) und fällt über dessen Argumentationsweise das zutreffende Urteil: „Wäre Weiße nur ein besserer Exeget d. h. würde es ihm weniger leicht, das objektiv Vorliegende sich durch willkürliche Deutung mundrecht zu machen ..." (S. 50). Ebenso erwiderte Ewald keineswegs Weißes hohe Achtung vor ihm mit gleicher Wertschätzung. Wegwerfend sagt er vielmehr von ihm: „Weiße und einige andere noch weniger fähige Schriftsteller neuester Art" (Geschichte Christus' und seiner Zeit S. 128).

Auch durch den faktischen Befund unserer kritischen Analyse der Weißeschen Beweisführung hat sich gezeigt, daß der Laudatio Schweitzers auf Weiße jegliche Berechtigung fehlt. Diesem ist es genau so wenig gelungen wie Wilke, die Markushypothese zur Evidenz bringen. Jülicher/Fascher meinten zwar, die beiden hätten sie „glänzend inauguriert", aber auch dieses Urteil gehört zu den forschungsgeschichtlichen Irrtümern. Weder gebührt Wilke die Krone der Unsterblichkeit noch Weiße der Thron an David Friedrich Strauß' Seite. Nach dem Fiasko Wilkes und der mißglückten Eigenkorrektur Weißes hätte man vielleicht annehmen sollen, daß die Markushypothese kurz nach ihrer Begründung durch diese beiden eines schnellen Todes gestorben wäre. Wie geschah es, daß sie weiterlebte?

Der Mann, der Weiße vor dem Absinken in die Vergessenheit rettete, war der „Neubegründer der Zweiquellentheorie": Heinrich Julius Holtzmann. Er sagte von Weiße:

„Sein Werk beweist allerdings zum ersten Male die Möglichkeit einer den höchsten Anforderungen der historischen Wissenschaft entsprechenden Darstellung der Lebensgeschichte Jesu, zu deren Darstellung er sich eines trefflichen kritischen Aperçus als Handhabe bediente" (Die synoptischen Evangelien, 1863 S. 28).

Und er rühmt ihm nach:
„Man kann sagen, daß Weiße die Markushypothese neu entdeckt und zum ersten Male wissenschaftlich begründet hat" (S. 29).

Wir wenden uns nunmehr Holtzmann zu.

II. Die Neubegründung (Heinrich Julius Holtzmann)

Heinrich Julius Holtzmann (1832–1910) gilt als der Mann, der durch sein 1863 erschienenes Werk „Die synoptischen Evangelien" die Markushypothese in der Form der Zweiquellentheorie zur fast allgemeinen Anerkennung gebracht hat. Noch 1856 vermochte C. H. *Weiße* kaum Forscher anzuführen, die seiner eigenen Quellentheorie zugestimmt hätten. Es waren außer Ritschl nur noch Hitzig (Über Johannes Markus und seine Schriften. 1843), Reuß (Geschichte der Heiligen Schriften Neuen Testaments. 1853²), Thiersch (Die Kirche im Apostolischen Zeitalter. 1852) sowie H. A. W. Meyer, der sich 1853 mit der 3. Auflage seines „Kritischexegetischen Kommentars über das Neue Testament" auf die Seite der Markushypothese gestellt hatte.

Holtzmann übte als akademischer Lehrer durch seine Persönlichkeit und seine Hingabe an die Sache starke Wirkung aus: „Sowohl als Dozent wie als Mensch wußte er das jüngere Geschlecht immer wieder an sich zu fesseln" (Arnold Meyer in: RGG² 1928 Sp. 2000). Bei seinen Zeitgenossen besaß er als Forscher großes Ansehen. Albert Schweitzer, sein bekanntester Schüler, rühmt ihm nach, die Markushypothese sei durch ihn „auf einen solchen Grad der Evidenz gebracht, daß sie nicht mehr eine Hypothese genannt werden kann" (L. J.-Forschung S. 202).

Seinem umfangreichen Werk stellt Holtzmann ein Motto voran – wie übrigens andere vor ihm auch schon getan hatten –, aber er tut es in einem etwas anderen Sinne. Er greift nämlich ein polemisches Wort von Adolf Hilgenfeld auf, das dieser in seinem kurze Zeit zuvor erschienenen Buch „Kanon und Kritik" geschrieben hatte: „Jeder kann nun sehen, wie es mit der Markushypothese, in welcher sich der Widerspruch gegen die neuere Kritik hauptsächlich vereinigt hat, wirklich bestellt ist". Holtzmann wendet den Satz ins Positive um:

„Ich meinerseits nehme mir die Freiheit, dieses Wort, seines ironischen Sinnes entkleidet, an die Spitze der nachfolgenden Untersuchungen zu stellen, die, wie ich hoffe, den Gesundheitszustand jener Hypothese immer noch als einen sehr blühenden konstatiert haben werden."

Wenn er nun an seine Aufgabe heranging, die Markushypothese von neuem zu begründen, so konnte er sich dabei auf die Werke seiner beiden Vorgänger Wilke und Weiße stützen und – nicht stützen. Er bediente sich ihrer Vorarbeiten und nutzte diese nach Kräften aus, besonders in der Einzelargumentation. Daher geht seine Beweisführung recht häufig mit der ihren direkt oder indirekt konform und stellt inhaltlich in zahlreichen Fällen geradezu eine Wiederholung dar.

Im Grundsätzlichen dagegen distanzierte Holtzmann sich trotz Bruno Bauers Panegyrikus von Wilkes innersynoptischer Lösung und entschied sich für die Weißesche Form der Zweiquellentheorie – allerdings mit wesentlichen Korrekturen oder Modifikationen. Wie hätte es nach Weißes hypothetischem Schwanken und Wanken auch anders sein können?

Dabei geht Holtzmann folgendermaßen vor: Er sagt *nicht:* Matthäus und Lukas haben als Quellen das kanonische Markusevangelium benutzt. Sondern *er konstruiert zwei Fundamentalquellen, eine Geschichtsquelle und eine Logienquelle,* die er mit den griechischen Großbuchstaben Alpha und Lambda bezeichnet. Wir sagen dafür der Einfachheit halber A und L.

Wie sehen nun diese beiden Grundschriften aus? An der Quelle A, die Holtzmann auch durchgehend als „Urmarkus" bezeichnet, vollzieht er gegenüber Weiße folgende unvermeidliche Korrekturen:

1) Er nimmt die bei Lukas, und nur bei diesem, im Anschluß an den „Hauptmann von Kapernaum" stehenden Perikopen „Der Jüngling zu Nain" und „Dienende Frauen", die Weiße in seiner letzten Hypothesenfassung reichlich vorschnell und unbedacht dem Urmarkus zugewiesen hatte, mit Recht aus diesem wieder heraus und führt sie mit gutem Grund auf eine Sonderquelle des Lukas zurück.
2) Im Gegensatz zu Weiße ordnet er die Perikopen „Die Täuferanfrage" und „Jesu Zeugnis über den Täufer" nicht dem Urmarkus, sondern der Spruchsammlung zu.
3) Er verlegt die in Jh 7,53–8,11 stehende Perikope von der Ehebrecherin, die von der Ferrargruppe hinter Lk 21,38 eingeschaltet wird, in die Geschichtsquelle A.
4) Desgleichen reiht er aus dem Auferstehungsbericht des Matthäus die Verse 28,9.10.16–20 in den Urmarkus ein.

Demnach besteht Holtzmanns Urmarkus = Geschichtsquelle A:

1) aus (fast) dem gesamten *kanonischen Markusevangelium,*
2) aus den *entsprechenden Parallelstellen des Matthäus und Lukas,*
3) aus der *Kurzfassung der Bergpredigt,* wie sie nach Holtzmann in reinster Form *Lk 6,20–49* vorliegt,
4) aus der Perikope vom *Hauptmann zu Kapernaum,*
5) aus der Perikope von der Ehebrecherin Jh 7,53–811,
6) aus den Versen Mt 28,9.10.16–20.

Man sieht, Holtzmann beginnt da, wo Weiße endet, bei einem angeblichen Urmarkus. Aber mit dieser als reale Quelle nicht existierenden, sondern „erschlossenen" Quellenkonstruktion vollzieht er nun eine gegenüber Weiße – man möchte sagen – raffinierte Modifikation der Hilfshypothese „Urmarkus". Man muß sich dabei ernstlich fragen, ob sie diesen Namen jetzt überhaupt noch verdient, wenn *die gesamten Parallelen des ersten und dritten Evangeliums zu Markus sowie die lukanische Kurzfassung der Bergpredigt und die nur im Matthäus und Lukas stehende Perikope vom Hauptmann zu Kapernaum darin enthalten sind.*

Es ist unschwer zu erkennen, daß hier in Wirklichkeit eine fundamentale Änderung des Weißeschen Hypothesenansatzes vorliegt. Der taktische Vorteil einer solchen konstruierten „Geschichtsquelle A" als Stütze der Markustheorie liegt auf der Hand:

Jetzt ist nämlich nicht mehr das kanonische Markusevangelium die Vorlage des Matthäus und Lukas, sondern die Quelle A. Diese ist aber zugleich auch die Quelle des kanonischen Markusevangeliums, obschon dieses seinen Grundstock bildet und mit Ausnahme weniger Verse voll in ihm enthalten ist. Also nach Holtzmann haben alle drei synoptischen Evangelien, auch Markus, die Quelle A benutzt und stellen somit alle drei eine

Variation von A dar, entweder auf dem Wege des Fortlassens oder Hinzufügens.

Wie geht das vor sich?

1) Das *kanonische Markusevangelium hat nur die Quelle A benutzt* und ist dadurch entstanden, daß es aus ihr *nur fortgelassen hat,* nämlich
   a) alle seinem Evangelium entsprechenden Parallelstellen des ersten und dritten Evangelisten,
   b) die Lukanische Bergpredigt,
   c) die Perikope vom Hauptmann zu Kapernaum,
   d) die Perikope von der Ehebrecherin,
   e) die Verse Mt 28, 9. 10. 16–20.

   Außerdem hat Markus zwei kleine Zusätze aus einer anderen Quelle aufgenommen.

2) *Das kanonische Matthäus- und Lukasevangelium sind dadurch entstanden, daß sie neben der Quelle A auch noch die Quelle L benutzten und aus A Verschiedenes ausließen bzw. hinzusetzten.*

Auf Grund dieser äußerst geschickt ausgeklügelten hypothetischen Konstruktion ist es nun in das Ermessen Holtzmanns gestellt, die Überhänge des Matthäus und Lukas in die Quelle A zu verlegen, in der die des Markus sich ohnehin bereits befinden, und dann jeweils zu erklären:

„Der kanonische Markus hat sie fortgelassen"

oder von den Überhängen des Markus zu sagen:

„Matthäus oder Lukas oder beide haben sie übergangen".

In beiden grundsätzlichen Fällen erwächst ihm jedoch die Pflicht zu erklären, *aus welchem Grunde* sie es fortgelassen bzw. hinzugesetzt haben, und *den Nachweis dafür zu erbringen.* Es ist unschwer zu erraten, welcher Methode sich Holtzmann dabei vorzugsweise bedienen wird: der *Argumentatio secundum hypothesin.* Wir zeigen das beispielhaft auf an dem Fall der von Holtzmann behaupteten „Auslassungen des Lukas aus A", der uns für seine Argumentationsweise besonders aufschlußreich erscheint. Es handelt sich dabei um Markustexte in A, die hypothesengemäß Matthäus *und* Lukas gelesen haben, zu denen sich jedoch *lediglich* im Matthäusevangelium eine Parallele findet. Lukas muß sie also – ebenso hypothesengemäß – eliminiert haben. Dazu gibt Holtzmann folgende „erklärende" Begründungen:

„Nr. 30 – Jesu Wandeln auf dem Meer – schien überflüssig neben der andern Erzählung vom Seesturm.

Nr. 31 – Wunder im Lande Genezareth – wurde übergangen, weil Lukas summarische Berichte überhaupt nicht liebt und mit früheren Stellen in dieser Beziehung genug getan zu haben glaubte.

70

Nr. 32 – Vom Händewaschen – sollte ersetzt werden durch die größere Strafrede gegen das eitle Satzungswesen 11, 37–52.

Nr. 33 – Vom kananäischen Weib – mochte an sich bedenklich scheinen, konnte aber füglich wegfallen, als gedeckt nach der einen Seite hin (insofern die Heidenannahme das Tertium comparationis bildet) durch 7, 2–10, nach der andern (insofern der Antitypus zu den Taten des Elias tertium comparationis) durch 7, 11–17.

Nr. 34 – Der Taubstumme – soll seine Parallele noch erhalten 11, 14.

Nr. 35 – Speisung der Viertausend – bot neben der eben erzählten Speisung der Fünftausend kein Interesse.

Nr. 36 – Zeichen der Zeit – soll seine Parallele erhalten 11, 29–32; 12, 54–56.

Nr. 37 – Warnung vor dem Sauerteig – kommt noch 12, 1.

Nr. 38 – Der Blinde in Bethsaida – schien überflüssiges Vorspiel zum Blinden von Jericho" (S. 105 f).

Das Ergebnis faßt Holtzmann dahin zusammen:

„Es waren mithin auf der Hand liegende Ursachen der Sparsamkeit, welche zur Auslassung dieser Perikopenreihe führten" (S. 106).

So auf der Hand lagen diese „Ursachen der Sparsamkeit" gerade nicht, die Holtzmann hier mit leichter – nein, mit allzu leichter Hand anführte. Sie entbehren vielmehr jeglicher überzeugenden Begründung. Denn in jedem der vorliegenden Fälle bleibt doch die Frage unausweichlich: Wieso trafen denn die gleichen oder entsprechenden Ursachen nicht auch für Matthäus und Markus oder doch jeweils für einen der beiden zu? Sie hatten doch ebenfalls vorher die Speisung der Fünftausend gebracht. Inwiefern bot dann für sie die Speisung der Viertausend Interesse, wenn sie für Lukas „neben der Speisung der Fünftausend kein Interesse" bot? Hier liegt doch das eigentliche Problem! Und Markus brachte doch ebenfalls die Perikope vom Blinden zu Jericho. Wieso war denn für ihn die vom Blinden zu Bethsaida wichtig, wenn sie für Lukas „überflüssiges Vorspiel zum Blinden von Jericho" schien? Und wieso sollte bei Lukas die Perikope vom Händewaschen ersetzt werden durch die größere Strafrede gegen das eitle Satzungswesen 11, 37–52? Matthäus hatte diese doch ebenfalls, aber er ließ deswegen keinesfalls die „Vom Händewaschen" fortfallen.

Dies alles ist ganz ungereimt. Das Fehlen einer Parallele im Lukas wäre zwar im Sinne der Markustheorie hypothesenwidrig, aber das ist kein hinreichender Anlaß, die Begründung dafür vernunftwidrig zu machen.

Holtzmann führt nun im ganzen siebenundvierzig kleinere Überhänge an – von den insgesamt hundertachtzig –, die das Markusevangelium über Matthäus und Lukas hinaus hat. Er verlegt sie alle nach A, macht jedoch die bemerkenswerte Einschränkung:

„Allerdings müssen in manchen Fällen reine Zutaten des Markus anerkannt werden, entweder bloß der Erklärung halber beigesetzt ... oder aber
es sind historische Notizen, authentische Züge, die Markus aus der Überlieferung geschöpft hatte."

Das ist nun genau das, was Griesbach behauptet hatte. Im gleichen Zuge
stellt Holtzmann jedoch fest:

„Zum mindesten ebenso oft haben Matthäus und Lukas ausgelassen."

Und das hatte Griesbach *nicht* behauptet, sondern Wilke (s. seine Eliminationen S. 35 ff). Auf Grund seiner Zuweisung des Markus und dessen jeweiliger Parallelen an die Quelle A stehen Holtzmann jedoch stets
beide Möglichkeiten frei: Zusatz oder Auslassung. Das ist der Freibrief,
den ihm seine angebliche Quelle A gewährt. So kann er jedesmal „hypothesengerecht" argumentieren.

Hier wird auch bereits der entscheidende Fehler deutlich, zu dem er und
alle Vertreter der Markushypothese durch den Zwang ihrer Quellentheorie
veranlaßt werden, jeweils *Begründungen* für die angeblichen Auslassungen
oder Zusätze der Evangelisten zu geben. Die Gefahr einer Motivanmaßung
über die Reflexionen der Evangelisten ist dabei evident. Wenn man hier
ein „Ignoramus – ignorabimus" nicht gelten lassen will, bleibt für den
Exegeten nichts anderes übrig als die Argumentatio secundum hypothesin,
und die führt – wie der vorliegende Fall zeigte – zum Unheil. Prinzipiell
gehen wir auf dieses Problem im zweiten Teil unseres Werkes ein unter
Ziff. V: „Der psychologische Reflexionsbeweis."

Hiermit lassen wir es bei der Auseinandersetzung mit der Quelle A zunächst sein Bewenden haben und fragen jetzt nach der Struktur der zweiten
Fundamentalquelle Holtzmanns, „L", sowie nach dem Ineinandergreifen
beider Teile, um dann von diesem Überblick aus kritisch zu der hypothetischen Gesamtkonstruktion Holtzmanns Stellung nehmen zu können.

Wer sich nun diese Holtzmannsche *Quelle* L näher ansehen will, wird
vor eine *riesengroße Überraschung* gestellt. Wenn nämlich überhaupt eine
solche Logienquelle eruiert werden sollte, so konnte kein Zweifel darüber
bestehen, daß sie sich im Rahmen der Notiz des Papias halten mußte:
Μαθαῖος μὲν οὖν Ἑβραΐδι διαλέκτῳ τὰ λόγια συνετάξατο. *Dies war ja
die einzige literarische Stütze für die Annahme einer Spruchquelle überhaupt und hatte für Weiße das konstitutive Element für seine Begründung
der Zweiquellentheorie abgegeben.* Es findet sich auch in den Evangelien
keine andere Passage, die man mit Fug und Recht als eine geschlossene
σύνταξις τῶν λογίων bezeichnen könnte und auf die das Wort des Papias
sich uneingeschränkt anwenden ließe, als diese matthäische Bergpredigt
und die lukanische Kurzfassung. Dabei konnte man immer noch verschiedener Meinung darüber sein, ob damit die Notiz des Papias vollinhaltlich
ausgeschöpft sei oder ob diese nicht noch einen weitergehenden Charakter

getragen und noch andere Reden, Parabeln, Spruchreihen und Einzelsprüche umfaßt habe. *Auf keinen Fall aber konnte die Oratio Montana davon ausgeschlossen werden; sie mußte vielmehr ihr Kernstück gebildet haben.* Holtzmann war *anderer* Ansicht:

„Um den Inhalt dieser zweiten Quelle zu bestimmen, geht man gewöhnlich ... von jenen großen Stücken des Matthäus aus, die als Bergpredigt c.5–7, als Instruktionsrede c.10, als Rede über das Verhältnis des Evangeliums zu den Zeitgenossen c.11, als Gleichnissammlung c.13, als Fragmente über die Gemeindepflichten c.18, als Philippika wider die Pharisäer c.23, als eschatologische Rede c.24.25 den Zusammenhang von A auseinander sprengen ...“ (S.128).

Dazu erklärt dann Holtzmann näher:

„Aber, so oder anders gewendet, ist diese ganze Vorstellung von der Spruchsammlung eine unhaltbare. Ein so durchaus unbegreifliches Ding, ohne Handhabe und Unterlage, wie eine aus Mt 5–7.10.11.13.18,23–25 bestehende Schrift sein würde, konnte man nur so lange als ein Originalwerk betrachten, als man sich in bewußter oder unbewußter Abhängigkeit sowohl von der traditionellen Priorität unseres, für apostolisch geltenden Matthäus als auch von irgend welchen zu Gunsten des Matthäus vorgefaßten Ansichten über das Verhältnis der Quelle L zu unserm ersten Evangelium befand ... *Wir werden dagegen im folgenden den Satz durchführen, daß mit ungleich mehr Sicherheit die Gestalt, in welcher die betreffenden Stellen bei Lukas erscheinen, zum Ausgangspunkt für die Erforschung der zweiten Quelle zu wählen sei*“ (S.129f; Hvhgb. v. Vf.).

Holtzmann hebt dieses Prinzip später noch einmal ausdrücklich hervor und rühmt sich seiner Neukonstruktion dieser Spruchquelle als seiner besonderen wissenschaftlichen Erkenntnisleistung:

„Indem wir so bei Beschreibung der Quelle L uns in erster Linie an *Lukas* halten werden, *unterscheiden wir uns auf das bestimmteste von den bisherigen Versuchen, die ‚Redesammlung‘ wiederherzustellen*“ (S.141).

Also das Lukasevangelium sollte das Kernstück der Quelle L abgeben. Aber *was* denn nun von Lukas? Welcher Bestandteil? Denn seine Kurzfassung der *Bergpredigt* (Lk 6,20–49) hatte Holtzmann ja *in die Geschichtsquelle A = Urmarkus* eingegliedert (s.o. S.69). Er entscheidet sich für den „Reisebericht“:

„Es ist somit die große Einschaltung, in der sich die Hauptmasse des in der zweiten Quelle enthaltenen Stoffes erhalten hat“ (S.141).

Was blieb denn auch noch anderes übrig, nachdem das einzig zusammenhängende Lukanische Fundamentalstück von Holtzmann dem Urmarkus zugewiesen worden war? Es ist nun überaus instruktiv zu erfahren, aus welchem Grunde denn nach Holtzmanns Ansicht der kanonische Markus, der ja hypothesengemäß „nur die Quelle A = Urmarkus benutzte“ und „aus ihr nur fortgelassen hat“ (s.o. S.70), die lukanische Bergpredigt, die er dort vorfand, übergangen und von der Aufnahme in sein neu gebildetes Evangelium ausgeschlossen hat. Holtzmann führt folgendes als Begründung an:

„Die Reden Christi, die doch wohl am ersten aufgezeichnet worden sind, treten bei Markus weit mehr zurück als bei Matthäus und Lukas. Allerdings ließ *Markus* bald längere Reden in A aus, bald kürzte er sie ab oder ließ Zwischenmomente aus, wodurch die Rede undeutlich wurde. *Insbesondere war ihm die Bergpredigt zu lang*" (S. 116; Hvhbg. v. Vf.).

Hier tritt nun bereits die Schwäche und Unhaltbarkeit der Konstruktionsmethode Holtzmanns hervor, die ihn zwingt, seine Zuflucht zu einer Begründung zu nehmen, die nicht gerade überzeugend ist. Markus soll die *Kurzfassung* der Bergpredigt fortgelassen haben, weil sie ihm zu *lang* war? Nun, die Synoptische Apokalypse (Mk 13,5–37) und das Gleichniskapitel (Mk 4,1–34) waren dem Markus doch *nicht* zu lang, obgleich sie um drei bzw. fünf Verse länger sind als die Lukanische Bergpredigt.

Zudem enthüllt Holtzmann seine eigene Unsicherheit in dieser Frage, indem er später noch eine zweite Begründung gleichsam zur freien Auswahl stellt:

„So vielleicht schon bei der Bergpredigt, wenn er dieselbe, abgesehen von ihrer Länge, etwa auch um ihres ebionitischen Exordiums willen ausgelassen haben sollte" (S. 386).

Dann wäre es allerdings merkwürdig, daß der Verfasser des Urmarkus, als welchen Holtzmann den Petrusschüler Markus ansieht, daran keinen Anstoß genommen hat, sonst hätte er die Bergpredigt wohl nicht in seinen Urmarkus aufgenommen.

Wie denkt denn nun Holtzmann über die Entstehung der *matthäischen* Bergpredigt? Er sagt zunächst von ihr, sie sei „als Continuum gar nicht zu begreifen" (S. 104). Wenn er damit zum Ausdruck bringen will, daß es sich hierbei nicht um eine zusammenhängend gehaltene Rede handle, so hat er damit zweifellos recht. Nun steht sie aber im ersten Evangelium als „Continuum", nämlich als eine ununterbrochene, zusammenhängende σύνταξις τῶν λογίων – die einzige in den Evangelien, auf die diese Bezeichnung überhaupt paßt.

Aufgrund seiner Hypothesenkonstruktion bleibt Holtzmann nun kein anderer Ausweg, als die matthäische Bergpredigt als eine „*Kompilation*" zu bezeichnen (S. 174). Und nun läßt er den Matthäus *die Teile auf folgende Weise zusammentragen*: Er entnimmt

aus dem *Urmarkus:* 5,12; 5,39–52; 7,12; 5,44–48; 7,1–2; 7,3–5; 7,16–21; 7,24–27

aus der *Spruchquelle*" dagegen bzw. aus „anderen Quellen":
alle übrig bleibenden, dazwischen stehenden Texte von Mt 5,13 bis zu 7,25 hin.

Im Detail sieht dann die Komposition der matthäischen Bergpredigt folgendermaßen aus: Holtzmann erklärt, *die historische Einleitung und den allgemeinen Stoff habe Matthäus aus A entnommen* und diese „modifiziert". Das heißt bei Holtzmann (mit relativischem Anschluß):

„welche Quelle er aber erweitert, indem er einzelne Aussprüche aus anderen Teilen von A antizipiert, eine noch viel größere Anzahl aber aus L und anderen Quellen einarbeitet, sei es gelegentlich unterbringend, sei es nach innerer Verwandtschaft einreihend" (S. 174).

Dabei entsteht für Holtzmann eine *Hypothesenschwierigkeit*. Er kann nämlich alle die *Logien, die bei Lukas oder Markus keine Parallele haben, weder in L noch in A einordnen. Es bleibt ihm somit keine andere Wahl, als sie „anderen Quellen" des Evangelisten zuzuschreiben.* Es handelt sich dabei um folgende Herrenworte: Mt 5, 14. 16. 17. 19–24. 27. 28. 33–38; 6, 1–8. 16–18. 34; 7, 6. 15. 21.

Es ist freilich ein recht bequemes, aber hypothetisch keineswegs einwandfreies Verfahren, diese Logien, weil Holtzmann sie weder aus seiner behaupteten Quelle A noch aus seiner behaupteten Quelle L ableiten kann, „anderen", nicht näher identifizierten Quellen zuzuordnen. Denn Holtzmann bleibt die Antwort durchaus schuldig, um welche Quellen es sich handelt und welchen Charakter sie tragen:

„Unaufgehellt wird bleiben, woher bei Matthäus der Stoff geflossen, der den wesentlichen Inhalt der Bergpredigt Nr. 4 bildet" (S. 161f). Unter Nr. 4 versteht Holtzmann die soeben angeführten parallelfreien Stellen.

Mit anderen Worten: Seine Quellendeduktion der matthäischen Bergpredigt geht nicht auf. Und es ist nur ein mäßiger Trost, wenn er wenigstens diese Logien, bei denen er nicht weiter weiß, dem Evangelisten Matthäus als Urheber zuspricht:

„*Auf diesen beiden Punkten ist das erste Evangelium eigentlich allein original*" (S. 162; Hvhbg. v. Vf.).

Der zweite Punkt ist die antipharisäische Rede.

Nun läßt Holtzmann die Bergpredigt des Matthäus zu folgender Modifikation entstehen: Die vier Makarismen des Lukas in A wurden von Matthäus auf die Siebenzahl gebracht. Dabei wurden sie, die in A speziell an die Jünger gerichtet waren, „in allgemeine Sentenzen verwandelt" (S. 175). Die Logien vom Licht und Salz (Mt 5, 13–16) zeigen nach Holtzmann eine Verschmelzung aus A und L „mit eigentümlichen Traditionen". Von der „prinzipiellen Stellung Jesu zum Gesetz" erkennt er nur Vers 18 der Quelle L zu, während er die übrigen der „Zuhilfenahme einer kleineren, unbestimmbaren (sic!) Quelle" zuschreibt.

Mt 5, 21–48, die er die „Sieben Beispiele wahrer Gesetzeserfüllung" nennt, sind nach ihm „aus A, L und anderen Traditionen" zusammengestellt, desgleichen die „Sieben rechten Tugendmittel" Mt 6, 1–7, 12.

Den Schluß der Bergpredigt 7,13–27 hat Holtzmann den Verfasser des Matthäusevangeliums folgendermaßen zusammenstellen lassen:

„Bestehend zuerst aus einer Anzahl von passend ausgelesenen paränetischen Stücken aus L Lk 6,43–45 = Mt Vv.16–20, welche Stelle aber durch die Beziehung, die ihr Matthäus zu den falschen Propheten gibt, mannigfach modifiziert erscheint; namentlich ist Mt V.19.20 Zusatz; A Lk 6,46 = Mt V.21; A Lk 6,47–49 = Mt Vv.24–27, so daß die Selbständigkeit am größten ist Mt Vv 13–15.19–23, wo übrigens V.22.23 Bearbeitung von L Lk 13,25–27 ist" (S.178).

Und von der Schlußformel Mt 7,28.29 behauptet Holtzmann:

„Von Matthäus gebildet aus A Mk 1,22 = Lk 4,32, wiewohl freilich nach einer so langen, gegen die Pharisäer gerichteten Rede weder eine besondere Bemerkung über die Art, wie er predigte, noch die Erklärung, daß er anders als die Pharisäer predigte, recht am Platze ist" (S.178).

Zudem sagte er noch, daß *Matthäus die Bergpredigt versetzt* habe. Holtzmann hatte sie nämlich in A erst als Nr.17 eingeordnet hinter der Erwählung der Zwölf (Mk 3,13–19) und behauptet nun, daß „Matthäus sie aus dem späteren Zusammenhang von A an den Anfang des Auftretens Jesu vorrückte".

Angesichts dieser von Holtzmann angenommenen, äußerst diffizilen Komposition der Bergpredigt des Matthäus ist es instruktiv, hiermit die Ausstellungen zu vergleichen, die der gleiche Holtzmann an der Ewaldschen These zu machen hatte, daß Markus die Spruchquelle nicht nur gekannt, sondern auch benutzt habe:

„Markus aber, der sich nach unserer Auffassung so einfach erklärt, muß bei Ewald eine äußerst künstliche Mischung darstellen, insofern 1,9–20; 9,2–13.30–32; 10,1–31; 11,1–21; 12,13–37 aus dem ältesten Evangelium, unserer Quelle A, dagegen 1,4–8; 3,23–29; 4,3–32; 6,7–11; 8,27–9,1.33–50; 11,27–12,12; 12,38–40; 13,1–14.2 aus L stammen sollte" (S.138).

Wenn Holtzmann dies als eine „äußerst künstliche Mischung" charakterisiert, was soll man dann von seiner Komposition der matthäischen Bergpredigt sagen? Man sieht, welche Ungereimtheiten er in Kauf zu nehmen bereit ist, um seine Markushypothese vor der Preisgabe zu retten. Denn dies ist doch wohl der letzte entscheidende Grund, weshalb er die Logienschrift in ihrem Hauptbestand aus dem Matthäusevangelium nach Lukas verlagert, so daß nach ihm der Lukanische Reisebericht als der eigentliche Fundort für die Quelle L anzusehen ist.

Davon jedoch abgesehen, *spricht er der Quelle L keinerlei konstituierendes Gewicht für den Aufbau sowohl des Matthäus- wie des Lukasevangeliums zu, sondern allein der Quelle A:*

„Im Gegenteil ist im Matthäus der Aufriß des Ganzen, so gut wie bei Markus und Lukas, aus A, und *bloß das im Vergleich mit Markus sich erge-*

bende Plus von Redestoff muß auf Rechnung der *Benutzung von L* gebracht werden" (S. 137; Hvhbg. v. Vf.).

Es ist bereits hier ersichtlich, worauf Holtzmann hinsteuert: Dadurch, daß er den *Aufbau aller drei Evangelien nur durch Markus bestimmt* sein läßt, ergibt sich eine ungemein wichtige Folgerung hinsichtlich des Redestoffes: *das gesamte beträchtliche Redegut, das Matthäus und Lukas mit Markus gemeinsam haben,* alle Reden, alle Parabeln, alle Einzellogien *sollen nicht aus der Logienquelle L stammen, sondern aus der Geschichtsquelle A! Was sie darüber hinaus an Logienelementen aufweisen, sind nur Einstreuungen in den Aufriß der Quelle A.*

Was will Holtzmann damit erreichen? Er will damit die Behauptung entkräften, Markus müsse auch die Spruchquelle benutzt haben, wenn er soviel Redegut aufweise. Man merkt, daß Holtzmann damit Ewald ausmanövrieren will. Dieser hatte ja die Spruchquelle zur Grundlage für alle drei Synoptiker gemacht, weil er es für unumgänglich erkannt hatte, daß man auch auf der Basis der Markushypothese um jene Annahme nicht herumkomme.

Dies aber kann und will Holtzmann nicht zugeben, genausowenig wie Weiße es wollte (s. o. S. 60), denn die ganze Markushypothese käme ja hierdurch ins Schwimmen. So erklärt er denn die Ewaldsche Annahme für unnötig, da man zur Erklärung der gemeinsamen synoptischen Redebestandteile durchaus mit Markus auskäme:

„Dies Verfahren (Ewalds) aber ist durch die Sachlage keinesfalls geboten oder gerechtfertigt, da ja – wie gezeigt – die Abschnitte, welche Matthäus und Lukas mit Markus gemein haben, durchaus nur eine einzige gemeinsame Unterlage erfordern" (S. 138).

Nun war aber aufgrund der Holtzmannschen Hypothesenkonstruktion, nach der die Grundschrift A von allen drei Synoptikern benutzt worden sei, die Grundschrift L jedoch nur von Matthäus und Lukas, aber nicht von Markus, eine Frage unabweisbar: *Ist denn die Quelle L dem Markus gar nicht bekannt gewesen?* Man erfährt zu seinem großen Erstaunen: Doch! Holtzmann *bejaht* diese Frage. Darum muß man fast inquisitorisch weiterfragen: Warum hat Markus denn nicht ebenfalls L benutzt, so wie Matthäus und Lukas es getan haben?

Holtzmann gibt darauf folgende Antwort:

„Namentlich aber erklärt sich das Verhältnis unsers zweiten Evangeliums, das ja an Redestoff noch ärmer ist als A, zu L am besten unter der Voraussetzung, daß *Markus bei seiner Bearbeitung von A zugleich ein Werk liefern wollte, welches einem, schon in den Händen der Gemeine befindlichen, die Reden Jesu enthaltenden Buche, unserer zweiten Quelle, ergänzend zur Seite treten sollte. Daher muß die Bekanntschaft mit den Reden zur Lektüre des Markus mitgebracht werden*" (S. 385; Hvhbg. v. Vf.).

Und nun führt Holtzmann als Kronzeugen Hitzig und Credner an:

„Die Logoi 8,38 werden nicht namhaft gemacht – bemerkt Hitzig (Joh. Markus S. 122) –, sondern *vom Verfasser, dem sie bekannt waren, für seine Leser vorausgesetzt.* Der Verfasser ist sich dessen überhaupt völlig bewußt, daß er in Absicht des Didaktischen wenig getan hat (4,22.33; 12,28), ganz als wollte er damit die Leser zu weiterem Forschen veranlassen (Credner, Einl. S. 110). *Nur die Gleichnissammlung, die sich in L nicht befand, und die eschatologische Rede,* welche ganz selbständig den beiden eschatologischen Reden in L zur Seite steht, *hat Markus beibehalten, sonst aber liefert er immer nur soviel Redestoff, als in Jesu Munde eben schlechterdings durch die Umstände geboten erschien,* und vermeidet alles, wodurch dem Blick des Lesers die Aussicht auf die tätige Wirksamkeit Jesu getrübt werden könnte. Jesus spricht bei ihm immer in Bezug auf Geschichte, gegenwärtige oder künftige. Seine Reden sind äußerlich motivierte, kurze und entscheidende Aussprüche, die das sie veranlassende Faktum selbst erläutern oder auf Faktisches hindeuten, meist ohne alle Abschweifung auf Dogmatisches. *Alles dies läßt darauf schließen, daß Markus die zweite Quelle in den Händen seiner Leser wußte; daß er selbst diese Quelle gekannt hat, geht klar aus dem S. 261 Gesagten hervor, wo Markus den Anfang der Quelle A mit dem Anfang der Quelle L kombiniert hat*" (S. 385; Hvhbg. v. Vf.).

So weit Heinrich Julius Holtzmann. Bedurfte es noch dieses Beweises, um seine Zweiquellentheorie zu widerlegen? Aber wenn etwas geeignet ist, sie ad absurdum zu führen, so ist es diese Nothilfe Holtzmanns. *Markus sollte die Logienschrift gekannt haben, genau wie Matthäus und Lukas, aber ihr Verfahren in der Behandlung dieser Quelle sollte derart differieren? Er sollte sie im Gegensatz zu diesen nicht benutzt haben?* Wer will Holtzmann das abnehmen? Der erste und der dritte Evangelist standen doch vor genau dem gleichen Problem wie Markus, und sie sollten eine ganz andere Konsequenz daraus gezogen haben als jener?

Markus wollte nur Ergänzungen zu L schreiben, behauptet Holtzmann. Und was wollten und taten die beiden Mitevangelisten denn nun, indem sie Teile aus L aufnahmen und mit A verschmolzen – notabene: nach Holtzmanns eigener Behauptung! Denn er versichert ja ausdrücklich, daß der Aufriß bei Matthäus und Lukas, so gut wie bei Markus, aus *A* seien, nur das sich bei ihnen ergebende „Plus von Redestoff" müsse „auf Rechnung der Benutzung von L gebracht werden".

Aber das wäre doch ganz unreimlich. Warum schlugen sie denn nicht das gleiche, Zeit und Arbeit ersparende Verfahren ein wie Markus? Denn Holtzmann sagt doch selbst und führt es als *Begründung für den Verzicht des Markus auf die Auswertung der Quelle L* an, daß dieser die Logienschrift „*in den Händen seiner Leser wußte". Wenn Markus das wußte,* wie Holtzmann behauptet, *dann war es doch wohl unumgänglich, daß Matthäus und Lukas dasselbe voraussetzen konnten.* Warum also machten sie sich die große Mühe, das „Plus von Redestoff", das ihren Lesern längst bekannt war, in einem äußerst diffizilen, dazu zwischen beiden noch ganz divergenten, von Holtzmann selbst nur schwer zu analysierenden und zu differenzierenden Verfahren mit A zu verbinden? Das Ganze ist miteinander völlig unvereinbar.

Zum andern: Wenn Markus bei seinen Lesern die Kenntnis der Logienquelle voraussetzte, wie erklärt es sich dann, daß er das religiöse und ethische Kernstück der Verkündigung Jesu, die Bergpredigt, bei der Niederschrift seines kanonischen Markusevangeliums aus A eliminierte? Wollte er sie seinen Lesern vorenthalten? Denn hypothesengemäß stand sie *nicht* in der Redenquelle L, die „in den Händen seiner Leser" war. Und ebenso stand sie *nicht* im kanonischen Markusevangelium. Die Folge mußte sein, daß seine Leser keine Kenntnis von der Bergpredigt nehmen konnten. Oder wußte Markus etwa, daß Matthäus und Lukas sie aus A beibehalten hätten, so daß er glauben konnte, er seinerseits könne es sich ersparen? Das Gegenteil ist der Fall. Holtzmann stellt eindeutig und unmißverständlich fest:
„Aus unserer Untersuchung hat sich herausgestellt, daß Markus weder den Matthäus noch den Lukas gekannt haben kann" (S. 388).

Folglich fiel für die Leser des Markusevangeliums und der Logienschrift die Bergpredigt unter den Tisch; denn da nach Holtzmanns Untersuchungsergebnis sich herausgestellt haben sollte, daß nicht einmal Markus den Matthäus und Lukas gekannt haben könne, so war es für die einfachen Leser wohl noch viel weniger anzunehmen.

Zum dritten: Wenn Markus bei seiner Bearbeitung von A nach Holtzmann „zugleich ein Werk liefern wollte, welches einem, schon in den Händen der Gemeine befindlichen, die Reden Jesu enthaltenden Buche, unserer zweiten Quelle, ergänzend zur Seite treten sollte", dann muß man doch wohl fragen: *Wo ist denn dieses Buch geblieben? Denn wenn es bereits* „in den Händen der Gemeine befindlich" war, dann konnte es unmöglich so ganz spurlos untergehen, ohne daß irgendwelche Nachrichten über seinen Verbleib auf uns gekommen wären oder daß irgendeine schriftliche Bezeugung über seine *Gemeindeexistenz* sich erhalten hätte.

Wenn ferner, wie Holtzmann behauptet, es bereits von Markus „für seine Leser vorausgesetzt" werden konnte, dann muß bei so bestehenden Verhältnissen angenommen werden, daß eine solche Schrift, die noch älter war als das Markusevangelium, den auf uns gekommenen kanonischen Evangelien nicht nur gleich geachtet worden wäre, sondern durch ihr höheres Alter noch ehrwürdiger sein mußte und folglich nicht verlorengehen konnte. Wie also konnte sie der Gemeinde abhanden kommen? Und wie konnte es angehen, daß uns nicht die geringste Nachricht über ihren Gebrauch in der Gemeinde überliefert worden ist? Nun, es liegt einfach daran, daß Holtzmanns Angaben über den Gemeindegebrauch *unfundierte*

Zweckbehauptungen zur Stützung seiner konstruierten Markushypothese waren – und mehr nicht.

Zum vierten: Markus wollte ein Werk liefern, sagt Holtzmann, das der Logienschrift „ergänzend zur Seite treten sollte", und er „liefert immer nur soviel Redestoff, als in Jesu Munde eben schlechterdings durch die Umstände geboten erschien". Wenn man nun weiter fragt: Wieviel war denn nun „eben schlechterdings durch die Umstände geboten"?, so würde die Antwort lauten: Eben das, was im Markusevangelium steht. Man sieht, hier liegt eine klassische Petitio principii vor in der Art, wie wir sie bereits durch Wilke kennengelernt hatten.

Dieser Versuch Holtzmanns, das Spruchgut des Markus quantitativ verharmlosen zu wollen, läßt sich nicht damit vereinbaren, daß derselbe Holtzmann vorher behauptet hatte, das Markusevangelium bilde den *Grundstock* für das Gleichniskapitel Mt 13, „welches nichts anderes ist als eine Erweiterung und Bereicherung von A Mk 4, 1–20, wie für die Instruktionsrede A Mk 6, 7–11 = Lk 9, 1–6, die Mt 10 mit ausführlichen Mitteilungen aus L verschmolzen erscheint, wie für die Offensivrede Mt 23, die aus einer Kombination von L mit A Mk 12, 38–40 entsprungen ist, wie für die eschatologische Rede Mt 24.25, welche einem weitläufigen Überbau des einfachen Denkmals Mk 13 gleicht" (S. 141 ff).

Wenn man hier noch die Einzellogien des Markus hinzurechnet, von denen einige sogar sein Sondergut sind (s. o. S. 57), dann wird die ganze Fragwürdigkeit der Holtzmannschen Argumentation deutlich. Und es ist somit durch den Gang seiner Beweisführung nicht gerechtfertigt noch überhaupt allgemein sachlich berechtigt, wenn er es jetzt auf die Unterscheidung zwischen einer reinen Geschichts- und einer reinen Redequelle zuspitzen möchte, indem er erklärt:

„Ihre stoffliche Differenz war von der Art, daß alles dazu aufforderte, diese Differenzen entweder dadurch noch zu schärfen, daß man, wie L nur Redestoff enthielt, so A auf bloß geschichtlichen reduzierte, oder aber sie ganz aufzugeben durch Kombinationsversuche beider Quellen, wie sie bei Matthäus und Lukas vorliegen" (S. 387).

Aber das stimmt in keiner Weise. Das Markusevangelium ist absolut *nicht* „bloß auf geschichtlichen Stoff reduziert" (s. o. S. 57 f). Und ebenso trifft es auf Holtzmanns Quelle L durchaus *nicht* zu – trotz ihres von ihm selbst zugrundegelegten „einheitlichen Charakters, wonach sie nur authentische Worte Jesu enthalten soll". Das läßt sich an einem geradezu frappanten Beispiel aufzeigen: Bei dem Versuch der Rekonstruktion der Quelle L erklärt Holtzmann, um ihren Anfang zu bestimmen, gelte es vor allem, die früher von Weiße vertretene, dann aber von jenem aufgegebene Ansicht zu prüfen, daß die bei Markus fehlende Täuferrede der Logienquelle angehört habe. Diese Auffassung, sagt Holtzmann, sei von Weiße mit Recht widerrufen worden, fügt dann aber überraschend hinzu:

„*Dennoch lag dem Irrtume eine richtige Ahnung zu Grunde*" (S. 142).

Und nun erfährt man zu seinem Erstaunen:

„Denn das erste größere Stück, das Lukas nicht bloß, sondern ... auch Matthäus aus L beibringt, *betrifft in der Tat den Täufer.*"

Das Erstaunen wird noch größer, wenn man weiterliest:

„Wie nämlich A mit dem Auftreten des Täufers, so begann L sachgemäß mit einem auf diese stehende ἀρχὴ τοῦ εὐαγγελίου bezüglichen Ausspruch Jesu über die Bedeutung und Wert des Johannes (scil. des Täufers) Lk 7, 18–35 = Mt 11,2–11.16–19. *Da aber diese Reden durch die Gesandtschaft des Täufers motiviert werden mußten, haben wir gleich hier eine historische Einleitung, die Lukas nach Gewohnheit vergrößert*" (S. 143; Hvhbg. v. Vf.).

Das heißt: Holtzmann führt sowohl sich selbst wie auch seine Definition seiner Quelle L ad absurdum. Er macht nämlich genau dasselbe, was Weiße gemacht hat, dem er soeben noch attestiert hatte, daß sein Widerruf zu Recht erfolgt sei, und nun läßt er seine eigene Quelle L, der er soeben noch bestätigte, daß sie *„nur Redestoff enthielt"*, gleich zu Anfang mit einer *geschichtlichen* Einleitung von nicht unbeträchtlichem Umfang beginnen, nämlich:

Lk 7, 18–21: „Und es berichten dem Johannes seine Jünger über das alles. Und Johannes berief zwei von seinen Jüngern und schickte sie zu dem Herrn mit der Botschaft: Bist du es, der da kommen soll, oder sollen wir eines anderen warten? Als aber die Männer bei ihm eintrafen, sagten sie: Johannes der Täufer hat uns zu dir gesandt und läßt sagen: Bist du es, der da kommen soll, oder sollen wir eines andern warten? In jener Stunde heilte er viele von Krankheiten und Plagen und bösen Geistern, und vielen Blinden schenkte er das Gesicht. Und er antwortete ..."

Nun kann man verschiedener Meinung darüber sein, ob unter „Logia" nur „reine", d. h. unbekleidete Herrenworte zu verstehen sind, so wie wir sie ausschließlich in dieser Form in der matthäischen Bergpredigt finden, oder ob man auch eine kurze historische Einführung oder Anknüpfung dazu rechnen darf, wie Holtzmann es öfter tut und es auch prinzipiell bejaht:

„Wie man sieht, ist mit solchen kurz und allgemein gehaltenen geschichtlichen Angaben, die nur in wenigen Fragmenten beigesetzt waren, die im allgemeinen unchronologische und auch nur im weitesten Sinn des Wortes sachliche Anordnung dieser Logia ohne Schwierigkeit zu vereinigen" (S. 136).

Das sei konzediert. Aber es kann gar keinen Zweifel darüber geben, daß der historische Bericht über die Täufergesandtschaft *nicht* darunterfällt und nicht als *„kleinere* geschichtliche Einleitung" verharmlost werden kann, gemessen an Holtzmanns eigenem Postulat, daß solche Anknüpfungen „sich wirklich nur auf die notwendigsten Fälle beschränken" müßten und nur da statthaft seien, *„wo der Verfasser von L sonst auf die Mittei-lung des betreffenden Spruches geradezu hätte Verzicht leisten müssen"* (S. 134; Hvhbg. v. Vf.).

Daß dieser Fall hier nicht gegeben ist, ergibt sich aus der Parallelstelle des Matthäus (11, 2–3):

„Da aber Johannes im Gefängnis von den Taten des Christus hörte, ließ er ihm durch seine Jünger sagen: Bist du es, der da kommen soll, oder sollen wir auf einen anderen warten?"

Das ist alles und hätte als historische Einleitung völlig genügt. Und es ist ein Beweis dafür, daß es sich bei Lukas *nicht* um „eine kleinere historische Einleitung" handelt, da, „wo es schlechthin not tut" oder „wo der Ver-fasser sonst auf die Mitteilung des betreffenden Ausspruches geradezu hätte Verzicht leisten müssen". Das ist, wie die matthäische Parallele zeigt, nicht der Fall. Und es ist nur eine schlecht verhüllte Ummäntelung, wenn Holtzmann so nebenbei von der matthäischen historischen Einleitung sagt: „die Lukas nach Gewohnheit vergrößert". So weit ist es nämlich mit dieser lukanischen „Gewohnheit" nicht her. Holtzmann vermag eigentlich nur noch *ein* weiteres Beispiel dafür anzuführen, nämlich das Herrenwort: „Wenn einer zu mir kommt und haßt nicht seinen Vater …" Dieses steht bei Mt 10, 37 im Rahmen der Aussendungsrede, bei Lukas aber als Einzel-logion (14, 26). Dort wird es eingeleitet durch die kurze Notiz: „Es zogen aber große Massen mit ihm, und er wandte sich um und sprach zu ihnen."

Holtzmann bezeichnet dies als „eine kurze Anknüpfung, die nur wieder dem bei Lukas mehrfach anzutreffenden horror vacui (!) entstammt ist" (S. 155). Eine schöne Vokabel, sie sei aber als Tatsache bezweifelt; denn fest steht das Faktum, daß Lukas nicht wie Matthäus seine Herrenworte in Gruppen zusammenfaßt, sondern vorzugsweise als Einzellogien bringt. Sei es nun, wie es sei, auf jeden Fall erlaubt es in keiner Weise, den erzäh-lenden Lukanischen Bericht über die Täufergesandtschaft als „kleine histo-rische Einleitung", die nur „nach Gewohnheit vergrößert" sei, in der Spruchquelle L unterzubringen. *Es liegt hier vielmehr ein unbestreitbarer Verstoß Holtzmanns gegen seine eigene Quellenhypothese vor.* Denn er sagt ja von L, daß sie „nur authentische Worte Jesu enthalten soll" (142), und bezeugt dann selbst im gleichen Zusammenhang, wenn man darüber hinausginge, daß man dann „den einheitlichen Charakter der zweiten Quelle … preisgeben müßte". Und hier bei der Täufergesandtschaft kann der Selbsttrost Holtzmanns nicht zur Geltung kommen, den man allenfalls bei kleineren Einleitungen konzedieren konnte: „Nur muß die Annahme sich wirklich nur auf die notwendigsten Fälle beschränken" (S. 133 f.).

Nachdem wir von der Struktur der beiden Fundamentalquellen Holtz-manns Kenntnis genommen haben, sind wir nunmehr in der Lage, uns ein Bild von dem „Ineinandergreifen" und „Zusammenwirken" beider Teile zu machen. Wir zeigen das an zwei markanten Beispielen auf, um dann abschließend ein zusammenfassendes Gesamturteil über den Wert, die Berechtigung und die Beweiskraft der Holtzmannschen Hypothesenkonstruktion abzugeben.

Das erste bezieht sich auf die Bergpredigt. Sie weist nämlich außer den bereits erwähnten noch eine weitere hypothetische Erschwerung besonderer Art auf. Holtzmann hatte ja die lukanische Kurzfassung als ursprünglichen Bestandteil von A = Urmarkus hingestellt und hinzugefügt: „Von Matthäus überarbeitet" (S. 5). Nun findet zwar diese Feldrede des Lukas in der Bergpredigt des Matthäus eine Entsprechung, wenn auch keineswegs in genau der gleichen Reihenfolge; jedoch zwei Verse der Lukanischen Version (6, 39 und 6, 40) kehren im Zusammenhang von Mt c. 5—7 *nicht* wieder. Sie stehen allerdings wohl im ersten Evangelium, aber nicht in der Oratio Montana, sondern der eine: Mt 15, 14; der zweite: Mt 10, 24—25.

Dadurch gerät natürlich Holtzmann infolge seiner Zuweisung der Lukanischen Bergpredigt an den Urmarkus in eine selbstverschuldete Hypothesenkalamität. Aber diese Schwierigkeit ist für ihn keineswegs unüberwindlich. Die Möglichkeit, sich ihr zu entwinden, verleiht ihm seine geschickte Quellenkomposition. Holtzmann braucht nur eine innerhypothetische Verschiebung vorzunehmen, und das Problem ist für ihn gelöst. Er hat nämlich bei dem Aufbau seines hypothetischen Quellengebäudes die Lukanische Fassung nach A mit hineingenommen, aber vorsorglich *ohne* die beiden Verse, die in der matthäischen Form keine Entsprechung finden. Was machte nun Holtzmann mit ihnen, nachdem er sie aus A herausgenommen hatte? Er verlegte sie nach L und ordnete sie dort mit ein. Und dann hieß es, Matthäus und Lukas hätten diese beiden Verse aus der Spruchquelle L entnommen und an verschiedene Stellen ihres Evangeliums versetzt, Lukas in die Bergrede, Matthäus aber nicht! Geschickt gemacht von Holtzmann, aber — selbst im Rahmen einer *Zwei*quellentheorie — nicht gerade glaubwürdig.

Das zweite Beispiel ist noch instruktiver für Holtzmanns Verfahren des Hin- und Herschiebens zwischen den beiden Quellen, des gegenseitigen Austausches und des wechselseitigen Lavierens — je nach Hypothesenlage. Es handelt sich dabei um die Perikope von der Aussendung der Jünger. Lukas bringt den Bericht in zwei Varianten, einmal als die Aussendung der Zwölf (9, 1—6 par Mk 6, 6—13), das andere Mal als die Aussendung der Siebzig (10, 1—12), während Matthäus die Abordnung der Jünger in Form der großen Aussendungsrede berichtet (10, 1—12).

Holtzmann macht dies nun folgendermaßen „hypothesengerecht": Den lukanischen Bericht über die Aussendung der Zwölf, der durch eine Parallele bei Markus gedeckt ist, ordnet er, wie nicht anders zu erwarten, in seine Grundschrift A ein. *Die Aussendung der Siebzig dagegen, die Lukas alleine bringt, verlegt er in die Quelle L.* Und nun argumentiert er:

„Es beruht also beispielsweise *ganz einfach auf schriftstellerischer Komposition, wenn Matthäus, die Wiederholung scheuend* (sic!), die Rede Jesu an die Zwölf, wie er sie in A vorfand, mit der Rede an die Siebzig, wie sie Lukas 10,3–12 hat, verschmolz" (S. 137; Hvhbg. v. Vf.).

Hier ist zunächst zu fragen: Woher weiß Holtzmann, daß Matthäus die Wiederholung scheute? Lukas seinerseits hat ja nicht die Aussendung der Zwölf mit der der Siebzig verschmolzen. Also kann auf jeden Fall *er* nicht die Wiederholungen gescheut haben! Aber vielleicht hängt es mit seinem „horror vacui" zusammen, den Holtzmann ihm andichten möchte? (s. o. S. 82). Aber auch das kann nicht stimmen; denn beim zweiten Speisewunder hat er nach Holtzmanns ausdrücklicher Bekundung die Wiederholung gescheut (s. o. S. 84). Warum also sollte Matthäus es tun, wo Lukas es *hier* nicht tut?

Nun, es ist unschwer zu erkennen, wie Holtzmann zu seiner unhaltbaren Behauptung kommt: Er hat die Aussendung der Zwölf nach A verlegt, weil sie auch bei *Markus* vorkommt, aber die Aussendung der Siebzig nach L, weil sie *nicht* bei Markus vorkommt. Da er nun beide, A und L, für Quellen des Matthäus und Lukas erklärt und Lukas beide Berichte bringt, Matthäus aber nur den einen, ist Holtzmann in die Notwendigkeit versetzt, dies zu begründen, und stellt nun kurzerhand die angeführte Behauptung auf („Wiederholung gescheut" und „verschmolzen"), ohne sie auch nur im geringsten einsichtig machen zu können – von beweisen gar nicht zu reden. Denn es ist ja schlechthin meinungslos, daß Matthäus die geringere Mühe einer Wiederholung gescheut haben sollte, aber die erheblich größere einer solchen schwierigen und umständlichen, dazu zeitraubenden Kombination zweier Berichte nicht „scheut". Auf solche Weise spielt nun Holtzmann seine psychologisierenden Argumente „hypothesengerecht" aus: das eine Mal hat Lukas keine Neigung mehr verspürt (beim zweiten Speisewunder), das andere Mal Matthäus (beim zweiten Aussendungsbericht).

Nun hat Holtzmann ja die Lukanische Aussendungsrede (bei den Siebzig) aus dem Grunde in die Quelle L verlegt, weil sie im Markusevangelium keine Parallele hatte. Wenn nun die Quelle L, die *„Redequelle"*, überhaupt einen Sinn haben sollte, d. h. tatsächlich die Reden auch enthalten, dann wäre logischerweise doch keine andere Konsequenz übriggeblieben, als daß Holtzmann die *große Aussendungsrede* voll in L eingeordnet hätte! Das tat er aber nicht, sondern den dem Markus parallelen Teil, nämlich die Verse 10,1. 9–11. 14, verlegte er nach A. Die übrigen soll nun Matthäus aus L genommen haben, wo er sie in der Aussendung der Siebzig vorfand!

Von diesem ganz unmöglichen Verschmelzungsverfahren sagt Holtzmann dann, es beruhe *„ganz einfach"* auf schriftstellerischer Komposition".

Diesen ausgeklügelten Kompilationsakt empfindet er aber nun keineswegs als „äußerst künstliche Mischung", wie er es Ewald nachsagt angesichts dessen Behauptung, Markus habe die Spruchquelle benutzt (s.o. S.76). Bei seiner eigenen Quellenkombination, wie im vorliegenden Falle, sieht Holtzmann die Sache ganz anders an und argumentiert:

„Daß aber die große (Aussendungs-)Rede des Matthäus in L gestanden habe, hat Ewald bloß aus dem εἰς μαρτύριον αὐτοῖς Mk 6,11 geschlossen, das zwar Mt 10,14 fehlt, dafür aber V.18 nachgetragen wird. Wie klar liegt dagegen der ganze Sachverhalt vor, wenn Lk 9,3–5, wie der ganze Zusammenhang beweist, aus A, dagegen der Abschnitt Lk 10,2–12, dessen Parallelstellen bei Markus sich auch dort als eingeschaltet erweisen, aus einer zweiten, bloß dem Matthäus und Lukas gemeinsamen Quelle stammt" (S.138f).

Wir vermögen uns allerdings nicht zu überzeugen, daß der Sachverhalt bei Holtzmann klarer daliegt als bei Ewald. Wenn man schon bei der Zweiquellentheorie als eine der beiden Quellen die Logienschrift annimmt, dann kommt man, wie Ewald mit Recht erkannt hat, um die Kenntnis und Benutzung dieser Spruchquelle durch Markus nicht herum.

Das aber kann Holtzmann nicht zugeben, ohne den Charakter seiner Quelle A als des tragenden Gerüstes auch für Matthäus und Lukas preiszugeben und dadurch Markus selbst zu einer Sekundärquelle zu machen. Seine Ablehnung der Ewaldschen Konsequenz zeigt, daß er denselben Fehler – im Sinne der Markushypothese – macht wie Weiße, als dieser erklärte: „In dieser Voraussetzung werden wir ihm (sc. Ewald) nicht beistimmen dürfen" (s.o. S.60).

Zur Kritik Holtzmanns

Holtzmanns Neubegründung der Markushypothese steht und fällt mit der Struktur seines hypothetischen Gesamtgebäudes. Er geht bei der Lösung des synoptischen Problems nicht, wie sowohl Griesbach als auch Weiße und Wilke es taten, von den real vorhandenen Quellen, den kanonischen Evangelien, aus, um an ihnen auf Grund einer textkritischen Analyse zur Erkenntnis ihres gegenseitigen Beziehungsverhältnisses zu gelangen. Sondern er errichtet eine theoretische Dachkonstruktion mit zwei fiktiven Größen, denen er den Charakter von Urquellen verleiht: A und L. Von der ersten behauptet er, sie sei der „Urmarkus", von der andern, sie sei identisch mit der Logiensammlung, deren Annahme sich literarisch lediglich auf die bekannte Notiz des Papias stützen kann.

Diese beiden unterstellten Grundschriften sind nun aber, obgleich sie die konstituierenden Faktoren der *Zwei*quellentheorie bilden, *von Holtzmann keineswegs gleichgewichtig ausgestattet worden*, wie es noch bei

Weißes zwei Quellen, dem real vorhandenen Markusevangelium und der erschlossenen Logienschrift, der Fall war. Holtzmann hat vielmehr zwischen ihnen eine *fundamentale Gewichtsverschiebung zugunsten des Markus* vorgenommen, und zwar sowohl in quantitativer wie in qualitativer Hinsicht.

Die Quelle „Urmarkus" ist bei Holtzmann absolut dominant. Sie umschließt nicht nur das kanonische Markusevangelium, sondern dazu auch noch sämtliche entsprechenden Textparallelen des Matthäus- und Lukasevangeliums sowie die Lukanische Bergpredigt.

Die Logienquelle ist im Vergleich dazu in ihrem selbständigen Stoffgebiet quantitativ recht bedeutungslos. Sie setzt sich vielmehr in ihrem textualen Grundbestand im wesentlichen nur aus Logien und Spruchreihen des Lukanischen Reiseberichts zusammen, da Holtzmann ja sowohl die großen zusammenhängenden Logienkomplexe der beiden Bergpredigten als auch das *gesamte Logiengut des Markusevangeliums* einschließlich der Reden und Parabeln von ihr ausgeschlossen hat. Dieses sei vielmehr, behauptet er, von Matthäus und Lukas vollinhaltlich aus dem Markusevangelium direkt – und nicht aus der Redenquelle – geschöpft und von dem ersten und dritten Evangelisten bei der Übernahme teils erweitert, teils modifiziert worden durch Zusätze aus L.

Die Folge dieser *innerhypothetischen Gewichtsverschiebung* ist die, daß die *Redenquelle* bei Holtzmann konkret nur schwer faßbar ist und nur geringes formendes Eigengewicht besitzt, zum andern, daß sie *keinerlei mitgestaltenden Einfluß auf die Struktur und die Komposition des ersten und dritten Evangeliums erhält*, wie Holtzmann selbst ausdrücklich betont (s.o. S.73f).

Dadurch ist das von dem Begründer der Zweiquellentheorie C.H.Weiße bei Aufstellung seiner Hypothese unterstellte gleichgewichtige Verhältnis der beiden Faktoren Markus und Logia so zugunsten des Markus und so zuungunsten der Spruchquelle verschoben worden, daß das beiderseitige Kräfteverhältnis und Formungsgewicht nun ganz unausgewogen und unausgeglichen geworden ist.

Hier erhebt sich unausweichlich die Frage: Aus welchem Grunde hat Holtzmann diese *Schwergewichtsverlagerung der Zweiquellentheorie* vollzogen und der Logienquelle das Eigengewicht genommen? Seine Richtungstendenz ist unverkennbar: *Der Prinzipat des Markusevangeliums soll eindeutig herausgestellt werden.*

Um dieses erstrebte Ziel zu erreichen, ging Holtzmann ein Hypothesenwagnis ein, das von höchstem wissenschaftlichen Risikogehalt war. Er schuf sein ganzes theoretisches Quellengebäude als eine unverkennbar *promarkinische Zweckkonstruktion*. Und es kann gar keinem Zweifel unterliegen, daß seine beiden *Fundamentalquellen* in der ihnen von ihm verliehenen Form weder beweisbar noch überhaupt vertretbar sind. Sie sind vielmehr *theoretisch konstruiert und historisch schlechthin nicht-existent.* Damit fällt Holtzmanns ganzes Hypothesengebäude in sich zu-sammen.

Die unmittelbare Folge dieser Fehlkonstruktion war die, daß Holtzmann seiner Hypothesenstruktur zuliebe eine Fülle von auf der Hand liegenden wissenschaftlichen Unzuträglichkeiten und Untragbarkeiten in Kauf neh-men mußte, wie sie bereits im Laufe unserer Einzelausführungen immer wieder ersichtlich wurden: die unhaltbare Herausnahme der matthäischen Bergpredigt aus der Logienquelle und ihre völlige Zerstückelung und Ge-wichtsverringerung; die Dislozierung der Spruchquelle vom Matthäus-evangelium ins Lukasevangelium in schroffem Gegensatz zur einzigen, nicht zu mißdeutenden literarischen Fundierung bei Papias; die Verlage-rung der lukanischen Bergpredigt in die Geschichtsquelle Urmarkus; die Anerkennung, daß Markus die Logienquelle gekannt, aber die Leugnung, daß er sie benutzt habe; die unhaltbare Begründung, daß er nur „Ergän-zungen" zu ihr schreiben wollte, weil er sie „im Gemeindegebrauch" wußte – das alles sind eindeutige, aber schlechthin undiskutable Zweck-behauptungen. Hinzu kommen bei Holtzmann die sich bei seiner Quellen-struktur unumgänglich ergebenden innerhypothetischen Beweisschwierig-keiten mit dem unvermeidlich daraus folgenden Zwang, ständig zwischen ihnen lavieren und Verschiebungen vornehmen zu müssen, weil die textua-len Fakten sich mit den hypothetischen Gegebenheiten bald hier, bald dort nicht ins Einvernehmen bringen lassen.

Man fragt sich mit Recht: Warum nimmt Holtzmann alle diese Schwie-rigkeiten auf sich? Welches sind die tiefer liegenden Gründe oder Hinter-gründe dafür? Nun, man muß seinen vorangegangenen Überlegungen und Berechnungen schon geradezu detektivisch nachspüren, um hinter die Ge-heimnisse seiner theoretischen Quellenkomposition zu kommen. Es handelt sich hier in der Tat um eine – man möchte fast sagen – generalstabsmäßig ausgearbeitete und bis ins Detail durchüberlegte Hypothesenstrategie mit dem Ziel, die Richtigkeit der Markushypothese zu erweisen.

Das sei aufgezeigt am Beispiel des „Urmarkus". Das synoptische Grund-problem hatte sich doch seit der Griesbachschen These und der Wilke/Weißeschen Gegenthese eindeutig auf die alleinige Kardinalfrage zu-gespitzt: Hat Markus den Matthäus und Lukas benutzt, oder haben diese beiden den Markus benutzt? Das ist der entscheidende Punkt, auf den alles ankommt. Diese Frage muß den Ausgangspunkt bilden – und die Antwort darauf den Endpunkt.

Wie verhält nun Holtzmann sich zu dieser Alternative, der gegenüber jeder Forscher sich sagen muß: In diesem allein möglichen Entweder–Oder geht es um Sein oder Nichtsein der Markushypothese? Nun, dieser Frage stellt Holtzmann sich nicht, er umgeht sie, und zwar dadurch, daß er sie überhaupt nicht zur Diskussion stellt, indem er nämlich das direkte

Beziehungsverhältnis des Matthäus und Lukas zu Markus und umgekehrt *nicht* zum Gegenstand seiner Untersuchungen macht. Vielmehr wird das Markusevangelium in die Grundschrift, die Holtzmann statuiert, von vornherein fest eingebaut (hypothetisch) und bildet nun ununterbrochen mit vollem Umfang und Gewicht dessen Hauptteil und Kernstück.

Matthäus und Lukas dagegen müssen sich nun erst selbst konstituieren, und zwar überwiegend auf Grund des Markus, der ihnen den gesamten Aufbau verleiht, den gesamten Erzählungsstoff und sein gesamtes Logiengut. Den Rest entnehmen sie aus L oder „anderen Quellen". *Wo bleibt denn nun das synoptische Kardinalproblem?* Natürlich, Markus ist nicht von einem solchen Problem betroffen. Denn so, wie sein Evangelium durch eine Setzung von Holtzmann in die Grundschrift A hineingegangen ist, so geht es *unverändert* mit vollem Bestand wieder daraus hervor. Matthäus und Lukas aber sind nachweislich (im Sinne der Holtzmannschen Hypothese) von ihm abhängig. Er, Markus, war ihre Quelle. Auf diese Weise hat Holtzmann das synoptische Problem auf seine Art „gelöst".

Aber ist es wirklich gelöst? Nein, Holtzmann hat nur eine theoretische Scheinkulisse aufgebaut, die nicht hält, was sie versprach. Sie täuscht nur vor; denn wenn man jetzt fragt: Besitzt Markus denn nun die Priorität oder die Posteriorität?, so kann Holtzmann erwidern: Eindeutig die Priorität; denn er bildet die eigentliche Substanz der Quelle A, aus der die beiden andern erst schöpfen, und zugleich ihr tragendes Gerüst. Und wenn man weiter fragen würde: Ist Markus denn nun originär oder ist er sekundär?, so würde Holtzmann wiederum antworten können: Selbstverständlich ursprünglich. Er, Markus, stand von Anfang an in der Grundschrift A, und so, wie er darin stand, so ist er geblieben: unverändert und unveränderbar. Die andern aber, Matthäus und Lukas, sind aus ihm abgeleitet. Markus ist die Ursprungsquelle; sie aber sind nur seine Folgequellen.

So hat Holtzmann den direkten Beweis umgangen, indem er ihn hypothetisch ausgespielt hat, und nun bemühte er sich, auf indirektem Wege die Richtigkeit der Markushypothese zu „beweisen" durch eine ausgeklügelte Hypothesenkonstruktion. Aber diese ist gar nicht in dem Bestreben aufgestellt worden, das synoptische Problem sine ira et studio unter der Perspektive reiner Sachlichkeit zu lösen. Sie ist nur eine hypothetische Konstruktion zugunsten von Markus.

Daß Holtzmann von dieser Tendenz geleitet wurde, geht daraus hervor, daß er keine andere Hypothese bekämpft – außer der Griesbachschen. Diesem Zweck widmet er einen besonderen Paragraphen von dreizehn Seiten Länge (S. 113–126) und überschreibt gegen Ende seines Vierten Kapitels „Der Sprachgebrauch der Synoptiker" den XV. Teil mit der polemischer Überschrift: *„Gegen die Griesbachsche Hypothese."*

Darin tritt er zu einem Generalangriff gegen diese an und setzt dabei am Ende seiner Beweisführung seine ganze eigene Hypothese, die er sich in langer Argumentation erarbeitet hat, auf eine Karte und spielt überraschend gegen Griesbach va banque, indem er ihm mit seiner Hypothese scheinbar voll recht gibt:

„In der Tat hat Markus allerdings einen Text, der sich bald an Matthäus, bald an Lukas anzuschließen scheint und öfters in demselben Verse Bestandteile beider Texte besitzt wie z.B. der Abschnitt 2,13–22 sich bis 19 mehr dem Matthäus, von 20 an mehr dem Lukas nähert, während 18 und 21 eine Mischung darstellen" (S. 344). Und ferner: „In der Tat stimmt Markus in der Regel mit beiden überein, wo diese untereinander harmonieren; mit Einem bloß, wo der Andere abweicht. Dadurch entsteht allerdings der Schein, als habe Markus denjenigen Seitenreferenten, der die Übereinstimmung nicht gebrochen hat, kopiert; was der eine Referent aus dem Text wegließ, scheint dann Markus aus dem andern entlehnt zu haben oder, was jener hinzusetzt, mit dem andern wegzulassen" (S. 344).

Es ist aus dem zweimaligen „Schein(t)" dieses überraschenden, weitgehenden Zugeständnisses an Griesbach bereits zu ersehen, daß dies nicht Holtzmanns wahre Meinung ist, sondern nur eine genau berechnete rhetorische Finte. Das wird evident, wenn er nun im folgenden zum entscheidenden Schlage ausholt:

„Aber ein solches Verhältnis des Markus zu den beiden andern Texten widerstreitet unsern Resultaten nicht nur nicht, sondern es wird, *diese vorausgesetzt*, geradezu postuliert werden müssen" (S. 344; Hvhbg. v. Vf.).

Damit glaubt nun Holtzmann, seinem Kontrahenten den Degen aus der Hand geschlagen zu haben. Aber er irrt sich. Denn er mußte sein kühnes Wagnis, die These Griesbachs umgekehrt für sich in Anspruch zu nehmen, an eine gering klingende, aber inhaltlich ungemein bedeutungsvolle Bedingung knüpfen: *„diese vorausgesetzt"* – die Resultate nämlich – Holtzmanns „Resultate" ... *Und wenn sie nicht vorausgesetzt werden können?!* Und sie können nicht vorausgesetzt werden, wie wir gezeigt haben. Holtzmann hatte va banque gespielt – und verloren! Denn da diese seine „Resultate" nicht vorausgesetzt werden können, muß nach seiner eigenen Logik deren Umkehrung gelten.

Etwas weiter in seiner Beweisführung muß er es indirekt selbst bestätigen, indem er argumentiert:

„Nichts ist bei der zur Gewohnheit werdenden Abhängigkeit von der ersten Quelle (scil. A) natürlicher, als daß der Sprachgebrauch von A auf Matthäus und Lukas auch da, wo beide selbständig schrieben, bis zu einem gewissen Grad bestimmend einwirken mußte. Diese, übrigens auch genau nachweisbare, Tatsache ist es, welche Anlaß zu der *Illusion* gegeben hat, als ob der Epitomator Markus hier und da aus Matthäus und Lukas Worte, die er sonst nicht kennt, aufgenommen oder wenigstens stehen gelassen habe" (S. 346; Hvhbg. v. Vf.).

Die Griesbachsche Hypothese beruhe also auf einer „Illusion", sagt Holtzmann hier.

Es entbehrt nicht einer gewissen Tragik, daß er zweiundzwanzig Jahre später – mehr oder minder verhüllt – zugeben muß, daß seine Urmarkushypothese auf einer Illusion beruhte, nur gebraucht er diesen Ausdruck nicht, sondern drückt es etwas verdeckter aus. In seinem „Lehrbuch der historisch-kritischen Einleitung in das Neue Testament" (1885) II. Teil S. 339 schreibt er folgendes:

„Rasch nacheinander traten endlich für die Priorität des Markus noch ein ... und H. Holtzmann, welcher 1863 das vorhandene Material zu sichten und den kritischen Prozeß zu einem vorläufigen Abschluß zugunsten der Markushypothese zu führen unternahm. Aber seither ist die Kontroverse über das synoptische Problem erst recht in den Vordergrund der Diskussion gerückt und durch die innige Verbindung, in welche sie mit den Bemühungen um das „Leben Jesu" getreten ist, zu einer Frage von entscheidender Bedeutung herangewachsen."

Darunter steht in Kleindruck:

„Der Deutlichkeit halber verzeichne ich hier *die Punkte, auf welchen ich selbst* in Folge der Verhandlungen mit Strauß, Hilgenfeld, Weizsäcker, Keim, Weiße, Beyschlag und Simons *meine frühere Position verändert habe:*

1) In der Spruchsammlung läßt sich nicht alles unterbringen, was Matthäus und Lukas über Markus hinaus darbieten; ihre Elemente sind zuweilen von Lukas noch mehr überarbeitet als von Matthäus; sie enthielt möglicherweise auch skizzenhafte Erzählungen als Umrahmungen davon unabtrennbarer Herrensprüche.
2) Lukas hat neben Markus auch Matthäus gekannt.
3) *In Folge dessen kommen wenigstens die meisten Motive zur Unterscheidung eines Urmarkus von Markus in Wegfall"* (S. 339; Hvhbg. v. Vf.).

Man kann es Holtzmann nachfühlen, daß ihm die Bekanntgabe dieser „Positionsveränderung", insbesondere des dritten Punktes, nicht leicht gefallen sein mag. Er blieb auch nicht davor bewahrt zu erleben, daß der „Vollender der Zweiquellentheorie", Paul Wernle, vierzehn Jahre später der Urmarkushypothese den definitiven Todesstoß gab:

„*Der Beweis eines längeren Urmarkus ist nirgends erbracht und kann nicht erbracht werden* ... Ich kann an den Geschichten vom Täufer und von der Versuchung nichts vermissen; für den Hauptmann von Kapernaum wüßte ich nirgends eine Lücke, wo er hingehört. Ebenso erscheint mir der Schluß der Parusierede so kräftig und wirkungsvoll, daß eine längere Ausführung ihm nur Eintracht täte. *In der Tat sind jene Stücke dem Urmarkus zugewiesen worden bloß zur Erleichterung des synoptischen Problems.* Ein solches Verfahren, das mit der Eigenart und Verständlichkeit unseres Markus nicht rechnet, ist verfehlt. Die Rede des Täufers, das Versuchungsgespräch etc. mag stammen, woher es will; im Markus fehlen diese Stücke nicht und haben nie in ihm gestanden. *Es ist kein zwingender Grund da, einen kürzeren oder längeren Urmarkus im Unterschied vom kanonischen zu postulieren. Von dieser Seite fällt die Urmarkushypothese einfach um"* (Die synoptische Frage. 1899 S. 218).

Wir wenden uns nunmehr Wernle zu.

III. Die Vollendung (Paul Wernle – Bernhard Weiß)

PAUL WERNLE

Paul Wernle gab 1899 als junger Privatdozent seine Schrift „Die synoptische Frage" heraus; 1900 wurde er Ordinarius für Neutestamentliche Wissenschaft an der Universität Basel, ab 1901 für Kirchengeschichte. Er gilt als der Mann, der die Zweiquellentheorie am übersichtlichsten dargestellt und der „Spruchsammlung" die definitive Form gegeben hat. Johannes Weiß schreibt in seiner „Predigt vom Reiche Gottes" (1900[2]) darüber: „Ich muß mich bescheiden, das große Hauptergebnis als erwiesen vorauszusetzen: die Zweiquellentheorie, wie sie jüngst von Paul Wernle in überzeugender, zusammenfassender Weise dargestellt und begründet ist" (S. 37).

Und Heinrich Julius Holtzmann, dessen Urmarkushypothese nicht nur ihm selbst als nicht mehr haltbar erschienen war, sondern auch von Wernle in seinem Werk ausdrücklich verworfen wurde, sah sich trotzdem durch ihn in seiner grundsätzlichen Auffassung von der Richtigkeit der Markushypothese bestätigt. Drei Jahre vor seinem Tode schrieb er in seinem Aufsatz „Die Markus-Kontroverse in ihrer heutigen Gestalt": „Niemand, der die gleichzeitig erschienenen Bücher von Paul Wernle ‚Die synoptische Frage' und J. Hawkins ‚Horae Synopticae' wirklich gelesen hat, zweifelt noch daran, daß die gemeinsame Wurzel der synoptischen Texte, das eigentliche Stammkapital unserer Evangelien, im Markus vorliegt" (in: „Archiv für Religionswissenschaft" 1907 S. 18 ff).

Paul Wernle selbst spricht sich im Vorwort seines Werkes über seine Absicht folgendermaßen aus:

„Vorliegende Untersuchung will nichts Neues oder Überraschendes zur Lösung der synoptischen Frage bringen, sondern die vielen vorhandenen Hypothesen sichten durch Betonung der Hauptsachen und Bevorzugung des Einfachen vor dem Künstlichen, Komplizierten."

Gegen Ende des Vorwortes heißt es dann:

„Wenn mein Buch dazu dient, ... das Nebensächliche, Unsichere zurückzustellen und zu zeigen, daß in den Hauptzügen die synoptische Frage gelöst ist, so hat es seinen Zweck erreicht."

Nun, Wernle spielt hier sein eigenes Vorhaben recht herunter und ist bescheidener, als er zu sein bräuchte. Er bringt nämlich in doppelter Hinsicht durchaus etwas „Neues oder Überraschendes" zur „Lösung der synoptischen Frage", wie sie ihm vorschwebte, und zwar eine neue Methode; denn seiner Beweisführung stellt er in geschickter Weise die Frage nach dem geeignetsten Ausgangspunkt für die Untersuchung des synoptischen Problems voran. Wernle wendet nämlich eine andere Forschungsmethode an, als C.H.Weiße und Holtzmann es getan hatten. Jene gingen von vornherein von der Zweiquellentheorie aus, die sie dann deduzierend zu beweisen suchten. Wernle aber schlägt das induktive Verfahren ein. Zu diesem Zweck richtet er sofort eingangs die entscheidende Frage nach der Methode an seine Leser, gleichsam als wolle er gemeinsam mit ihnen danach suchen:

„Von welchem Evangelium soll aber ausgegangen werden? Die Frage ist methodisch nicht gleichgültig ... Gibt es einen festen Punkt, der sich für *ein völlig unparteiisches Verfahren* eignet?" (S.2; Hvhbg. v. Vf.).

Diesen *festen Ausgangspunkt* sieht Wernle nun *im Prolog des Lukasevangeliums* gegeben, weil dieser die einzige Belegstelle sei, in der ein Evangelist über sein schriftstellerisches Vorhaben Auskunft gibt:
„Sie gehört daher an die Spitze jeder Untersuchung des synoptischen Problems" (S.2).

Dabei beruft Wernle sich auf „drei *feste Tatsachen*", die durch diesen Prolog sichergestellt seien:

„1. Lukas schreibt nicht das älteste Evangelium, sondern hat schon viele Vorgänger.

2. Diese Vorgänger sind selbst nicht Ohren- und Augenzeugen gewesen, sondern haben aus der Überlieferung geschöpft.

3. Lukas will seine Vorgänger übertreffen durch Vollständigkeit und chronologische Reihenfolge" (S.2).

Daraus zieht Wernle die *Folgerung*:
„Lukas schreibt als ein Mann der zweiten oder dritten Generation. Er schöpft nicht direkt aus der Überlieferung, sondern aus Quellen."

Wernles *Nutzanwendung* lautet dann:
„Von da aus ist es am ratsamsten, beim Evangelium Lucae, eben weil es ein relativ spätes Werk ist, einzusetzen und, von da aus rückwärts gehend, nach seinen Vorgängern, die seine Quellen sind, zu forschen" (S.2).

Das klingt bestechend und scheint auf ein „völlig unparteiisches Verfahren" hinzudeuten, das Wernle auf der Suche nach einem „festen Punkt" zu geben versprach. Nun wirft er aber die weitere Frage auf, welches jene

Quellen des Lukas seien; dieser selbst habe ja nichts darüber ausgesagt. Hier erkennt man bereits, worauf Wernle hinzielt:

„Da trotzdem aus dem Prolog feststeht, daß Lukas Quellen benützt, sind nun *Markus und Matthäus* zur Vergleichung heranzuziehen. *Sind Markus oder Matthäus oder beide unter den „Vielen", die Lukas vor sich hatte, als er sein Evangelium* schrieb?" (S. 3).

Und jetzt wendet Wernle noch einen scheinbar kleinen, aber geradezu raffiniert ausgeklügelten Kunstgriff an:

„*Hierbei ist Markus voranzustellen, weil die Vergleichung seines Evangeliums mit Lukas einfacher und leichter ist*" (S. 3; Hvhbg. v. Vf.).

Wer fühlt sich bei dieser methodischen Maßnahme Wernles nicht an den entsprechenden Kunstgriff erinnert, mit dem seinerzeit Wilke „der Zweckmäßigkeit halber" ebenfalls den Markus voranzustellen verstanden hatte:

„Da Markus immer der Begleitete ist, so daß die von ihm befolgte Ordnung immer von einem der beiden Mitdarsteller festgehalten wird, so wird es zur Übersicht des Materials am zweckmäßigsten sein, den Markus in dreispaltigem Context voranzustellen" (Urevangelist S. 4).

Denn was Wernle hier behauptet, ist *objektiv falsch*. Es kann überhaupt keine Rede davon sein, daß die Vergleichung des Markusevangeliums mit Lukas leichter sei als die des Matthäus mit diesem. Beide, Matthäus und Lukas, haben eine Vorgeschichte mit Geburtslegende und Genealogie und Evangelium infantiae sowie eine Nachgeschichte mit Auferstehungsberichten und Christophanien. Das Markusevangelium aber weist weder dieses noch jenes auf. Adäquat verglichen werden können also nur Matthäus und Lukas. „Einfacher und leichter" ist es allerdings für Wernle, den Markus voranzustellen, weil er den Nachweis führen will, daß das Markusevangelium die Hauptquelle des Lukas gewesen sei. Deswegen stellt er den Markus voran, um zu zeigen, wieviel von ihm in Lukas „enthalten" sei. Ein ganz gegenteiliges Bild würde sich jedoch ergeben, wenn er das Lukasevangelium als Ausgangspunkt nähme; dann würde nämlich evident werden, in wievielen Teilen des dritten Evangeliums der Markusstoff *nicht* enthalten ist!

Von seinem vorgeplanten Ausgangspunkt her baut Wernle nun seine gesamte Untersuchung auf und führt sie durch in *Einzelvergleichen*, einmal zwischen Markus und Lukas, dann zwischen Lukas und Matthäus und schließlich zwischen Markus und Matthäus. Es wird hier bereits erkennbar, welch *schwerwiegenden sachlichen Fehler* Wernle durch seinen methodischen Kunstgriff begeht: *Er vergleicht die Evangelien isoliert miteinander:* Markus mit Lukas usw. Und aus jedem *Einzelvergleich* zieht er jedesmal sofort entsprechende Folgerungen. Hier aber handelt es sich um die *synoptische* Frage! *Und dem synoptischen Problem kann man immer nur gerecht werden, indem man es von vornherein auch als ein synoptisches behandelt d. h. in einer zusammenschauenden Betrachtung und in einem Vergleich aller drei miteinander – aber nicht isoliert.* Das ist der einzige Weg, dieses Problem einer Lösung entgegenzuführen; denn es ist ja nicht durch das Einzelverhältnis des einen Evangeliums zum andern bestimmt, sondern nur durch die *Gesamtbeziehung aller drei zueinander.* Aus der Einzelperspektive muß sich ein schiefes Bild und eine Verfälschung der Tatsachen ergeben. Die richtige Fragestellung ergibt sich erst, wenn man sie von der synoptischen *Gesamt*schau her aufrollt.

Wir zeigen nun im folgenden kurz auf, zu welchen falschen Schlüssen Wernle *zwangsläufig* auf Grund seines unhaltbaren Ausgangspunktes, des *isolierten* Vergleichs zweier Synoptiker, kommt, und zwar am Vergleich Lukas/Markus. Seine Grundthese dabei lautet:

„Hat ein Autor alle Geschichten eines andern aufgenommen, und zwar in gleicher Reihenfolge, so ist der Beweis, daß dieser seine Quelle war, so gut wie erbracht" (S. 3).

Nun braucht man freilich kein Wort darüber zu verlieren, daß das Lukasevangelium *nicht* alle Geschichten des Markus enthält. Aber Wernle weiß sich zu helfen, indem er von vornherein nur die in Frage kommenden Kapitel auswählt und die andern mit Stillschweigen übergeht. So argumentiert er folgendermaßen:

„In Betracht kommen folgende große Partien des Lukas, in denen er sich mit Markus berührt: 3, 1–6, 19; 8, 4–9, 50; 18, 15–24, 10. "

Und nun behauptet Wernle mit schlechthin staunenswerter Kühnheit:

„Fast sämtlicher Erzählungsstoff des Markus ist in diesen drei Stücken des Lukas enthalten" (S. 4).

Unter diesen, *von Wernle durch Sperrdruck hervorgehobenen Satz* schreibt er:

„Es fehlen darin folgende Perikopen:

1)	Mk 3, 20–30	Apologie Jesu
2)	Mk 4, 26–34	Gleichnisse vom Samenkorn und Senfkorn
3)	Mk 6, 17–29	Episode vom Tod des Täufers
4)	Mk 6, 45–8, 25	Große Lücke, enthaltend: Wandeln auf dem See, Rückkehr nach Genesareth, Vom Händewaschen, Die Kanaanitin, Die Nordreise, Speisung der Viertausend, Zeichen am Himmel, Vom Sauerteig der Pharisäer, Der Blinde von Bethsaida
5)	Mk 9, 11–13	Gespräch beim Abstieg (Eliasfrage)
6)	Mk 9, 41–10, 21	Vom Ärgernis, Vom Salz, Reise nach Judäa (Peräa), Pharisäerfrage nach der Ehescheidung
7)	Mk 10, 35–45	Jesus und die Zebedaiden
8)	Mk 11, 11	Erster Besuch im Tempel
9)	Mk 11, 12–15 a. 19–27 a	Verfluchung des Feigenbaums und Gespräch darüber
10)	Mk 12, 28–34	Frage nach dem großen Gebot

94

11) Mk 14,3–9   Salbung in Bethanien
12) Mk 15,1   Zweite Sitzung des Synedriums

„Abgesehen von diesen zwölf Ausnahmen", sagt Wernle, „sind alle Markusstücke im Lukas enthalten" (S. 4).

Nun, angesichts dieser zwölf „Ausnahmen", von denen eine immerhin den Umfang von mehr als anderthalb Kapiteln hat, zu behaupten: „Fast sämtlicher Erzählungsstoff des Markus ist in diesen drei Stücken des Lukas enthalten", ist – gelinde gesagt – inkorrekt.

Wir sehen uns nun diese Markusperikopen, die im Lukasstoff nicht enthalten sind, einmal unter *synoptischem* Gesichtspunkt an. Dann ergibt sich folgendes Bild: Diese bei Lukas fehlenden Markusperikopen zerfallen in zwei Gruppen:

a) Die Abschnitte der einen Gruppe fehlen auch bei Matthäus; sie stellen also *Sondergut des Markus* dar.

b) Die Abschnitte der zweiten Gruppe sind *voll im Matthäus enthalten*. Das bedeutet: *Markus geht in allen diesen Perikopen mit Matthäus parallel!*

Unter dieser *synoptischen* Perspektive modifiziert sich dann die Aufstellung Wernles grundlegend und sieht nun – *synoptisch dargestellt* – folgendermaßen aus:

1) Mk 3,20–30
   a) 3,20–21   „Die Seinen suchten ihn zu greifen"   *Sondergut des Markus.*
   b) 3,22–30   Apologie Jesu   *par Mt 12,22–32.*
2) Mk 4,26–34
   a) 4,26–29   Gleichnis vom Samenkorn   *Sondergut des Markus.*
   b) 4,30–34   Gleichnis vom Senfkorn   *par Mt 13,31–35.*
3) Mk 6,17–29   Episode vom Tod des Täufers   *par Mt 14,3–12.*
4) Mk 6,45–8,26   „Die große Markuslücke des Lukas"
   a) 6,45–7,30   Überfahrt und Landung in Genesareth
                  Menschensatzung und Gottesgebote
                  Die Kanaanitin   *par Mt 14,22–15,28.*
   b) 7,31–37   Heilung des Taubstummen   *Sondergut des Markus.*
   c) 8,1–21   Speisung der Viertausend
               Zeichenforderung
               Gespräch vom Sauerteig   *par Mt 15,32–16,12.*
   d) 8,22–26   Der Blinde von Bethsaida   *Sondergut des Markus.*

5)	Mk 9, 11–13	Gespräch beim Abstieg (Eliasfrage)	*par Mt 17, 10–13.*
6)	Mk 9, 41–10, 12		
	a) 9, 41	„Wer euch mit einem Becher Wasser tränkt"	*par Mt 10, 42.*
	b) 9, 42–48	Vom Ärgernis	*par Mt 18, 6–9.*
	c) 9, 49–50	Vom Salz	*Sondergut des Markus.*
	d) 10, 1–12	Ehe und Ehescheidung	*par Mt 19, 1–10.*
7)	Mk 10, 34–45	Jesus und die Zebedaiden	*par Mt 20, 20–28.*
8)	Mk 11, 11	Erster Besuch im Tempel	*Sondergut des Markus.*
9)	Mk 11, 12–15 a. 19–27 a	Verfluchung des Feigenbaums und Gespräch darüber	*par Mt 21, 18–22 (variiert).*
10)	Mk 12, 28–34	Frage nach dem größten Gebot	*par Mt 22, 34–40.*
11)	Mk 14, 3–9	Salbung in Bethanien	*par Mt 26, 6–13.*
12)	Mk 15, 1	Zweite Sitzung des Synedriums	*par Mt 27, 1–2.*

Aus dieser Zusammenstellung unter *synoptischer* Sicht wird deutlich, wie von Grund auf verfälschend eine isolierte Gegenüberstellung *zweier* Evangelien, so wie Wernle sie vornimmt, sich auf die „Lösung" des synoptischen Problems auswirken muß. Und hier wird bereits ersichtlich, wie recht Wernle mit seiner vieldeutigen Antwort auf die Frage hatte, von welchem Evangelium ausgegangen werden solle: *„Die Frage ist methodisch nicht gleichgültig"* …

Wir zeigen die Fehlerauswirkung infolge des falschen methodischen Ansatzes Wernles auch noch einmal auf sprachlichem Gebiet auf, und zwar durch Gegenüberstellung des Wortlautes bei Markus und Lukas und ziehen dann zum weiteren Vergleich Matthäus heran. Dadurch gewinnen wir das synoptische Gesamtbild, von dem aus allein erst eine Beurteilung des wahren Verhältnisses der drei zueinander möglich ist. Wernle kann natürlich die Tatsache nicht übergehen, daß der Wortlaut des Lukas häufig von dem des Markus abweicht. Um dies zu erklären, behauptet er kurzerhand: „Er (Lukas) bemüht sich, sie (die Herrenworte) in das seinen Lesern geläufige Griechisch zu übertragen", und fügt hinzu: „Vor allem änderte er die Vokabeln" (S. 11).

Um das zu veranschaulichen, führt Wernle nun dreiundzwanzig Beispiele an, wo Lukas den Wortlaut seiner angeblichen Quelle Markus geändert haben solle. Wir erlauben uns, jeweils das entsprechende parallele Wort des *Matthäus* danebenzustellen, betonen aber ausdrücklich, daß Wernle selbst immer nur Markus und Lukas gegenüberstellt. Doch erst die Zusammenschau ergibt das erforderliche synoptische Gesamtbild:

Markus		Lukas		Matthäus
ἰσχύοντες	5,31	ὑγιαίνοντες	9,12	ἰσχύοντες
ἐπιράπτει	5,36	ἐπιβάλλει	9,16	ἐπιβάλλει
μόδιος	8,16	σκεῦος	5,15	μόδιος
				Matthäus hat hier
				ungleiche Akoluthie
χαλκόν	9,3	ἀργύριον	14,9	χαλκόν
χοῦς	9,5	κονιορτός	14,14	κονιορτός
ἀμήν	9,27	ἀληθῶς	16,28	ἀμήν
μύλος ὀνικός	17,2	λίθος μυλικός	16,28	μύλος ὀνικός
βέβληται	17,2	ἐπιράπτει	18,6	καταποντισθῇ
				Matthäus weicht
				hier von beiden ab
ὑστερεῖ	18,22	λείπει	19,20	ὑστερῶ
δός	18,22	διάδος	19,21	δός
τρυμάλια τῆς ῥάφιδος	18,25	τρῆμα βελόνης	19,24	τρῆμα ῥάφιδος
πατέρα ἢ μητέρα	18,29	γονεῖς	10,29	πατέρα ἢ μητέρα
βλέπετε	12,1	προσέχετε	16,5	προσέχετε
ὑστέρησις	21,4	ὑστέρημα	–	Ohne Parallele:
				Scherflein der Witwe
ἀκοὰς πολέμων	21,9	ἀναστασίας	24,6	ἀκοὰς πολέμων
θροεῖσθε	21,9	πτοηθῆτε	24,6	θροεῖσθε
προμεριμνᾶν	21,14	προμελετᾶν	24,19	μεριμνήσετε
λαλεῖν	21,14	ἀπολογεῖσθαι	24,19	λαλεῖν
θλίψις	21,23	ἀνάγκη	24,21	θλίψις
ἐκφύειν τὰ φύλλα	21,30	προβάλλειν	24,32	τὰ φύλλα ἐκφύειν
μέχρις οὗ	21,32	ἕως	24,34	ἕως
ἐξαίφνης	21,34	αἰφνίδιος	–	Matthäus ohne Parallele

Aus dieser Zusammenstellung unter *synoptischem* Gesichtspunkt geht eindeutig hervor, daß von einer Änderung des markinischen Wortlauts durch Lukas keine Rede sein kann. Die jeweilige Matthäusparallele, soweit eine vorhanden ist, zeigt, daß Markus in der Mehrzahl der angezogenen Fälle im Ausdruck mit Matthäus übereinstimmt und daß in den übrigen Fällen Matthäus und Lukas im Ausdruck konform gehen *gegen Markus*. Es ergibt sich hier also genau dasselbe Bild wie bei den Perikopen, die Lukas nach Wernles Behauptung aus dem Markusevangelium übergangen oder ausgelassen haben sollte: *In dem Grade, in dem Markus in den angeführten Beispielen von Lukas divergiert, konvergiert er mit Matthäus.* Und das bestätigt wiederum, daß eine Lösung des synoptischen Problems nicht anders als auf synoptischer Basis möglich ist.

Da Wernle es jedoch auf Einzelbasis versucht, bleibt ihm nichts anderes übrig, als für die Fehlstellen des Markus im Lukasevangelium, die er als „Auslassungen" ansieht, nach „Erklärungen" zu suchen im Rahmen der isoliert zwischen Markus und Lukas allein bestehenden Möglichkeiten: „Entweder Lukas las sie nicht in seiner Quelle; dann hat er nicht unsern Markus, sondern bloß ein ihm ähnliches Evangelium vor sich gehabt. Oder er las sie, ließ sie aber mit Absicht weg. Dann müssen sich Anzeichen, daß er sie las, zeigen, und Gründe, weshalb er sie ausließ, nennen lassen" (S. 4).

Dieses Suchen nach „Gründen, weshalb er sie ausließ" stellt nun eine der Haupttätigkeiten Wernles bei dem Erweis der Priorität des Markus und der Posteriorität der beiden anderen Synoptiker dar, genau wie es bei Weiße und Holtzmann der Fall war. Wir gehen ausführlich auf diese Frage sowohl prinzipiell wie im Detail ein im zweiten Teil unseres Werkes „Kritische Analyse der ‚Beweise' der Markushypothese" unter Ziff. IV „Der psychologische Reflexionsbeweis" und beschränken uns hier auf das von vornherein zu erwartende „Ergebnis" von Wernles Beweisführung:
„Somit ergibt sich als Resultat: Lukas hat fast sämtliche Geschichten des Markus in sein Evangelium aufgenommen. Diejenigen, die er ausläßt, hat er doch gelesen. Er läßt sie aus in der Regel aus Scheu vor Doubletten oder wegen ihrer Bedeutungslosigkeit für seine Leser, selten aus einem dogmatischen Grund. Er hat also den Stoff nach unserm Markus als Quelle benutzt. Eine Umkehr des Verhältnisses ist ausgeschlossen, da Gründe für die ungeheuren Auslassungen des Markus nicht zu finden wären" (S. 6).

Den letzten Satz, den Wernle nicht gesperrt druckt, möchten wir unsererseits hervorheben und darauf hinweisen, wie vorschnell und unbedenklich Wernle urteilt, wenn er hinsichtlich der von ihm behaupteten Auslassungen des Lukas sagt: „Gründe zum Auslassen sind leicht zu nennen" (S. 5), aber wie sperrig er sich gegenüber der umgekehrten Möglichkeit betreffs des Markus erweist: „Da Gründe zum Auslassen nicht zu finden wären", und es für „ausgeschlossen" erklärt. Das klingt zudem nicht gerade überzeugend, denn ausgerechnet Wernle ist es, der später feststellt: „Was Markus allein beabsichtigte, war ein kurzes Lebensbild Jesu zum Erweis seiner Gottessohnschaft" (S. 211). (Genau dasselbe hatten übrigens Henry Owen – „an abridgement" – und Griesbach behauptet.)

Nun, wäre diese von Wernle selbst bestätigte Verkürzungsabsicht des Markus nicht Grund genug für die Auslassungen gewesen? Aber die Ausschließung der „Umkehr des Verhältnisses" ist im Sinne seiner Hypothese freilich opportuner; dann kann Wernle nämlich von vornherein auf die Prüfung der Möglichkeit überhaupt verzichten. Es ist allerdings nur schwer in Einklang zu bringen mit seiner Eingangsversicherung, daß er „einen festen Punkt" suche *„für ein völlig unparteiisches Verfahren"* (s. o. S. 92).

Zu demselben Ergebnis wie bei seiner Gegenüberstellung Markus/Lukas kommt nun Wernle, wie nicht anders zu erwarten war, bei seinem Vergleich Markus/Matthäus. Nur schlägt er hier, entsprechend seinem Grundsatz, daß der Ausgangspunkt der Untersuchung „methodisch nicht gleichgiltig" sei, einen anderen Weg ein als bei dem Lukasevangelium. Und zwar begründet er dies damit, daß hier kein Prolog etwas von Vorgängern melde, die als Quellen benutzt worden seien. Deshalb müsse die erste Frage die sein, „ob Matthäus ein Erstlingswerk aus der Hand des Apostels ist, oder ein späteres Evangelium, das Vorgänger voraussetzt, von denen es abhängt" (S. 109).

Und nun vollführt Wernle wieder einen raffinierten Kunstgriff, indem er erklärt:

„Im ersten Fall wird es sich als ein *Werk aus einem Guß* erweisen, im zweiten Fall als eine *Zusammensetzung*. Ist diese Frage beantwortet, so sind wir zu dem Punkt gelangt, wohin uns für Lukas der Prolog ohne Untersuchung führte" (S. 109).

Man kann sich hiernach bereits vorstellen, wie die „Untersuchung" weitergehen wird. Denn der Beweis, daß das Matthäusevangelium nicht ein „Werk aus einem Guß" sei, ist ja unschwer zu führen und kann keinem Zweifel unterliegen. Dann braucht Wernle im Anschluß daran bloß noch die Feststellung zu treffen, daß Markus ein „Werk aus einem Guß" darstellt – was unsererseits ebenfalls unbestritten ist –, und dann ist es nur noch ein kleiner Schritt bis zu der These: Folglich bleibt, da das Lukasevangelium auch nicht aus einem Guß ist, keine andere Möglichkeit, als daß das Markusevangelium die Quelle auch des Matthäus sein muß. Und damit glaubt Wernle, den Prioritätsbeweis für Markus sowohl dem ersten wie dem dritten Evangelium gegenüber geliefert zu haben.

Seine Deduktion hat nur einen kleinen prinzipiellen Fehler – neben den zahlreichen faktischen –, denn Einheitlichkeit und Geschlossenheit der Darstellung sind keineswegs ein Beweis für originale Entstehung eines Werkes, wie wir im zweiten Teil bei der kritischen Analyse der „Beweise" unter Ziff. II „Der Einheitlichkeitsbeweis" darlegen werden.

Die Argumentation Wernles hinsichtlich des Verhältnisses Markus/Matthäus bildet nun das genaue Pendant zu seiner an Markus/Lukas gezeigten Beweisführung. Hier hatte es großartig geheißen: „Fast sämtlicher Erzählungsstoff des Markus ist in diesen drei Stücken des Lukas enthalten", obgleich Wernle zwölf „Ausnahmen" zugeben mußte, von denen eine, die „Große Lücke", immerhin den Umfang von fast zwei Kapiteln umfaßte (Mk 6,45–8,26). Aber bei seinem „Resultat" hatte Wernle auch diese „Ausnahmen" noch so gut wie unter den Tisch fallen lassen, indem er schrieb: „Er hat es (das Markusevangelium) *fast lückenlos* in seine Darstellung eingefügt, *fast ausnahmslos* die Anordnung des Markus befolgt und auch dessen Text sich zu Grund gelegt" (S. 40; Hvhbg. v. Vf.).

Beim Matthäusevangelium drückt er sich so ähnlich aus:
„Sämtliche Geschichten des Markus sind im Matthäus enthalten mit Ausnahme von *bloß* acht Nummern" (S. 124; Hvhbg. v. Vf.).

Man kommt hier, ebenso wie bei dem Lukasfall, um folgende Feststellung nicht herum: Die von Wernle geübte Verharmlosung von Fakten, die der Markushypothese entgegenstehen, durch Bemerkungen wie „mit Ausnahme von *bloß* acht" und „fast *sämtlicher* Erzählungsstoff" oder „fast lückenlos" bzw. „fast ausnahmslos" ist zielgerichtet und soll die tatsächlichen Verhältnisse verschleiern. Es kann darüber nur ein Urteil geben: Eine solche Argumentation macht sich selbst verdächtig.

Es handelt sich nun nach Wernle um folgende Markusperikopen, die im Matthäusevangelium keine Parallele haben:

1) Mk 1, 12–28   Jesus in der Synagoge zu Kapernaum
2)   1, 35–38   Flucht Jesu
3)   4, 26–29   Gleichnis vom Samenkorn
4)   7, 32–37   Heilung eines Taubstummen
5)   8, 22–26   Der Blinde von Bethsaida
6)   9, 38–40   Der fremde Wundertäter
7)   11, 11   Erster Besuch im Tempel
8)   12, 41–44 Der Groschen der Witwe

Anschließend stellt Wernle sein Untersuchungsprinzip heraus:
„Es fragt sich, hat Matthäus diese acht Geschichten nicht gekannt oder von sich ausgelassen und aus welchen Gründen?" (S. 125).

Er entscheidet sich natürlich, genau wie bei Lukas, für das Kennen und bewußte Auslassen. Und hatte es dort geheißen: „Gründe zum Auslassen sind leicht zu nennen", so sagt Wernle hier: „Die Gründe der Auslassung dieser Geschichten liegen in der Regel auf der Hand" (S. 125). Aber Wernle hätte sich das Suchen nach „Gründen" hier wie dort sparen können, wenn er in beiden Fällen anstatt des Einzelvergleichs eine solche unter synoptischem Gesichtspunkt zugrunde gelegt hätte. Dann würde sich nämlich folgendes Ergebnis gezeigt haben:

Zu 1) par Lukas
   2) par Lukas
   3) Sondergut des Markus
   4) Sondergut des Markus
   5) Sondergut des Markus
   6) par Lukas
   7) Sondergut des Markus
   8) par Lukas.

Schon ein einfacher Blick in die Evangeliensynopse hätte Wernle zu denken geben müssen; denn man kann sich ja der Tatsache nicht entziehen, daß vier dieser angeblichen „Auslassungen" des Matthäus auch „Auslassungen" des Lukas sein mußten, weil sie Sondergut des Markus darstellen, und daß die übrigen „Auslassungen" des Matthäus eine Parallele im Lukas hatten und umgekehrt die des Lukas eine Parallele im Matthäus fanden. Zudem hätte Wernle sich das doppelte Suchen nach Motiven – oder wie er sagt: „Gründen" – zum Auslassen ersparen können.

Dabei gibt er nun noch einen besonderen Beweis seiner eigenen Unsicherheit, indem er mit einer an Wilke erinnernden Begründung (s.o. S.35) erklärt:

„Auf alle Fälle ist es leichter, für die Auslassung der bloß acht Nummern des Markus Gründe zu finden als umgekehrt für die über dreißig großen und kleinen Stücke des Matthäus, die bei Markus fehlen. Zwar bewährt sich der Spruch „Wer sucht, der findet" auch hier. Aber ein Blick auf Holstens Prokustesbett zeigt am besten, zu was für gesuchten Spitzfindigkeiten und Willkürlichkeiten eine tendenziöse Phantasie gelangt, sobald sie es verschmäht, das Einfache einfach zu nehmen. Jeder Versuch, den kleinen Inhalt des Markus aus dem großen des Matthäus herzuleiten, statt umgekehrt den des Matthäus aus Markus und anderen Quellen, schlägt für den Unbefangenen in einen Beweis des Gegenteils um" (S. 126 f).

Wenn man hier einmal von der Unsachlichkeit der Diktion Wernles absieht, so bleibt als Substanz dieses Arguments, das bei mehreren Vertretern der Markushypothese wiederkehrt, folgendes übrig: Die Entstehung eines größeren Werkes aus einem kleineren soll eher verständlich sein als die eines kleineren aus einem größeren. Mit anderen Worten: Erweiterung ist eher möglich als Verkürzung. Aber dieses Argument hält nicht Stich. Das eine ist ebenso gut denkbar wie das andere; es ist in gleicher Weise zu verwirklichen und mehr als einmal verwirklicht worden. Es ist eine alles andere als zwingende Logik, daß Bearbeitungen des gleichen Themas proportional dem Fortschritt der Zeit zwangsläufig länger werden müssen. Übrigens ist es interessant festzustellen, wie stets die gleichen Argumente, obgleich sie längst entkräftet sind, immer von neuem durch die Jahrhunderte wiederkehren. Bereits 1782 hatte Johann Benjamin Koppe geltend gemacht: „Probabile est, brevius Evangelium tempore fuisse prius" (s.o. S.14). Und Griesbach hatte ihm darauf treffend erwidert: „Ab auctoris consilio unice pendet, utrum iis, quae alii ante ipsum scripsere, addere aliquid an demere ab illis nonnulla satius sit" (s.o. S.14).

Zudem verschleiert Wernle hier wieder die wahren Verhältnisse, wenn er es so formuliert: „... den kleinen Inhalt des Markus aus dem großen des Matthäus herzuleiten statt umgekehrt den des Matthäus aus Markus und anderen Quellen". Denn es steht ja gar nicht zur Debatte, den Markus allein aus Matthäus herzuleiten, sondern aus Matthäus *und* Lukas. Und man merkt deutlich, welche Hypothese hier totgeschwiegen werden soll: die Griesbachsche. Wernle muß sie als so gefährlich empfunden haben

– mit Recht! –, daß er sie gar nicht erwähnt, obgleich er genau weiß, um was es geht, nämlich um nichts anderes als um die Alternative: Entweder ist Markus die Vorlage des Matthäus und Lukas gewesen oder aber Matthäus und Lukas die Vorlage des Markus.

Die ganze Unhaltbarkeit der Argumentationsweise Wernles wird besonders deutlich bei seinem zweiten Abschnitt, den er „Anordnung" (scil. des Stoffes) benennt. Wir bringen dafür ein Beispiel:

„Die Tabelle zeigt, daß *die Disposition des Markus derjenigen des Matthäus vollständig zu Grunde liegt*. Die Veränderung erstreckt sich bloß auf zwei Punkte:

1) *Matthäus hat die ihm aus anderen Quellen zustehenden Stoffe in den Markuszusammenhang eingefügt, wo jeweilen bei Markus* teils eine passende Situation, teils Verwandtes sich darbot.

2) *In vier Fällen hat Matthäus umgestellt. Die Hauptmasse der bei Markus zerstreuten Wunder zog er zusammen in c. 8 und 9 zu einem Wunderzyklus.* Da die Sabbatsprüche durch die Worte wichtiger sind als durch die Wunder, trennte er diese aus Mk 2.3 los und verband sie mit dem Antipharisäerkapitel 12. Apostelwahl und Aussendung zog er der Vereinfachung wegen zusammen. Ähnlich hat er nachher die zwei Besuche des Tempels und zwei Gespräche vom Feigenbaum zusammengezogen.

Die Folgen dieser Veränderungen machen sich sogleich geltend zum Schaden des Matthäus. Der erste Tag bei Markus ist völlig zerstört; zwischen Petri Berufung und dem Besuch Jesu in seinem Haus drängt sich soviel anderes, daß der Zusammenhang zerrissen ist. In den Wunderzyklus sind fälschlicherweise die Gespräche bei Anlaß des Gichtbrüchigen, Levis Berufung, die Fastenfrage aufgenommen, *die zu dieser Rubrik einfach nicht passen*; aber sie folgten eben zunächst in Markus 2. Folge der Vorwegnahme der Aussendung und ihrer Verbindung mit der Apostelwahl ist der Ausfall der wirklichen Mission; von der war ja in der Parallele Mk 3 nichts zu lesen" (S. 128 f; Hvhbg. v. Vf.).

So weit Wernle. Man fragt sich jedoch hier: Wenn diese Umstellung so verheerende Folgen für das Matthäusevangelium hatte, warum sollte der Evangelist sie dann vollzogen haben? Es wäre doch wirklich einfacher für ihn gewesen, es bei der Ordnung zu belassen, die er angeblich bei Markus vorfand! Aber ein Verfahren, durch das er den ersten Tag bei Markus „völlig zerstörte", durch das „der Zusammenhang zerrissen wurde", durch das „fälschlicherweise" Gespräche aufgenommen wurden, die „zu dieser Rubrik einfach nicht passen", durch das „der Ausfall der wirklichen Mission" bewirkt wurde – ein solches Verfahren erscheint doch schlechthin absurd.

102

Der gleichen grundsätzlichen Ansicht ist übrigens auch Wernle – soweit es Markus betrifft! Denn was er für Matthäus in Anspruch nimmt, läßt er für Markus nicht in gleicher Weise gelten, sondern lehnt es vielmehr mit Empörung ab:

„Das Umgekehrte, daß Markus die Disposition verändert hätte, läßt sich gar nicht denken. Was sollte ihn bewegen, den Wunderzyklus auseinanderzureißen oder Apostelwahl und Aussendung zu trennen, nachdem sie so schön vereinigt waren! Vollends die Schilderung des ersten Tags war nur durch ein raffiniertes Kunststück aus Matthäus zusammenzusetzen. Und welcher Stümper hätte mögen die Bergrede verdrängen durch die Anekdote vom Besessenen in der Synagoge zu Kapernaum! Die Versuche, das Gegenteil zu beweisen, verdienen keine ernste Berücksichtigung" (S. 129).

Man erschrickt über den emotionalen Einsatz und die Unsachlichkeit Wernles. Denn genau dasselbe, was er jetzt für Markus mit Emphase ablehnt, hat er doch im vorhergehenden Satz dem Matthäus unterstellt: „... völlig zerstört, ... Zusammenhang zerrissen, ... einfach nicht passen, ... Ausfall". Aber sobald überhaupt nur die Frage erhoben wird, ob es nicht Markus gewesen sein könnte, der die Disposition verändert hätte, ruft Wernle: „Was sollte ihn bewegen, ... auseinanderzureißen, ... zu trennen, nachdem sie so schön vereinigt waren?", als hätte Wernle völlig vergessen, daß er im Satz unmittelbar vorher gesagt hatte: „In den Wunderzyklus sind fälschlicherweise die Gespräche bei Anlaß des Gichtbrüchigen, Levis Berufung, der Fastenfrage aufgenommen, die zu dieser Rubrik einfach nicht passen." Es erhebt sich hier mit Recht die Frage: Wo bleibt die Folgerichtigkeit des Denkens?

Die Lösung des Problems ist wieder eine synoptische, aber Wernle sieht sie nicht, weil er nicht synoptisch denkt. Denn in den Wunderberichten, die Markus in anderer Ordnung bringt als Matthäus, folgt er selbst der Akoluthie des Lukas. Das Gleiche gilt von der Aussendung und der Apostelwahl. Die entscheidende Tatsache, die Wernle auf Grund seines isolierten Denkens nicht erkennen kann, ist doch die, daß Markus, wenn er nicht dem Ordo des Matthäus parallel geht, sich der Reihenfolge des Lukas anschließt – es sei denn, daß er Sondergut bringt. Und wiederum muß man bei Wernles auf nur *zwei* Evangelisten begrenzten Aussagen konstatieren, daß sie zwangsläufig zu einer Verzerrung des synoptischen Grundverhältnisses hinführen.

Den Gipfel erreicht Wernles unlogische Argumentationsweise nun in seinem „Resultat" des Vergleichs der „Anordnung" bei Matthäus und Markus:

„Resultat: Der Disposition des Matthäus liegt diejenige des Markus durchweg zu Grunde, *wofür die Umstellungen so beweisend sind wie die Befolgungen*" (S. 130; Hvhbg. v. Vf.).

In der sonst allgemein herrschenden Logik pflegt nur das Positive als Beweis gewertet zu werden, das Negative aber als Gegenbeweis. Wenn man jedoch, wie Wernle es hier tut, den negativen Fall ebenfalls als positiven Beweis wertet, so ist dies allerdings nur möglich unter der Voraussetzung einer Petitio principii, daß nämlich das, was man erst noch beweisen soll, bereits als bewiesen unterstellt wird. Nun, dann ist freilich leicht argumentieren!

Die gleiche Inkonsequenz in der Beweisführung tritt uns nun auch entgegen bei Wernles Vergleich des „Textes" zwischen Markus und Matthäus. Selbst Wernle kann nämlich in einigen Fällen nicht bestreiten, daß dem Matthäus die Priorität zuzuerkennen ist. Und das steht ja in klarem Widerspruch zu seiner Grundthese. Aber er weiß sich auch hier der Schwierigkeit zu entwinden:

„Voranzustellen sind diejenigen Herrenworte, deren Text bei Matthäus besser aufbehalten scheint (sic!). Da steht an der Spitze die Parusierede mit 24,20 und 29: $\mu\eta\delta\grave{\epsilon}$ $\sigma\alpha\beta\beta\acute{\alpha}\tau\omega$ und $\epsilon\vartheta\vartheta\acute{\epsilon}\omega\varsigma$. Durch Weglassung des ersten hat Markus die judenchristliche Stimmung dieser Apokalypse weggewischt, durch Streichung des zweiten die Parusiesehnsucht gemäßigt" (S. 132).

Und nun stellt Wernle selbst die Frage: „Wie ist es aber möglich, daß der jüngere Matthäus diese alten Züge aufbehielt, wenn sie in der Vorlage fehlten?" (S. 132). Man staunt über den Deus ex machina, den Wernle jetzt in Funktion treten läßt:

„Die Antwort ist hier besonders einfach: Matthäus hat die Markus 13 zu Grunde liegende Apokalypse noch gekannt" (S. 132).

Hier sind allerdings zwei Fragen an Wernle fällig:

1) Wenn der „jüngere" Matthäus die zugrundeliegende Apokalypse noch kannte, der „ältere" Markus aber nicht, aus welcher Quelle hat dann dieser geschöpft?
2) Woher weiß Wernle, daß Matthäus die zugrundeliegende Apokalypse noch gekannt hat?

Nun, wir wissen es, woher Wernle seine Kenntnis bezieht: Da Matthäus an dieser Stelle – selbst für Wernle unbestreitbar – die Priorität besitzt, aber hypothesengemäß Markus die Priorität besitzen müßte, blieb Wernle nichts anderes übrig, als eine solche Lösung zu „erschließen" – wenn anders er seine Markushypothese nicht preisgeben wollte. Davon konnte man allerdings sagen: „Die Antwort ist hier besonders einfach."

Und so entschließt Wernle sich dann auch zu einer noch weitergehenden, ebenfalls bestechend „einfachen" prinzipiellen Lösung:

„Für diesen und ähnliche Fälle gilt einfach der Grundsatz: Wo ein Herrenwort bei Matthäus klarer, schlichter, altertümlicher erhalten ist, da hat es eben Matthäus besser als Markus überliefert" (S. 134).

Das ist nun freilich erstaunlich, wenn Markus seine Quelle war und Wernles ganzes Streben nur darauf gerichtet ist, den Prioritätsbeweis für Markus zu erbringen. Aber die Vorkämpfer der Markushypothese sind seit eh und je groß im Annehmen von „Ausnahmen" gewesen, ohne daß sie sich dadurch veranlaßt fühlten, Zweifel an der grundsätzlichen Richtigkeit der von ihnen vertretenen Quellentheorie zu hegen. Vielmehr haben sie immer wieder nach einem Ausweg gesucht und einen solchen – gefunden. Und wenn sie es wirklich nicht konnten, so nahmen sie ihre Zuflucht zu dem Ultimum refugium der Hypothetiker, die keinen anderen Ausweg mehr wußten, und wurden unsachlich oder suchten ihren Kontrahenten intellektuell zu disqualifizieren. Wernles oben angeführte wegwerfende Bemerkung: „Welcher Stümper hätte mögen die Bergrede verdrängen – *Die Versuche, das Gegenteil zu beweisen, verdienen keine ernste Berücksichtigung*" liegen auf dieser Ebene und erinnern peinlich an Wilkes Abfertigung eines Widerspruches (s. o. S. 46):

„(Er) erhält dann billig sein Recht eingeräumt, daß man ihn auf sich beruhen läßt, ohne sich übrigens in der Untersuchung stören zu lassen. Wir gehen nun weiter."

Im übrigen entbehrt es nicht der Delikatesse, daß Wernles Wort vom „Stümper", der „hätte mögen die Bergrede verdrängen", auf Holtzmanns Markus Anwendung findet, der sie nach ihm ausließ, weil sie ihm „zu lang war" (s. o. S. 76).

Das *Ergebnis* seines Vergleichs Markus/Matthäus formuliert Wernle nun in genauer Parallelität zu dem Ergebnis des Markus/Lukas-Vergleichs (s. o. S. 98):

„*Matthäus hat das Markusevangelium gekannt und als Quelle benützt*, ja *zur Grundlage seiner Geschichtserzählung* genommen. Er hat es *fast lückenlos in seine Darstellung eingefügt*, mit ganz wenigen Ausnahmen seine *Anordnung befolgt* und *auch seinen Text sich zu Grunde gelegt*" (S. 177; Hvhbg. v. Vf.).

Wernles „Resultat" hinsichtlich des Lukas lautet hiermit in den entscheidenden Punkten wörtlich gleich:

„*Lukas hat das Markusevangelium gekannt und als Quelle benutzt*, ja *zur Grundlage seiner Geschichtserzählung genommen*. Er hat es *fast lückenlos in seine Darstellung eingefügt*, fast ausnahmslos die *Anordnung des Markus befolgt und auch dessen Text sich zu Grund gelegt.*"

Angesichts dieser beiden, von Wernle behaupteten, sachlich und textual sich genau deckenden Tatbestände ist ein Einwand unabweisbar, nämlich: *Wenn dem so ist, wie Wernle hier sagt, dann müßten doch bei Matthäus und Lukas zwei einander völlig gleiche Evangelien herausgekommen sein!* Dann müßte bei beiden der *Inhalt* genau gleich sein; denn es heißt von beiden Evangelisten gleichlautend: Er „hat das Markusevangelium ... zur Grundlage seiner Geschichtserzählung genommen". Dann müßten ferner beide fast die gleiche Akoluthie haben, nämlich die des Markus; denn es heißt wieder von beiden gleichlautend: Er „hat fast ausnahmslos" (Matthäus: „mit ganz wenigen Ausnahmen") „die Anordnung des Markus befolgt". Und drittens müßte bei beiden auch der Text gleich sein, nämlich identisch mit dem markinischen; denn Wernle sagt von beiden in gleicher Weise: Er „hat auch dessen Text sich zu Grunde gelegt".

Nun, wenn es tatsächlich so wäre, wie Wernle behauptet, daß beide Evangelisten von genau demselben Bestreben geleitet gewesen wären, den Markus hinsichtlich Stoff, Akoluthie und Text zur „Grundlage ihrer Geschichtserzählung" zu nehmen, dann kann man dagegen nur den gleichen Einwand erheben, den C.H.Weiße in seiner Kritik Wilkes gegen dessen „Sechstes textuales Datum" geltend machte, daß Matthäus seinen außermarkinischen Stoff aus Lukas entnommen habe (s.o. S.40): „Warum hätte Matthäus, wenn er so verfahren wollte, nicht lieber geradezu den Lukas abgeschrieben?" (s.o. S.42).

Wernle behauptet dagegen, Lukas sowohl wie Matthäus hätten beide die gleiche Absicht gehabt, den Markus umzuarbeiten. Dafür gibt Wernle im Anschluß an das gleichlautende Resultat eine in beiden Fällen etwas modifizierte, aber prinzipiell gleichlautende Begründung. Zur besseren Vergleichsmöglichkeit stellen wir sie nebeneinander:

Lukas	*Matthäus*
„Die Freiheit, die er sich erlaubt, ist eine dreifache:	*„Die Freiheit, die er sich erlaubt, ist eine dreifache:*
1) *Er hat den Markustext* völlig *umgearbeitet.*	1) *Er hat den Markustext mit andern Quellen kombiniert und verschmolzen* resp. *Sprüche aus andern Quellen in ihn eingesetzt. Das ist der Punkt, wo sich Matthäus am stärksten von Lukas unterscheidet.*
2) *er hat ihn kommentiert, ergänzt, verbessert nach dem Ermessen seiner Reflexion.*	2) *Er hat ihn sprachlich stark umgebildet, besser gräzisiert, geglättet, zusammengezogen, hierbei freilich mit größerer Schonung der Herrenworte.*
3) *er hat ihn – freilich sehr selten – mit anderen Quellen kombiniert und verschmolzen. Er verfährt dabei als der Mann der späteren Zeit, für den kein Autorrecht, geschweige denn ein Inspirationsgedanke existiert, der also das Recht hat, die Tradition für seine Zeit umzugestalten"* (S.40).	3) *Er hat ihn nach dem Ermessen seiner Reflexion kommentiert, ergänzt, verbessert,* sehr häufig *von Motiven der Schriftgelehrsamkeit oder des höheren Glaubens bestimmt. In einzelnen Fällen konservativer als Lukas, mit*

Lukas	Matthäus
	größerer Scheu vor der heiligen Geschichte, *verfährt er* doch im Ganzen *als der Mann der späteren Zeit, für den kein Autorrecht, geschweige ein Inspirationsgedanke existiert, der also das Recht hat, die Tradition für seine Zeit umzugestalten"*
(Sprachliche Übereinstimmungen: Hvhbg. v. Vf.)	(S. 177 f).

Wir verlassen hiermit zunächst unsere kritische Auseinandersetzung mit Wernles erster Hauptquelle seiner Zweiquellentheorie, dem Markusevangelium, mit der Feststellung, daß es ihm *nicht* gelungen ist, den Prioritätsbeweis für Markus und den Posterioritätsbeweis für Matthäus und Lukas zu erbringen – sowenig wie es vor ihm Wilke, Weiße und Holtzmann gelungen war, und wenden uns nunmehr seiner Spruchquelle zu.

Die Quelle „Q"

Eingangs hatten wir gesagt (s. o. S. 92), daß Wernle entgegen seiner Vorankündigung, er wolle „nichts Neues oder Überraschendes zur Lösung der synoptischen Frage bringen", in doppelter Hinsicht durchaus etwas Überraschendes und Neues zur Erörterung dieses Problems brachte. Das erste war sein neuer – „methodisch nicht gleichgültiger" – Ausgangspunkt des isolierten, *un*synoptischen Vergleichs jeweils nur zweier der drei ersten Evangelien.

Das zweite nun ist seine *Umbenennung der Logienquelle.* Es ist nicht übertrieben, wenn man dies als *das forschungsgeschichtlich folgenreichste Ereignis in der Geschichte der Markushypothese bezeichnet,* das bis auf den heutigen Tag nachgewirkt hat.

Zunächst sah das ganz harmlos aus und bestand scheinbar in nichts anderem als einem Namenswechsel. Nachdem Wernle den Charakter der Spruchsammlung näher bestimmt hatte als „eine gemeinsame Quelle, die meistens (sic!) Reden enthielt", fuhr er fort:

„Die – hypothetische – Quelle sei mit „Q" bezeichnet" (S. 44).

Das klang unverfänglich und belanglos genug. So schien es jedenfalls am Anfang des Wernleschen Werkes. Am Ende seiner Deduktion hatte sich jedoch ein erheblich anderer Effekt ergeben:

„Die Vermutung scheint nicht ungerechtfertigt, daß die Spruchsammlung vom Augenblick ihrer Entstehung eine fortwährende Geschichte durchgemacht hat bis zu ihrer Aufnahme in Matthäus und Lukas. Als die Hinter-

lassenschaft Jesu für die Gemeinde gehörte sie jedem Einzelnen an, und jeder hatte das Recht, sie zu ergänzen oder zu verbessern. *Es werden vermutlich wenig gleich lange Exemplare existiert haben. Zwischen der ersten Niederschrift (Q) und der Sammlung, die Matthäus (Q^{Mt}) und Lukas (Q^{Lc}) vorfanden, standen Q^1, Q^2, Q^3, deren Scheidung für uns freilich vergebliche Mühe wäre. Eine einzelne Etappe auf diesem Weg bedeutet die judaistische Gestalt (Q^J). Einzig diese Annahme wird dem Befund unserer Evangelien ungezwungen gerecht*" (S. 231; Hvhbg. v. Vf.).

Man sieht, daß durch diese Umtaufe der *einen* „Spruchsammlung" zu „Q" unter den Händen Wernles auf einmal eins, zwei, drei, vier, fünf, sechs, sieben „Q(uellen)" entstanden sind, und erkennt, daß diese formale Umbenennung in Wahrheit eine inhaltliche Umbestimmung in der Sache bedeutete. Das Ausmaß dieser Ausweitung kann man sich am besten vergegenwärtigen, wenn man anstatt der neuen Bezeichnung „Q" wieder den alten Terminus „Logiensammlung" verwendet, für die wir hier das Signum „log" wählen. Dann wären aus der *einen*, literarisch *einzig* bezeugten Logiensammlung durch Wernles Transformation plötzlich sieben verschiedene Spruchsammlungen geworden: Log, log^1, log^2, log^3, log^{Mt}, log^{Lc} und log^J.

Es wird hier evident, daß jene nicht belegbare, von Wernle hypothetisch aufgestellte Rahmenquelle Q, die allein sieben verschiedene, angeblich nachweisbare Fassungen enthielt, die zudem ständig in Fluß sein sollte und sogar noch eine „Geschichte" aufzuweisen hatte, alle hypothetischen Möglichkeiten offen ließ, da sie von einer unbegrenzten Ausdehnungsfähigkeit war. Sie behob zugleich die Hypothesenkalamitäten, in die Weiße und Holtzmann geraten waren, weil sie prinzipiell die Ausgangsposition der „reinen" Logienquelle aufrecht halten wollten, aber faktisch es nicht durchhalten konnten und so mehr nolens als volens zu dem Notbehelf einer Spruchsammlung griffen, die „meistens" oder „vorwiegend" oder „insbesondere" Logien enthielt.

Wenn jetzt Wernle auf den Ausweg verfiel, eine Umbenennung vorzunehmen, so war damit dieses Problem aus der Welt geschafft; denn nun hieß es: „Nomen est omen." Der Name der Quelle lautete nicht mehr „Logia", sondern „Q". Und diese „Quelle" überschritt nicht mehr die Deklarierung, wenn sie auch erzählende Stoffe enthielt. Etikett und Inhalt stimmten jetzt überein. So konnte er denn ungehindert erklären: *„Überall, wo Matthäus und Lukas wörtlich zusammentreffen, liegt der Text der Spruchsammlung vor"* (S. 80). Denn diese Bezeichnung verwendete er weiterhin – gleichsam aus Traditionsgründen –, aber er meinte: „Q"!

Dementsprechend hatte er nun auch keinerlei Hemmungen mehr, die erzählenden Stoffe, die Weiße bei seinem Widerruf aus seiner Logienschrift herausgenommen hatte, unbeschwert wieder hereinzunehmen. So behauptet Wernle denn sonder Zagen:

„Folgende Reden gehören ihr mit Sicherheit an:

1) *Täuferrede* Mt 3,7–12; Lk 3,7–9. 16f
2) *Versuchungsgespräch* Mt 4,3–10; Lk 4,3–12
3) ...
4) *Hauptmann von Kapernaum* Mt 8,5–13; Lk 7,2–10; 13,28–30
5) ...
6) *Johannesrede* Mt 11,2–19; Lk 7,18–35; 16,16" (S. 82).

Man erinnert sich dabei, zu welchen Verdrehungskünsten C. H. Weiße sich genötigt gesehen hatte, um die Täuferrede als Logia Kyriaka zu deklarieren, wie er sich bemüht hatte, die Versuchungsgeschichte symbolisch zu deuten, und wie er sich gewunden hatte, die Erzählung vom Hauptmann zu Kapernaum als eine „Parabel, wiewohl im Tone eines historischen Berichts", hinzustellen (s. o. S. 54f).

Und man erinnert sich ferner, wie er in seiner Selbstkorrektur es für „ganz untunlich" erklärt hatte, die „hier aufgeführten Stücke der Spruchsammlung zuzuschreiben, wenn man nicht aus derselben eine evangelische Erzählung schon von ganz ähnlichem Charakter wie unsere kanonischen Evangelien machen" wolle (s. o. S. 59).

Von diesen Skrupeln und Zweifeln Weißes brauchte Wernle sich nun nicht mehr plagen zu lassen auf Grund seiner Ausweitung der Logienquelle zu „Q". Dabei spielte es für ihn keine Rolle, wenn der erzählende Teil den an Logien erheblich überwucherte, wie bei der Perikope vom Hauptmann zu Kapernaum, wo das Logion erst ganz am Schluß steht (Mt 7,11f), aber bei Lukas überhaupt fehlt und sich erst im Lukanischen Reisebericht findet (Lk 13,28–30).

Aber es zeigt sich hier, wie sehr Wernle unter Hypothesenzwang steht und Gefangener seiner eigenen Hypothese bleibt. Denn es ist ganz unbezweifelbar, daß diese erwähnten Perikopen nicht in eine „Spruchquelle" passen. Da sie jedoch nicht im Markusevangelium stehen, können sie füglich auch nicht aus der „Geschichtsquelle Markus" hergeleitet werden. Infolgedessen bleibt Wernle keine andere Wahl, wenn anders er nicht von der Markushypothese abrücken will, als sie der Spruchquelle zuzuweisen, nachdem er die Möglichkeit eines Urmarkus mit harten Worten abgelehnt hatte (s. o. S. 90).

Doch nun entsteht das prinzipielle Problem auch für Wernle. Wenn nämlich Erzählungen wie die vom Hauptmann zu Kapernaum oder andere mit einer „einleitenden Situation" zu den Reden gerechnet werden dürfen, so ist damit grundsätzlich keine Grenze mehr gesetzt zwischen „Reden" und „Erzählungen". Und dann muß konsequenterweise auch das ganze Markusevangelium unter den Oberbegriff „Reden" fallen und damit unter die Quelle „Q" zu rechnen sein. Denn eine „wichtige Spruchreihe", deretwegen allein nach Wernle die Hauptmannsperikope zur Spruchsammlung zu rechnen sei, findet sich ja in fast jeder Geschichte des Markusevangeliums. Und daher muß Wernle selbst die Frage aufwerfen:

„Aber haben nicht noch andere Herrenworte in der Spruchsammlung gestanden, für die jetzt *Markus* unsere Quelle ist? Die Gruppe von Herrenworten in Mk 1,40–3,6, das Wort über die wahren Verwandten, das Sämannsgleichnis, die Sprüche vom Händewaschen, das Wundergleichnis, die Herrenworte in 12,33–44, Parusieworte in Mk 13?" (S. 225).

Wernles Antwort auf die von ihm selbst angeschnittene Frage ist erstaunlich und auffällig scharf:

„Gegen diese Hypothese sprechen zwei entscheidende Gründe:

1) Die Argumente, die zu Rückschlüssen auf Q für diese Sprüche ins Feld geführt werden, sind alle nichtig. Gar nirgends läßt sich beweisen, daß Matthäus und Lukas neben Markus noch eine andere Vorlage hatten. Wenn sie in kleinen Einzelheiten gegen Markus übereinstimmen oder einzeln sich von ihm entfernen, so liegt der Grund stets in den Reflexionen der Bearbeiter (Woher weiß Wernle das?), die keine Kopisten sind. Überall ist mit Markus als einziger Quelle völlig auszukommen.

2) Die genannten Herrenworte passen gar nicht in die Spruchsammlung hinein wegen ihres erzählenden, anekdotenhaften Charakters. Es sind keine Aneinanderreihungen von Sprüchen wie alle Reden in Q, sondern einzelne Herrenworte, die den Mittelpunkt kleiner Geschichten bilden, mit Einleitung, Anfrage an Jesus und Schluß. Man vergleiche damit die Gerechtigkeitsrede, Bekenntnisrede, Johannesrede etc." (S. 225).

Nun ist man doch recht erstaunt, daß Wernle in diesem Zusammenhang von der Hauptmannsperikope erklärt:

„Die Erzählung vom Hauptmann von Kapernaum fand in Q eine Stelle bloß wegen der wichtigen Spruchreihe am Schluß."

Und er fügt ausdrücklich hinzu:

„Je nachdem dieser Unterschied von Reden und Anekdoten beachtet wird oder nicht, ist es möglich, sich ein klares Bild von Q zu machen" (S. 225).

Ob dieser Antwort Wernles ist man betroffen, wie sehr er mit zweierlei Maß mißt, und zugleich, wie falsch er argumentiert. Wenn nämlich die Herrenworte in Markus „gar nicht in die Spruchsammlung (passen) wegen ihres erzählenden, anekdotenhaften Charakters", so tut es die Hauptmannsperikope schon gar nicht; sie trägt einen ausgesprochen „anekdotenhaften Charakter". Und wir müssen hier Wernle durch seine eigene Hypothese korrigieren – um nicht zu sagen: der Inkonsequenz zeihen. Denn die rein erzählende Geschichte vom Kapernautischen Centurio hat nicht ihren Platz in Q „bloß wegen der wichtigen Spruchreihe am Schluß", sondern *einzig und allein, weil sie nur bei Matthäus und Lukas steht und keine Parallele bei Markus aufweist*. Also steht Wernle wieder unter Hypothesenzwang und hat keine andere Möglichkeit, als sie in Q einzuordnen,

110

auch wenn die Tatsachen klar dagegen sprechen. Denn es ist nicht angängig, bei Annahme einer Spruchsammlung, die Logia Kyriaka enthält, dieser nur die Herrenworte aus Matthäus und Lukas zuzuordnen, doch die aus Markus draußen zu lassen. Es gibt hier tatsächlich nur ein Entweder–Oder. Aber es ist durchsichtig, weshalb Wernle es nicht wahr haben will, daß die Markuslogien konsequenterweise auch in die Logiensammlung eingeordnet werden müssen. Wernle drückt das – recht positiv umschrieben – so aus: *„Überall ist mit Markus als einziger Quelle völlig auszukommen"* (S.225).

Gemeint ist dabei von ihm: für die markinischen Logien sowie diejenigen des Matthäus und Lukas, die durch Markus gedeckt sind. Dabei verschiebt Wernle nun entscheidend die Perspektive. Denn es handelt sich hier ja gar nicht um die Frage, ob *Matthäus und Lukas* noch eine andere Quelle neben Markus hatten, sondern vielmehr darum, ob nicht *Markus* noch eine andere Quelle hatte und ob nicht auf *seiner* Seite ebenfalls eine Benutzung der Spruchquelle vorauszusetzen sei. Das heißt: Wir müssen hier dieselben Bedenken gegen Wernle geltend machen, die wir vorher gegen Holtzmann zu erheben hatten – nur mit dem Unterschied, daß beide mit dem Begriff „Markus" in diesem Zusammenhang einen verschiedenen Inhalt verbanden: jener den kanonischen Markus und dieser den fiktiven (Ur-)Markus.

Nun würde Wernle durch die Annahme, Markus habe seine Logien ebenfalls aus Q entnommen, in arge Hypothesenschwierigkeiten geraten. Deshalb wendet er ein:

„Dadurch wird ganz unverständlich, warum die jüngeren Evangelisten Lukas und Matthäus sich nicht einfach an Q anschlossen, aus dem doch Markus alle Sprüche hat" (wobei dieser Nebensatz von Wernle natürlich nur ironisch gemeint ist).

Um nun eine solche Ansicht auch gleich richtig von Grund auf zu erledigen, sucht er ihre Vertreter noch zusätzlich intellektuell zu disqualifizieren, indem er hinzufügt:

„Das ist die Hypothese eines Epigonen, der die Balken des Gebäudes, auf dem er sitzt, meint abbrechen zu können, um damit in der Luft einen Neubau beginnen zu können" (S.210).

Das ist von Wernle nun mit schwerem Geschütz geschossen, aber es ist ein Rohrkrepierer; denn hier wird abermals die Unhaltbarkeit der Zweiquellentheorie deutlich. Diese hatte doch überhaupt nur Sinn unter der Voraussetzung, daß ihre eine Quelle eine Geschichtsquelle und die andere eine Redenquelle sei, aus deren einer Matthäus und Lukas den historischen Teil ihrer Evangelien und aus deren anderer den Logienbestandteil entnommen hätten. Da es sich nun aber herausstellte, daß diese säuberliche Trennung nur theoretisch oder hypothetisch war, jedoch den realen Gegebenheiten gegenüber nicht standhielt, daß es sich vielmehr um *Misch-quellen* handelte, bei denen lediglich das *Schwergewicht* zwischen Geschichtsbestandteilen und Logienelementen verschieden verteilt war, wurde dieses Zweiquellensystem in seiner Gesamtheit fragwürdig. Und die Vertreter der Markushypothese hatten weidlich das Ihrige dazu beigetragen, daß dieser Effekt eintrat; denn sie selbst waren es ja gewesen, die, unter Hypothesennot stehend, der *voraussetzungsgemäß reinen Logienquelle* geschichtlich berichtende Bestandteile beigemischt und dadurch die Logiensammlung unrein gemacht hatten.

Nun waren sie in der Ausweglosigkeit der von ihnen selbst veranlaßten Quellenproblematik gefangen. Denn es ist in der Tat nicht einzusehen, weshalb der erste und der dritte Evangelist einen Teil ihres Logienbestandes aus dem Markusevangelium entnommen haben sollten, den andern jedoch aus der Spruchquelle, nämlich den, der sich im Markusevangelium nicht findet. Entsprechend stand es umgekehrt mit den geschichtlichen Partien: das eine Mal sollten sie aus Markus stammen, auch wenn sie Herrenworte umschlossen, das andere Mal aber aus Q in Form von „skizzenhaften Erzählungen" als „geschichtliche Umrahmungen darin enthaltener Herrenworte", auch wenn sie so lang waren wie die Umrahmung der Hauptmannsperikope und der Täuferanfrage.

Hier half nun kein Verbrämen und Vertuschen mehr. Die Erkenntnis war unabweislich: entweder sind die beiden Quellen klar zu scheiden in eine Geschichtsquelle und eine Logienquelle, oder aber die Zweiquellentheorie wird zu einem System von Aushilfen und Ausflüchten und führt sich dadurch selbst ad absurdum – ganz zu schweigen von dem *unmöglichen Redaktionsverfahren*, nach dem Matthäus und Lukas ihre Logien, soweit sie bei Markus vorlagen, aus diesem entnommen haben sollten, andernfalls aber aus Q, jedoch jederzeit von dieser Quelle abermals abrückten, sofern das Markusevangelium wieder Logien aufzuweisen hatte.

Wernle spürt nun durchaus selbst, welch tödliche Bedrohung für die Markushypothese die Auffassung bedeutet, Markus habe seine Logien aus Q entnommen. Deshalb malt er mit aller Schärfe die Konsequenz aus:

„Nur unter zwei Voraussetzungen hat diese Quellenhypothese überhaupt Sinn:

1) die petrinische Tradition ist falsch; denn wenn Markus alle genannten Herrenworte nicht von Petrus, sondern aus der Schrift (scil. Logienschrift) geschöpft hat, wozu soll ihm dann noch Petrus gedient haben?

2) der Autor von Q ist zugleich der Erfinder der Sprüche; denn die Behauptung, Markus muß alle diese Worte schriftlich gekannt haben, hebt die mündliche Tradition auf, d.h. diese Hypothese führt, konsequent ausgedacht, ad absurdum. In der Tat heißt den *Beweis* für die Abhängigkeit des Markus von Q antreten nichts anderes als die Leugnung, daß Markus von Petrus seine Kenntnis hat und daß alle jene Sprüche in der Gemeine auch von Mund zu Mund liefen" (210).

Es ist hier unverkennbar, aus welchem Grunde Wernle diese „Quellen-hypothese" ablehnt. Seine Ablehnung enthält das unausgesprochene Ein-geständnis: Wenn diese Hypothese stimmt, muß meine eigene Markus-hypothese falsch sein ...

Aber die petrinische Herkunft der Markusberichte ist so und so nicht aufrechtzuerhalten, wie wir weiter unten zeigen (s. Teil B „Kritische Analyse ihrer Beweise", Ziff. VII: „Der Beweis des petrinischen Ur-sprungs"). Zudem: Wenn Markus seine Kenntnis der geschichtlichen Stoffe wie der Redebestandteile von Petrus haben soll, so braucht er sie deswegen weder aus Q noch unmittelbar aus mündlicher Tradition bezo-gen zu haben. Er kann sie vielmehr schlichtweg aus Matthäus und Lukas gewonnen haben – wie Owen und Griesbach es bereits gesehen hatten.

Nun, Wernle bleibt dabei, Markus habe seine Kenntnisse von Petrus, und die Logienquelle habe er nicht benutzt. Negativ ausgedrückt lautet es bei ihm so: „Beweisen läßt sich die Benutzung von Q durch Markus nicht" (S. 211). Dagegen ist Wernle der Ansicht, daß Markus die Spruchquelle gekannt habe. Wir wissen, von wem Wernle diese Auffassung hat: von Holtzmann (s. unsere Ausführungen dazu S. 77 ff). Den dort bereits erhobenen Einwand, Markus sollte „die Logienquelle gekannt, aber nicht benutzt haben?", sucht Wernle auf eine erstaunliche Weise zu entkräften: er behauptet kurzerhand, ohne dafür auch nur den Schatten eines Beweises erbringen zu können:

„Die wichtigsten Herrenworte hat damals jeder Christ beim Eintritt in die Gemeinde auswendig gelernt" (S. 221; Hvhbg. v. Vf.).

Nun, selbst wenn man Verständnis dafür hat, daß Wernle von seinem hypothetischen Standpunkt aus die Auffassung vertritt: „Das Markus-evangelium begreift sich besser, wenn zu seiner Zeit eine Aufzeichnung der wichtigsten Herrenworte schon existiert hat und Ansehen besaß in der Gemeinde" (S. 271), so dürfte eine solche unfundierte Behauptung wie die erwähnte nicht statthaft sein, wenn sie nicht – wie hatte Weiße noch ge-sagt? – „den Verdacht erwecken muß, als könne eine Hypothese, die, um sich durchzuführen, solcher Gewaltsamkeiten bedürfe, unmöglich wohl begründet sein" (s. o. S. 42).

Dagegen vermochte Wernle durch die Umbenennung der Spruchquelle und vor allem durch ihre inhaltliche Umwandlung eine vom Standpunkt der Markushypothese zufriedenstellende Antwort zu geben auf das Pro-blem der gänzlich divergenten Benutzung der Logienquelle durch Mat-thäus auf der einen Seite und Lukas auf der anderen, wie sie uns besonders auffällig bei der Bergpredigt entgegentritt. Matthäus bringt sie in kom-pakter Form – als „Continuum", wie Holtzmann sagte –, Lukas dagegen in distributiver Weise und mit teilweise verschiedenem Wortlaut und inhaltlicher Bedeutung. Dieses unerklärliche Mißverhältnis hatte den Ver-tretern der Zweiquellentheorie erhebliches Kopfzerbrechen verursacht.

Wie konnte eine solche Diskrepanz angehen, wenn beide Evangelisten aus der gleichen Quelle geschöpft hatten, nämlich *der* Logienquelle? Wie war dieses erstaunliche Phänomen zu vereinbaren mit ihrer Existenz als *einer* einheitlichen, geschlossenen Quelle?

Wernle brachte – vom Standpunkt der Markushypothese aus – die Lösung des Problems, indem er erklärte: Es gibt nicht nur *eine* „Q", sondern deren mehrere, und sie hat zudem „vom Augenblick ihrer Entstehung eine fortwährende Geschichte durchgemacht bis zu ihrer Aufnahme in Matthäus und Lukas". Damit schienen sich die geäußerten Zweifel zu erledigen. Wie aber war das in Einklang zu bringen mit der schlichten Notiz des Papias, der doch lediglich von *einer* Logiensammlung gesprochen hatte?

Nun, auf eben diese Notiz des Papias stützten sich die Vertreter der Markushypothese und suchten aus ihr die Beweiskraft für die vielen Modifikationen abzuleiten, die Q angeblich aufweist. Das Papiasfragment nämlich trifft ja nicht nur die Feststellung: Ματθαῖος μὲν οὖν Ἑβραΐδι διαλέκτῳ τὰ λόγια συνετάξατο, sondern es hat noch eine Fortsetzung: ἡρμήνευσεν δ'αὐτὰ ὡς ἦν δυνατὸς ἕκαστος.

Das kann in der Übersetzung nichts anderes heißen als: „es legte sie aber jeder aus, wie er fähig war" (= so gut er konnte). Die Markusanhänger jedoch interpretierten den zweiten Teil dieses Zitates anders, nämlich: „es *übersetzte* sie aber ein jeder, so gut er vermochte".

Nun kann das griechische Verbum ἑρμηνεύειν zweierlei bedeuten: 1. übersetzen und 2. auslegen, wie es sich bis heute in der theologischen Disziplin der Hermeneutik = Schriftauslegung erhalten hat.

Wenn man sich nun fragt, welche der beiden möglichen Übersetzungen im vorliegenden Falle die richtige ist, so kann die Entscheidung sinnvoll nur zugunsten von „auslegen" fallen. Denn bei der entgegengesetzten Auffassung muß man sich doch fragen, welch erstaunliche Sprachkenntnis hier vorausgesetzt werden müßte, daß „jeder" sich ohne weiteres zutraute, ein solches Werk aus einer semitischen in eine indogermanische Sprache zu übertragen. Man fragt sich ferner, welch eigentümliche Übersetzungspraktik hier vorausgesetzt wird, wenn jeder übersetzt, „so gut er kann". Das wäre vorstellbar im mündlichen Verkehr im Ausland oder im Gespräch mit einem Ausländer, wo man sich unter dem Zwang einer Hic-et-nunc-Situation verständlich machen muß, „so gut man kann", d.h. radebrecht. Aber ein Gleiches von einer Sammlung der Herrenworte annehmen zu wollen, wäre nicht vertretbar, da sie die Grundlage des christlichen Glaubens bildete und es Wort für Wort auf die adäquate Wiedergabe ihrer Gehalte ankommt.

Es liegt doch vielmehr so: Entweder beherrscht man eine fremde Sprache, dann darf man sich daran wagen, ein Werk von dem Gewicht der Logiensammlung in die eigene oder eine fremde Sprache zu transponieren, oder aber man beherrscht sie nicht, dann überläßt man diese ebenso schwierige wie verantwortungsreiche Aufgabe einem wirklichen Sprachkenner, der zugleich das Bewußtsein dafür besitzt, daß es bei einer grundlegenden Glaubensurkunde auf eine peinlich genaue Übersetzung ankommt, aber nicht „so gut man kann".

Somit kann bei diesem Papiaszitat nur die zweite Bedeutung von „hermeneuein" in Frage kommen: auslegen. In diesem Sinne ist es auch bereits von Herbert Marsh verstanden worden, dem Fortsetzer Eichhorns in der Urevangeliumshypothese (Abhandlung über die Entstehung und Abfassung unserer ersten drei kanonischen Evangelien, übers. v. Rosenkranz. 1803 S. 297), sowie von Schleiermacher in seiner Schrift: Über die Zeugnisse des Papias von unsern ersten beiden Evangelien (erschienen im Jahrg. 1832 der Theologischen Studien und Kritiken).

Es dürfte in diesem Zusammenhang auch fruchtbar sein, sich einmal die Frage zu stellen, für wen der Apostel Matthäus diese Zusammenstellung der Herrenworte in „hebräischem Dialekt" angefertigt haben könnte. Für die Griechen? Doch offfenbar nicht; denn sie sprachen weder hebräisch noch aramäisch. Folglich bleibt nur die Möglichkeit, daß er sie für seine judenchristlichen Landsleute und Glaubensgenossen zusammengetragen und aufgezeichnet hat. Zu welchem Zweck? Zum Zwecke der Missionierung unter den *Juden*. Und nun wird auf einmal der zweite Teil des Papiaszitates sinnvoll: *„Jeder legte sie aus, so gut er konnte"*. Das ist nichts anderes, als was auch heute noch die Prediger des Evangeliums tun und was sie seit eh und je getan haben: Herrenworte auslegen, „so gut ein jeder kann".

Die Anhänger der Markushypothese aber glaubten mit ihrer Interpretation „es *übersetzte* sie aber ein jeder, so gut er konnte" eine literarische Bezeugung für die von Wernle angenommenen verschiedenen Formen von „Q" in der Hand zu haben. Mag man nun darüber denken, wie man will, soviel ist unbestreitbar, daß die Verfasser oder Redaktoren des Matthäuswie des Lukasevangeliums ihren Logienbestand *nicht* aus der *gleichen* Quelle geschöpft haben können. Das eben war auch der Ansatzpunkt für Wernles Vermutung – von mehr sprach er ja nicht – „daß die Spruchsammlung vom Augenblick ihrer Entstehung eine fortwährende Geschichte durchgemacht hat bis zu ihrer Aufnahme in Matthäus und Lukas".

Nach wie vor blieb aber für die Zweiquellentheorie ein Hauptproblem ungelöst im Raume stehen – trotz Wernles Umbenennung und Umdeutung der Spruchquelle. Denn es stand ja immer noch im ersten Teil des Papiaszitates das so ärgerlich eindeutige Wort: „ta logia": Matthäus stellte die Logia zusammen. Aber das ließ sich mit der Zweiquellentheorie nicht ins Einvernehmen bringen: der Logienbegriff war zu eng für den matthäischlukanischen Überhang, der ja auch erzählende Stoffe enthielt. Weiße hatte sie einfach in die Spruchquelle mit hineingenommen – und wieder herausgenommen! Holtzmann und Wernle hatten sie wieder hineingenommen unter dem Vorgeben, daß eingekleidete Logien auch Logien wären. Aber die Umrahmungen, vor allem die längeren, blieben ein Stein des Anstoßes; sie waren mehr als nur ein Schönheitsfehler, sie waren nicht hypothesengerecht. Wo blieb der Retter in der Not? In der Hypothesennot?

Bernhard Weiss

Dieser wurde nun in der Tat der eigentliche „Vollender" der Zweiquellentheorie und zwar auf Grund seiner hohen wissenschaftlichen und noch höheren amtlichen Autorität. Bernhard Weiß (1827–1918) war einer der angesehensten Neutestamentler seiner Zeit, seit 1877 o. Professor für Neutestamentliche Wissenschaft an der Universität Berlin, Vortragender Rat im Ministerium der Geistlichen Angelegenheiten und Wirklicher Geheimer Rat mit dem Prädikat Exzellenz. Mit Nachdruck erklärte und stützte er diese Behauptung mit dem ganzen personalen und sachlichen Gewicht seiner einmaligen Position, daß es ein „Vorurteil" sei, mit dem man „brechen" müsse, zu meinen, die Spruchsammlung habe ausschließlich „Worte des Herrn" enthalten (Leben Jesu. 1902[4] S. 32 sowie Die Quellen des Lukasevangeliums. 1907 S. 193).

Und nun führt Bernhard Weiß die gleichen *Erzählungsstoffe,* die Christian Hermann Weiße bei seinem Widerruf aus der Spruchquelle wieder herausgenommen hatte, von neuem in diese ein, da ihre Rücknahme durch Weiße nur auf einer falschen Einschätzung der Beschaffenheit und des Charakters der Logienquelle beruht habe:

„Allein dies führt unmittelbar auf den zweiten Punkt, an welchem über den Standpunkt Weißes, der auch dies *Vorurteil* noch teilte, hinausgegangen werden mußte. *Denn gerade der von ihm gewiesene Weg zur Entdeckung jener ältesten Quellen nötigte dazu, mit dem Vorurteil zu brechen, als ob dieselbe ausschließlich Herrenworte enthalten habe.* Schon auf diesem Wege ergab sich, daß auch Stücke wie die Täuferworte, die drei Versuchungen in der Wüste, die Heilung des Hauptmannssohns und wenigstens eine Dämonenaustreibung in derselben gestanden haben, *da sie dem ersten und dritten Evangelisten gemein sind.* Dürfen aber einmal *Erzählungsstücke prinzipiell nicht ausgeschlossen werden,* so kann auch aus der Vergleichung des ersten mit dem zweiten Evangelium festgestellt werden, welche der in diesem freier und reicher gegebenen Erzählungen dieselbe bereits in einfacher Gestalt enthalten hat" (Leben Jesu S. 32; Hvhbg. v. Vf.).

Somit wurden denn nun die Erzählungsstücke, die C.H. Weiße aus der Spruchquelle wieder entfernt hatte – aus bloßem „Vorurteil", wie Bernhard Weiß sagte, obgleich es ein eindeutiges „Nachurteil" gewesen war –, von neuem in diese eingegliedert. Und dadurch gelangte der frühe C.H. Weiße posthum durch Bernhard Weiß zu neuen, wenn auch unverdienten

116

Ehren. Diese Rehabilitation Weißes hatte bei der fast singulären Autorität von Bernhard Weiß beinahe die Wirkung einer protestantischen Entscheidung ex cathedra nach dem Prinzip „Roma locuta, causa finita". Jedenfalls galt es seitdem unter den Anhängern der Zweiquellentheorie als feststehende wissenschaftliche Erkenntnis: *"Die Quelle Q enthielt auch Erzählungen."*

Aber auch in der Quellenforschung gilt nun einmal das Wort „Womit man sündigt, damit wird man gestraft". Denn nachdem einmal prinzipiell zugestanden war, daß Q auch geschichtliche Stoffe aufweise, wuchs deren Zahl und Menge zusehends, und es gab nun auch keine rechte Handhabe mehr, hier einen strengeren Maßstab anzulegen. So wurde denn der ursprüngliche Rahmen der Logienquelle gar bald gesprengt, und Q wuchs sich durch die Zuteilung immer neuen Erzählgutes nachgerade zu einem *„Halbevangelium"* aus, wie nun die neue Bezeichnung lautete:

„Da nun aber Q eine recht zwitterhafte Größe ist, halb Erzählung, halb Spruchsammlung, und es im höchsten Grade merkwürdig bleibt, daß die große Menge kostbarer Jesusworte, die Q enthielt – ich nenne bloß die Feldpredigt Lk 6,20–47; Mt 5–7 –, bei Markus auch nicht den bescheidensten Seitengänger hat, so wird man ein allmähliches Anwachsen von Q aus den Spruchreihen zu einem *Halbevangelium,* als das es dann in der Literaturgeschichte auf uns stößt, ohne zuviel Kühnheit vermuten dürfen" (Jülicher/Fascher, Einleitung S. 347).

Nun hatte ein solches „Halbevangelium" ja nicht gerade allzuviel Wahrscheinlichkeit für sich, zumal es ihm an jeglicher geschichtlicher Bezeugung fehlte. Man konnte auch nicht auf eine reale Existenz verweisen, sondern es nur als eine erschlossene Größe deuten. Zudem schien es wirklich nur ein „recht zwitterhaftes" Wesen zu sein. Jedenfalls zu einem Vollevangelium reichte es nicht; dazu fehlte es ihm an dem entscheidenden Bestandteil, der Leidensgeschichte. Daher nannte man es auch ein *"Evangelium ohne Passion".*

Niemand hat die dubiose Existenz dieses „Halbevangeliums" stärker als eine Belastung für die Zweiquellentheorie empfunden als Bernhard Weiß selbst. Es ist fast schmerzerregend zu sehen, wie er sich abmüht, dem „Evangelium ohne Passion" doch noch eine Passionsgeschichte anzudichten:

„Damit hängt der Hauptpunkt zusammen, an dem man so oft Anstoß genommen hat, wenn Q überhaupt Erzählungsstoffe enthalten haben sollte. *Es schien unmöglich, daß dann in Q eine Leidensgeschichte fehle.* Aber die letzten Ereignisse in Jerusalem ließen sich doch nur in einer fortlaufenden Erzählung darstellen, und eine solche wollte eben Q nicht geben, sondern eine Stoffsammlung. Was aber speziell die Leidensgeschichte anlangt, so wußten davon die Apostel nicht mehr, als was stadtkundig geworden war. Eine solche mußte gerade in Q darum fehlen, weil diese

Quelle aus dem apostolischen Überlieferungstypus stammte. Dennoch zeigt sich hier aufs neue, daß Q keine formlose Stoffsammlung war, da diese Quelle ebenso einen förmlichen Abschluß hatte wie eine Vorgeschichte. Es ist a. a. O. S. 158 gezeigt worden, daß die einzige jerusalemische Geschichte, bei der sich in unserm Matthäus eine ältere und einfachere Darstellungsform nachweisen läßt, als sie bei Markus vorliegt, die Salbungsgeschichte ist. Es ist aber klar, daß dieselbe, wie die meisten anderen, in Q nicht um ihrer selbst willen erzählt war, sondern um des Wortes Mt 26, 12 willen, das gerade der reflektiertesten Fassung bei Markus gegenüber eine ursprünglichere Form zeigt. Nun weist aber dieses Wort auf das Begräbnis Jesu als den Abschluß seiner irdischen Geschichte, und darum ist diese Geschichte planvoll mit der bekannten Übergangsformel der letzten Tage Jesu angereiht und *ersetzt so gleichsam die fehlende Leidensgeschichte"* (Quellen der synoptischen Überlieferung. 1908 S. 80; Hvhbg. v. Vf.).

Nun hat Bernhard Weiß es doch noch fertig gebracht, aus Q ein „Evangelium *mit* Passion" zu machen, wenn auch nur einer Ersatzpassion. Aber in welchen Paradoxien muß er sich bewegen, um ihr dieses zusprechen zu können! Was ist nun durch die Transaktion der Markusanhänger aus der schlichten Notiz des Papias geworden „Matthäus stellte die Logia zusammen"? Ein Quasi-Evangelium mit einer Pseudo-Passion! Wenn es je eine Selbstwiderlegung einer Quellenhypothese gegeben hat, so liegt sie hier vor. Man staunt nur, was ihre Vertreter alles über diese hypothetische Quelle auszusagen wußten: was sie wollte – was sie nicht wollte – was sie konnte – was sie mußte. Man konnte jetzt alles mit ihr erklären, weil sie infolge ihres „Schichtencharakters", den sie in der Forschung nachgerade angenommen hatte, unbegrenzt dehnungsfähig war. Das heißt: „Q" hatte den Status erreicht, daß sie alles das umschloß, was erforderlich war oder erforderlich werden konnte, um die Zweiquellentheorie zum Stimmen zu bringen. Besaß sie also überhaupt mehr als eine nur hypothetische Existenz? Die englische Forschung mit ihrem Common Sense neigte mehr und mehr der Auffassung zu, wie sie 1962 in der Encyclopaedia Britannica ihren Ausdruck fand:

„It is in any case wiser to regard „Q" as a mere symbol, a designation for the non-Marcan material, which is common to Mathew and Luke" (1962 Bd. 10 S. 538 A. E. J. Rawlinson).

Die deutsche Forschung blieb in ihrer Ansicht gespalten – bis auf den heutigen Tag. Wenn man Q eine reale Existenz zusprach, so blieb die Frage unabweisbar, wo denn Q geblieben sei, da es ja eine literarische Bezeugung für sie nicht gibt; bei dem eminenten Gewicht, das ihr zugesprochen werde, könne sie nicht einfach in der Versenkung verschwunden sein, zumal sie eine „fortwährende Geschichte" und „eine Gemeindeexistenz" gehabt habe.

Die Antwort, die darauf erteilt wurde und nur erteilt werden konnte, vermochte nicht zu befriedigen: sie sei „in den Evangelien aufgegangen", so Erich Klostermann in seinem Artikel „Evangelien, synoptische" in der RGG²:

„Nach der Verarbeitung durch Matthäus und Lukas hatte die selbständige Redesammlung ihre Bedeutung verloren (woher weiß Klostermann das?); im 2. Jahrhundert finden wir keine Spur mehr von ihr" (Bd. II Sp. 428).

Selbst ein so seriöser Forscher wie Harnack vertrat diese Ansicht:

„Wie lange die Spruchsammlung existiert hat, wissen wir nicht. Sie ist in den Evangelien des Matthäus und Lukas und wahrscheinlich auch noch in einigen apokryphen Evangelien untergegangen. Markus allein konnte sie nicht verdrängen; aber der evangelische Erzählungstypus, den er geschaffen hat – er war durch die Bedürfnisse der katechetischen Apologetik gefordert –, ließ eine Sonderexistenz der Spruchsammlung nicht mehr zu. Sie ist um ihre Selbständigkeit gebracht worden, bei Lukas z.T. mit den Mitteln einer sie historisierenden Zersplitterung, bei Matthäus z.T. konservativer, aber an einigen Hauptstellen gewaltsamer und tendenziöser" (Sprüche und Reden Jesu. 1907 S. 173).

Aber selbst bei dem wissenschaftlichen Gewicht, das die große Forscherpersönlichkeit Harnack besaß, vermochte diese Begründung für die Unauffindbarkeit von Q nicht zu überzeugen; denn es ist in keiner Weise einsichtig, daß der „evangelische Erzählungstypus, den Markus geschaffen hat", eine „Sonderexistenz der Spruchsammlung nicht mehr zuließ". Denn wenn man schon im Sinne der Zweiquellentheorie denkt, dann hatte *Bernhard Weiß konsequenter als Harnack gesehen, daß es allein mit einer „Kenntnis" des Markus von „Q" nicht getan sei,* und deshalb entschied er gegen Wernle: *„Markus hat ebenfalls Q benutzt",* genau wie es seinerzeit schon Ewald gesagt hatte, und mit der gleichen Bestimmtheit (s.o. S. 58 f) wie jener.

Nun traf Bernhard Weiß diese Entscheidung nicht auf Grund eines Machtspruches, sondern aus wohlerwogenen Gründen. Er und sein Sohn Johannes Weiß (1863–1914), ebenso wie sein Vater Neutestamentler, beide Anhänger der Markushypothese, hatten gleichzeitig unabhängig von einander *erkannt, daß der Markustext in vielen Fällen sekundär* ist gegenüber dem Text des ersten und dritten Evangelisten, vor allem des Matthäus, und zwar nicht nur in Logien, sondern auch in geschichtlichen Perikopen:

Bernhard Weiß: „Jene Erscheinung, daß der Text desselben (scil. Markusevangelium) zuweilen ein *sekundärer* im Vergleich mit unserm Matthäusevangelium ist, *zeigt sich keineswegs bloß in Redestücken,* sondern auch in erzählenden Abschnitten; und wenn noch Holtzmann diese Tatsache soviel als möglich abzustreiten suchte, so hat schon Weizsäcker sie ihm gegenüber in weitem Umfang zugestehen müssen" (Leben Jesu. 1902⁴ Bd. I S. 32; Hvhbg. v. Vf.).

Johannes Weiß: „Aber auch in anderer Beziehung werde ich den An-hängern der reinen Markushypothese nicht Genüge tun können. *Die Sieges-freudigkeit, die in aller und jeder Beziehung das synoptische Problem als gelöst betrachtet, halte ich für verfrüht, die Art, wie man widerspenstige Erscheinungen ignoriert oder gewaltsam beseitigt, für unstatthaft, die Be-geisterung für die glatte Formel der Zweiquellentheorie,* die vor allem in ihrer Einfachheit das Siegel der Wahrheit sieht, *für dilettantisch. Es gibt leider nur allzuviele dunkle Punkte in den synoptischen Verhältnissen, die nicht durch Anwendung der Markushypothese aufzuklären sind, sondern immer wieder eine Ergänzungshypothese erfordern. Es gibt Perikopen bei Matthäus, die als Bearbeitung der Markusvorlage nicht zu begreifen sind.* So kann ich mich nicht dazu verstehen, daß Matthäus in der Geschichte vom Gichtbrüchigen, um Papier zu sparen oder aus mangelndem Interesse am Detail, den allereindrucksvollsten, volkstümlichsten Zug, die aufs Dach kletternden Träger, weggelassen habe, oder daß er in genialer Intuition bei dem Worte Jesu an die Kanaanäerin die offenbar originale Fassung erst hergestellt habe. Es gibt Partien bei Lukas, z. B. in der Leidensgeschichte, die immer wieder fragen lassen, wie er dazu gekommen sein könne, in so origineller Weise den Markustext zu ‚verbessern', daß dabei das Altertüm-lichere, geschichtlich Richtigere herausgekommen ist. *Vor allem aber gibt es zahllose Stellen, in denen Matthäus und Lukas gegen Markus überein-zustimmen sich erlauben, obwohl sie dies nach den Grundvoraussetzungen der Markushypothese nicht dürften"* (Das älteste Evangelium. 1903 S. 3; Hvhbg. v. Vf.).

So sind die beiden scharfsinnigen Forscher, Vater und Sohn Weiß, sich wohl einig in der Diagnose der Krankheitssymptome der Markushypothese, jedoch nicht in gleicher Weise in der anzuwendenden Hypothesentherapie. Bernhard Weiß sieht die Rettung in „Q", d. h. er meint, den beobachteten Tatbestand durch Q erklären zu können. Und gerade der sekundäre Cha-rakter des Markusevangeliums war es gewesen, der ihn auf den Gedanken gebracht hatte, *Markus müsse Q benutzt haben.* Sein Gedankengang dabei war folgender: Das Markusevangelium galt ihm als die eine Hauptquelle des Matthäus und Lukas – die gegenteilige Auffassung, die Griesbachsche Hypothese, schloß Bernhard Weiß, wie fast seine ganze Zeit, aus theologi-schen Gründen aus (s. u. Teil C „Die ideologischen Hintergründe der Mar-kushypothese"). Nun war aber in zahlreichen Fällen der Markustext unver-kennbar sekundär gegenüber dem ersten und dritten Evangelisten. Daher sah Bernhard Weiß nur folgende Möglichkeit: *Markus müsse nicht nur Logien, sondern auch Erzählungen aus der Spruchquelle übernommen haben, und zwar solche sekundären Charakters.*

Da nun in den von ihm angeführten Fällen die parallelen Versionen oder, wie man damals gerne sagte, Relationen des Matthäus bzw. Lukas ein-gestandenermaßen die Priorität besaßen, mußten sie eine ältere, „ur-

120

sprünglichere" Fassung von Q benutzt haben, Markus dagegen eine jüngere, „sekundäre". So fügte denn Bernhard Weiß – zwar nicht explicite, aber implicite – den bereits von Wernle behaupteten Modifikationen von Q, die Matthäus und Lukas zugrunde gelegt haben sollten (Q^{Mt} und Q^{Lc}), noch eine weitere hinzu, nämlich Q^{Mk}.

Von hier aus gesehen, wird nun die diktatorische Entscheidung von Bernhard Weiß psychologisch verständlicher, man müsse „mit dem doppelten Vorurteil brechen, daß Q nur Redestücke enthielt und daß Markus Q noch nicht kannte" (Die Quellen des Lukasevangeliums. 1907 S. 193). Daraus ergab sich aber eine weitere Hypothesenkomplikation; denn einerseits hatten angeblich Matthäus und Lukas zwei verschiedene Fassungen von Q benutzt, andererseits aber hatten sie auch das Markusevangelium als Vorlage und Quelle gebraucht. Diesem jedoch hatte *vor* der Benutzung durch den ersten und dritten Evangelisten ebenfalls die Quelle Q vorgelegen, und zwar in der Modifikation Q^{Mk}. Dabei hatte diese noch, wie Bernhard Weiß zu wissen behauptete, durch Markus eine „freiere Bearbeitung" erfahren. Und davon weiß B. Weiß außerdem noch zu berichten, daß „der erste Evangelist nicht selten auch durch die freiere Bearbeitung der ältesten Quelle im zweiten Evangelium sich hatte beeinflussen lassen" (Leben Jesu Bd. I S. 31).

Damit waren nun nach B. Weiß als Quellen des Matthäus anzusehen: 1. Q^{Mt} und 2. das Markusevangelium, das durch das Medium von Q^{Mk} hindurchgegangen war, wobei diese eine freiere Bearbeitung durch Markus erfahren hatte. So sei es dazu gekommen, daß Matthäus bald den primären Text seiner Q^{Mt} aufweise, bald den sekundären seiner Markusquelle, bald den tertiären mit der „freieren Überarbeitung" übernommen habe. Wie man sieht, ist die Zweiquellentheorie durch Bernhard Weiß noch um einiges komplizierter, aber nicht gerade unproblematischer geworden.

Wenn er nun meinte, das hypothesenwidrige Faktum des markinischen Sekundärcharakters durch Q erklären zu können, so sah sein Sohn Johannes Weiß die Lösung des Rätsels vielmehr durch die Annahme eines Urmarkus als gegeben an – trotz Wernle. Dabei distanziert er sich ausdrücklich vom Standpunkt seines Vaters. Im Anschluß an das oben angeführte Zitat, daß Lukas und Matthäus „sich erlaubten, gegen Markus übereinzustimmen", fährt Johannes Weiß fort:

„Die Leichtherzigkeit, in der Wernle sich mit diesen Erscheinungen abfindet, ist glücklicherweise nicht allgemein üblich. Es sind mit Rücksicht auf diese Fälle bekanntlich eine Reihe von Ergänzungshypothesen aufgestellt, so die von Simons, wonach Lukas neben dem Markus noch den Matthäus sekundär herangezogen hat, die von *Bernhard Weiß*, wonach Matthäus und Lukas in den fraglichen Fällen den Text der Redequelle, die auch Markus schon benutzte, durchschimmern lassen, und die Urmarkushypothese, die mir namentlich in der Form, die C. Weizsäcker ihr gegeben hat (in den ‚Untersuchungen zur evangelischen Geschichte‘), überzeugend ist. Mir erscheint unerläßlich, daß man annehme, unser heutiger Markustext sei nicht identisch mit dem Text des alten Evangeliums, das einst Matthäus und Lukas lasen. Es muß später, vermutlich bei der Sammlung und End-redaktion der Evangelien, eine Überarbeitung erfahren haben" (Das älteste Evangelium. 1903 S. 3).

Ergebnis: Die Aporie der Markushypothese

Diese Kontroverse zwischen Bernhard Weiß und Johannes Weiß steht gleichsam symptomatisch am Ende der Markushypothese, am Punkte ihrer „Vollendung". Zwei der bedeutendsten Vertreter dieser Quellentheorie, und wohl ihre beiden scharfsinnigsten, eng miteinander verbunden nicht nur durch das Verhältnis von Vater und Sohn, sondern darüber hinaus auch durch gegenseitige wissenschaftliche Wertschätzung und gleiche Ziel-setzung in der Erforschung der Evangelien, kommen in fast tragisch zu nennender Weise nicht von einem gemeinsamen Wissen los um die Aporie der Markushypothese. Beide spüren, daß die Zweiquellentheorie sich selbst in eine fast ausweglos erscheinende Position hineinmanövriert hat. Und beide sind nachhaltig, ja fast verzweifelt bemüht, sie aus dieser töd-lichen Bedrohung wieder herauszubringen. Aber gerade in der entschei-denden Frage der Lösung des Grundproblems der Markushypothese blei-ben sie tief uneins. Jeder weiß vom andern, daß dessen Position nicht halt-bar ist, aber keiner von beiden sieht, daß auch seine eigene „Lösung" einer kritischen Analyse nicht standhält.

So steht es am Endpunkt der Markushypothese. Und wie war es an ihrem Anfangspunkt? Die Antwort kann nur lauten: Die Problematik hier wie dort ist genau die gleiche. Und das heißt: Es ist die permanente, durch ihre gesamte Geschichte sich hindurchziehende immanente Wesensproble-matik der Zweiquellentheorie – nur daß sie am Schluß weitaus kompli-zierter vor uns liegt als an ihrem Beginn. Aber was beständig und immer gleich geblieben war, ist dies, daß die Markushypothese niemals aufging, weil sie nicht aufgehen konnte, sondern „immer wieder eine Ergänzungs-hypothese erforderte" nach der einen oder der anderen Seite der beiden Quellen hin. So wie es am Anfang deutlich wurde an dem Schwanken C. H. Weißes zwischen hypothesenwidriger Erweiterung der Logienquelle und ebenso hypothesenwidriger Ausdehnung der Markusquelle, so an ihrem Endpunkt durch die inhaltlich genau gleich bestimmte Kontroverse zwischen Bernhard und Johannes Weiß.

Dieses Hin- und Hergetriebenwerden zwischen Skylla und Charybdis, der unablässige Versuch, dem Verderben auf der einen Seite zu entrinnen, auf die Gefahr hin, einem gleich schweren Verderben auf der anderen Seite anheimzufallen, ist das charakteristische geschichtliche Merkmal der Markushypothese.

Dieser unentrinnbaren Situation, dieser nicht enden wollenden Dauerkrankheit der Zweiquellentheorie, die sie als unheilbaren Geburtsfehler durch Christian Hermann Weiße mitbekommen hatte, suchte Bernhard Weiß ein Ende zu setzen, indem er den Gordischen Knoten durchschlug und erklärte: Es ist ein „Vorurteil", daß die Logienquelle nur Logien enthalten hat, und mit diesem Vorurteil muß „gebrochen" werden. Hatte er Beweise dafür? War es eine neue wissenschaftliche Erkenntnis, die er gewonnen hatte? Mitnichten, es war nur ein Machtspruch, den er diktatorisch ex cathedra fällte zur Rettung der Markushypothese, *am Punkte ihrer „Vollendung"*.

Aber wie hatte es noch *am Punkte ihrer Begründung* bei Christian Gottlob Wilke geheißen, als er sich gegen die Griesbachsche Hypothese wandte? „Die entgegengesetzte Behauptung, dem sei nicht so, und Markus habe seinen Text nur aus den Elementen der Nebenerzählungen zusammengesetzt, *beruht auf nichts als einem Machtspruche, und ein Machtspruch, der auf Kritik gar nicht eingeht und mehr gelten will als Gründe und Resultate, erhält dann billig sein Recht eingeräumt, daß man ihn auf sich beruhen läßt, ohne sich übrigens in der Untersuchung stören zu lassen.* Wir gehen nun weiter" (s.o. S.45f).

Immerhin, in der Kontroverse zwischen Bernhard und Johannes Weiß hinsichtlich der Lösung des innerhypothetischen Problems der Zweiquellentheorie setzte der Vater sich geschichtlich durch mit seiner Entscheidung für Q. Und die Urmarkushypothese, die sein Sohn vertrat, wurde von der Forschung fallengelassen. Aber das war nach dem Stand ihrer weiterführenden Erkenntnis nur noch eine periphere Frage. Denn sie beide waren bereits partiell zu neuen, umstürzenden wissenschaftlichen Einsichten gelangt, die in die Zukunft wiesen und an die Grundlagen der Markushypothese rührten.

Sein Werk „Das älteste Evangelium" (1903) widmete Johannes Weiß seinem Vater zu dessen fünfzigstem Jubiläum seiner akademischen Tätigkeit. In der Dedikation schreibt er:

„Daß ich einen Urmarkus annehme, den er verwirft, ist bedeutungslos im Vergleich mit der *großen Übereinstimmung, daß wir beide den Markustext in vielen Stücken für weniger ursprünglich halten als den Text der Parallelen*" (S.VIII; Hvhbg. v. Vf.).

Diese Einsicht stand in schroffem Gegensatz zu der Grundthese der Begründer, Neubegründer und Vollender der Markushypothese: Wilke, Weiße, Holtzmann und Wernle. Immerhin wagten Weiß, Vater und Sohn, noch nicht, eine weiterführende Konsequenz aus ihren neuen Forschungsergebnissen zu ziehen. Lag es daran, daß sie die traditionellen Beweise für die Markuspriorität für so gesichert hielten, daß sie ihnen unwiderlegbar erschienen? Immerhin galt ja die Zweiquellentheorie in der gesamten Fachwelt als – fast – „allgemein anerkannt".

Wir prüfen nunmehr die grundlegenden Argumente für die Priorität des zweiten Evangeliums auf ihr sachliches Gewicht hin und untersuchen sie unter dem Gesichtspunkt, ob sie sich noch heute einer erneuten kritischen Analyse gegenüber als hieb- und stichfest zu erweisen vermögen.

B. Kritische Analyse der Beweise für die Richtigkeit der Markushypothese

I. Der Beweis der gemeinsamen Erzählungsfolge

Wir haben im Laufe unserer bisherigen Untersuchung gesehen, daß weder Wilke noch Weiße noch Holtzmann noch Wernle noch Bernhard Weiß den Beweis für die Priorität des Markusevangeliums zu erbringen vermochten. Nun könnte man unbeschadet dessen die Frage aufwerfen: Wenn dem schon so ist, gibt es nicht trotzdem Beweise dafür, die durch eingehende Untersuchungen erbracht worden sind, daß das Markusevangelium die Quelle der beiden anderen Synoptiker gewesen ist?

Als das gewichtigste, ja als das eigentlich durchschlagende Hauptargument für die Richtigkeit der Markushypothese gilt dabei der Beweis des gemeinsamen Erzählungsfadens, auch Akoluthiebeweis genannt, oder nach Karl Lachmanns Abhandlung „De ordine narrationum in evangeliis synopticis" (1835): Ordobeweis.

Der Begründer der Zweiquellentheorie, Christian Hermann Weiße, legt gerade auf diesen das Hauptgewicht seiner gesamten Argumentation für die Markuspriorität:

„Eine von der Betrachtung der Schreibart und der Darstellung des Einzelnen noch verschiedene Betrachtung ist die der Komposition und Anordnung des Ganzen. In diese ganz besonders möchten wir das letzte, entscheidende Gewicht für unsere Ansicht über das gegenseitige Verhältnis der synoptischen Evangelien legen, wie denn auch sie es ist, die wir noch über den gegenwärtigen einleitenden Abschnitt hinaus durch den gesamten Verlauf unserer geschichtlichen Darstellung fortzuführen uns befleißigen werden" (Evangelische Geschichte Bd. I S. 68).

Den gleichen Standpunkt vertritt der „Neubegründer der Markushypothese", Heinrich Julius Holtzmann:

„Auf diesem Punkt liegt recht eigentlich die Stärke der Markushypothese: hier ist sie niemals erschüttert, ja kaum merklich angegriffen, geschweige denn widerlegt worden. Wie von selbst setzen sich namentlich die Abschnitte bei Matthäus, wenn man sie aus der nachträglich aufgeprägten Sachordnung löst, alsbald wieder in eine geschichtliche Ordnung um, die sich mit derjenigen bei Markus deckt" (Einleitung N. T. 1892³ S. 359).

Und William Wrede erklärt in seinem berühmt gewordenen Werk „Das Messiasgeheimnis in den Evangelien" (1901, 1913²):

„Ich stimme namentlich Holtzmann – und ich darf hinzufügen, auch Wernle – völlig bei, wenn er bemerkt, die Stärke der Markushypothese liege recht eigentlich darin, daß der Reihenfolge der Erzählungen bei Matthäus und Lukas die Reihenfolge bei Markus zu Grunde liege" (S. 145).

Wie steht es nun mit dieser Behauptung des gemeinsamen Erzählungsfadens oder der Erzählungsfolge, der „Akoluthie"? Gibt es tatsächlich eine solche, die allen drei Synoptikern „gemeinsam" wäre? Es ist darauf folgendes zu antworten: *Das Markusevangelium kommt in den beiden anderen Evangelien als geschlossener Erzählungszusammenhang nirgends vor, sondern geht diesen beiden anderen immer nur temporär und partiell in wechselnden Zwischenräumen und in durchaus verschiedener Länge parallel, bald ein Stück mit Matthäus, bald mit Lukas, bald mit beiden, gelegentlich mit keinem. Sofern nicht gerade alle drei konform gehen, setzt jeweils die Parallelität des einen von ihnen mit Markus aus, sobald die des anderen einsetzt.*

Nun kann man statt „Markus geht mit Matthäus und Lukas parallel", solange sich dies nicht einwandfrei als Tatsache erwiesen hat, genau so gut sagen: „Diese beiden gehen mit Markus parallel." Wilke, der ja neben C. H. Weiße als Begründer der Markushypothese gilt, sagt: „Markus ist immer der Begleitete" (s. o. S. 31), und Weiße, Holtzmann und Wernle behaupten, Matthäus und Lukas kehrten immer wieder zum Erzählungsfaden des Markus zurück. *Aber eben das ist die Frage, ob Markus der Begleitete oder der Begleitende ist.* Und wenn einer zum andern zurückkehrt, muß er vorher von ihm abgewichen sein. Es fragt sich nur: *Wer von wem?*

Denn mit dem „gemeinsam durch alle drei Evangelien gleichmäßig sich hindurchziehenden Faden der Erzählung" (Weiße) ist es nicht gerade weit her: *Lukas hat in seiner sogenannten „Kleinen Einschaltung" (6,20–8,3) einen Erzählungszusammenhang von anderthalb Kapiteln, für den sich bei Markus überhaupt keine Entsprechung findet.* Aber schlimmer noch: *In seinem großen „Lukanischen Reisebericht" (9,51–18,14) klafft eine weitere, diesmal riesige Durchbrechung* des „gemeinsam durch alle drei Evangelien gleichmäßig sich hindurchziehenden Fadens der Erzählung" *in einem Umfang von neun Kapiteln, für die es bei Markus ebenfalls nicht das geringste Äquivalent gibt!* Griesbach hatte dies so erklärt, „(ut Marcus) tertiam fere Evangelii Lucae partem intactam praetermitteret" (Commentatio S. 366).

Doch damit noch nicht genug: *Auch das Markusevangelium hat einen großen Berichtszusammenhang von fast zwei Kapiteln (6,45–8,26), der im Lukasevangelium überhaupt keine Parallele aufweist!* Dieses Faktum der sogenannten „Markuslücke des Lukas" wurde immer wieder von Vertretern der Markushypothese als so gravierend empfunden, daß sie ihre Zuflucht zu dem Ultimatum refugium gescheiterter Hypothetiker nahmen, dem „defekten Exemplar" des Markus, das dem Lukas vorgelegen habe. Dementsprechend schreibt Eduard Reuß (1804–1891), der ein Anhänger der Markushypothese war:

„Markus 6,45–8,26 stand nicht in dem Buche, welchem Lukas in einem Teile seines Werkes zumeist gefolgt ist ... *so bleibt wohl nur übrig, ein defektes Exemplar für seine Quelle zu erklären*" (Geschichte der Heiligen Schriften Neuen Testaments. 1842, 1852² S.174).

Noch in unsern Tagen ist ihm in dieser Hinsicht sogar Bultmann gefolgt: „Auf die Frage, ob Lukas den Abschnitt 6,45–8,26 absichtlich übergangen hat oder ob er ihn, wie mir wahrscheinlicher ist, in seinem Markus nicht las, gehe ich hier nicht ein" (Die Geschichte der synoptischen Tradition. 1957³ S.387 Fußnote).

Als Ergebnis zeigt sich: Man kann einfach an der Ansicht nicht vorbeikommen, daß *Lukas und Markus keinen gemeinsamen Erzählungsfaden haben*. Zu dieser Erkenntnis ist nicht nur B.H.Streeter gekommen (The four Gospels. 1924, 1930⁴ S.167f), sondern auch Bultmann selbst muß einräumen: „Aber in der Ineinanderfügung der Quellen ist er (scil. Lukas) anders verfahren als Matthäus. *Er legt nicht den Markus-Aufriß zu Grunde*" (S.347; Hvhbg. v. Vf.).

Auch in der ersten Hälfte des Matthäusevangeliums (4,24–13,58) bestehen durchgehende Divergenzen von der Erzählungsfolge des Markus. Das hatte bereits der älteste Vertreter der Markushypothese – vor Wilke und Weiße – Gottlob Christian Storr („De fonte evangeliorum Matthaei et Lucae" 1794) erkannt. In seiner zweiten Schrift „Über den Zweck der evangelischen Geschichte und der Briefe des Johannes" erklärt er: „Bloß in der Auferstehungsgeschichte und in der von Markus 1,23–6,12 und von Matthäus cc.5–13 beschriebenen Periode des Lebens Jesu weichen beide Schriftsteller merklich von einander ab" (1810², S.294).

Und gerade die Abweichung in der Erzählungsfolge zwischen Matthäus und Lukas war für *Lachmann* der Anstoß zu seiner Schrift „De ordine narrationum in evangeliis synopticis" geworden. Er stellte den gleichen Abschnitt wie Storr aus dem Matthäus und Markus einander gegenüber (Mk 1,21–6,13; Mt 4,24–13,58), teilte das Ganze in Hauptstücke („Capita") ein und kam zu der Feststellung:

„intelleges: quae enim apud Marcum sunt tertium, quartum, septimum, ea Matthaeo quartum, septimum, octavum; item Marci quintum, sextum, octavum, Matthaei tertium, quintum, sextum" (De ordine narrationum S.576).

Man kann sich die abweichende Akoluthie zwischen Matthäus und Markus noch deutlicher veranschaulichen, wenn man, von einem zusammenhängenden Erzählungsabschnitt des Matthäus ausgehend, die Parallelberichte des Markus danebenstellt und dabei die beiderseitige Reihenfolge numeriert:

1) Aussätziger	Mt 8, 1–4	Mk 1, 4–45	3)
2) Hauptmannsperikope	8, 5–13	–	
3) Petri Schwiegermutter	8, 14–15	1, 29–31	1)
4) Abendheilungen	8, 16–17	1, 32–34	2)
5) Zurückgewiesene Jünger	8, 18–22	–	
6) Stillung des Sturmes	8, 23–27	4, 35–41	7)
7) Gerasener	8, 28–9, 1	5, 1–20	8)
8) Paralytischer	9, 2–9, 8	2, 1–12	4)
9) Zöllnergastmahl	9, 9–13	2, 13–17	5)
10) Fastenfrage	9, 14–15	2, 18–20	6)
11) Jairs Tochter	9, 18–26	5, 22–43	9)

Die Divergenz wird noch deutlicher, wenn man die vergleichbaren Stücke einmal in der Reihenfolge des Markus numeriert und die des Matthäus danebensetzt:

Markus	*Matthäus*
1) Schwiegermutter des Petrus	2)
2) Abendheilungen	3)
3) Aussätziger	1)
4) Paralytischer	6)
5) Zöllnergastmahl	7)
6) Fastenfrage	8)
7) Stillung des Sturmes	4)
8) Gerasener	5)
9) Jairs Tochter	9)

Dabei fehlen bei dieser Aufstellung in der Reihenfolge des Markus die beiden matthäischen Perikopen vom Hauptmann zu Kapernaum und den zurückgewiesenen Jüngern, die bei Matthäus an zweiter Stelle bzw. an fünfter stehen, aber bei Markus keine Entsprechung haben.

Angesichts des aufgewiesenen Tatbestandes einer starken Diskrepanz in der Akoluthie aller drei synoptischen Evangelien fragt man sich: *Wo ist denn nun der „gemeinsam durch alle drei Evangelien gleichmäßig sich hindurchziehende Faden der Erzählung"?* Und wie konnte bei einer solchen Sachlage überhaupt von einem durchgehenden Erzählungsfaden gesprochen werden? Denn die Wahrheit ist: *Es gibt keinen gemeinsamen Erzählungsfaden der Synoptiker! Matthäus hat seinen Faden, Lukas hat seinen*

Faden, und Markus hat seinen Faden. Diesen letzten aber zum „gemeinsamen" zu erklären, ist ein Akt unberechtigter, weil durch Beweise nicht erhärteter Bevorzugung des Markusevangeliums. Das entscheidende Wort hat hier, wie so oft, Ferdinand Christian Baur gesprochen: Es ist „eine apriorische Setzung".

Eine einfache Überlegung macht den Fehler deutlich, den die Vertreter der Markushypothese bei dem Vergleich der drei Evangelien begehen: *Sie ziehen vom Matthäus- und Lukasevangelium nur die Teile zum Vergleich heran, die im Markusevangelium eine inhaltliche Entsprechung haben, d.h., sie vergleichen die drei Evangelien erst vom Beginn des Markusevangeliums an. Dadurch wird diesem von vornherein eine Schlüsselposition verliehen. Das aber ist ein unzulässiger Vorgriff auf das Ergebnis.*

Aber selbst innerhalb des durch Beginn und Ende des Markusevangeliums gesetzten Umfanges kann man schon unter inhaltlich-thematischem Aspekt nicht einmal von einer durchgehenden stofflichen Gemeinsamkeit sprechen: Die Bergpredigt mit ihrer partiellen Entsprechung, der Feldrede des Lukas, sowie die Hauptmannsperikope, die Täuferfrage, die Täuferrede Jesu, die Reden des Täufers selbst bilden doch alle miteinander klare Durchbrechungen des Markusfadens, ganz abgesehen davon, daß der große Lukanische Reisebericht überhaupt nicht mehr in einen durchgehenden Erzählungsfaden einzufügen ist. Von diesem Aspekt aus sagt Bruno Bauer hiervon mit Recht:
„Sechs Kapitel wirkt Jesus in Galiläa, neun Kapitel hindurch reist er nach Jerusalem" (Synoptiker Bd. 3 S. 85).

Das charakterisiert in der Tat treffend die ungeheure Diskrepanz in der Akoluthie zwischen Markus und Lukas.

Der schwere, ja entscheidende Fehler der Markusanhänger besteht nun darin, daß sie auch dieses im Rahmen des Markusaufrisses stehende, aber im Markusevangelium selbst nicht enthaltene Gut der beiden anderen Synoptiker aus dem „Vergleichsmaterial" ausklammern, indem sie von vornherein behaupten – ohne einen Beweis dafür erbringen zu können –, es sei von Matthäus bzw. Lukas in den Markusstoff und -rahmen eingefügt worden. Nur von dieser unbewiesenen Voraussetzung aus kann Holtzmann behaupten:
„Nimmt man aber die Reihenfolge der einzelnen Erzählungen bei Markus und stellt die bei Matthäus zur einen, die bei Lukas zur andern, so kann man Schritt für Schritt nachweisen, daß jeder der beiden andern eben diese Reihenfolge als die ursprüngliche voraussetzt" (Einleitung N.T. 1855 S. 359).

Nun, so ganz mit leichter Hand geht es doch wohl nicht. Denn der einzige, der hier die Reihenfolge des Markus als die ursprüngliche voraussetzt, ist Holtzmann. Er begeht dabei eine geradezu klassische Petitio principii: die Behauptung, die erst noch bewiesen werden soll, wird bereits als bewiesen vorausgesetzt und von ihm als Beweismittel herangezogen. Und nur so kann er behaupten, wie eingangs erwähnt (s. o. S. 125):

„Wie von selbst setzen sich namentlich die Abschnitte des Matthäus, wenn man sie aus der nachträglich aufgeprägten Sachordnung löst, alsbald wieder in eine geschichtliche Ordnung um, die sich mit derjenigen bei Markus deckt."

Aber auch hier muß man wieder entgegnen: Nicht das geringste setzt sich „wie von selbst" wieder in die Ordnung des Markus um – es ist Holtzmann, der es tut. Denn woher weiß er, welches die „nachträglich aufgeprägte Sachordnung" bei Matthäus und Lukas ist, aus der man sie wieder zu „lösen" hat? Das eben muß doch zunächst einmal *bewiesen* werden. Da aber Holtzmann das nicht vermag und einen solchen Beweis nicht erbringt, setzt er seine Behauptung als bewiesen voraus, obgleich sich die Sachordnung weder des Matthäus noch des Lukas in der vorliegenden Form mit der des Markus deckt.

Und wieso kann sie sich denn überhaupt wieder in eine „geschichtliche Ordnung umsetzen, die sich mit der des Markus deckt"? Nun, man braucht aus den Evangelien des Matthäus und Lukas nur diejenigen Teile zu streichen, die im Markus keine Entsprechung haben, und die verbleibenden nur nach der Ordnung des Markus, der bald mit Matthäus, bald mit Lukas parallel geht, umzugruppieren, dann setzen sie sich allerdings in eine geschichtliche Ordnung um, die sich mit der des Markus deckt – aber nicht „wie von selbst"!

Man muß unter diesem Aspekt einmal die Behauptung Bornkamms in der RGG³ betrachten: „Markus ließe sich, wenn wir ihn nicht besäßen, in seinen Grundzügen aus den beiden anderen rekonstruieren" (Bd. II S. 755). Dem Forscher, der das ohne Kenntnis des Markusevangeliums fertig brächte, müßte man ein monumentum aere perennius setzen. Denn diese Rekonstruktion ist allerdings nicht anders möglich, als daß man die Kenntnis des Markusevangeliums voraussetzt. Wenn man das nicht tut, ließe sich ein anderes Evangelium, auch in seinen „Grundzügen", ja nur rekonstruieren aufgrund des gemeinsamen Gutes des ersten und dritten Evangelisten. Dann würde die Rekonstruktion folgendes ergeben, das Markus nicht hat: eine Vorgeschichte, ein Evangelium infantiae, eine Genealogie, eine Nachgeschichte, die Christophanien sowie eine Bergpredigt und das ganze übrige gemeinsame Parallelgut des Matthäus und Lukas – jedoch von dem Besitzstand des Markus nur diejenigen Perikopen, die er mit *beiden* anderen Synoptikern gemeinsam hat, aber nicht diejenigen, in denen er nur mit *einem* von beiden parallel geht. Denn woher sollte der Restaurator ohne Kenntnis des Markusevangeliums wissen, daß dieses den Bericht von der Enthauptung des Täufers nur mit Matthäus gemeinsam hat, die Perikope „Der fremde Geisterbanner" aber nur mit Lukas? Oder, anders herum gesehen: daß diese Lukasperikope bei Markus eine

Parallele hat, der Jüngling zu Nain dagegen nicht? Das Entsprechende gilt vom Scherflein der Witwe. Dagegen würde das Gleichnis von den anvertrauten Minen, das Matthäus und Lukas beide enthalten, ohne daß es eine Entsprechung bei Markus fände, sich auf jeden Fall in dem aus jenen beiden Evangelien rekonstruierten Markusevangelium anfinden müssen.

Man sieht, die ganze Argumentation, daß das Markusevangelium sich als gemeinsamer Erzählungsfaden im Matthäus und Lukas fände, so daß diese beiden sich „wie von selbst" zu der Ordnung des Markus zusammensetzen, beruht auf einer vorgefaßten Meinung und wird durch keine Realitäten gedeckt oder gestützt. Die Wahrheit ist vielmehr: *Es gibt keinen durchgehenden faktischen oder auch nur rekonstruierbaren gemeinsamen Erzählungsfaden.* Was gibt es dann? *Es gibt nur wechselnde Parallelitäten zwischen Markus auf der einen Seite sowie Matthäus und Lukas auf der anderen – bald mit diesem, bald mit jenem.*

Das Besondere, Charakteristische und mithin Entscheidende dabei ist nun folgendes gesetzmäßige Faktum: Sofern nicht zeitweilig *alle* drei Synoptiker übereinstimmen oder Markus ein Sondergut hat (wie bei seinen beiden Heilungswundern am Taubstummen bzw. Blinden zu Bethsaida), *alternieren Matthäus und Lukas in der Parallelität mit dem Markusevangelium, d.h. im gleichen Augenblick, in dem die Parallelität des einen dieser beiden Evangelisten mit Markus aussetzt, setzt die des andern mit Markus ein.* Markus ist also immer – nun was? Der *„Begleitete"*, wie Wilke behauptete, oder ist er der *Begleitende*? Im ersten Falle läge die Intiative dazu bei Matthäus und Lukas – im zweiten dagegen bei Markus. Anders ausgedrückt: Dort besäße Markus die Priorität – hier die Posteriorität. Und drittens: der „begleitete" Markus wäre die Vorlage des Matthäus und Lukas gewesen – der „begleitende" Markus dagegen hätte diese beiden als Quellen benutzt.

Gesetzt den Fall, Markus wäre tatsächlich der Begleitete, wie die Markusvertreter behaupten, wie wäre dann die alternierende Begleitung des Matthäus und Lukas zu erklären? Beide haben nach übereinstimmender Ansicht der Anhänger der Markushypothese unabhängig und ohne Kenntnis voneinander den Markus als Vorlage vor sich liegen gehabt und sich seiner bedient. Wie also kommt nun dieser rhythmische Wechsel in der „Begleitung" des Markus zustande? Ist er überhaupt zu erklären?

Er ist gänzlich unerklärbar – es sei denn durch einen transzendenten Kontakt ... *Welch mysteriöses Einvernehmen müßte hier vorgelegen haben, daß Lukas genau wüßte, wann Matthäus aufhörte, den Markus zu begleiten, und dann im selben Moment von sich aus einspränge, um an seiner Statt die Begleitung zu übernehmen, bis nach einiger Zeit er seinerseits wieder aufhörte und Matthäus an seine Stelle träte, und so fort in stetem Wechsel durch das ganze Markusevangelium hindurch* von Anfang bis zu Ende. Durch welche *Magie des Geschehens* sollte dieser Rollenwechsel in mehrfach wiederholtem Vorgang und dabei noch in ungleichmäßiger Reihenfolge und Länge veranlaßt worden sein? Und *aus welchem geradezu änigmatischen Einvernehmen* müßten der erste und der dritte Evangelist, wiewohl ohne Kenntnis voneinander, gespürt haben, wann der andere von der Erzählungsfolge des Markus zurücktrat, und durch welchen unheimlichen parapsychischen Kontaktvorgang sollten sie jeweils den magischen Anstoß bekommen haben, daß es nun an ihnen selbst sei, die Begleitung des Markus wieder aufzunehmen? Diese ganze Vorstellung ist – nun, sagen wir einmal: wenig glaubwürdig.

Es bleibt also nur die andere Möglichkeit – und es ist die einzige, die Sinn und Verstand hat –, daß Markus die Evangelien des Matthäus und Lukas als seine Vorlagen in freier Weise auswählend bearbeitet hat und sich dabei bald der Erzählungsfolge des einen und bald der des anderen anschloß oder – sofern diese konform gingen – beiden gleichzeitig.

Dieser zeitweiligen Übereinstimmung aller drei Synoptiker in der Erzählungsfolge und in der Thematik hat nun Christian Hermann Weiße in seinem „Akoluthiebeweis" eine zentrale Funktion verliehen und sie geradezu zum Herzstück seiner Argumentation gemacht. Seitdem gilt der „Weißesche Kanon" als die Hauptstütze der Markushypothese. Er lautet:

„Auch in jenen Partien, welche alle drei Synoptiker gemeinschaftlich haben, *ist die Einstimmung der beiden andern immer eine durch Markus vermittelte:* d.h. die beiden andern stimmen in diesen Partien, sowohl was die Anordnung im Ganzen als was die Wortfügung im Einzelnen betrifft, immer nur soweit unter sich zusammen, als sie auch mit Markus zusammenstimmen; sooft sie aber von Markus abweichen, weichen sie (einige unbedeutende Weglassungen ausgenommen, wo das Zusammentreffen als zufällig angesehen werden kann) jederzeit auch gegenseitig von einander ab" (Evangelienfrage S. 72 f; Hvhbg. v. Vf.).

Wir sehen im Augenblick davon ab, daß Weißes Kanon offenbar nicht ganz aufgeht, so daß er sich mit der Geringfügigkeit der Ausnahmen und dem „General Zufall" herausreden muß, und beschränken uns auf den sachlichen Gehalt seines Kanons, seine Hauptregel. Sie besagt: Matthäus und Lukas stimmen immer nur so weit miteinander überein, als sie gleichzeitig auch mit Markus übereinstimmen; folglich, sagt Weiße, ist ihre Übereinstimmung „immer eine durch Markus vermittelte".

Hier liegt ein schwerer logischer Elementarfehler des Philosophieprofessors Christian Hermann Weiße vor. Denn wenn alle drei Synoptiker miteinander übereinstimmen, so ist der Schluß in keiner Weise zwingend, daß die Übereinstimmung der beiden andern „immer eine durch Markus vermittelte" sei. Das zeigt bereits die einfache Tatsache, daß man den Schluß genau so gut umkehren könnte: Markus stimmt mit Matthäus und Lukas gleichzeitig immer nur so weit überein, als diese beiden untereinander übereinstimmen; soweit sie aber nicht miteinander übereinstimmen, stimmt Markus auch nicht gleichzeitig mit beiden überein. Folglich ist die Übereinstimmung des Markus mit diesen beiden immer erst durch die Übereinstimmung dieser beiden untereinander vermittelt.

Die Tatsache, daß der zweite Schluß sich nach dem Schlußverfahren Weißes genausogut durchführen läßt, zeigt, daß Weißes Schlußfolgerung falsch ist. Sie ist deshalb falsch, weil sie nicht zwingend ist.

Einer der wenigen, der diesen logischen Elementarfehler richtig erkannt hat, ist B.C.Butler, „Abbot of Downside", in seinem Buch „The Original- ity of St.Matthew. A Critique of the Two-Document-Hypothesis" 1951: „The argument conceals a school-boyish error of elementary reasoning at the very base of the Two-Document-Hypothesis" (S.63). Das ist ein absolut berechtigter Einwand. Es handelt sich hier in der Tat um einen schuljungenhaften Fehlschluß. Wie falsch die Argumentation Weißes aber ist, zeigt Butler an einem amüsanten Beispiel, das er dem Buch von E.A. Abbott „The fourfold Gospel" entnimmt (sect. 1 p.2):

„Matthew and Luke are in the position of two schoolboys, Primus and Tertius, seated on the same form, between whom sits another, Secundus (Mark). All three are writing (we will suppose) a narrative of the same event ... Primus and Tertius copy largely from Secundus. Occasionally the two copy the same words; then we have agreement of three writers. At other time Primus (Matthew) copies what Tertius (Luke) does not ... At others, Tertius (Luke) copies what Primus (Matthew) does not ... But Primus and Tertius cannot look over another's shoulders, and hence agreement of them ‚against' Secundus is only by accident. *As the same results (exactly) will follow, if Secundus copied from Primus (or Tertius) and was himwelf copied by Tertius (or Primus),* we must hope that Abbott, who was headmaster of a famous school, is not illustrating from real life" (S.66).

Das Entscheidende ist der letzte Satz, daß genau das gleiche Resultat sich ergeben würde, wenn der Secundus (Markus) von dem Primus (Mat- thäus) und Tertius (Lukas) abgeschrieben hätte, als diese beiden von ihm.

Um nun Weißes Fehlschluß, der sich so ungemein folgenreich auf die ganze weitere Entwicklung der Markushypothese ausgewirkt hat, in seiner vollen Ausdehnung und Tragweite erscheinen zu lassen, ist es zweckmäßig, einmal rein theoretisch die logischen Möglichkeiten darzustellen, die sich bei Weißes Prämissen ergeben. Bereits Butler hatte erkannt: „We are left with three possible ‚relations' of the problem of the ‚triple tradition' and none of them is more probable than the other, on the evidence so far pre- sented" (S.66). Aber auch das ist noch keineswegs zu Ende gedacht. Wir stellen im folgenden die theoretischen Gesamtmöglichkeiten dem Butlerschen Schema der „possible relations" gegenüber:

Butler:

1) Matthew	2) Mark	3) Luke
Mark	Matthew Luke	Mark
Luke		Matthew

Tatsächliche Möglichkeiten:

I. *Ohne Quelle:*

Matthäus, Markus und Lukas sind ohne Vermittlung, also unabhängig und ohne Kenntnis voneinander, zur Übereinstimmung gelangt.

II. *Benutzung einer vorevangelischen Quelle:*

1) Alle drei haben die gleiche vorevangelische Quelle benutzt.

2) Zwei haben die gleiche vorevangelische Quelle (= Q) benutzt, der dritte hat die *beiden* andern Evangelien benutzt:

   a) Mt und Lk benutzen Q,
      Mk den Mt und Lk,

   b) Mt und Mk benutzen Q,
      Lk den Mt und Mk,

   c) Mk und Lk benutzen Q,
      Mt den Mk und Lk.

3) Zwei haben die gleiche vorevangelische Quelle benutzt, der dritte hat nur eines der beiden andern Evangelien benutzt:

   a) Mt und Mk benutzen Q,
      Lk benutzt aa) den Mt, ab) den Mk,

   b) Mt und Lk benutzen Q,
      Mk benutzt ba) Mt, bb) Lk,

   c) Mk und Lk benutzen Q,
      Mt benutzt ca) Mk, cb) Lk.

4) Ein Evangelist hat *eine* vorevangelische Quelle benutzt, die beiden andern haben dieses Evangelium benutzt:

   a) Mt benutzt Q,
      Mk und Lk benutzen Mt,

   b) Mk benutzt Q,
      Mt und Lk benutzen Mk,

   c) Lk benutzt Q,
      Mt und Mk benutzen Lk.

5) Ein Evangelist benutzt Q, der zweite benutzt den ersten, der dritte den zweiten:

   a) Mt benutzt Q,
      aa) Mk den Mt, Lk den Mk,
      ab) Lk den Mt, Mk den Lk,

134

b) Mk benutzt Q,
    ba) Mt den Mk, Lk den Mt,
    bb) Lk den Mk, Mt den Lk,
c) Lk benutzt Q,
    ca) Mt den Lk, Mk den Mt,
    cb) Mk den Lk, Mt den Mk.

III. *Interne Benutzung der Evangelisten ohne eine vorevangelische Quelle:*

1) *Ein* Evangelium ist Originalschöpfung, die beiden andern benutzen dieses Evangelium:
   a) Mt ist original,
      Mk und Lk benutzen Mt.
   b) Mk ist original,
      Mt und Lk benutzen Mk,
   c) Lk ist original,
      Mt und Mk benutzen Lk.

2) Ein Evangelium ist Originalschöpfung, der zweite Evangelist benutzt den ersten, der dritte den zweiten:
   a) Mt ist Originalschöpfung,
      aa) Mk benutzt den Mt, Lk den Mk,
      ab) Lk benutzt den Mt, Mk den Lk,
   b) Mk ist Originalschöpfung,
      ba) Mt benutzt den Mk, Lk den Mt,
      bb) Lk benutzt den Mk, Mt den Lk,
   c) Lk ist Originalschöpfung,
      ca) Mt benutzt den Lk, Mk den Mt,
      cb) Mk benutzt den Lk, Mt den Mk.

3) Zwei Evangelien sind Originalschöpfungen und unabhängig voneinander zur Übereinstimmung gelangt; der dritte benutzt die beiden andern:
   a) Mt und Mk stimmen original überein,
      Lk benutzt Mt und Mk,
   b) Mt und Lk stimmen original überein,
      Mk benutzt Mt und Lk,
   c) Mk und Lk stimmen original überein,
      Mt benutzt Mk und Lk.

4) Zwei Evangelien stimmen original überein, der dritte benutzt eines der beiden:
   a) Mt und Lk stimmen original überein,
      aa) Lk benutzt Mt,
      ab) Lk benutzt Mk,

b) Mt und Lk stimmen original überein,
   ba) Mk benutzt Mt,
   bb) Mk benutzt Lk,
c) Mk und Lk stimmen original überein,
   ca) Mt benutzt Mk,
   cb) Mt benutzt Lk.

Schematisch dargestellt, sieht es dann folgendermaßen aus, aufgewiesen am Beispiel des Matthäus:

Matthäus

1) kein anderes Evangelium benutzt
2) *ein* anderes Evangelium benutzt:

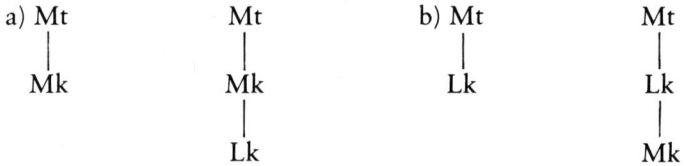

3) *Zwei* andere Evangelien benutzt:

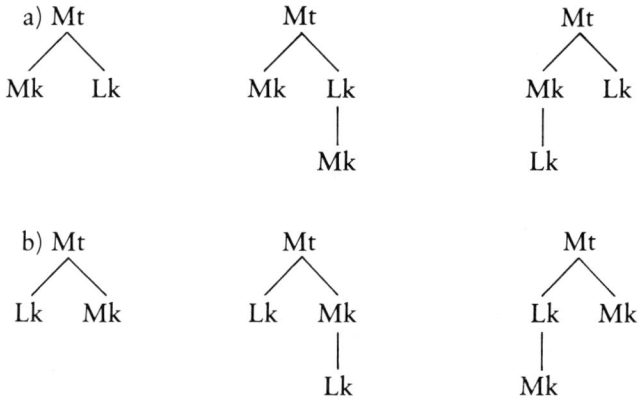

Für jeden Synoptiker sind elf Fälle möglich, insgesamt *dreiunddreißig*. Christian Hermann Weiße aber sieht lediglich die Möglichkeit III 1b als gegeben an: Markus ist Originalschöpfung; Matthäus und Lukas benutzen den Markus.

Das Schlimme dabei ist, daß er diesen einen von dreiunddreißig theoretisch möglichen Fällen für logisch zwingend erklärt und damit die Markushypothese als bewiesen ansieht. Noch schlimmer ist es, daß die Forschung – mit wenigen Ausnahmen – ihm diesen elementaren Fehlschluß abgenommen hat. Wie hatte Holtzmann noch gesagt? „Auf diesem Punkte liegt recht eigentlich die Stärke der Markushypothese: hier ist sie niemals erschüttert, geschweige denn widerlegt worden" (s. o. S. 125).

Hier ist nun im Rahmen des Akoluthiebeweises noch ein grundlegender forschungsgeschichtlicher Irrtum – genauer gesagt: eine Irreführung – klarzustellen und zu berichtigen, die seit Christian Hermann Weiße, durch ihn veranlaßt, die gesamte Geschichte der Markushypothese durchzieht. Wie erinnerlich, hatte Weiße bei seiner Fundierung der Zweiquellentheorie unberechtigterweise die Autorität Schleiermachers dafür in Anspruch genommen, daß auch Lukas die von Papias erwähnte Logiensammlung des Matthäus benutzt haben müsse. Es sei nicht zu zweifeln, hatte er gesagt, daß „der berühmte Theolog" selbst von seiner entgegenstehenden Meinung abgekommen wäre und „bei genauerer Prüfung" zugestanden hätte, was er jetzt „noch in Abrede stellt, daß auch Lukas diese Sammlung, sei es unmittelbar oder mittelbar, benutzt haben muß" (Evangelische Geschichte Bd. I S. 84). Eine genau entsprechende wissenschaftliche Verfälschung wie an Schleiermacher führt Weiße nun auch an *Lachmann* durch, um dessen wissenschaftliche Autorität für seine *eigene Fundierung der Markuspriorität in Anspruch zu nehmen*, so wie er es vorher bei Schleiermacher hinsichtlich der Benutzung der Logienschrift durch Lukas getan hatte.

Es handelt sich dabei um folgendes: Wie oben erwähnt, hatte Lachmann in seiner Abhandlung „De ordine narrationum in evangeliis synopticis" die Erzählungsfolge in den drei ersten Evangelien zum alleinigen Gegenstand seiner Untersuchung gemacht: „placet mihi nunc nihil nisi ordinem considerare".

Er gelangte dabei zu der Feststellung, daß die Abweichung in der Akoluthie nicht so groß ist, wie es den meisten erscheint. Am größten sei sie, wenn man alle drei miteinander oder Lukas mit Matthäus vergleicht, am geringsten, wenn man Markus mit jedem der beiden andern für sich in Parallele setzt – „sed narrationum evangelicarum ordinis non tanta est quanta plerisque videtur diversitas; maxima sane si aut hos scriptores eadem complexione omnes aut Lucan cum Matthaeo composueris, exigua si Marcum cum utroque seorsum" (S. 574).

Dies sucht nun Lachmann im einzelnen durchzuführen, und zwar, wie oben gezeigt, zunächst am Beispiel des Matthäus im Vergleichsstück Mk 1, 21–6, 13: Mt 4, 24–13, 58. Nach Aufweis der Divergenzen fragt Lachmann nach einer Erklärung hierfür und sieht sie gegeben in der These, die Schleiermacher in seiner Schrift „Über die Zeugnisse des Papias" vertreten hatte, daß den *Grundstock* des ersten Evangeliums die von Papias erwähnte Logiensammlung des Matthäus gebildet habe, in die dann später von anderer Seite Erzählungsstoffe eingefügt worden seien.

Desgleichen untersucht er nun die Abweichungen im Ordo zwischen Lukas und Markus („est mirabilis quaedam rerum ac verborum discrepantia"). Als Grund für die Divergenzen sieht er teils eine mögliche Sonderquelle des Lukas an, teils besondere Erwägungen, die Lukas dazu veranlaßt hätten.

Und jetzt stellt Lachmann die Frage nach den Schlußfolgerungen, die sich aus den Abweichungen des Matthäus und Lukas von der Erzählungsfolge bei Markus trotz sonst bestehender hoher Übereinstimmung ergeben. *Seine Antwort ist im Hinblick auf die Markushypothese von entscheidender Bedeutung:*

„Si in hoc summo consensu tamen illos Marci exemplum quod imitarentur propositum non habuisse manifestum est, quid superest nisi ut illum quem omnes velut sibi praescriptum sequuntur ordinem, prius quam ipsi scriberent, auctoritate ac traditione quadam evangelica constitutum et confirmatum fuisse dicamus?"

Das heißt: „Wenn es *offensichtlich* ist, daß jene (scil. *Matthäus und Lukas*) trotz dieser sehr hohen Übereinstimmung dennoch *kein Exemplar des Markus, das sie nachahmten, als Vorlage gehabt haben*, welche andere Annahme bleibt dann noch übrig, als daß *jene Akoluthie, der sie alle (drei) folgen, als wenn sie ihnen vorgeschrieben wäre, bereits* vor *ihrer eigenen schriftstellerischen Tätigkeit durch die evangelische Tradition autoritativ und definitiv festgelegt worden ist?"*

Wir stellen hiernach fest: *Lachmann schließt eine Benutzung des Markusevangeliums durch Matthäus und Lukas ausdrücklich aus und nimmt statt dessen eine vorevangelische, autoritativ durch die Tradition festgelegte Ordnung der Erzählungsfolge an.*

Ob diese den Evangelisten in schriftlicher Form vorgelegen habe oder durch mündliche Lehrgewöhnung übermittelt worden sei, das wolle er im Augenblick nicht untersuchen, um nicht von der Sache abzuschweifen:

„Is autem ordo utrum scripto evangelistis monstratus fuerit, an docendi et audiendi quadam iam certa consuetudine comparatus, ne aliena causa tractanda meae officiam, nunc quidem non definire satius duco" (S. 582).

Es genüge ihm, wenn man erkenne, daß die evangelische Geschichte nicht sicherer aus dem Zeugnis dreier Evangelisten erforscht werden könne, als wenn ein einziger und zwar unbekannter Autor bezeugt wäre. *Es komme ihm nicht so sehr darauf an, festzustellen, wer der erste Verfasser jener Erzählungsfolge gewesen sei,* als vielmehr zu erkennen, welche Beschaffenheit und welche Disposition sie gehabt habe. Niemand werde glauben, daß dieses ganze „Corpus historiae evangelicae" mit einem Male durch einen einmaligen Geburtsakt – „uno quasi partu" – vollständig mit seinen einzelnen Teilen zur Welt gekommen sei. Vielmehr deuteten verschiedene Anzeichen darauf hin, daß zunächst einige kleinere „corpora historiarum" entstanden seien, die vermutlich von verschiedenen Autoren stammten und dann später durch ein gemeinsames Band verknüpft wurden. *Solche „historiae evangelicae quasi corpuscula" seien von unseren Evangelisten benutzt worden.* Wieviele es gegeben habe und welches ihr Inhalt gewesen sei, glaube er ziemlich genau aufweisen zu können. Er stellt nun im ganzen sechs solcher Corpuscula fest – nicht fünf, wie man üblicherweise liest. Das bedeutet: Lachmanns Begriff der Corpuscula stellt nichts anderes dar als ein modifiziertes lateinisches Äquivalent zu Schleiermachers „Diegesen" = kleineren vorevangelischen Erzählungseinheiten.

Von diesen sechs „historiae evangelicae quasi corpuscula" sind nach Lachmann die ersten fünf relativ am reinsten im Markusevangelium enthalten, doch habe Markus zeitweilig eine geringere Überlieferung gehabt oder kleinere Teile bewußt übergangen, andererseits aber auch eine gewisse Sonderüberlieferung; so gehöre der Bericht über die beiden Heilungswunder des Markus (7,32–37 sowie 8,22–26) nicht in den Berichtszusammenhang eines der „corpuscula". Im ganzen scheine er nicht viel ausgelassen zu haben, wenn man davon absehe, daß sein Evangelium unvollendet mit 16,8 schließt, sowie außer dem sechsten Corpusculum, das den „Lukanischen Reisebericht" umfaßt.

Matthäus und Lukas dagegen wichen durch Zusätze und Auslassungen voneinander ab, teils hätten sie „traiectiones" vorgenommen, d.h. Textversetzungen vom zugehörigen Ort in einen anderen Berichtszusammenhang. Das Gleichnis von den anvertrauten Talenten, das Matthäus in die Rede vom Jüngsten Gericht gesetzt habe, das Lukas aber von Jesus in Jericho bei Zacchäus verkündet werden läßt, sei in so stark voneinander abweichenden Fassungen überliefert, daß es nicht aus der allgemeinen Tradition stammen könne, sondern von beiden Evangelisten nach verschiedenen Autoren wiedergegeben sein müsse. Auch sei bemerkenswert, daß Lukas hier (19,8) Jesus mit „Kyrios" bezeichnet; das tue er aber nur an den Stellen, die er abweichend von der allgemeinen Tradition hat.

So weit Lachmann. Das Ergebnis ist folgendes: Von einer Begründung der Markushypothese durch Lachmann kann überhaupt keine Rede sein und von einer solchen durch einen Ordo-Beweis schon gar nicht. Er sagt nirgends und mit keinem Wort, daß Markus die Vorlage des Matthäus und Lukas gebildet habe, im Gegenteil: Er schließt diese Möglichkeit ausdrücklich aus („Si in hoc summo consensu tamen illos Marci exemplum quod imitarentur propositum non habuisse manifestum est"). Ebensowenig behauptet er auch nur im geringsten, daß die Erzählungsfolge des ersten und dritten Evangelisten durch das Markusevangelium gegeben sei. Er nimmt vielmehr ein vorevangelisches Stadium an, in dem die Akoluthie autoritativ aufgrund der Tradition festgesetzt wurde – nicht nur für Matthäus und Lukas, sondern auch für Markus, d.h. vor Beginn ihrer eigenen schriftstellerischen Tätigkeit („prius quam ipsi scriberent"). Dabei sei

diese ursprüngliche Erzählungsfolge relativ am reinsten im Markusevan-
gelium enthalten – er sagt nicht: damit identisch.

Durch diese Ansicht Lachmanns gewinnt nun allerdings das Markusevangelium für ihn ein ganz anderes Gewicht, als es bis dahin besessen
hatte. Und das ist nun der eigentliche Zweck, den Lachmann mit seiner
Abhandlung verfolgte:

„Praeterea harmoniarum, quas hodie synopses dicere malunt, conditores,
quibus ordinis et consecutionis diversitas maxime adferre solet incom-
moda, in negotio suo faciendo ne Marci auctoritatem nimis contemnere
velint, fortasse non inutiliter commonuero."

Und das heißt: „Außerdem hoffe ich, die Verfasser der Synopsen, wie
man diese heute vorzugsweise anstatt Harmonien nennt, nicht vergeblich
zu ermahnen, bei ihrer Aufgabe, bei der ihnen die großen Abweichungen
in der Erzählungsfolge so viel zu schaffen machen, keinesfalls das Gewicht
des Markusevangeliums zu unterschätzen."

Man erkennt unschwer, gegen wen Lachmann sich hier wendet: gegen
Griesbach und, wenn man noch weiter bis ganz zum Anfang der Evange-
lienforschung zurückgehen will, gegen Augustinus, der in seiner Abhand-
lung „De consensu evangelistarum" erklärt hatte: „Marcus eum (scil.
Matthaeum) subsecutus tamquam pedissequus et breviator eius videtur"
(Bd. I S. 2).

Was man also im Sinne der Markushypothese über Lachmanns Schrift
„De ordine narrationum in evangeliis synopticis" sagen kann, ist dies, daß
er vor einer Unterbewertung des Markus in der Evangelienforschung
warnt. *Was man aber in keiner Weise behaupten kann, ist, daß er durch
einen Akoluthiebeweis die Markushypothese begründet habe.*

Nur drei Jahre nach Lachmanns Abhandlung gab Christian Hermann
Weiße seine „Evangelische Geschichte" heraus (1838), und sofort nimmt
er dessen Autorität für seine Zweiquellentheorie in Anspruch, genau so
wie er es mit Schleiermacher getan, biegt dabei aber gleichzeitig die Forschungsergebnisse dieser beiden in seinem Sinne um. Er gibt auch hier zunächst Lachmanns Grundgedanken im Prinzip richtig wieder und erlaubt
sich dann, *für ihn zu denken,* wie wenn ein väterlich mahnender, aber
ernstlich Richtung weisender Lehrer einem zur Vollkommenheit noch
einiger Stufen ermangelnden Schüler eine mit einer Captatio benevolentiae
verbundene Admonition erteilt:

„Nichtsdestoweniger wird der scharfsinnige Philolog, welcher die allerdings von diesen Voraussetzungen aus gewonnenen Aufschlüsse so glücklich weitergeführt hat, nicht verkennen, wie, solange er jene Brücken, die
ihn dahin, wo er jetzt steht, geführt haben, nicht hinter sich abzubrechen
kühn genug ist, er noch keineswegs auf dem Boden, den er bereits einge-
nommen hat oder einzunehmen im Begriff ist, festzustehen vertrauen darf"
(Evangelische Geschichte Bd. I S. 40).

Lachmann hielt es für unter seiner Würde, auf diese unberechtigte wissenschaftliche Inanspruchnahme und die unerbetene Belehrung zu reagieren – denn wer war schon Christian Hermann Weiße im Vergleich zum großen Lachmann?

In seiner zweiten Schrift zur Evangelienfrage nahm Weiße aber noch einmal dessen Autorität für sich in Anspruch und ging dabei noch einen beträchtlichen Schritt weiter als vorher – er konnte es sich erlauben; Lachmann war inzwischen verstorben. Dabei steigerte Weiße dessen wissenschaftliche Bedeutung noch um ein beträchtliches – er selbst war ja der Nutznießer davon, da er es offensichtlich noch besser wußte als Lachmann. Wir bringen dabei das Zitat in voller Länge, da Weißes Lachmann-Verfälschung, wie wir zeigen werden, eine weitreichende, unheilvolle Nachwirkung gehabt hat:

„Unmittelbar anschließend an die Entdeckung Schleiermachers … schlug zuerst Lachmann in einer lateinischen Abhandlung 1835, welche von den in mehreren philologischen Gebieten und bekanntlich auch in dem neutestamentlichen, so vielfach bewährten Eigenschaften dieses berühmten Gelehrten, kritischem Scharfblick und maßvoller, kaltblütiger Vorsicht eines der glänzendsten Zeugnisse ablegt, aber, eine einzige Ausnahme abgerechnet (scil. C. H. Weiße selbst), in der gegenwärtigen Theologie bis jetzt gar keine Beachtung gefunden hat, den Weg ein, welcher, vorurteilslos und mit ruhiger Besonnenheit verfolgt, zu dieser zweiten Entdeckung führen mußte. Ausgehend nämlich von der so natürlich auf diesem Standpunkte sich darbietenden Frage, in welcher Weise die apostolische Spruchsammlung von den Verfassern der kanonischen Evangelien benutzt worden sei, *ward er einen durch alle drei synoptischen Evangelien gleichmäßig sich hindurchziehenden Faden der Erzählung gewahr,* welcher bei Markus sich einfach darstellt, während er in dem ersten und dritten Evangelium durch dazwischen eingeschobene Erzählungsstücke unterbrochen ist. Da der Inhalt dieser Stücke überall wesentlich nur in Reden und Lehraussprüchen des Herrn besteht und da er nach Lachmanns eigener Bemerkung zugleich mehrfach im einzelnen auf eine Weise verändert ist, welche sich fast allenthalben durch die Rücksicht auf jene voraussetzlich aus der Spruchsammlung aufgenommenen und eingeschalteten Bestandteile vollkommen genügend erklären läßt, so hätte gleich anfangs die Vermutung nahe gelegen, die sich bald darauf in so natürlicher Weise daran geknüpft hat (scil. durch C. H. Weiße selbst). Lachmann seinerseits wagte jedoch bei seiner gewohnten Behutsamkeit noch nicht aus seinem Aperçu den Schluß zu ziehen, daß wirklich unser Markus den Verfassern der beiden andern Evangelien vorgelegen habe und von ihnen als Grundlage des Gewebes benutzt worden sei, in das sie, jeder von beiden in eigentümlicher Weise, die Reden der Spruchsammlung und daneben allerdings auch noch andere, aus verschiedenartigen Quellen geschöpfte Erzählungsstücke eingetragen haben" (Evangelienfrage S. 81 f).

Diese ganze Auslassung Weißes stellt eine wissenschaftlich unsaubere und unzulässige Art der Argumentation dar und enthält zudem eine *Verfälschung* dessen, was Lachmann gesagt hat. Bereits oben haben wir gesehen, wie Weiße in der gleichen, ja noch schlimmeren Weise sich auf die Autorität Schleiermachers berief und dann diesem ebenfalls seine eigene Ansicht unterschob. Genau entsprechend macht er es hier. Denn wenn Weiße schreibt: „ward er einen durch alle drei synoptischen Evangelien gleichmäßig sich hindurchziehenden Faden der Erzählung gewahr", so fragt man sich erstaunt, wo Lachmann das sagt. Das ist die erste Verfälschung Lachmanns durch Weiße.

Die zweite ist noch schlimmer: Weiße behauptet nämlich, Lachmann sei diesen „durch alle drei synoptischen Evangelien gleichmäßig sich hindurchziehenden Faden der Erzählung" gewahr geworden, „ausgehend nämlich von der so natürlich auf diesem Standpunkte sich darbietenden Frage, in welcher Weise die apostolische Spruchsammlung von den Verfassern der kanonischen Evangelien benutzt worden sei". Nun, davon kann bei Lachmann überhaupt keine Rede sein. Man sieht, wie Weiße ihm bereits den Standpunkt seiner Zweiquellentheorie unterschiebt. Lachmann stellt in keiner Weise die Frage, „in welcher Weise die apostolische Spruchsammlung von den Verfassern der kanonischen Evangelien benutzt worden sei", sondern er identifiziert sich expressis verbis mit der Auffassung Schleiermachers, daß die Logiensammlung des Matthäus, wie Papias sie erwähnt, den *Grundstock* des Matthäusevangeliums bildet, dem dann später von anderer Seite erzählende Stoffe eingewebt worden seien.

Und nun kommt noch eine dritte Verfälschung hinzu: Weiße sagt von dem Faden der Erzählung weiter, daß er „bei Markus sich einfach darstellt, während er in dem ersten und dritten Evangelium durch eingeschobene Erzählungsstücke unterbrochen ist", und fährt fort: „Da der Inhalt dieser Stücke überall *wesentlich nur in Reden und Lehraussprüchen des Herrn besteht* …" Nun, ein „Faden der Erzählung", der durch „dazwischen eingeschobene Erzählungsstücke unterbrochen ist", die dann ihrerseits „wesentlich nur in Reden und Lehraussprüchen des Herrn" bestehen, ist ein Unikum für sich. Aber sei es, wie es sei, es ist mit Händen zu greifen, daß Weiße die Schleiermachersche These, mit der Lachmann sich ausdrücklich identifiziert hatte, ins genaue Gegenteil verkehrt und sie nun Lachmann als dessen wissenschaftliche Meinung unterstellt. Während Schleiermacher erklärt hatte: „Der nur im Matthäusevangelium in der Form der Bergpredigt enthaltenen Logiensammlung sind später erzählende Stoffe hinzugefügt worden", soll nach Weiße Lachmann auf der Suche nach der Verarbeitung der Spruchsammlung in den anderen Evangelien festgestellt haben, daß alle drei Synoptiker einen durchgehenden gemeinsamen Erzählungsfaden hätten, der bei Markus in reiner Form erhalten sei, und in diesen hätten Matthäus und Lukas „Stücke" eingeschoben, die „überall wesentlich nur in Reden und Lehraussprüchen des Herrn bestanden".

Und nun steht die fertige Zweiquellentheorie da! Und wer ist ihr geistiger, durch höchste wissenschaftliche Autorität ausgezeichneter Vater? Scheinbar Lachmann – mit beträchtlicher „Einhilfe" von Christian Hermann Weiße...! Das ist die „Lachmann-fallacy". So nennt es der englische Forscher B. C. Butler (Two-Document-Hypothesis S. 63).

Diese Lachmann-Verfälschung Weißes hat weitreichende Nachwirkungen gezeitigt – bis auf den heutigen Tag. Nachdem Weiße Lachmann für die Markushypothese in Hinsicht auf den Beweis der gemeinsamen Erzählungsfolge in Anspruch genommen hatte, berief Holtzmann sich ebenfalls darauf und in gleicher Weise Albert Schweitzer (L. J.-Forsch. S. 90). Und 1905 beklagt Julius Wellhausen sich darüber, daß Lachmanns Verdienst um die Markushypothese häufig noch übersehen werde:

„Man begreift, daß Strauß seinerzeit auf ein breiteres Publikum gewirkt hat als Lachmann mit seinem Latein und seiner trockenen Übersicht; es fällt aber doch auf, daß dieser noch heute als *der eigentliche Begründer der Markushypothese* ignoriert wird" (Einleitung in die drei ersten Evangelien S. 43; Hvhbg. v. Vf.).

Sechsundzwanzig Jahre später ist Lachmanns Beweisgewicht zugunsten der Markushypothese und vor allem des Akoluthiebeweises bereits wieder erheblich gewachsen. In Jülicher/Faschers Einleitung heißt es 1931:

„Unsere erste These lautet: Markus ist eine Hauptquelle sowohl für Matthäus wie für Lukas gewesen. *Schon Lachmann hat 1835 einen Hauptbeweis hierfür aufgezeigt: den ordo narrationum evangelicarum. Dieser Beweis würde ganz allein genügen:* die Reihenfolge des Markus ist die ursprüngliche, nicht bloß, weil sie die einfachste ist und Matthäus wie Lukas, an ihr gemessen, eine künstliche, nicht selten gekünstelte Gruppierung bieten, sondern vor allem, weil Matthäus und Lukas sie im wesentlichen von Anfang bis Ende festhalten, nur daß sie – aber an verschiedenen Stellen wie Mt 5–7 und Lk 6, 20–8, 3; 9, 51–18, 14 – große Einschübe machen und daß sie hin und wieder, ihrer Disposition zuliebe, Umstellungen vornehmen" (S. 330; Hvhbg. v. Vf.).

Ob es nicht im wissenschaftlichen Interesse zweckmäßiger gewesen wäre, wenn Jülicher/Fascher Lachmanns „Hauptbeweis", der schon „ganz allein genügen" würde, die Markushypothese zu fundieren, einmal am Lachmannschen Urtext selbst überprüft hätten?

Wir gehen nochmals siebenundzwanzig Jahre weiter und sehen nach, was die letzte Auflage der RGG (1958) über Lachmanns Anteil an der Begründung der Markushypothese schreibt:

„Die bis heute in der Forschung zumeist vertretene Lösung des synoptischen Quellenproblems bahnte sich mit dem von C.*Lachmann* (!) 1835, Chr. G. Wilke 1838 und Chr. H. Weiße 1838 unabhängig voneinander überzeugend geführten Nachweis an, daß Markus das älteste Evangelium ist" (Bd I Sp. 754 Bornkamm).

Es zeigt sich somit, daß die angebliche Begründung der Markushypothese durch Lachmanns Ordo-Beweis dem berühmten Lessingschen Schneeball vergleichbar ist, der um so mehr anwächst, je länger man ihn rollt. Der Ausgangspunkt liegt bei Christian Hermann Weiße. An ihm bleibt das Peccatum originale voll haften.

Unser Ergebnis lautet kurz und bündig: Der Akoluthiebeweis für die Priorität des Markusevangeliums fällt in sich zusammen.

II. Der Beweis der Einheitlichkeit

Auf dem Akoluthiebeweis fußt der Einheitlichkeitsbeweis. Die Behauptung, daß Markus das älteste und erste Evangelium sei und somit die Priorität vor Matthäus und Lukas besitze, stützte sich nicht nur auf die „gemeinsame Erzählungsfolge", sondern wurde auch aus dem Faktum der Einheitlichkeit und Geschlossenheit des Markusevangeliums abgeleitet.

Schon Christian Hermann Weiße hatte erklärt: Das Markusevangelium ist „aus einer lebendigen Totalanschauung des Gegenstandes, aus einem im Geiste als Ganzes gegenwärtigen Bilde heraus entworfen und erweckt daher auch, allein unter allen Evangelien, schon bei einfacher, unbefangener Lektüre ein entsprechendes Gesamtbild seines Inhalts, während man aus den übrigen solches Bild erst herausstudieren muß" (Evangelische Geschichte Bd. I S. 67 f).

Noch deutlicher tritt diese Auffassung bei Heinrich Julius Holtzmann hervor. In den „Synoptischen Evangelien" erklärte er, von einer Priorität des Matthäusevangeliums könne schon deswegen keine Rede sein, weil vielmehr „Markus sich als Träger eines *geschlossenen* und ursprünglichen Zusammenhanges der synoptischen Tradition erweist, da bei ihm allein die Reihenfolge der einzelnen Momente eine sachgemäße ist und aus ihm allein die Abweichungen der beiden andern sich erklären" (S. 56).

Dies ergänzte Holtzmann in seiner „Einleitung in das Neue Testament" (1885) noch dahin, „daß auch der erzählte Gegenstand in diesem zweiten Evangelium in seinen einfachsten Grundformen vor unsere Augen tritt. Denn in der Tat lassen sich die großen Wendungen und Epochen der galiläischen Wirksamkeit Jesu nur aus Markus mit Klarheit nachweisen; in dieser Beziehung stellt Markus allein noch *eine durch das Ganze gehende Einheit* des geschichtlichen Verlaufes dar, und hat sich der gemeinsame Faden aller synoptischen Berichte bei ihm noch in naturgemäßer Aufeinanderfolge seiner einzelnen Knotenpunkte erhalten. Nur hier ist noch der stetige Fortschritt wahrnehmbar, welcher zur endlichen Entfaltung der messianischen Fahne geführt hat" (S. 347).

Bezüglich des Matthäusevangeliums jedoch betont Holtzmann in dem gleichen Zusammenhang, daß in ihm „die ursprüngliche Reihenfolge der einzelnen Erzählungen vollständig durchbrochen wurde ..., so daß es unmöglich ist, nach Anleitung lediglich des ersten Evangeliums eine Anschauung von Fortgang und Entwicklung der evangelischen Geschichte zu gewinnen" (S. 347).

Es wird hierbei deutlich, daß die festgestellten Fakten von Holtzmann sofort temporal gedeutet und kausal ausgewertet werden: Markus allein stelle *noch* die durch das Ganze gehende Einheit des geschichtlichen Verlaufes dar, und der gemeinsame Faden habe sich bei ihm *noch* in naturgemäßer Aufeinanderfolge der einzelnen Knotenpunkte erhalten, und nur hier sei *noch* der stetige Fortschritt wahrnehmbar, welcher zur endlichen „Entfaltung der messianischen Fahne geführt" habe.

Sein Schluß aus der Einheitlichkeit der Darstellung auf die Priorität des Markusevangeliums ist unverkennbar. Diesen Schluß vollziehen fast alle Vertreter der Markushypothese: Wilke, Weiße, Holtzmann, Wernle, Bernhard Weiß, bis schließlich Wrede erklärt: „Und hat sie nicht ihr Siegel an der inneren Geschlossenheit des Ganzen?" (Messiasgeheimnis S. 7).

Nun ist das festgestellte Faktum unbestreitbar: Das einzige Evangelium, das einen geschlossenen Darstellungszusammenhang aufweist, ist das Markusevangelium. Es ist wie aus einem Guß. Das gilt nicht nur in kompositioneller und inhaltlicher Hinsicht, sondern auch in stilistischer. Es zeigt eine durchgehende schriftstellerische Einheit und Gleichheit. Das hatte bereits Henry Owen gesehen: „The order indeed is his own, and is very close and well connected" (Observations S. 50 f).

Wenn man die beiden anderen synoptischen Evangelien dagegen hält, so klaffen sie auseinander. Im Vergleich zu Markus wirken sie uneinheitlich, ja, man kann sagen: schlecht komponiert. Mitten in den historischen Darstellungszusammenhang des Matthäus ist ein großes Redemassiv eingeschaltet. Und bei Lukas ist die Genealogie unter Unterbrechung der vorhergehenden Gedankenführung unorganisch mitten zwischen die Taufe und die Versuchung eingeschoben. Der „Lukanische Reisebericht" wirkt in chronologischer und topographischer Hinsicht so unübersichtlich, daß man schließlich nicht mehr weiß, wo man sich überhaupt befindet, weswegen Bruno Bauer, wie erinnerlich, sagte: „Sechs Kapitel wirkt Jesus in Galiläa, neun Kapitel reist er nach Jerusalem." Und der stilistische Unterschied beispielsweise zwischen der Eingangsdedikation des Lukas und der Diktion seines ersten Kapitels ist so groß, daß man kaum annehmen kann, beides sei vom gleichen Verfasser. Matthäus und Lukas sind somit kompositionell uneinheitlich; sie vereinigen in sich Elemente von ganz verschiedenem formalem und inhaltlichem Gepräge.

Das behauptete Faktum also, daß das Markusevangelium die einheitlichste und geschlossenste Darstellung aller synoptischen Evangelien besitze, ist durchaus zutreffend und verdient besondere Hervorhebung. *Es fragt sich nur, ob die Schlüsse, die daraus gezogen wurden, richtig sind.*

Wenn von drei Schriftstellern, deren Werk das gleiche Thema behandelt, zwei in thematischer und stilistischer Hinsicht so uneinheitlich sind, daß ihre einzelnen Teile auseinanderklaffen und sie keinen geschlossenen Darstellungszusammenhang und keine durchgehend planmäßig aufgebaute Gedankenführung besitzen, aber der dritte das in sich verkörpert, was den beiden andern abgeht – ist das dann ein Beweis dafür, daß dieser dritte die Priorität besitzt, daß er der erste, der früheste, der ursprünglichste der drei Schriftsteller sei? Kann man aus der einheitlichen Komposition und der einheitlichen Diktion den Schluß auf einen früheren Zeitpunkt der Abfassung ziehen?!

Nun, geschlossene Komposition und einheitliche Diktion der Darstellung sind mitnichten ein Beweis der zeitlichen Nähe zum Erlebnisobjekt und ebensowenig ein Beweis für die Priorität eines Werkes gegenüber anderen, thematisch gleichen, die kompositionell wie diktionell divergent sind. Es ist vielmehr ausschließlich ein Gradmesser der literarischen Fähigkeit eines Autors und läßt lediglich einen Schluß auf sein schriftstellerisches Können zu – nicht auf den Zeitpunkt der Abfassung.

Zudem: Wenn man schon aus dem Vergleich einer harten und einer glatten Fassung einen Schluß auf deren zeitliches Verhältnis zueinander ziehen will, so ist nach dem alten Bengelschen Kanon „Proclivi scriptioni praestat ardua" (Apparatus criticus ad N. T. in: Gnomon § XXXIV) in der Regel die glatte Fassung als die geglättete anzusehen. Bereits 1843 hatte Albert Schwegler hinsichtlich der geschichtlichen Reihenfolge der drei Synoptiker die Regel aufgestellt:

„Je unvollkommener, ungeordneter, chronikartiger ein Bericht ist, desto verwandter mit der Überlieferung, desto ursprünglicher muß er sein" (Rezension von Wilkes Urevangelist in: Tübinger Theologische Jahrbücher hrsg. E. Zeller. 1843 Bd. 2 S. 213).

Es kann kein Zweifel darüber bestehen, daß die unvollkommeneren und ungeordneteren Berichte unter den synoptischen Evangelien die des Matthäus und Lukas sind. Wenn sie, wie die Markusanhänger behaupten, die zeitlich späteren sein sollen, dann müßten ihre beiden Verfasser das Kunststück fertig gebracht haben, den gut komponierten, wohlgeordneten, geschlossenen, kurz: „glatten" Bericht des Markus ungeordnet, uneinheitlich, schlecht komponiert, mit einem Wort: „hart" zu machen, indem sie ihn auseinanderrissen, zerstückelten und Redeteile sowie andere erzäh-

146

lende Stoffe unorganisch dazwischenschoben und dabei noch die vorgefundene Akoluthie des Markus durcheinander brachten.

Der Einheitlichkeitsbeweis führt sich selbst ad absurdum.

III. Der Ursprünglichkeitsbeweis

Durch die gesamte Geschichte der Markushypothese zieht sich leitmotivartig ein Hauptargument hindurch, das bei allen ihren Vertretern wiederkehrt: das Markusevangelium mache unabweisbar den *Eindruck der Ursprünglichkeit.*

Wir führen das einmal in einem Längsschnitt durch und zeigen auf, wie weit diese Einschätzung zur Fundierung der Markushypothese herangezogen wird. Der erste war Christian Hermann Weiße:

„Man kommt darin überein, daß Markus in seinem Stil der am meisten hebraisierende der Evangelisten ist ... Aber es läßt sich jener Bemerkung noch eine weitere Ausdehnung geben, in welcher sie, richtig und scharf gefaßt, vielleicht alles erschöpfen könnte, was sich nach dieser Seite hin für die Wahrscheinlichkeit einer Benutzung des Markus durch die andern und die Unwahrscheinlichkeit des Gegenteils sagen läßt. Die Hebraismen unsers Evangelisten selbst sind, wenn man will, eine Folge, richtiger wohl ein gewissermaßen notwendiges Moment eines allgemeineren und durchgreifenden Charakterzuges seiner Schreibart, eines solchen, der einerseits selbst auf das sprechendste für die Unabhängigkeit und Originalität desselben zeugt. Man kann diesen Charakterzug nach der einen Seite hin als Unbeholfenheit und Schwerfälligkeit bezeichnen, als eine solche nämlich, wie sie aus der Ungewohnheit des schriftlichen Ausdrucks, teils überhaupt, teils in seiner Anwendung auf diesen bestimmten, von unserm Autor noch nicht in ähnlicher Weise schriftlich ausgeführten Gegenstand hervorging.

Nach der anderen Seite hin aber trägt der nämliche Zug das Gepräge einer frischen Natürlichkeit und anspruchslosen Lebendigkeit, durch welche sich die Darstellung des Markus auf das fühlbarste vor allen evangelischen Darstellungen unterscheidet. Wir glauben, es verantworten zu können, wenn wir das Evangelium des Markus, trotz jener Übelstände im Äußerlichen, dennoch, was die wesentlichen geistigen Eigenschaften des Stils betrifft, das bestgeschriebene aller historischen Bücher des Neuen Testaments nennen" (Evangelische Geschichte Bd. I S. 67 f).

Man sieht, C.H. Weiße hat durch seinen Eiertanz das Kunststück fertig gebracht, die einander widerstreitenden stilistischen Prinzipien in „Einklang" zu bringen. Auf der einen Seite erklärt er Markus zum unbeholfensten der Evangelisten und sucht dadurch dessen Priorität vor Matthäus und Lukas zu erweisen; auf der anderen Seite leitet er im gleichen Schriftzuge gerade aus dieser Primitivität, die er ihm soeben attestiert hat, das „Gepräge einer frischen Natürlichkeit und ansprechenden Lebendigkeit" ab und erklärt „trotz jener Übelstände im Äußerlichen" kurzerhand das Markusevangelium zum „bestgeschriebenen aller historischen Bücher des Neuen Testaments" – jedenfalls „glaubt" er, „es verantworten zu können."

Man erkennt unschwer, wie Weiße zu diesen Ungereimtheiten und Widersprüchlichkeiten seiner Argumentation kommt: Auf der einen Seite ist ihm bewußt, daß nach dem obenerwähnten Bengelschen Kanon „Proclivi scriptioni praestat ardua" die harte Lesart und Schreibweise den Vorzug vor der glatten verdient, weil Unbeholfenheit der Darstellung ein früheres Stadium schriftlicher Äußerung repräsentiert als Gewandtheit. Andererseits konnte er nicht an der Erkenntnis vorbeikommen, daß das Markusevangelium schon durch seine Geschlossenheit und Einheitlichkeit der Darstellung, vor allem aber durch seine größere Anschaulichkeit und Durchsichtigkeit der Schilderung ein größeres schriftstellerisches Können als das erste und dritte Evangelium erkennen läßt. Wie C. H. Weiße diese beiden widerstreitenden Prinzipien miteinander in Einklang zu bringen sucht, das ist „echt Weiße".

Der klassische Vertreter der subjektiven Markuswürdigung nun ist Heinrich Ewald. Er sucht die Priorität des Markus ebenfalls stilistisch zu begründen (schon damals in Kleinschrift und mit Reforminterpunktion):
„man muß aber hinzunehmen dass auch die ganze darstellung sowie der inhalt der erzählungen welche dieser schrift eigenthümlich sind auf reine ursprünglichkeit und ein verhältnismässig frühes alter zurückweisen. Die darstellung hat eine frische lebendigkeit und malerische ausführlichkeit und trotz ihrer überströmenden fülle wieder eine straffe gedrängtheit gleichmäßigkeit und höhere ruhe, dass man bei einiger aufmerksamkeit leicht merkt wie nur einer der die stoffe in der klarsten anschauung und ursprünglichsten sicherheit in sich trug solche schilderungen entwerfen konnte; alles was sich im jetzigen Matthäos- und im Lukasevangelium findet, trägt nicht mehr diesen schmelz der frischen blume, dieses volle reine leben der stoffe" (Jahrbücher. 1849 S. 204).

Da ist es nun, das berühmte Zitat, das in der Folgezeit als Argument für die Priorität des Markusevangeliums immer und immer wiederkehrt: „der Schmelz der frischen Blume", das „volle, reine Leben der Stoffe" und die „frische Lebendigkeit und malerische Ausführlichkeit".

Davon ist die „malerische Ausführlichkeit" des Markus in der Forschung niemals ernstlich bestritten worden und auch unbestreitbar. Genau das Gleiche hatte nämlich bereits Griesbach gesagt mit seinem „paraphrastikos exprimere ac planius et distinctius exponere". Und Herbert Marsh hatte sich in demselben Sinne geäußert, daß Markus „häufig eine paraphrastische Übersetzung" bringe sowie manche kleinere Zusätze „in Bemerkung besonderer Umstände". Aber beiden Forschern war es nicht in den Sinn gekommen, die Kleinmalerei des Markus und seine guten

Erzählereigenschaften als Zeichen der Ursprünglichkeit zu bewerten und als Beweis der Priorität anzusehen.

Doch eben das ist die Absicht Ewalds. Denn er sagt ausdrücklich: Matthäus und Lukas tragen *„nicht mehr"* diesen Schmelz der frischen Blume, dieses volle, reine Leben der Stoffe. Damit will er doch offenbar, seiner sonstigen Anschauung über das chronologische Verhältnis der drei Synoptiker zueinander entsprechend, zum Ausdruck bringen, sie seien posterior, weil sie nicht aus der konkreten Erlebnisfülle des ersten Autors heraus geschrieben hätten, sondern aus der Reflexion des Zweit- und Drittdarstellers, die bereits von des Gedankens Blässe angekränkelt seien.

Nun hat Ewald offenbar das gleiche Empfinden wie Weiße, daß die von ihm so hoch gepriesene Erzählkunst des Markus mit ihrer „frischen Lebendigkeit, malerischen Ausführlichkeit und überströmenden Fülle" doch wohl dem Bengelschen Kanon entgegenstehe und sich mit diesem nicht recht in Einklang bringen läßt. Daher macht er nun den gleichen Fehler wie Weiße, daß er Markus ebenfalls das Merkmal der harten Schreibweise zuspricht. Nur tut er es nicht mit der durchsichtigen Verdrehungskunst Weißes, der Markus zuerst zum Elementarschüler der Schriftstellerei machte, ihm gleich darauf aber meisterliche Fähigkeiten zuerkannte, sondern Ewald bringt es in einem anderen Zusammenhang als Einzelzug: „Soviel ist deutlich dass die erzählung hier bei Markus durchaus ursprünglich steht, im besten zusammenhang mit der ganzen anlage und vertheilung der erzählungen des Evangeliums und dazu in einer umständlichkeit und etwas schwerfälligen fassung welche ein unverkennbares zeichen der ursprünglichkeit ist" (Drei Evangelien S. 258).

Man sieht, es ist im Grunde das gleiche doppelte Bewertungsverfahren wie bei Weiße: Das eine Mal ist der „Schmelz der frischen Blume", das andere Mal die „Umständlichkeit und etwas schwerfällige Fassung" ein „unverkennbares Zeichen der Ursprünglichkeit". Und beides steht im Dienste der gleichen Beweisführung, nämlich die Priorität des Markusevangeliums evident zu machen. Aber ein solcher Wechsel der Argumentationen ist nicht miteinander vereinbar.

Wieder ganz im Fahrwasser C. H. Weißes schwimmt Holtzmann: „Auf diesen Hebraismen in Stil und Sprachgebrauch beruht zum großen Teil jener Eindruck der Schwerfälligkeit und Unbeholfenheit, den die Lektüre des Markus im Gegensatz zu Matthäus und Lukas macht, der aber eben damit auch für die Ursprünglichkeit des zweiten Evangelisten zeugt" (Synopt. Evangelien S. 289).

Und demgegenüber: „Diese echt epische Weise, das Einzelne hervorzuheben und den allgemeinen Zusammenhang im Hintergrund zu lassen … Resultat eines unmittelbaren, lebensfrischen Kolorits der Darstellung … dieses malerische Gepräge … eine Geschichtserzählung, in deren anschaulicher und kernhafter Eigentümlichkeit sich die ursprünglichste Erinnerung der Jünger kundgibt" (S. 447 f).

Ebenfalls Bernhard Weiß zieht aus der Anschaulichkeit des Markus den vollen Schluß auf seine Ursprünglichkeit:
„In der Tat ist jedes epitomatorische Verfahren mit dem eigentümlichen Sprach- und Darstellungscharakter des Evangeliums, mit der lebendigen Frische und Detailmalerei ... schlechthin unvereinbar" (Markus- und Lukasevangelium in: Meyers Kommentar. 1876⁶ S. 6).

Und ebenso im Matthäuskommentar (1883⁷): „Mit dieser ganzen Annahme, daß Markus der älteste der Synoptiker sei, stimmt nämlich ganz die unterscheidende Beschaffenheit dieses Evangeliums ... und besonders das originelle Gepräge der unmittelbaren Lebendigkeit und malerischen Anschaulichkeit der Darstellungen und Schilderungen" (S. 32).

Auf der gleichen Linie liegt Adolf Jülichers Beweisführung:
„Markus ist ausgezeichnet durch eine lebendige, auf Anschaulichkeit und volle Ausmalung der Bilder bedachte Darstellung ... An manchen Stellen klingt der pleonastisch derbe Ausdruck bei Markus wie eine gewollte Steigerung der allzu ton- und stimmungslosen seiner Seitenreferenten – auf solche Erscheinungen konnten sich Griesbach und Baur berufen, wenn sie Markus erst den Platz hinter Matthäus und Lukas bewilligten, aber im Grunde stellt seine naive Frische das Gegenteil von der epigonenhaften Reflektiertheit jener Färber dar" (Jülicher/Fascher Einleitung. 1894. 1931⁷ S. 305 f). „Jene Färber" sind Matthäus und Lukas.

Auch Hermann Frh. v. Soden fehlt nicht in diesem Chorus:
„Das Lokalkolorit ist leuchtend frisch und wirkt doch in keiner Weise maniriert ... Situationen und Worte sind unerfindlich originell. Alles atmet Palästinas Erdgeruch" (Die wichtigsten Fragen im Leben Jesu. 1904 S. 37 f).

Die höchste Steigerung aber erfährt die Subjektivität in der stilistischen Beweisführung zugunsten der Markuspriorität bei Paul Wernle:
„Unter allen Evangelien ist Markus das einzige, das mit vollständiger Anschaulichkeit erzählt ... Jeder Vergleich mit den Parallelen stellt seine Frische und Lebendigkeit in neues Licht ... Ein Augenzeuge hätte das schriftlich nicht anders schildern können ... Wie dürftig, zerstückelt und verzerrt nehmen sich daneben die Parallelberichte aus in Matthäus und Lukas! So geht es durch das ganze Evangelium. In der Regel sind es die Züge, welche die andern Evangelisten auslassen, an denen man den ersten frischen Erzähler erkennt. Er erzählt, wie er es von Augenzeugen gehört hat, mit ungeheurer Begeisterung, Aufwand aller Phantasie, sich in Jesu Seele wie in die Herzen der Zuhörer versetzend, stürmisch, temperamentvoll, ohne Ermüdung. Häufig vergißt er eine kleine Notiz, dann trägt er sie nach; das sind die Stellen, die zu den Vorwegnahmen der Parallelen Anlaß gegeben haben. Doch sind hier weitere Ausführungen überflüssig,

da das Unreflektierte, Impulsive, Wuchtige und Derbe dieses Erzählers sich durch Worte nicht beschreiben läßt. Wenn je eine Darstellung den Eindruck erweckt hat, auf die Erzählung eines Augenzeugen zurückzugehen, so ist es die des Markus. Der kleine Zug von dem Jüngling im Gefolge Jesu, der nachts entfloh in Gethsemane, da man ihn an seinem Hemd gepackt hatte, hat von jeher Anlaß zur Vermutung gegeben, hier erzählt Markus von sich selbst. Es ist das Wahrscheinlichste, was sich vermuten läßt, obschon zum Beweis freilich unkräftig. Die Parallelen haben beide diesen Zug ausgelassen, da er bloß für den Wert hatte, der dabei gewesen war" (Synoptische Frage S. 204 f).

Kann es überhaupt eine subjektivere Argumentation geben als diese? Nun, Wernle weiß bereits vorbeugend diesen Einwand zu entkräften, indem er damit zugleich eine intellektuelle Disqualifikation der Andersdenkenden verbindet:

„Es zeugt stets von verschwindend geringem historischen Sinn, wenn man in dem ausführlichen Stil des Markus die Bearbeitung und in dem kurzen des Matthäus die Vorlage hat erblicken wollen. Auch das Beiwort ‚legendarisch' für die Darstellung des Markus sagt wenig oder gar nichts. Wie Markus, so hat man erzählt. Die Geschichten des Matthäus sind nie erzählt worden" (S. 158).

Es ist eine ähnlich unsachliche Art der Argumentation, wie wir sie selbst dreißig Jahre später noch bei Jülicher/Fascher finden:

„Dieser Sachverhalt, daß Matthäus und Lukas die Hälfte dessen, was sie bringen, ausschließlich aus Markus schöpfen, wird nur von dem verkannt, der sich von der Arbeitsweise dieser Evangelisten keine richtige Vorstellung machen kann oder will" (Einleitung S. 335).

Das heißt auf gut Deutsch: Wer über die Markuspriorität eine andere Auffassung hat als wir, ist entweder unfähig oder böswillig.

Auch in dem wissenschaftlichen Standardwerk der Protestantischen Theologie findet nun dieser subjektive „Ursprünglichkeitsbeweis" seinen Niederschlag. In der 1. Auflage der RGG heißt es:

„Drittens läßt sich der Beweis für die Priorität des Markus aus den Einzelheiten der Darstellung und der Sprache führen. Das Markusevangelium hat einen durchaus einheitlichen Stil ... Ferner erweist sich Markus überall als der einfache, unbeholfene Erzähler und Chronist aus dem Volke, der unbekümmert um alle Kunstregeln, zumeist in der Freude des ersten Berichterstatters seine Erzählungen vorträgt. Alle diese Beobachtungen vertragen sich nicht mit der Annahme, daß Markus eine mühsame Zusammenarbeitung aus älteren Quellen sei. Umgekehrt zeigen die beiden andern Evangelisten überall deutliche Spuren einer Glättung und Bearbeitung des Markus-Textes ... Sie beseitigen die Breiten in der Erzählungsweise des Markus, wie das bei Erzählern zweiter Hand natürlich ist" (Bd. II S. 704 Bousset).

In der 2. Auflage der RGG heißt es:

„*Die sprachliche Fassung* des Stoffes läßt Markus als die gemeinsame Grundlage erscheinen ... seine ganze Darstellung ist in lebendigem, schlicht volkstümlichem Erzählerton gehalten, ohne literarische Ansprüche, von behaglicher Breite, mit geringerer Periodisierung und vielen vulgären Wendungen ... Der Gesamteindruck ist auch hier nicht, daß Markus nach Matthäus und Lukas erzählt, sondern daß umgekehrt diese eine Markusgrundlage bearbeiten" (Bd. II Sp. 424 Klostermann).

Die letzte Auflage der RGG verzichtet auf eine eigene subjektive Fundierung der Markushypothese in diesem Sinne; sie verweist auf den „von Lachmann 1835, Chr. G. Wilke und Chr. H. Weiße unabhängig voneinander geführten Nachweis ..., daß Markus das älteste Evangelium ist" (Bd. II Sp. 754 Bornkamm).

Wir ziehen nun das Fazit aus den angeführten charakteristischen Beispielen, die wir aus der Fülle anderer gleichgestimmter ausgewählt haben. Es handelt sich dabei nicht um unverbindliche Äußerungen irgendwelcher sekundärer oder peripherer Kräfte, sondern um die offiziellen Ansichten der Begründer oder führenden Vertreter der Markushypothese. Und das von ihnen in den Vordergrund gestellte Argument für die Priorität des Markus ist zu einem allgemeinen Hauptargument der Markushypothese geworden und mehr als ein Jahrhundert hindurch immer wieder beigebracht worden, um sie zu fundieren. Die ganzen angeführten Beispiele stellen ja alle miteinander nichts anderes als mehr oder minder modifizierte Variationen derselben Grundmelodie dar: „der Schmelz der frischen Blume", „dieses volle, reine Leben der Stoffe", „die frische Lebendigkeit und malerische Ausführlichkeit der Stoffe" – sie alle sind es, die auf „reine Ursprünglichkeit" zurückweisen.

Der Fehler des Schlusses liegt auf der Hand: Es gibt schlechterdings kein literarisches oder geistesgeschichtliches Gesetz, daß Anschaulichkeit der Darstellung ein Gradmesser für die zeitliche Reihenfolge der Entstehung literarischer Berichte sei. Aber es wird in allen Fällen und von allen Vertretern der Markushypothese so verfahren, als ob ein solches Gesetz bestünde: Der erste erzählt am anschaulichsten; dann nimmt die Kraft der Gestaltung ab proportional dem Quadrat der Entfernung vom Erlebnis, bis es dann zu der Behauptung Jülichers von der „epigonenhaften Reflektiertheit jener Färber" kommt. Aber bereits David Friedrich Strauß hatte den Fehlschluß von der Anschaulichkeit der Darstellung auf die Erlebnisnähe treffend widerlegt:

„Allein auch zuzugeben, daß keiner, der durchweg nicht anschaulich erzählt, ein Augenzeuge sein könne, so folgt daraus doch nicht, daß alle anschaulich Erzählenden Augenzeugen sind" (Leben Jesu[3] S. 745).

Man kann sich dies verdeutlichen an Beispielen aus der Profanliteratur: Goethes „Heidenröslein" trägt, um mit Ewald zu reden, „den Schmelz der frischen Blume" und ist doch kein Volkslied, sondern ein Kunstlied, das sich im Stil die Diktion des Volksliedes zum Vorbild nimmt – und es übertrifft! Ähnliches gilt von Uhlands Lied „Ich hatt' einen Kameraden" und von Hauffs „Morgenrot, Morgenrot, leuchtest mir zum frühen Tod?". Alle drei Gedichte stellen Kopien des Volksliedes dar, aber wie wenig Volkslieder gibt es, die sich mit ihnen messen könnten? Und wie wenig Menschen ist es überhaupt bekannt, daß „Morgenrot" und „Ich hatt' einen Kameraden" Kunstlieder sind. Sie werden im allgemeinen für Volkslieder gehalten. Wie kommt das? Weil sie den „Schmelz der frischen Blume" und das „volle, reine Leben der Stoffe" tragen!

Nun ließe sich einwenden, der Vergleich hinke insofern, als das Tertium comparationis nicht die Beziehung zur Dichtungsgattung, sondern zum Erlebnis sei; der „Schmelz der frischen Blume" rühre daher, daß dieses Gedicht für Goethe Ausdruck der ersten Liebe gewesen sei. Nun, wir unterstellen, es wäre so, aber worin besteht die Erlebnisbeziehung bei „Morgenrot" und beim Lied vom guten Kameraden? Weder Hauff noch Uhland haben sich in einer annähernd ähnlichen Situation wie der von ihnen geschilderten befunden; beide sind weder jemals im Kriege noch überhaupt Soldat gewesen.

Es ist also ein Irrtum, daß nur der anschaulich zu erzählen vermöchte, der die Dinge unmittelbar miterlebt habe oder sie aus nächster räumlicher oder zeitlicher Nähe kenne. Der beste Schlachtenschilderer, den wir in der deutschen Literatur haben, ist Gustav Frenssen; seine Darstellung der Schlacht von Gravelotte im „Jörn Uhl" sowie der Seeschlacht am Skagerrak in den „Brüdern" ist ebenso unübertroffen wie seine Wiedergabe des Lokalkolorits und der Atmosphäre des Herero-Aufstandes in „Peter Moors Fahrt nach Südwest". Und dabei liegt derselbe Tatbestand vor wie bei Hauff und Uhland: Auch Frenssen ist weder je im Kriege noch überhaupt Soldat gewesen.

Es gibt andere Beispiele, die auf derselben Ebene liegen. Man könnte auf Schillers „Wilhelm Tell" verweisen. Dessen lyrische drei Eingangslieder, des Fischers („Es lächelt der See"), des Hirten („Ihr Matten, lebt wohl, ihr sonnigen Weiden") und des Jägers („Es donnern die Höhen, es zittert der Steg") gelten mit Recht als die beste Exposition eines klassischen Dramas. Sie zeigen durchaus „das volle, reine Leben der Stoffe" und atmen den „Schmelz der frischen Blume". Man müßte also nach Ewald konsequenterweise sagen dürfen, „daß man bei einiger Aufmerksamkeit leicht merkt, wie nur einer, der die Stoffe in der klarsten Anschauung und ursprünglichen Sicherheit in sich trug, solche Schilderung entwerfen konnte".

Wer so schließen wollte, würde jedoch einen Fehlschluß begehen: Schiller hat weder diese Landschaft selbst gesehen, noch ist er überhaupt in der Schweiz gewesen. Folglich ist der Schluß, den man aus der Anschaulichkeit und Lebendigkeit einer Darstellung ziehen kann, nur der, daß es weniger auf das persönliche Erlebnis des Verfassers ankommt als vielmehr auf sein *Gestaltungsvermögen. Anschaulichkeit der Darstellung ist nicht eine Frage der zeitlichen Nähe zum Erlebnisobjekt, sondern ausschließlich des literarischen Könnens.*

Es ergibt sich somit aus allem, daß die Schlußfolgerungen, die von den Vertretern der Markushypothese aus der konkreten Darstellung des Markus gezogen wurden, rein subjektiver Natur sind. Als solche aber sind sie undiskutabel. Wohin kämen wir, wenn wir alle unsere quellenkritischen Erkenntnisse auf „Eindrücken" aufbauen wollten? Eine objektive Fundierung für Behauptungen wie diese und ähnliche, daß Markus „unbekümmert um alle Kunstregeln, zumeist in der Freude des ersten Berichterstatters seine Erzählungen vorträgt", ist nicht erbracht worden und auch nicht zu erbringen.

Hier liegt es nahe zu fragen: Wie kommen denn nun eigentlich die Vertreter der Markushypothese dazu, aus der Anschaulichkeit der Darstellung einen Rückschluß auf die Ursprünglichkeit zu ziehen und dadurch dem Markusevangelium eine derartige Prioritätsstellung einzuräumen? Man kann es nur geistesgeschichtlich verstehen: Es ist zurückzuführen auf ein herausragendes literarisches Ereignis jener Zeit, das damals in der ganzen wissenschaftlichen Welt höchstes Aufsehen erregt und größte Zustimmung gefunden hatte: Friedrich August Wolfs „Prolegomena ad Homerum" (1795). Wolf hatte darin die Auffassung vertreten, die Homerischen Epen seien nicht das Werk eines einzigen Dichters, einer großen dichterischen Individualität, sondern bestünden nur aus Einzelliedern, die aus der Tiefe des Volkes hervorgegangen und von *Rhapsoden* nur mündlich überliefert worden seien. Erst eine spätere Zeit habe sie schriftlich fixiert und zu einem Epos zusammengefügt.

Dieser Gedanke wurde von Herder aufgegriffen und auf die Evangelien angewandt. Bereits ein Jahr nach Wolfs „Prolegomena" bezeichnete er in seiner Schrift „Vom Erlöser der Menschen" (1796) die Evangelisten als „Evangelische Rhapsoden" (Bd. 16 S. 1276), fügte aber, gleichsam über sich selbst erschrocken, noch hinzu: „Wenn mir dieser Name erlaubt ist."
Dieses von Wolf entlehnte *Rhapsodenprinzip sah Herder nun vor allem im Markusevangelium verkörpert.* Dadurch wurde dieses für ihn geradezu einer ins Christliche transponierten Homerischen Dichtung literarisch gleichgestellt; und deshalb nennt Herder es ein *„Heiliges Epos".*

Man muß diesen Vorgang auf der Folie der Gesamtmentalität jener Zeit sehen; denn erst von dort aus wird er ganz verständlich: Zweieinhalb Jahrzehnte lang war die literarische Welt der deutschsprechenden Länder durch ein modernes „Heiliges Epos" in Atem gehalten worden, dessen Entstehung sie miterlebte, und das sie in Abständen von jeweils mehreren Jahren in statu nascendi verfolgen konnte: Klopstocks „Messias" – in Hexametern geschrieben wie die Homerischen Epen. 1748 waren die ersten drei Gesänge in den „Bremer Beiträgen" erschienen; 1755 lagen zehn Gesänge vor, 1773 alle zwanzig. Und ihr Verfasser galt seinen Zeitgenossen als „Deutschlands größter Dichter", wie es seit 1803 auf seinem Grabstein in Ottensen zu lesen steht.

War es ein Wunder, daß nun ein anderer Dichter, der zugleich Theologe war, auch die Evangelien unter dichterischer Perspektive betrachtete und eins von ihnen als „Heiliges Epos" ansah und so zu bezeichnen wagte?

Von dieser, nunmehr auf religiöse Stoffe angewandten Rhapsodentheorie aus spricht Herder dem Markus die großen Eigenschaften des „lebendigen Rhapsoden" zu:

„Kein Evangelium hat so wenig Schriftstellerisches und so viel lebendigen Laut eines Erzählenden wie dieses ... Sein Evangelium ist zum lauten Vortrage eingerichtet; er schließt und kürzt die Rede für Herz und Ohr. Noch deutlicher gehört's zu einem *Evangelisten d. i. zu einem lebendigen Rhapsoden* dieser Geschichte, daß er auslässet, was für diesen Kreis nicht dienet ... Es war Pflicht des Evangelisten, daß er für seinen Kreis erzählte und vortrug ... Kurz, *das Markusevangelium ist ... aus lebendiger Erzählung zur öffentlichen Vorlesung in der Gemeine geschrieben.*" Von Matthäus und Lukas dagegen sagt Herder: *„Sie sprechen nicht, sondern sie schreiben. Der Griffel verändert den Ton"* (S. 1279).

Diese rhapsodische Einschätzung und Charakteristik des Markusevangeliums durch Herder ist für die Geschichte der Quellenforschung eminent folgenschwer geworden: Der „lebendige Laut eines Erzählers", den er Markus zuschrieb, kehrt hundertdreißig Jahre lang durch die gesamte Argumentation zugunsten der Markuspriorität immer wieder – bis auf den heutigen Tag.

Dabei hatte Herder nicht ein einziges Wort darüber gesagt, daß Markus das älteste Evangelium sei oder gar die Quelle des Matthäus und Lukas gebildet habe. Ihm lag nichts ferner als die Begründung einer Markushypothese. Sondern im Rahmen seiner Rhapsodentheorie hatte er dem Markusevangelium eine sinnvolle Funktion zugeteilt. Denn wenn man nun einmal von der Theorie ausging, daß die Evangelisten möglicherweise eine Art christlicher Rhapsoden verkörpern könnten, dann mußte Markus aufgrund seines Erzählertalents, das Herder sofort intuitiv erfaßte, dieser Vorstellung allerdings am nächsten kommen.

Was machten nun C.H. Weiße und seine Nachgänger daraus? Sie stützten sich auf Herders Autorität und nahmen als wissenschaftlich von ihm festgestelltes Ergebnis hin, was nur relative Gültigkeit innerhalb der klassisch-romantischen Homerauffassung haben konnte, lösten es aus seinem zeitbedingten Rahmen, machten es zum Eckstein ihrer Markushypothese und beteuerten nun über ein Jahrhundert lang in immer neuen Variationen: „Markus ist der Ursprüngliche und besitzt die Priorität vor Matthäus und Lukas." Beweis: „Der lebendige Laut des Erzählers", der „Schmelz der frischen Blume", die „frische Lebendigkeit und malerische Ausführlichkeit", das „volle, reine Leben der Stoffe" …

Wir fassen das Ergebnis zusammen: Weder Christian Hermann Weiße noch Ewald noch Holtzmann noch Bernhard Weiß noch Wernle noch irgendeinem anderen Vertreter der Markushypothese ist es gelungen, mit Hilfe der stilistischen Merkmale die Priorität des Markusevangeliums zu erweisen.

IV. Der Sprachbeweis

Alle Quellentheorien bestehen nach altüberlieferter Ansicht ihre Feuerprobe erst dann, wenn sie sich sprachlich erhärten lassen. Die Erforschung des Sprachcharakters der Evangelien war zum ersten Male von dem Sachsen-Altenburgischen Landpfarrer Gotthelf Gersdorf systematisch in Angriff genommen worden in seiner Schrift: Beispiele zur Sprach-Charakteristik der Schriftsteller des Neuen Testaments, eine Sammlung meist neuer Bemerkungen I. Teil. 1816. Der zweite Teil erschien nicht mehr.

Gersdorf hatte seine Forschungen vorher in aller Bescheidenheit dem großen Griesbach vorgelegt und von diesem, der ihren Wert sofort erkannte, hohe Anerkennung erhalten. Heute ist Gersdorf unverdientermaßen vergessen und wird in keiner der drei Auflagen der RGG erwähnt, obgleich seine Forschung bahnbrechend gewirkt hat. Von ihm stammen die beiden Worte, die für die Textanalyse richtunggebend geworden sind und die auch Holtzmann erwähnt:

„Kleinigkeiten sind es, wodurch man in den Stand gesetzt wird, die Schriftsteller des Neuen Testaments genauer zu unterscheiden" (S. 13), sowie:

„Die höhere Kritik ist das unnützeste Ding von der Welt, wenn sie nicht, sie mag nun entweder bisher gültige Schriften für unecht erklären, oder bisher ungültige für echt, vornehmlich durch ein sorgfältiges Studium der Sprachcharakteristik geleitet wird" (S. 15).

Holtzmann nahm nun diesen Gedanken auf:

„Überhaupt aber können unsere eigentümlichen (scil. eigenen) Behauptungen über das synoptische Verhältnis nur Stand halten, wenn sie sich als durch eine genaue philologische Untersuchung begründet ausweisen" (Synopt. Evangelien S. 274).

Und jetzt nimmt er nach dem Vorbild Weißes, der ebenfalls gerne antezipiert, das Ergebnis seiner Untersuchungen bereits voraus:

„Als eine Probe für unser genaues Resultat reihen wir demnach die folgenden Untersuchungen über den Sprachgebrauch hier ein; und zwar wird sich daraus ergeben:

1) Daß allen drei Synoptikern die Quelle A, dem Matthäus und Lukas überdies noch die Quelle L zu Grunde liegt, welche beide Quellen besondere Sprachgebiete darstellen.

2) Daß aber überdies jeder einzelne Evangelist seinen eigenen Stil hat, welcher sich gleichmäßig durch Erzählungen wie durch Reden zieht. Beide Partien sind also gleichmäßig bearbeitet; und zwar zeigen auch hinsichtlich der Reden am meisten schriftstellerische Tätigkeit Matthäus und Lukas, welche die beiden Hauptquellen kombinieren.

3) Dadurch ist die ältere Meinung beseitigt, als seien die Synoptiker bloße Kopisten eines Urevangeliums, vielmehr sind sie Bearbeiter mit selbständigem Sprachgebrauch. Keiner gibt die Quelle A oder L ohne weiteres wieder.

4) Insonderheit ist hiermit zu Fall gebracht die Griesbachsche Hypothese, da sonst der Epitomator die schriftstellerischen Eigentümlichkeiten des Matthäus und Lukas bis ins minutiöseste Detail herein immer konsequent aufgespürt und ausgelassen haben müßte" (S. 274 f).

So weit Holtzmanns vorweggenommenes „Ergebnis". Nun zu seinem „Beweis". Er legt seiner gesamten Sprachargumentation die beiden fiktiven Quellen A und L zu Grunde und behauptet nun, daß alle drei synoptischen Evangelien nichts anderes darstellen als Variationen dieser beiden angeblichen Urschriften, und zwar alle drei Synoptiker Modifikationen von A, sowie Matthäus und Lukas gleichzeitig noch von L.

Das setzt natürlich voraus, daß diese beiden Grundquellen auch wirklich existent gewesen sind. Aber sie sind es nicht! Holtzmann hat nicht den Beweis dafür zu erbringen vermocht,

1) daß es wirklich einen Urmarkus gegeben hat,
2) daß es wirklich eine Quelle L in der von ihm konstruierten Form gegeben hat,
3) daß sie von den Synoptikern benutzt worden seien.

Die beiden von ihm behaupteten Urquellen besitzen keine reale Existenz. Sie stellen vielmehr nur rein hypothetische, fiktive Hilfskonstruktionen ohne Wirklichkeitsgehalt dar. Infolgedessen müssen die gesamten, von Holtzmann daraus abgeleiteten „Sprachergebnisse" zwangsläufig falsch werden. Man kann den Sprachcharakter der Evangelien natürlich nur bestimmen, indem man, wie Gersdorf es tat, die uns vorliegenden *realen Quellen*, also die kanonischen Evangelien, zugrunde legt. Es ist aber ein Ding der Unmöglichkeit, den Sprachcharakter der *Evangelien*, die ja tatsächliche Existenz besitzen und jederzeit greifbar vor uns liegen, aus imaginären, von Holtzmann künstlich konstruierten „Urschriften" ableiten zu wollen.

Das aber tut Holtzmann:

„Aus der beschriebenen Sachlage erhellt auf jeden Fall dieses: Alle Synoptiker (also auch Markus) beweisen durch ihren Sprachgebrauch, daß sie einen, außerhalb sowohl des Matthäus als des Lukas liegenden, bestimmten Text vor sich haben, dem sie bald aufs Wort folgen, bald untreu werden in der Wiedergabe des Ausdrucks" (S. 278).

Nein, das beweisen sie nicht! Denn dieser angeblich „außerhalb sowohl des Matthäus als des Lukas liegende, bestimmte Text" existiert ja gar nicht, sondern ist nur von Holtzmann theoretisch komponiert worden, und zwar in dem Sinne, daß er sich als eine wahre Fundgrube für die Markushypothese erwies. Infolgedessen kann Holtzmann sagen, daß die Synoptiker ihm „bald aufs Wort folgen", nämlich jeweils diejenigen von ihnen, die mit dem Text von Holtzmanns konstruierter „Quelle" übereinstimmen, „bald" jedoch ihm „untreu werden in der Wiedergabe des Ausdrucks", insofern ihr Text nicht mit dem seiner fiktiven Quelle konvergiert.

Nun stellt dieses Verhältnis so lange kein Problem dar, wie alle drei Synoptiker im Text wörtlich übereinstimmen. Dann ist es eben der Text von „A". Beim Gegenteil aber, wenn alle drei differieren, wird es schwierig; denn nun muß Holtzmann sich in jedem vorliegenden Falle entscheiden, welcher der drei Synoptiker den Text von A repräsentiert oder ihm doch am nächsten kommt, falls Holtzmann eine eigene Lösung auf mittlerer Linie gewählt hat.

Das öffnet nun natürlich, wenn nicht der Willkür, so doch dem subjektiven Fürgutbefinden Tür und Tor und erlaubt Holtzmann jeweils, seine Entscheidung „hypothesengerecht" zu treffen und zum Träger des Textes von A bald Markus (wie es in der Regel der Fall ist), bald Matthäus, bald Lukas zu machen, wie er denn auch dessen Kurzfassung der Bergpredigt nach A verlegt, die Markus nachher aus dem Urmarkus „ausläßt", weil sie ihm „zu lang war".

Wie aber will Holtzmann dann von einem einheitlichen „Sprachgebrauch von A bzw. L" sprechen? Was dabei herauskommt, ist jedesmal nichts anderes als ein von Holtzmann ausgeklügelter hypothetischer Sprachgebrauch zweier ebenfalls erdachter, imaginärer „Quellen" *ohne jeglichen Beweiswert*.

Der Circulus vitiosus ist unübersehbar: Die behauptete Existenz von A und L soll deren „Sprachcharakter" erweisen, und der „Sprachcharakter" von A und L soll deren Existenz beweisen.

V. Der Dublettenbeweis

Seit Christian Hermann Weiße bildet der Dublettenbeweis die Hauptstütze der Zweiquellentheorie. Weiße berief sich dabei auf folgende Fakten: Eine ganze Reihe Schriftstellen in den Evangelien weisen eine Variante auf. Er bezeichnete sie als „Doubletten". Und noch achtzehn Jahre später tut er sich etwas darauf zugute, diesen Ausdruck geprägt zu haben: „Ich habe jener Erscheinung gedacht, welche ich, wie ich glaube, nicht unangemessen mit dem Namen von Doubletten evangelischer Apophthegmen bezeichnete: des wiederholten Vorkommens eines und desselben prägnanten Ausspruchs an verschiedenen Stellen eines und desselben Evangeliums" (Evangelienfrage S. 146).

Wilhelm Bussmann schreibt siebzig Jahre später – und er tut sich ebenfalls etwas darauf zugute – konstant „Dupletten" (Synoptische Studien 1925–31), indem er vom lateinischen „duplex" ableitet, was Weiße auf das französische „double" bezogen hatte. Auch das gehört wohl zur „deutschen Gründlichkeit".

Nun ist das Vorkommen von Varianten in den Evangelien im allgemeinen als ein Zeichen der schwebend und unsicher gewordenen Tradition anzusehen. Es kann freilich auch darauf zurückgeführt werden, daß der betreffende Evangelist sie in zwei verschiedenen Quellen gefunden hat. Und es könnte sich schließlich sogar noch auf eine weitere Stufe zurückschieben lassen, wenn beide Varianten bereits in derselben Quelle vorhanden gewesen sind. Welches nun im Einzelfalle die wirkliche Ursache gewesen ist, läßt sich schwer entscheiden und bedarf jedesmal einer besonderen Untersuchung.

Weiße wertete das Vorkommen von Varianten in Matthäus und Lukas als Beweis dafür, daß die eine Stelle aus dem Markusevangelium entnommen sei, die andere aus der Logienschrift:

„Vorzüglich im ersten Evangelium läßt sich eine ganze Reihe sozusagen von Doubletten einzelner Aussprüche des Herrn nachweisen, und zwar von solchen, wo das eine Exemplar derjenigen Erzählungsreihe angehört, welche dieses Evangelium mit Markus gemein hat, während das andere sich aus jener andern Hauptquelle geschöpft erweist, von welcher das Evangelium seinen Namen trägt" (Evangelische Geschichte Bd. I S. 82). Gemeint ist damit von Weiße der „ächte Matthäus" = Logienschrift.

Er führt folgende Dubletten an (wir zitieren dabei nach seinem zweiten Werk, der „Evangelienfrage", weil hier die Zusammenstellung übersichtlicher gehalten ist):

a) *Gemeinsame Dubletten des Matthäus- und Lukasevangeliums:*

1) Mt 16,27	par Mk 8,38		par Lk 9,26
10,32f			12,8f
2) 13,12		4,25	8,18
25,29			19,26

3)	16,1	8,11f	(11,16)
	12,38ff		11,29
4)	24,9−14	13,9−13	21,12−19
	10,17−22		12,11f
5)	24,26f	13,24−27	17,23f
	24,29−31		21,25−28

b) *Dubletten des Matthäusevangeliums:*

1)	Mt 15,19f	par Mk 7,21ff	par Lk 6,45
	12,34bf		
2)	18,5	7,37f	9,48
	10,40		(10,16)
3)	5,29f		
	18,8f	9,43−48	
4)	19,3−9	10,2−12	
	5,32		16,18
5)	21,21	11,23	
	17,20		
6)	24,24	13,35	
	25,13		

c) *Dubletten des Lukasevangeliums:*

1)	Lk 8,16f	par Mk 4,21f	par Mt 5,25
	11,33		
	12,2		10,26f
2)	9,3−5	6,8−11	
	10,4ff		
3)	20,46f	12,38−40	20,45ff
	11,43		

Den Beweis, daß die eine Variante aus Markus stammen soll, die andere aus der Logienschrift, ist Weiße freilich dabei schuldig geblieben. Man merkt auch hier wieder die Petitio principii: die Zweiquellentheorie soll beweisen, daß die Varianten, die Weiße „Doubletten" nennt, a) aus Markus, b) aus der Logienschrift stammen, die ihre beiden Quellen gewesen seien, und die Doubletten sollen den Beweis liefern, daß die Zweiquellentheorie stimme.

Zudem gibt es zwei klare Widerlegungen des Weißeschen Dublettenbeweises. Der erste besteht darin, daß *das Markusevangelium ebenfalls Dubletten aufweist. Das aber wirft Weißes ganze Hypothese um.* Wir sehen uns zu diesem Zweck noch einmal die wörtliche Formulierung seines Dublettenbeweises an, und zwar in der „Evangelienfrage", wo sie am unmißverständlichsten gefaßt ist:

„Da wir dieser Erscheinung in einer ansehnlichen Reihe unzweideutiger, z.T. sehr befremdlicher Beispiele im ersten und dritten Evangelium, *nicht aber bei Markus begegnen,* so eignet sie sich in einem Grade wie kaum eine andere dazu, auch dem der genaueren vergleichenden Kenntnis des Textes der drei Evangelien noch Fernerstehenden den wahren Sachverhalt zu veranschaulichen. *Es erklären sich nämlich diese Doubletten nur dann, wenn man die Annahme gelten läßt, daß die Verfasser jener Evangelien in allen* den Fällen, wo entweder sie beide oder wo einer von ihnen einen Ausspruch des Herrn zu zwei verschiedenen Malen in zwei verschiedenen Zusammenhängen berichten, *solchen Ausspruch auch doppelt vorgefunden haben, das eine Mal bei Markus, das andere Mal in einer zweiten, entweder von ihnen gemeinschaftlich oder von einem benutzten Quelle.* Sie erklären sich bei dieser Annahme auf das einfachste und natürlichste, während sie bei jeder anderen einem unerklärten Eigensinn der Willkür des Evangelisten zugeschrieben werden müßten" (Evangelienfrage S.146f).

Wenn wir bei dieser entscheidenden Stelle einmal von den charakteristischen Merkmalen seiner Beweisführung absehen, daß nämlich bei seiner eigenen Theorie sich alles „auf das einfachste und natürlichste" erklärt, hingegen „bei jeder anderen einem unerklärten Eigensinn der Willkür des Evangelisten zugeschrieben werden müßte", so bleibt die ausdrückliche Feststellung Weißes, daß es bei Markus *keine* Dubletten gebe. Nun weist aber das Markusevangelium mehrere davon auf. Wie wird er mit dieser Tatsache fertig? Nun, er führt in seiner zweiten Evangelienschrift (S.152f) selbst zwei Beispiele an. „Das erste Beispiel ist ein sehr einfaches", erklärt er. Auf jeden Fall ist seine Behandlung der Schwierigkeit recht „einfach":

„Es ist die *Wiederholung* der Sentenz Mk 9,1 (Mt 16,28; Lk 9,27) bei Mk 13,30 (Mt 24,34; Lk 21,32) in anderer Umgebung und in anderem Zusammenhang; eine *Wiederholung, die* auch Christus selbst zugeschrieben, wie sie denn von allen dreien in beiden Stellen einander vollkommen parallelen Erzählungen ihm wirklich zugeschrieben wird, *nichts Befremdliches haben kann*" (S.152; Hvhbg. v. Vf.).

Diese Doublette bei Markus wird von Weiße nun nicht etwa, wie in den Fällen, die Matthäus und Lukas betrafen, auf die Logienquelle zurückgeführt, sondern einfach als „Wiederholung" gekennzeichnet. So wenig man nun eine solche Möglichkeit bestreiten kann, so auffällig ist es, daß Weiße dieses nur bei der *Markus*dublette statthaben läßt, aber sie bei Matthäus und Lukas als Beweismittel wertet.

Bei der zweiten Markusdublette (9,35 bzw. 10,43f) tut Weiße sich etwas schwerer. Mit der ihm eigenen Argumentationstaktik gibt er zunächst zu, daß der Schein gegen ihn spricht, um sofort darauf zu versichern, daß bei näherer Betrachtung sich alle Bedenken ins Gegenteil verwandeln:

„Dagegen könnte es scheinen, als müßten die Wiederholungen bei Markus entweder gegen die Richtigkeit unserer Erklärung der andern Doubletten zeugen oder die Nötigung mit sich führen, in entsprechender Weise, wie wir dort dieselben auf eine Zweiheit der Quellen zurückführen, eine solche Zweiheit auch für Markus anzunehmen. Indes darf man die betreffenden Erzählungsstücke nur etwas näher ansehen, um gewahr zu werden, wie bei Markus das zweimalige Vorkommen einer solchen Wiederholung unter Umständen, welche sie in beiden Fällen als leicht erklärbar erscheinen lassen *(es findet sich aber in diesem ganzen Evangelium keine dritte ähnliche)*, mit der auch hier in allen übrigen Umständen der beiden Erzählungen keineswegs sich verleugnenden Originalität dieses Schriftstellers gar wohl bestehen kann" (Evangelienfrage S. 153; Hvhbg. v. Vf.).

Weißes ausdrückliche Versicherung „es findet sich aber in diesem ganzen Evangelium keine dritte ähnliche" läßt erkennen, daß er sich bei seiner „Erklärung" dieser Markusdublette nicht wohl fühlt – und das mit Recht. Er stellt nämlich zwei Möglichkeiten zur Auswahl: Wiederholung oder Verwechslung:

„Die beiden Erzählungen berichten offenbar verschiedene, wenn auch untereinander ähnliche Vorfälle, und die Sentenz war in beiden gleich angemessen, sei es nun, daß der Herr sie wirklich bei beiden Veranlassungen gesprochen oder daß *der Erzähler sie das einemal in Folge einer von ihm begangenen Verwechslung hinzugefügt hat*" (S. 153; Hvhbg. v. Vf.).

Weder das eine noch das andere vermag zu überzeugen. Zudem hat Weiße hier sogar noch etwas übersehen; denn diese Dublette besitzt noch eine weitere Variante in Mk 10,31. Es liegt hier also sogar eine Triplette vor. Schade, daß Weiße es nicht bemerkt hat; auf *die* Erklärung hätte man gespannt sein können ...

Damit ist nun allerdings die Anzahl der Dubletten bei Markus noch keineswegs erschöpft. Zunächst stellte der doppelte Bericht über das Speisewunder bei Matthäus und Lukas (das eine Mal viertausend, das andere Mal fünftausend) eindeutig eine Variante – im Weißeschen Sinne also eine „Doublette" – dar. Wie konnte das Weiße entgehen? Nun, sie wäre ihm auf jeden Fall nicht dienlich gewesen, da er zur Erhärtung seiner Zweiquellentheorie allerdings nur *Logien*varianten gebrauchen konnte.

Ferner ist das Markus allein eigene Gleichnis von der selbstwachsenden Saat als eine fragmentarische Variante zum Gleichnis vom Säemann anzusehen. Kleinere Varianten des Markus finden sich zudem an folgenden Stellen:

Mk 3,8 b. 10: 6,54–56   Krankenheilungen.
   3,14: 3,16   Doppelte Bestallung der zwölf Apostel.

162

5,3: 5,4	Doppelte Erwähnung der Fesselung des Besessenen.
5,2: 5,3: 5,6	Dreimalige Erwähnung: „er hatte seinen Aufenthalt in den Gräbern".
11,18a–12,12a: 14,1b	„und sie trachteten, wie sie ihn umbrächten".
13,5f: 13,21f	„Viele werden kommen auf meinen Namen und euch irreführen."
14,18: 14,20	„Einer von euch, der mit mir in die Schüssel taucht, wird mich verraten."
15,23: 15,31f	Zweimalige Verspottung.

Mit Ausnahme von zweien enthalten diese Dubletten keine Logien, sondern sind *historische* Varianten. Damit ist Weißes Dublettenbeweis, der ja gerade seine Logientheorie erhärten sollte, in doppelter Hinsicht widerlegt.

Es kommt nun noch hinzu, daß es eine ganze Reihe Varianten gibt, die jeweils nur ein Evangelist alleine hat. Auch sie stehen Weißes Logientheorie entgegen, da ja eben seine Dublettentheorie den Beweis erbringen sollte, daß Matthäus und Lukas beide aus *zwei* Quellen geschöpft hätten. Es bleibt demnach Weiße nichts anderes übrig, als in jedem Einzelfalle zu erklären, aus welchem Grunde der andere Evangelist die Dublette nicht ebenfalls gebracht hat.

Nun ist eine Dublette darunter, die Matthäus alleine hat und für die sich weder bei Markus noch bei Lukas eine Textentsprechung findet. Hypothesengemäß müßte das jedoch der Fall sein. Es handelt sich um die Stelle Mt 15,24 aus der Perikope vom kananäischen Weibe, wo Jesus sagt: „Ich bin nur gesandt zu den verlorenen Schafen vom Hause Israel." Hierzu findet sich eine Variante in der Aussendungsrede Mt 10,5 und 6: „Ziehet auf keiner Heidenstraße und betretet keine Samariterstadt, gehet aber vielmehr zu den verlorenen Schafen vom Hause Israel."

Wie stellt Weiße sich zu diesem klaren Widerspruch zu seinem Dublettenbeweis?

„Wir haben hier also allerdings einmal den Ausnahmefall einer Doublette", sagt er, *„welche nicht durch die Duplicität der Quellenschriften zu erklären, sondern, bei dem eigentümlichen Charakter dieses Ausspruchs, wahrscheinlich aus einer apokryphischen Quelle abzuleiten ist"* (Evangelienfrage S. 155; Hvhbg. v. Vf.).

Dieses Zurückgreifen auf eine unqualifizierbare „apokryphische Quelle" stellt nun freilich eine Beweisführung dar, mit deren Hilfe man grundsätzlich alle Schwierigkeiten, die der eigenen Hypothese entgegenstehen, hinwegräumen kann. Nicht viel besser steht es mit Weißes Argumentation bei den anderen Varianten, die jeweils nur Matthäus oder Lukas alleine haben. Weiße schickt ihrem Fehlen bei den Seitenreferenten eine generelle Begründung – oder genauer gesagt: Entschuldigung – voraus:

„Neben den hier angeführten gemeinschaftlichen findet sich eine noch größere Anzahl von Doubletten, welche nur bei dem einen der beiden an ihnen beteiligten Evangelisten vorkommen, *während der andere die Gleichheit der Apophthegmen gewahr geworden ist und ihre Wiederholung vermieden hat*, sei es nun, daß er die betreffende Stelle bei Markus kürzte oder das entsprechende Wort der Spruchsammlung wegließ oder veränderte, *oder daß er*, was gleichfalls vorkommt, *die Ausdrücke beider in eigentümlicher Weise mit einander zu verschmelzen für angemessen erachtete*" (S. 154; Hvhbg. v. Vf.).

Darauf kann man nur erwidern: Wie merkwürdig, daß in diesen Fällen, die gegen Weißes Dublettenbeweis sprechen, der eine Evangelist „die Gleichheit gewahr geworden ist und ihre Wiederholung vermieden hat", in den anderen Fällen aber nicht!

Im Einzelfalle ist freilich die Begründung Weißes häufig noch törichter als hier in der allgemeinen Zusammenfassung. Zudem ist sie durchweg wieder psychologisierend gehalten nach der Methode, daß *er* für den Evangelisten denkt, d.h. daß er den Evangelisten im Sinne der Markushypothese denken läßt. So sagt er von der Variante Mt 5,29 f Mt 18,8 par Mk 9,43–48 („Wenn deine Hand dich ärgert, so haue sie ab"):

„Lukas, welcher den Ausspruch in beiden Quellen vorfand, hat ihn dennoch nicht nur aus der Spruchsammlung nicht abgeschrieben, sondern auch in der mit Markus parallelen Stelle (17,1 f) hinweggelassen, *ohne Zweifel, eben weil er an seiner Paradoxie Anstoß nahm*" (S. 155; Hvhbg. v. Vf.).

Das ist freilich wieder eine der unerlaubten Motivationsanmaßungen, die Weiße sich herausnimmt. Sie wird durch das apodiktische „Ohne Zweifel" nicht gerade weniger zweifelhaft. Nicht anders liegt der Fall bei seiner Erklärung der matthäischen Variante über die Ehescheidung (Mt 5,32 19,3–9 par Mk 10,2–12):

„Lukas hat sie weggelassen, weil er nach dem von ihm aus der Spruchsammlung aufgenommenen Ausspruch L 16,18 *die ihm als überflüssig erscheinende Wiederholung vermeiden wollte, während der Verfasser des ersten Evangeliums* diesen Ausspruch einem früheren Zusammenhange (Mt 5,32) einverleibt hatte und *an der Wiederholung keinen Anstoß nahm*" (S. 155; Hvhbg. v. Vf.).

HOLTZMANNS DUBLETTENBEWEIS

Dieser von dem Begründer der Zweiquellentheorie aufgestellte Dublettenbeweis wurde von ihrem Neubegründer übernommen. Holtzmann identifiziert sich voll damit. Er erklärt:

„Es gehört mit zu den feinsinnigsten Entdeckungen Weißes, wenn er zuerst auf gewisse, von ihm als „Doubletten" bezeichnete Erscheinungen aufmerksam gemacht und daraus Schlüsse auf die Entstehungsweise der Synoptiker gezogen hat" (Synopt. Evangelien S.254f).

Wir beschränken uns nun zur Hauptsache auf die Modifikationen, die der Dublettenbeweis bei Holtzmann erfährt, und untersuchen die Frage, ob dadurch neue Momente aufgetaucht sind, die zugunsten der Zweiquellentheorie ins Gewicht fallen könnten.

Holtzmann definiert Dubletten als „in demselben Evangelium doppelt stehende Sentenzen, welche für die Duplizität der Quellen, aus welchen das Evangelium zusammengearbeitet ist, unwiderstehliches Zeugnis ablegen".

Dabei gibt er eine bemerkenswerte Erklärung ab:

„Die Regelmäßigkeit dieser Beobachtungen spricht schon genugsam gegen die *faule Ausflucht* älterer und neuerer Harmonistik, *wornach Jesus alle diese Aussprüche doppelt getan haben müßte*" (S.256).

Aber im gleichen Zuge räumt Holtzmann ein:

„Nun ist an sich die Möglichkeit solcher Wiederholungen durchaus zuzugeben."

Und dann führt er die beiden Fälle an, die bereits Weiße als Markusdubletten hatte einräumen müssen. Und man erfährt zu seinem Erstaunen, daß auf einmal auch für Holtzmann die Sache anders aussieht: Denn hier, wo *Markus* betroffen ist, sind es, genau wie bei Weiße, plötzlich – „echte Wiederholungen". Und jetzt ist es auf einmal keine „faule Ausflucht" mehr, „wonach Jesus diese Aussprüche zum mindesten doppelt getan haben müßte", sondern nun heißt es:

„Je weniger die Form an beiden Stellen irgend welche gesuchte Übereinstimmung beweist, desto unverfänglicher ist hier die Sache" (S.256).

Man sieht, es ist Geist vom Geiste C.H.Weißes, der bei Holtzmann weiterwirkt.

Nun kommt er durch seine eigene Quellentheorie in eine noch schwierigere Lage als jener. Weiße hatte ja in seinem ersten Werk, der „Evangelischen Geschichte", in der er den Dublettenbeweis zu erbringen versuchte, noch nicht mit einem Urmarkus = Quelle A gearbeitet, sondern nur mit dem kanonischen Markus argumentiert. Holtzmann aber beginnt sofort mit A, dem Urmarkus, der ja hypothesengemäß ein erweitertes Markusevangelium (durch dessen Parallelen aus Matthäus und Lukas) enthält.

Die Folge davon ist, daß jetzt sein Urmarkus noch mehr Dubletten enthält als Weißes einfacher Markus. So muß Holtzmann denn notgedrungen noch weitere Markusvarianten zugeben, die bei ihm in A stehen:

a) Lk 6,38 = Mt 7,2 = Mk 4,24
b) Lk 6,44.45 = Mt 12,34.35
c) Mk 7,21.22 = Mt 15,19.20

Aber Holtzmann weiß sich genau so zu helfen wie C.H. Weiße; er erklärt sie ebenfalls für echte Wiederholungen, nur drückt er sich dabei etwas diplomatischer aus:
„... und wird somit eine gleiche Beurteilung auch dieser Dublette zuteil werden wie den beiden andern" (S. 257).

Es erinnert freilich peinlich an Weißes oben erwähnte Entschuldigung und Versicherung: „Es findet sich aber in diesem ganzen Evangelium keine dritte ähnliche", wenn Holtzmann hinzufügt:
„Dies sind nun aber die einzigen Dubletten in A" (S. 257).

Da nun Holtzmann die Lukanische Bergpredigt nach A, also in den Urmarkus, verlegt hatte und da er zugleich die matthäische Bergpredigt zu einem Mixtum compositum aus A, L und „anderen Quellen" gemacht und als „Kompilation" bezeichnet hatte, kann er jetzt Belegstellen aus dieser nicht ohne weiteres in L einordnen, sondern sieht sich zu ziemlich diffizilen Transaktionen veranlaßt. Dabei muß er sich natürlich von Weißes Argumentation distanzieren: „Von diesen Stellen zu unterscheiden und von Weiße nicht richtig beurteilt sind dagegen die Dubletten, wo Matthäus im Interesse seiner Kompositionen Stellen aus A antezipiert hat, die ihm dann im richtigen Zusammenhang wieder begegnen und nochmals aufgenommen werden" (S. 258).

Als Dublettenbeispiele aus der matthäischen Bergpredigt führt er an:
a) Mt. 5,29.30 : 18,8.9 (= Mk 9,43.47) „Logien vom Ärgernis"
b) Mt 5,32 : 19,9 (= Mk 10,10 f) „Logien über Ehebruch".

Nun wird Holtzmann der Gefangene seiner eigenen Theorie. Infolge seiner Vivisektion der matthäischen Bergpredigt und deren überstrukturierter Rekonstruktion kann er die Belegstellen nicht mehr zur Argumentation im Sinne seines Dublettenbeweises heranziehen, da er ja den Matthäus „im Interesse seiner Kompositionen Stellen aus A (hat) antezipieren" lassen.

Das Entsprechende gilt von Mt 10,40.42 (Schluß der Aussendungsrede: „Wer euch aufnimmt, nimmt mich auf ..."): 18,5 (= Mk 9,37.41), da ja Holtzmann im Sinne seiner Zweiquellentheorie die matthäische Aussendung für eine Kombination aus A (Aussendungsrede der Zwölf) und L (Aussendung der Siebzig) erklärt hatte. Infolgedessen fällt sie bei ihm ebenfalls für den Dublettenbeweis aus.

Und schließlich gilt das Gleiche für die letzte Belegstelle dieser Art Mt 17,20 : 21,21 = Mk 11,23 (der Berge versetzende Glaube). Holtzmann hatte Mt 17,20 als „ein Amalgam von A und L" charakterisiert (S. 194), „wobei aber Matthäus, dem die Form von A Mk 11,23 geläufig geworden war, an die Stelle des Feigenbaums den Berg setzte". Nachdem Holtzmann ohne jeden Beweis behauptet hatte, daß Matthäus wieder eine Stelle aus A antezipiert habe, konnte er sie füglich jetzt nicht mehr zum Beweis für die doppelte Quellenabhängigkeit des Markus heranziehen.

Das Ergebnis ist kurz und einfach: Holtzmann bringt in seinem Dublettenbeweis keine neuen Momente, die zugunsten der Zweiquellentheorie ins Gewicht fallen könnten – im Gegenteil, er hat durch seine „Antezipationen aus A" ihre Position noch verschlechtert.

Wernles Dublettenbeweis

Er ist im Prinzip der gleiche, den wir bereits von Weiße und Holtzmann her kennen – mit einigen „Verbesserungen". Uneingeschränkt heißt es grundsätzlich bei Wernle:

„Die Doubletten haben als Hauptargument für die Zweiquellentheorie gedient" (Synopt. Frage S. 209).

Sodann mehr pragmatisch:

„Aus der großen Menge von Doubletten im Matthäus ergibt sich, daß es keine Erstlingsschrift, sondern ein Quellenwerk ist. Der größere Teil derselben erklärt sich wie bei Lukas aus der Zusammensetzung von Markus und der Spruchsammlung" (S. 111).

Aber nun steht diesem „Hauptargument für die Zweiquellentheorie" ja die Tatsache entgegen, daß Markus ebenfalls Dubletten hatte. Was war mit diesen? Sie waren von Weiße und Holtzmann dadurch immunisiert worden, daß sie als „echte Wiederholungen" hingestellt wurden. Und so macht es nun auch Wernle. Während aber jene beiden jedesmal mit spürbar schlechtem wissenschaftlichen Gewissen eine Entschuldigung vorgebracht hatten („nichts Befremdliches haben kann"; „es findet sich aber in diesem ganzen Evangelium keine dritte ähnliche"; „Dies sind nun aber die einzigen Doubletten in A"), hat Wernle weniger Skrupel; er stellt die Wiederholungen als erforderlich hin:

„Es fehlt freilich dem Markus nicht völlig an Doubletten. Am auffälligsten ist 9,35 = 10,43. (Variante des Wortes: „Wenn einer der erste sein will, so soll er der letzte sein.") Offenbar dasselbe Herrenwort in verschiedener Form. Aber es ist beidemal nötig. Beim Rangstreit der Zebedaiden durfte es nicht fehlen, bei der Lohnfrage gleichfalls nicht" (S. 214).

Bei der zweiten Markusdublette, die Wernle anführt, weiß er ebenfalls Rat, indem er zwischen ihrer Aussage differenziert und sie als zwei beabsichtigte Modifikationen hinzustellen sucht:

167

„Zweimal schließt Jesus ein Kind in die Arme (9,36 und 10,16: ἐναγκαλι-σάμενος); aber dort zeigt er damit seinen Jüngern den Wert und Adel der Kleinen, hier den Vorzug der Kinder fürs Gottesreich" (S. 214).

Nun gibt es jedoch im Markusevangelium, ebenso wie im Matthäus und Lukas, noch andere Dubletten, die nicht aus Logien bestehen wie das bereits oben angeführte doppelte Speisewunder. Solche *Erzählungs*-Varianten mußten auch nach Wernles vorausgesetzter Definition des Dublettenbegriffs einen Beweis *gegen* die Zweiquellentheorie bilden. Wie stellt Wernle sich dazu? Nun, er wird dadurch nicht in Verlegenheit gebracht: „Die Ursprünglichkeit des Markustextes ist durch die Matthäusparallele so garantiert, daß die Auslassung des Lukas belanglos ist. Aber wie ist dann die Doublette zu erklären? Hierfür gibt es zwei Möglichkeiten. Entweder die eine Geschichte wurde so verschieden erzählt – besonders mit so verschiedenen Zahlenangaben –, daß ein späterer Hörer schloß, sie sei zweimal begegnet. Es ist etwas Ähnliches, wenn in Evangelienharmonien der Hauptmann von Kapernaum und der Königische als zwei Geschichten erzählt werden. Die Annahme, die eine Relation stamme aus schriftlicher, die andere aus mündlicher Tradition, erleichtert freilich gar nichts. Oder die Geschichte, d.h. der ihr zu Grunde liegende Vorgang ist zweimal begegnet, zweimal hat der Vorsehungsglaube Jesu über den Kleinmut der Jünger so überwältigend triumphiert. Daß in der Geschichte Jesu das Wort „Denen, die das Gottesreich vor allem suchen, wird alles Übrige zufallen" sich mehr als einmal erfüllte – das ist der Sinn dieser Geschichten –, ist vielleicht keine so unsinnige Vermutung … Das ist nicht einzusehen, wie uns hier die Annahme schriftlicher Quellen etwas helfen sollte" (S. 214 f).

Wernle dürfte der Dublettentheorie hiermit nicht gerade den besten Dienst erwiesen haben. Denn sein erster Einwand, daß aus der Verschiedenheit der Überlieferung „ein späterer Hörer schloß, sie sei zweimal begegnet", ist eine Selbstverständlichkeit, die in gleicher Weise für alle anderen Varianten gilt, und sich in den Evangelien als geglaubte Duplizität des Geschehens niederschlug.

Zum andern: Bei den Logiendubletten hatte Wernle – wie vor ihm Weiße und Holtzmann – den Schluß gezogen, daß ihre doppelte Überlieferung ein *Beweis* für die Herkunft aus zwei Quellen sei, als die sie a) Markus, b) die Logienschrift ansahen. Aber hier, wo es sich 1. um eine *Erzählungs*variante und 2. dabei um eine *Markus*dublette handelt, erklärt Wernle kurzerhand: „Das ist nicht einzusehen, wie uns hier die Annahme schriftlicher Quellen etwas helfen sollte."

Damit hat er freilich recht; denn diese Erzählungsvariante bei Markus stellt eine klare Widerlegung des Dublettenbeweises dar, der ja nach Wernle „als Hauptargument für die Zweiquellentheorie gedient" hat (S. 209). Die beiden „Quellen" für die Dubletten fallen hier fort: weder kann die eine Markus sein – denn dieser ist hier ja selbst der Betroffene –

noch die andere die Redensammlung; denn hier handelt es sich ja nicht um ein Logion, sondern um einen historisch erzählenden Bericht. Es hätte demnach für Wernle – und in gleicher Weise für C.H. Weiße und Holtzmann – hinsichtlich dieser selbstverschuldeten Aporie ihrer Zweiquellentheorie nur die eine Konsequenz geben können, zu erklären: Der Dublettenbeweis hält nicht Stich.

Er beruht auf einer durchsichtigen Fehleinschätzung ihres Beweisgewichts. Denn was sind „Dubletten" nun eigentlich? Nichts anderes als Traditionsvarianten und damit Ausdruck von Überlieferungsschwankungen. Als solche müssen sie nicht nur gesehen, sondern auch *bewertet* werden. Es ist der Grundfehler der Markusvertreter, daß sie hierfür nicht die richtige Sehferne zu gewinnen vermögen. Sie erkennen nicht, daß Dubletten, genau wie alle anderen Varianten, im Rahmen der großen Schwankungsmöglichkeiten der Tradition keine Sonderstellung einnehmen. Aber gerade eine solche verleihen sie ihnen, indem sie sie zu „Dubletten" stempeln, deren einer Teil nur aus Markus, der andere nur aus der Spruchquelle stammen könne. Damit aber verengern sie in unzulässiger Weise, d.h. im Widerspruch zu den tatsächlichen Gegebenheiten den fast unermeßlichen Spielraum der Überlieferung.

Im übrigen liegt hier wieder die gleiche Petitio principii vor wie bei den meisten anderen „Beweisen" der Markushypothese: Durch den Dublettenbeweis soll die Richtigkeit der Zweiquellentheorie erwiesen werden, und für den Dublettenbeweis wird die Richtigkeit der Zweiquellentheorie vorausgesetzt, derzufolge die eine Hälfte der Dubletten aus Markus, die andere aus der Logienschrift stammen muß.

Davon nun abgesehen, wird der Dublettenbeweis durch die interne geschichtliche Entwicklung der Zweiquellentheorie selbst ad absurdum geführt. Er hatte doch nur Sinn auf der Basis der „reinen" Zweiquellentheorie, wie sie von C.H. Weiße begründet und von Holtzmann und Wernle weiter ausgebaut wurde, daß es nämlich zwei säuberlich voneinander zu trennende, ganz verschiedenartige Quellen gebe: eine reine Geschichtsquelle und eine reine Spruchquelle. Das war die hypothetische Voraussetzung für Weißes Dubletten-„Aperçu". Nun sich aber herausgestellt hatte, daß damit nicht durchzukommen war – Q mußte auch Erzählungen enthalten haben, und Markus mußte auch Q benutzt haben –, fiel der Dublettenbeweis in sich zusammen, da er gegenstandslos geworden war. Von hier aus wird es ja auch erst psychologisch richtig verständlich, warum die drei genannten Hauptvertreter des Dublettenbeweises eisern darauf bestanden, Matthäus und Lukas müßten die Logien, die auch im Markusevangelium stünden, aus *diesem* und *nicht aus Q* entnommen haben. Denn Markus, sagten sie, habe sie von *Petrus*.

Wir wenden uns jetzt ihrem petrinischen Ursprungsbeweis zu.

Die Vorkämpfer der Markushypothese haben sich allezeit sehr sauer getan, den Beweis des petrinischen Ursprungs für das zweite Evangelium zu erbringen, und haben ihn nachher mit Zähnen und mit Klauen zu verteidigen gesucht. Bereits durch ihre beiden Begründer, Wilke und Weiße, wurde er zum eigentlichen Fundamentalstück ihrer Quellentheorie. Der Bericht des Markus sollte unmittelbar auf die Augenzeugenschaft des Petrus zurückgehen, der alles, was er gesehen und gehört hatte, unmittelbar an Markus weitergegeben habe. Petrus, der prominenteste Jünger Jesu, von ihm selbst als der „Fels" bezeichnet – welcher Fels zugleich auch für die Markushypothese! Mit ihm stand und fiel die Authentie des zweiten Evangeliums als *Geschichts*quelle für das Leben Jesu. Darum kämpften sie unentwegt für den Primat des Markusevangeliums. Denn wenn dieser nicht einwandfrei erwiesen war, dann wurde in der Tat auch das Fundamentalstück der Markushypothese fragwürdig, daß das zweite Evangelium die Hauptquelle des ersten und dritten Evangelisten gewesen sei.

Den Beweis, daß das Markusevangelium auf die Augenzeugenschaft des Petrus zurückzuführen sei, vermittelt durch das Medium des Markus, hatte C. H. Weiße – und, ihm folgend, die übrigen Markusvertreter – bereits auf stilistischem Wege zu liefern gesucht durch den Ursprünglichkeitsbeweis sowie den Einheitlichkeitsbeweis. Nun suchte er dafür auch noch den geschichtlichen Beweis zu erbringen. Zu dem Zweck griff Weiße, wie entsprechend bei Matthäus, zurück auf die Papiasnotiz bei Eusebius (hist. eccl. III, 39) betreffs des Markus:

„Auch dies sagte der Presbyter: Markus, der der Dolmetscher des Petrus war, schrieb nach seiner Erinnerung sorgfältig, aber nicht in der richtigen Reihenfolge nieder, was von dem Herrn verkündet oder an Taten verrichtet war; denn er hat weder den Herrn gehört noch ist er ihm nachgefolgt, später aber, wie gesagt, dem Petrus. Dieser gestaltete seine Lehrvorträge nach den Bedürfnissen, aber nicht wie einer, der eine Zusammenstellung der Herrenworte macht. Daher hat Markus nichts verkehrt gemacht, wenn er einiges so aufschrieb, wie er es im Gedächtnis behalten hatte; denn er richtete seine Fürsorge darauf, nichts von dem, was er gehört hatte, zu übergehen oder irgend etwas darin falsch darzustellen" –

„Καὶ τοῦθ' ὁ πρεσβύτερος ἔλεγεν· Μάρκος μὲν ἑρμηνευτὴς Πέτρου γενόμενος, ὅσα ἐμνημόνευσεν, ἀκριβῶς ἔγραψεν, οὐ μέντοι τάξει τὰ ὑπὸ τοῦ κυρίου ἢ λεχθέντα ἢ πραχθέντα, οὔτε γὰρ ἤκουσεν τοῦ κυρίου οὔτε παρηκολούθησεν αὐτῷ, ὕστερον δέ, ὡς ἔφην, Πέτρῳ· ὃς πρὸς τὰς χρείας ἐποιεῖτο τὰς διδασκαλίας, ἀλλ' οὐχ ὥσπερ σύνταξιν τῶν κυριακῶν ποιούμενος λογίων, ὥστε οὐδὲν ἥμαρτεν Μάρκος οὕτως ἔνια γράψας ὡς ἀπεμνημόνευσεν. ἑνὸς γὰρ ἐποιήσατο πρόνοιαν, τοῦ μηδὲν ὧν ἤκουσεν παραλιπεῖν ἢ ψεύσασθαί τι ἐν αὐτοῖς" (Papiasfragment S. 39).

Weiße behauptet nun, diese Graphé, diese Niederschrift der Worte und Taten Jesu durch Markus, sei nichts anderes als unser kanonisches Markusevangelium. Davon hatte allerdings Papias nichts gesagt. Auch stand dieser Vermutung die Ansicht einer hohen wissenschaftlichen Autorität entgegen: Schleiermacher hatte in seiner Schrift „Über die Zeugnisse des Papias von unsern beiden ersten Evangelien" klipp und klar erklärt:
„Ob aber diese Schrift unser gegenwärtiges Markusevangelium ist, das ist mir wenigstens im höchsten Grade zweifelhaft; und muß die Frage verneint werden, so entsteht die zweite Frage, wie sich unser Evangelium zu jener Schrift verhält" (über Papias S. 384).

Zwei Seiten weiter faßte Schleiermacher sein Ergebnis dahin zusammen: „Was war also diese Schrift des Markus, welche Papias uns beschreibt? Ebensowenig unser Markusevangelium wie die andere unser Matthäusevangelium, sondern auch eine Sammlung von einzelnen Zügen aus dem Leben Christi, Gesprochenes und Getanes, genauso wiedergegeben, wie Petrus sie in seine Lehrvorträge eingestreut hatte, weder zu einem fortlaufenden Ganzen verbunden noch auch in bestimmten Abschnitten, sei es nach der Zeitfolge oder nach einer sachlichen Ordnung gestellt, sondern aufgeschrieben, wie sie einzeln in der Erinnerung hervortraten" (S. 368).

Ebenso hatte Schleiermacher es für „das Unwahrscheinlichste von der Welt" gehalten, daß „Markus, wenn er, wie es doch das Wahrscheinlichste ist, noch als Dolmetscher des Petrus schrieb und also nichts anderes als die Zeit dazu sich gleichsam abstehlen konnte, eine solche Schrift wie unser Evangelium gemacht haben sollte".

Christian Hermann Weiße erwiderte darauf: „Wir unsererseits fühlen uns gedrungen, diese Aussprüche über Wahrscheinlichkeit und Unwahrscheinlichkeit gerade umzukehren" (Evangelische Geschichte Bd. I S. 42). Er behauptet, es sei ganz unwahrscheinlich, daß Markus bei Lebzeiten des Petrus dessen Bericht niedergeschrieben habe; und diesen Gedanken drückt Weiße wieder auf die für ihn charakteristische gespreizte Weise aus: ⁵
„Man müßte gerade hier eine Absichtlichkeit des Ablauerns zum Behufe der Veröffentlichung annehmen und den Markus sich, wie ein Las Cases oder ein O'Meara dem Napoleon auf Helena oder wie Falk und Eckermann Göthen, aufpassend denken" (Bd. I S. 42).

Weiße blieb also dabei, daß die von Papias erwähnte Schrift eines Markus mit unserem kanonischen Markusevangelium identisch sei. Dieses wäre nach dem Tode des Petrus von seinem Dolmetscher und Reisebegleiter Markus aus der Erinnerung an die Mitteilungen des Apostels über Herrenworte und -taten nach bestem Wissen niedergeschrieben worden, jedoch, wie es in der Natur der Sache liege, nicht genau in der richtigen Reihenfolge, „da er sie den Petrus nicht der Ordnung nach erzählen gehört, sondern sich, des Beistandes seines Meisters beraubt, solche Ordnung selbst habe, so gut es gehen wollte, erdenken müssen" (Bd. I S. 43).

Nun hatte Weiße also den Beweis zu erbringen, daß der Gewährsmann des Markus, und zwar des Evangelisten Markus, der Apostel Petrus gewesen sei. Man hätte mit Recht erwarten dürfen, wenn es so gewesen wäre, wie Weiße behauptet, daß die Gestalt des Petrus im Markusevangelium nicht nur eine Mittelpunktstellung einnähme, sondern, darüber hinaus, beträchtlich mehr hervorträte als in den anderen Evangelien. *Das ist jedoch nicht der Fall – im Gegenteil.* Folgende auf Petrus bezügliche, gewichtige Stellen der beiden Parallelreferenten haben bei Markus keine Entsprechung:

Mt 14, 28–31:	Das Wandeln Simons über das Wasser, sein Versinken und seine Errettung durch Jesus: „Kleingläubiger, warum zweifeltest du?"
16, 17–20:	Die Seligpreisung Simons; die Verleihung des Namens Petrus; die Schlüsselverleihung.
17, 14–27:	Die Befragung Simons durch die Steuereinnehmer, weshalb Jesus die Didrachmen nicht zahle; Jesu Auftrag an Petrus; der Stater im Fischmaul.
18, 21.22:	Frage des Petrus nach dem Häufigkeitsgrad der Vergebung.
Lk 5, 3:	Der wunderbare Fischzug des Petrus. „Gehe hinaus von mir, ich bin ein sündiger Mann." – „Von nun an sollst du Menschenfischer sein."
22, 31–32:	„Simon, Simon, der Satan hat sich ausgebeten, euch zu sichten; ich aber habe für dich gebeten, daß dein Glaube nicht ausgehe, und wenn du dereinst dich bekehrt hast, stärke deine Brüder."
22, 8:	Jesus sendet, um das Passahmahl auszurüsten, Petrus und Johannes aus (Markus: „zwei seiner Jünger").

Das alles sind nun auf die Person des Petrus bezogene Stellen, so namentlich betont, daß sie für die Herleitung unmittelbar von Petrus ein gewisses Gewicht hätten besitzen können – wenn sie im Markusevangelium stünden. So aber sprechen sie *gegen* die These Weißes und lassen seine Behauptung von der petrinischen Herkunft des Markusevangeliums unfundiert erscheinen.

Doch Weiße läßt sich durch diese harte Tatsache nicht erschüttern und weiß wieder Rat:

„Insbesondere in einer nicht unansehnlichen Reihe von Stellen des ersten Evangeliums, ein paar Mal aber auch bei Lukas, werden Äußerungen und andere Anekdoten von Petrus erzählt, von denen Markus nichts weiß" (Bd. I S. 62).

So weit das Faktum, das Weiße zugibt. Nun sein Ausweg. Er fährt fort:

„in bezug auf welche also nichts als die Annahme übrig bleibt, daß die Verfasser jener Evangelien sie aus anderen Quellen schöpften" (Hvhbg. v. Vf.).

Die Behauptung Weißes, daß „nichts anderes übrig bleibt" als jene Annahme, ist unter der Voraussetzung aufgestellt: wenn die Markushypothese stimmen soll. Aber diese Annahme, daß sie *nicht* stimmt, blieb auf jeden Fall unter den Möglichkeiten noch übrig.

Doch auch diesen Zweifel, der offenbar Weiße selbst auch aufgetaucht ist, weiß er sofort zu beschwichtigen:

„Diese Annahme selbst hat nichts unserer Grundanschauung Widersprechendes, insbesondere nicht, wenn man bedenkt, daß dieselbe größere Ausführlichkeit oder größere Lebendigkeit der Erzählungen des Petrus, welche es bewirkte, daß aus der Umgebung des Petrus die erste und einzige zusammenhängende schriftliche Darstellung der Lebensgeschichte Jesu hervorging, daß eben sie auch Veranlassung mancher andern Anekdoten werden konnte, die über ihn in Umlauf kamen, auch wohl sagenhafter Züge, die sich an seine Person knüpften" (Bd. I S. 62 f).

Doch damit noch nicht genug. Weiße weiß noch mehr über diese angeblichen „andern Quellen" auszusagen, aus denen hier plötzlich Matthäus und Lukas noch neben dem Markusevangelium und den Logien geschöpft haben sollen:

„Dieselben (scil. die angeführten Stellen) sind in beiden Synoptikern keineswegs aus Quellen gleichen Ranges mit Markus, sondern wahrscheinlich aus einer teilweise schon an das Bereich des Apokryphischen streifenden Überlieferung geschöpft" (Bd. I S. 63).

Man sieht, Weiße versteht es immer noch „irgendwie hinzudrehen". Nur merkwürdig, daß wir anderswo nichts über diese außermarkinischen, „an das Bereich des Apokryphischen streifenden Quellen" in Erfahrung bringen können. Es ist reine prohypothetische Zweckphantasie.

Weiße bemüht sich nun, anderweitige „Spuren eines Ausgehens der Überlieferung von Petrus" nachzuweisen, und zwar „wenn nicht auf jedem einzelnen Punkte, doch hin und wieder an bedeutend hervortretenden Stellen" (Bd. I S. 59). Die erste sieht er gegeben in der Berufung des Simon und seines Bruders Andreas zur Nachfolge Jesu (Mk 1, 16–20). Aber im gleichen Berichtszusammenhang erfolgt die Berufung des Brüderpaares der Zebedaiden. Folglich läßt sich aus dieser Stelle kein Primat des Petrus ableiten.

Die zweite besondere Hervorhebung des Petrus im Markusevangelium ist für Weiße die der Heilung der Schwiegermutter Petri folgende Stelle Mk 1, 36, als Markus die Jünger und Begleiter Jesu bezeichnet als „Simon und die mit ihm waren" – Σίμων καὶ οἱ μετ' αὐτοῦ. „Eine merkwürdige Wendung", sagt Weiße, „die er (scil. Markus) schwerlich gebraucht haben würde, wenn es ihm nicht aus persönlichen Gründen geläufig gewesen wäre, wo er die Jünger zu erwähnen hatte, zuerst des Petrus zu gedenken (Bd. I S. 60). Weiße fügt hier hinzu:

„Wir halten es für überflüssig, auch die anderen Stellen dieses Evangeliums und die entsprechenden der beiden andern, wo Petrus vor den übrigen Jüngern in den Vordergrund tritt, alle einzeln hervorzuheben. Es liegt am Tage und wird wohl von niemand geläugnet werden können, daß diese Stellen häufig und bedeutend genug sind, um, unter Voraussetzung *unserer* Fragestellung, das zu Beweisende zu beweisen, zumal ihnen wenige oder keine, aus denen man ähnliche Schlüsse auf eine andere Entstehungsart der Evangelien ziehen könnte, entgegenstehen" (Bd. I S. 60).

Nun könnte die erwähnte Formulierung „Petrus und die mit ihm waren" nur dann Gewicht besitzen, wenn sie Eigengut des Markus darstellte und öfter bei ihm vorkäme. Aber genau die entsprechende Formulierung finden wir auch bei Lukas in seinem auf diesen Bericht folgenden *Sondergut* über den Fischzug Petri (5,9).

Zudem hat Weiße hier zu scharf interpretiert. Denn aus der Situation ergibt sich, daß Jesus *im Hause des Petrus eingekehrt ist* und sich am frühen Morgen noch in der Dämmerung den Massen entzogen hat und in die Einsamkeit ging, um zu beten. Da die Massen ihn suchen und man Jesus nicht finden kann, machen sich die Jünger auf die Suche nach Jesus, an ihrer Spitze Petrus, in dessen Hause er ja weilte. Daraus eine den Petrus bevorrechtende Erwähnung abzuleiten, ist nicht gerechtfertigt, da die Situation es ungezwungen ergibt, daß Petrus sich an die Spitze der Suchenden stellt und ihre Führung übernimmt. Im übrigen findet sich bei Markus nicht eine einzige weitere Belegstelle für die Behauptung Weißes, daß es Markus „aus persönlichen Gründen geläufig gewesen wäre, wo er die Jünger zu erwähnen hatte, zuerst des Petrus zu gedenken".

Daher ist es auch keineswegs berechtigt, wenn Weiße erklärt: „Wir halten es für überflüssig, auch die übrigen Stellen dieses Evangeliums und die entsprechenden der beiden andern, wo Petrus vor den übrigen Jüngern in den Vordergrund tritt, alle einzeln hervorzuheben". Daß Petrus *bei allen drei Synoptikern* der meist erwähnte Jünger ist, steht nicht zur Diskussion; es handelt sich doch nur darum, den Nachweis zu erbringen, daß er bei *Markus* eine singuläre Stellung im Unterschied zu den beiden andern Synoptikern einnimmt. *Aber gerade dieser Nachweis ist nicht zu erbringen.* Wenn sich eine zweite Stelle der eben behandelten Art bei Markus fände, würde Weiße wohl nicht unterlassen haben, sie zu erwähnen, um seine Behauptung durch einen weiteren Beleg zu erhärten.

Anstelle des direkten sucht er nun einen indirekten Beweis für den Primat des Petrus zu führen, und zwar *aus Matthäus und Lukas.* Seine Durchführung ist zugleich wiederum charakteristisch und typisch für die Argumentationsweise Weißes und läßt einen Rückschluß auf ihre allgemeine „Beweiskraft" zu:

„Dagegen verdienen und bedürfen eine besondere Berücksichtigung einige der Stellen bei Matthäus und Lukas, in denen, ohne den ausdrücklichen Vorgang des Markus, Petrus namentlich eingeführt wird. Unter diesen nämlich sind zwei von einer solchen Beschaffenheit, daß sich aus ihnen auf die überraschendste und schlagendste Weise von der Welt der Doppelbeweis für die Abhängigkeit jener beiden Evangelien von Markus und für die Authentie des letzteren führen läßt. Die erste dieser Stellen ist in dem Gespräch, welches Jesus vor den Pharisäern und mit seinen Jüngern über die Reinigungsgebräuche hält. Dort nämlich wird eine Frage, die bei Markus die Jünger überhaupt tun, im ersten Evangelium dem Petrus namentlich in den Mund gelegt (Mt 15,15 vgl. Mk 7,17). Dies scheint auf den ersten Anblick in schneidendem Widerspruch gegen die Annahme zu stehen, daß das Markusevangelium unmittelbarer als das Matthäusevangelium aus den Erzählungen des Petrus geschöpft sei. Aber bei näherer Betrachtung findet sich die Enträtselung des sonderbaren Umstandes. Der Verfasser des ersten Evangeliums hatte in einer Erzählung, die er aus Markus entlehnt, einige aus anderer Quelle geschöpfte, gleichfalls durch eine Frage der Jünger veranlaßte Worte dazwischen geschoben. (Fußnote: V. 12–14. Daß diese Worte wirklich von ihm eingeschoben sind und daß nicht etwa erst Markus sie weggelassen hat, erhellt daraus, daß sie den Zusammenhang zwischen V. 11 und V. 15 auf das auffallendste unterbrechen.) Wie er zu der Erzählung des Markus zurückkehrt, *fühlt er das Bedürfnis*, die neue Frage der Jünger von der früheren zu unterscheiden, da sie nicht mit jener in einer ununterbrochenen Folge des Gesprächs getan sein kann. In der Voraussetzung nun, daß Markus, den er vor sich hatte, diese Frage so wie das ganze Gespräch von Petrus vernommen, und daß Petrus wahrscheinlich zunächst seine eigenen Reden berichtet haben werde, legt er diese Frage geradezu dem Petrus in den Mund" (Bd. II S. 63; Hvhbg. v. Vf.).

Man sieht, zu welcher horrenden Faktenverfälschung die psychologische Beweismethode führen kann. Der einfache Tatbestand, der hier Mt 15,15 par Mk 7,17 vorliegt, ist folgender: Bei Markus heißt es: „befragen ihn *seine Jünger* nach dem Gleichnis", bei Matthäus dagegen: „*Petrus* aber antwortete ihm: Deute uns das Gleichnis".

Nun will Weiße mit Hilfe seiner psychologisierenden Beweismethode den Nachweis erbringen, daß Matthäus den „Petrus" aus Markus erschlossen habe, obgleich dort eindeutig und unmißverständlich steht: „befragten ihn *seine Jünger*".

Nun hat Markus, im Gegensatz zu Matthäus, eine klare, zusammenhängende Gedanken- und Erzählungsfolge von 7,14–7,23 (Jesus lehrt: „Nicht das, was in den Mund eingeht, verunreinigt den Menschen, sondern was aus dem Munde ausgeht". Darauf folgt die Bitte der Jünger um die Deutung der Worte). Bei Matthäus dagegen ist die Lehre Jesu und die

Bitte um Deutung unterbrochen durch eine versetzte Stelle, die in einen ganz anderen Zusammenhang gehört (Die Jünger sagen Jesu: „Die Pharisäer stoßen sich an dem Wort." Jesus antwortet: „Sie sind blinde Blindenführer").

Aus dieser Unterbrechung des Zusammenhangs bei Matthäus zieht Weiße den Schluß: „Daß diese Worte wirklich von ihm eingeschoben sind und daß nicht etwa erst Markus sie weggelassen hat, erhellt daraus, daß sie den Zusammenhang ... auf das auffallendste unterbrechen." Eine solche Schlußfolgerung ist schlechthin unsinnig. Wer, der einen so klaren, zusammenhängenden Bericht vorfindet, wie Matthäus es nach Weiße bei Markus getan haben müßte, könnte sich veranlaßt sehen, einige nicht dazugehörige Worte dazwischenzuschieben, die „den Zusammenhang auf das auffallendste unterbrechen"? Dagegen hatte Markus alle Veranlassung, entsprechend seiner Tendenz der verbessernden Hand, die den Erzählungszusammenhang unterbrechenden Worte fortzulassen.

Nun behauptet Weiße weiter: „Wie er (Matthäus) zu der Erzählung des Markus zurückkehrt" – warum ist er denn von ihr abgeschweift? –, „fühlt er das Bedürfnis...". Nun, welches Bedürfnis hier auf seiten des Matthäus vorgelegen haben könnte – sofern der Bericht des Markus seine Vorlage gewesen wäre –, davon kann Weiße genau so wenig Kenntnis haben wie irgend jemand anders. Er läßt hier vielmehr seine historische Phantasie schweifen und sucht seine unfundierte Behauptung des petrinischen Ursprungs des Markusevangeliums durch ein vorgebliches Wissen um die Gedankenbewegungen des Evangelisten zu untermauern. So erlaubt er sich denn, für Matthäus zu denken, und behauptet nun, dieser habe

1) das Markusevangelium vor sich liegen gehabt,
2) gewußt, daß Markus dieses ganze Gespräch von Petrus vernommen habe,
3) vorausgesetzt, „daß Petrus wahrscheinlich zunächst seine eigenen Reden berichtet haben werde", und
4) „diese Frage geradezu dem Petrus in den Mund" gelegt.

Bleibt nur zu fragen: Und *Markus?* Warum steht bei *ihm* denn hier nicht ein einziges Wort von *Petrus*, der doch hypothesengemäß sein Gewährsmann und seine mündliche Quelle war?!

Weiße bringt noch ein Pendant aus Lukas, das genau auf der gleichen Linie liegt:

„Ähnlich Lukas in der Erzählung von dem blutflüssigen Weibe (Lk 8,45 par Mk 5,31). Auch hier läßt sich der Grund deutlich aufzeigen, welcher den Verfasser des dritten Evangeliums bewogen haben mag, *eine Antwort, welche bei Markus die Jünger überhaupt geben, auf Petrus namentlich zu übertragen. Er fand nämlich diese Antwort*, so wie er sie bei seinem Vorgänger las, *nicht hinreichend deutlich*, wenn sie nicht durch die vorauszuschickende Bemerkung motiviert würde, daß auf die Frage Jesu: wer ihn angefaßt? alle nichts davon hätten wissen wollen; worauf denn Einer unter ihnen erwidert: Herr, das Volk drängt dich; wie kannst du fragen, wer dich angefaßt? *Hier schien es ihm nötig*, diesen Einen zu nennen, um ihn von den übrigen, die nur eine verneinende Antwort gaben, zu unterscheiden. *Da nun die Antwort von Markus erzählt worden war, so mußte dieser Eine Petrus sein; um sich jedoch nicht zu weit von seinem Vorgänger zu entfernen, setzt Lukas noch „und die mit ihm waren", hinzu"* (Bd. I S. 61 f; Hvhbg. v. Vf.).

Hier zeigt sich nun wieder die ganze Inkonsequenz Christian Hermann Weißes. Denn wenn, wie er glauben machen will, Lukas die Antwort, die er bei Markus fand, als „nicht hinreichend deutlich" ansah, wie merkwürdig ist es dann, daß Markus selbst sie doch offenbar „hinreichend deutlich" fand. Aber Lukas „schien es nötig" – laut Weiße – „diesen Einen zu nennen", und nun schreibt er also „Petrus". Aber jetzt macht Weiße einen Rückzieher, der seine eigene Argumentation ad absurdum führt: „Um jedoch nicht zu weit von seinem Vorgänger sich zu entfernen, setzt Lukas noch ‚und die mit ihm waren' hinzu."

Wenn nun Lukas das Bedürfnis hatte, „nicht zu weit von seinem Vorgänger sich zu entfernen", so ist es allerdings nicht verständlich, weshalb er dessen Formulierung „die Jünger" nicht stehen ließ, anstatt eine halbe Korrektur zu geben, die im Grunde keine ist; denn auch jetzt sagt es ja nicht Petrus als Einzelner, sondern gleichzeitig sagen es „die mit ihm waren", also insgesamt auch „die Jünger".

Diese Beispiele dürften genügen, um zu zeigen, auf wie schwachen Füßen Weißes „Beweis" des petrinischen Ursprungs steht. Denn seine Beweisführung ist eine Argumentatio secundum hypothesin, indem er sich dabei einer *Psychologia secundum hypothesin* bedient. Dadurch kommt das eigentümlich Gequälte und Gesuchte seiner Begründungen zustande, die in so durchsichtiger Weise die Tatsachen verdrehen, daß sie trotz allen Räsonnements nicht zu überzeugen vermögen, sondern im Gegenteil den bitteren Nachgeschmack zurücklassen, daß nach dem Prinzip verfahren werde: „Legt ihr's nicht aus, so legt ihr's unter." Matthäus sagt hier doch eindeutig: „Petrus", und Markus ebenso eindeutig: „die Jünger". Aber Weiße führt auf Grund seiner beanspruchten Kenntnisse über die jeweiligen Gedankenbewegungen der Evangelisten den „psychologischen Beweis", daß Matthäus seinen „Petrus" aus dem markinischen „die Jünger" erschlossen habe. Und worauf fußt er dabei? Auf der Behauptung, daß der markinische Bericht sich unmittelbar auf die Augenzeugenschaft des Petrus stütze. Aber eben das sollte erst noch bewiesen werden!

Auf nicht weniger schwachen Füßen als der petrinische Ursprungsbeweis des Begründers der Markushypothese steht der ihres Vollenders Paul

Wernle. Er widmet dieser Frage einen besonderen Abschnitt von zwölf Seiten. Seine Grundthese lautet:

„Markus ist das eigentlich petrinische Evangelium" (Synopt. Frage S. 208).

Auch diesen Fundamentalsatz sucht er auf eine methodisch geschickte Weise zu erhärten. Er hält es nämlich für geraten, nicht – wie bei Matthäus – den Ausgangspunkt von der Tradition zu nehmen, „damit der Blick nicht durch dieselbe getrübt werde", sondern zunächst zu fragen: „Was sagt uns Markus durch sich selbst?"

Dem ist allerdings entgegenzuhalten, daß es ganz auf die Interpretation ankommt, was Markus „durch sich selbst" sage. Dies zeigt sich denn auch sofort bei Wernle. Er stellt folgendes fest: „Unter allen Evangelisten hat Markus allein eine klare, verständliche Gliederung" (S. 195). Wernle legt dies im folgenden dar und erklärt, aus der Disposition des Markusevangeliums verdienten drei Punkte eine besondere Hervorhebung:

„1) Der allmähliche Fortschritt von der großen, öffentlichen Volkspredigt zur Belehrung im kleinen Kreis, zur Unterweisung.

 2) Die klare Erinnerung an das Datum des spezifischen Christenglaubens.

 3) *Die führende Stellung des Petrus"* (S. 196 f).

Diese drei Punkte gibt Wernle in Sperrdruck. Hinter dem letzten Wort „Petrus" steht in Kleindruck und in Klammern: „(und der Zebedaiden)". Die führende Stellung des Petrus sucht er nun durch eine Übersicht zu verdeutlichen, aus der sie sich „am besten" ergebe:

„Der erste Tag: Berufung Simons, seines Bruders Andreas und der Zebedaiden.

Jesus heilt Simons Schwiegermutter.

Simon und die mit ihm sind, suchen Jesus auf.

Sammlung und Scheidung: Bei der Berufung der Zwölf legt Jesus dem Simon den Namen Petrus bei, den Zebedaiden den Namen Donnersöhne.

Enthüllung des Geheimnisses: Petrus bekennt Jesus als Messias. Bei der Verklärung ist er mit den Zebedaiden Augenzeuge.

Peräa; Reichtum und Lohn: Petrus sagt zu Jesus: Sieh, wir haben alles verlassen und sind dir nachgefolgt. Dann folgt der Anspruch der Zebedaiden.

Die Zukunft: Petrus, die Zebedaiden und Andreas erfahren allein die Weissagung.

Leidensgeschichte: Petrus tritt am feurigsten für die Treue ein. In Gethsemane sind er und die Zebedaiden die intimsten Jünger, aber den Simon trifft der Vorwurf: Schläfst du? Petrus allein folgt Jesus nach und verleugnet ihn.

Auferstehung: Dem Petrus wird ganz besonders die Erscheinung Jesu versprochen" (S. 197).

Gegenüber diesen Hinweisen Wernles auf die führende Stellung des Petrus im Markusevangelium ist, ebenso wie im Zusammenhang der Analyse von Weißes Beweisführung, auf folgendes hinzuweisen: Die Rolle des Petrus ist in den beiden anderen synoptischen Evangelien keineswegs in geringerem Maße hervorgehoben als bei Markus, im Gegenteil: Er tritt bei Matthäus noch mehr hervor. Was sagt Wernle zu diesem Faktum? Seine Stellungnahme ist instruktiv:

„Was Matthäus darüber hinaus hat, ist bloß geeignet, die Treue des Markus in besseres Licht zu stellen: die Legende vom Wandeln Jesu auf dem Meer, das in eine Legende ausmündende Gespräch Jesu mit Petrus über die Tempelsteuer, das hoch gegriffene, die geschichtliche Erinnerung weit überfliegende Wort an Petrus als Fundament der Kirche Christi. Daß Markus diese drei Stellen *nicht* hat, spricht kaum weniger für den Wert der Petrustradition als die von ihm überlieferten Züge" (S. 198).

Eine eigentümliche Art der Argumentation: Das, was Markus über Petrus bringt, spricht nach Wernle für den Wert seiner Petrustradition. Das, was er *nicht* bringt, spricht ebenfalls dafür, das eine Mal sogar noch mehr („bloß geeignet, die Treue des Markus in besseres Licht zu setzen"), das andere Mal nicht viel weniger („spricht kaum weniger für den Wert der Petrustradition als die von ihm überlieferten Züge").

Man sieht, wie dabei das Mehrgut des Matthäus, eines wie das andere, von Wernle abgewertet wird. Die einmalige Heraushebung des Petrus vor allen anderen Jüngern durch die Benediktion vor Caesarea Philippi wird abgetan als das „hoch gegriffene, die geschichtliche Erinnerung weit überfliegende Wort an Petrus als Fundament der Kirche", ebenso wie das Gespräch Jesu mit Petrus über die Tempelsteuer beiseite geschoben wird, weil es „in eine Legende ausmündet". Als ob das die Quintessenz der Geschichte wäre!

Das alles zeigt eine Argumentationsweise, die von Objektivität weit entfernt ist. Die gleiche Haltung begegnet uns bei der Behandlung derselben Fälle im Kapitel „Matthäus und Markus". Da sagt Wernle von der „Episode von dem auf dem Meer wandelnden Petrus": „Sicher schon für den Evangelisten mit symbolischem Sinn" (166). Aber das ist keineswegs „sicher", sondern es ist eine durch nichts fundierte Zweckbehauptung Wernles, um den Prinzipat der petrinischen Tradition des *Markus* aufrechtzuerhalten; denn er fügt hinzu: „Matthäus hat mehrere solcher Petrusepisoden über Markus hinaus. Aber gerade ein Blick in ihren Legendencharakter zeigt, daß *ihr Fehlen bei Markus nur ein Argument für den petrinischen Ursprung seiner Tradition ist.* Solche Anekdoten wie diese hat eben Petrus dem Markus nicht erzählt, geschweige erlebt" (S. 166; Hvhbg. v. Vf.).

Nun, Wernle muß es wissen, was Petrus dem Markus erzählt und nicht erzählt hat, „geschweige erlebt". Aber diese Argumentation wendet sich gegen ihn selbst; denn es ist doch schlechthin abwegig, eine solche Herausstellung des Petrus wie bei der Schlüsselverleihung und der Benediktion sowie bei seinem Versuch, Jesus auf dem Wasser entgegenzueilen, als *Gegenbeweis* zu bewerten. Das hätte doch nur Sinn gehabt, wenn eine *gegen* Petrus gerichtete Stelle etwa wie Mt 16,23 „Hebe dich von mir, du Satan" –ὕπαγε ὀπίσω μου, σατανᾶ– bei Markus gefehlt und nur bei Matthäus vorhanden gewesen wäre. Aber das Gegenteil ist der Fall; sie steht auch bei Markus (8,33).

Der ganze Abschnitt ist von Wernle mit Sperrdruck überschrieben: „Die führende Stellung des Petrus." Dementsprechend hebt er hervor:
„An allen wichtigen Punkten von Anfang bis zu Ende der Erzählung ist er die führende Person im Jüngerkreis. Er ist der Erstberufene, der Erste, der Jesus als Messias bekennt und seine Herrlichkeit schaut, trotz der Verleugnung derjenige Jünger, der am längsten ihm folgt, der Erste, der seiner Erscheinung gewürdigt werden soll" (S. 197).

Wir wollen in diesem Zusammenhang nicht näher darauf eingehen, daß das „Hebe dich von mir, du Satan!" nicht gerade darauf hinweist, daß Petrus „von Anfang bis zu Ende der Erzählung die führende Person im Jüngerkreis" war, sondern daß dieses Wort vielmehr eine klare Fortweisung aus der Nachfolge Jesu enthält. Es ist jedoch erforderlich zu zeigen, daß Wernle unverkennbar mit zweierlei Maß mißt, je nachdem, ob die Überlieferung bei Markus oder bei Matthäus steht. Es stimmt nicht, daß im Markusevangelium Petrus „der erste ist, der einer Erscheinung gewürdigt werden soll". Es heißt Mk 16,7 eindeutig und unverkennbar:
„Saget seinen Jüngern und dem Petrus, daß er euch vorangeht nach Galiläa; dort werdet ihr ihn sehen, wie er euch gesagt hat" – εἴπατε τοῖς μαθηταῖς αὐτοῦ καὶ τῷ Πέτρῳ, ὅτι προάγει ὑμᾶς εἰς τὴν Γαλιλαίαν· ἐκεῖ αὐτὸν ὄψεσθε, καθὼς εἶπεν ὑμῖν.

Daraus „eine ungeheure Betonung des Vorrangs des Petrus" ableiten zu wollen, entbehrt der erforderlichen Grundlage. Man könnte allenfalls aus der Tatsache, daß Petrus *nach* den Jüngern genannt wird, den umgekehrten Schluß daraus ziehen, daß das „Hebe dich von mir" eine vorübergehende Fortweisung aus dem Jüngerkreis und damit eine Zurücksetzung hinter die anderen Jünger zur Folge gehabt haben müsse. Wenn es, wie Wernle glauben machen will, eine „ungeheure Betonung des Vorrangs des Petrus" bedeuten soll, dann hätte zumindest Petrus an erster Stelle genannt sein müssen, und es hätte Mk 16,7 heißen müssen: εἴπατε τῷ Πέτρῳ καὶ τοῖς ἄλλοις μαθηταῖς αὐτοῦ.

Man kontrastiere nun hiermit die tatsächlich „ungeheure Betonung des Vorrangs des Petrus" bei *Matthäus* (16,17) in der Bewertung Wernles. Weil diese Benedictio Petri bei Matthäus steht, charakterisiert Wernle sie als „das hoch gegriffene, die geschichtliche Erinnerung weit überfliegende Wort an Petrus". Doch wenn hier einer hoch greift, dann ist es Wernle, indem er sagt, Petrus sei „trotz der Verleugnung derjenige Jünger, der ihm am längsten folgt". Es heißt Mk 14,53f: „Und sie führten Jesus fort ... und Petrus folgte ihm von weitem – μακρόθεν – bis hinein in den Hof des Hohenpriesters" – ἕως εἰς τὴν αὐλὴν τοῦ ἀρχιερέως.

Dies wird nun von Wernle hochgespielt als eine positive Nachfolge, länger als die der anderen Jünger. Ihr Inhalt ist aber nicht etwa ein Bekenntnis des Petrus zu Jesus und ein standhaftes Eintreten für ihn, sondern ein dreimaliges Ableugnen der Nachfolge. Daher bedeutet es eine Verfälschung der Tatsachen, Petrus als „denjenigen Jünger, der am längsten ihm folgt", zu bezeichnen. Denn dieses „Folgen" ist ein Verraten. Von den übrigen Jüngern wird nichts Gleiches berichtet.

Darüber hinaus sucht Wernle nun noch einen indirekten Beweis für den petrinischen Ursprung des Markusevangeliums zu führen. Er stellt die kühne Behauptung auf: „Vielmehr ist das Markusevangelium die wertvollste Quelle für die Theologie des Petrus" (S. 200). Das sucht er folgendermaßen zu beweisen:

„Was wir außer Markus von Petrus Sicheres wissen, beschränkt sich auf die Mitteilungen des Paulus im Galaterbrief und auf allgemeine Erwägungen. Aus Galater 2 gewinnen wir die Möglichkeit, den Standpunkt des Petrus von dem des Jakobus genau zu unterscheiden. Petrus weiß sich als Apostel der Beschneidung, der festhält an der Prärogative Israels, zugleich aber Freude hat an dem großen Erfolg des Paulus unter den Heiden. Der Glaube an Jesus als Messias, nicht die Scheu vor dem Gesetz, ist der Mittelpunkt seiner Frömmigkeit. Als er nach Antiochia kam, hat er sich aus den Reinigungsvorschriften nichts gemacht, sondern völlig ohne Bedenken mit geborenen Heiden als mit Glaubensbrüdern zusammen gegessen. Allein seine Freiheit vom Gesetz war unmittelbarer, von Herzen kommender Art; sie ruhte nicht auf einem Bruch mit dem Gesetz, auf der Erkenntnis der Abrogation desselben. Daher konnte ihn die Mahnung des Jakobus sofort einschüchtern und zum Rückzug in die Ängstlichkeit bewegen. Da er das Gesetz theoretisch stets als höchste Ordnung anerkannt hatte, kam er praktisch stets nur stoßweise und im Einzelnen von ihm los. Und wie hoch er auch gemäß 1. Kor. 11 und 15 von Christi Tod und Auferstehung dachte, in einen Gegensatz zum Gesetz wurde er durch seinen Glauben nie gebracht.

All das begreift sich leichter, sobald wir erwägen, daß Petrus – wie Jesus – Laie, und zwar nicht pharisäischer Laie, gewesen ist. Als solcher konnte er Dinge zusammendenken, die dem Theologen Paulus als sich ausschließende Gegensätze erschienen sind. Als solcher hielt er sich auch im Gesetz an das ihm zusagende Schlichte, Moralische, als wäre es das Einzige, was Gott will. Daraus begreift sich auch seine weitgehende Freiheit und Ungebundenheit neben gläubiger Achtung vor der Autorität des Gesetzes. *Eben das nun zeigt uns das Markusevangelium*" (S. 201; Hvhbg. v. Vf.).

Demgegenüber ist zu fragen: Wo zeigt uns das Markusevangelium „eben das nun"? Als das Einzige von allem, was Wernle hier von der Theologie des Petrus entwickelt, findet sich im Markusevangelium „der Glaube an Jesus als Messias". Aber zeigt sich dieser nicht in allen drei synoptischen Evangelien in gleicher Weise? Alles andere, das Wernle hier dem Markusevangelium als tragende Haltung unterlegen will, ist nichts als ein zweckbestimmtes Hineindeuten, um dadurch einen indirekten Beweis für den petrinischen Ursprung des Markusevangeliums führen zu können. Aber es liegt auf der Hand, daß ein solcher „Beweis" keine Argumentationskraft besitzt.

Wernle selbst scheint dabei seiner Sache auch nicht so sicher zu sein; denn er lenkt später ein und erklärt: „Verfehlt wäre es nun, deshalb alle Anschauungen des Markusevangeliums für Petrus in Anspruch nehmen zu wollen und auf ihn zurückzuführen. Zunächst redet doch immer der Evangelist selbst. Aber kein Zug in seinem Werk scheint mir gegen den herrschenden Einfluß des Petrus zu sprechen" (S. 209).

Nun ist es allerdings ein erheblicher Unterschied, ob man behauptet: „Kein Zug in seinem Werk scheint mir gegen den herrschenden Einfluß des Petrus zu sprechen" oder: „Vielmehr ist das Markusevangelium die wertvollste Quelle für die Theologie des Petrus." Und wer wollte leugnen, daß man in gleicher Weise vom Matthäus- und Lukasevangelium sagen kann, daß „kein Zug gegen den herrschenden Einfluß des Petrus zu sprechen scheint"?

Zum Schluß führt Wernle sich mit seinem petrinischen Ursprungsbeweis selbst ad absurdum. Er greift nämlich auf den „Ursprünglichkeitsbeweis" zurück, um dadurch zu erhärten, daß Petrus der Gewährsmann des Markus gewesen sein müsse. Wie bereits oben bei der Widerlegung seines „Beweises" erwähnt, gelangt er zu dem „Ergebnis": „Er (Markus) erzählt so, wie er es von Augenzeugen gehört hat" und „Wenn je eine Darstellung den Eindruck erweckt, auf die Erzählung eines Augenzeugen zurückzugehen, so ist es die des Markus" (S. 204f).

Nun sieht Wernle sich veranlaßt, ein Problem anzuschneiden, das im Gegensatz zur Augenzeugenschaft steht, die Wunderfrage – natürlich nur, um sie zu entkräften:

„Aber die Wunder? Kann ein Evangelium, das vom ersten bis zum letzten Tag so viel Wunder Jesu berichtet, auf den Erzählungen eines Augenzeugen, des Petrus, beruhen?" (S. 205; Hvhbg. v. Vf.).

An dieser Stelle macht nun Wernle eine wesentliche grundsätzliche Einräumung hinsichtlich der „Ursprünglichkeit" der markinischen Erzählungen:

„Zunächst zwei Vorerwägungen: *Es handelt sich um die Frage, was er-*
zählt und geglaubt wurde, nicht, was geschah. Diese zwei Fragen, so nah
sie sich stehen, sind nicht zu vereinerleien. Sodann sind der Evangelist
und sein Gewährsmann auch nicht identisch; es ist stets ein ziemlicher Weg
von den mündlichen Vorträgen des Petrus bis zu der schriftlichen Auf-
zeichnung seines Begleiters nach seinem Tod. An diese zwei Vorerwägungen muß man sich bei der Einzeluntersuchung stets erinnern." (S.205;
Hvhbg. v. Vf.).

Es ist erstaunlich, wie kritisch Wernle auf einmal denkt. Es wäre freilich
besser gewesen, wenn er seine eigene Mahnung *früher* stets beachtet und
beherzigt hätte! Nur eine Seite vorher heißt es bei ihm: „Ein Augenzeuge
hätte das schriftlich nicht anders schildern können" und: „In der Regel
sind es die Züge, welche die andern Evangelisten auslassen, an denen man
den ersten frischen Erzähler erkennt. Er erzählt so, wie er es von Augenzeugen gehört hat", sowie: „Wenn je eine Darstellung den Eindruck erweckt, auf die Erzählung eines Augenzeugen zurückzugehen, so ist es die
des Markus" (S.204).

Aber jetzt heißt es auf einmal: „Es ist stets ein ziemlich langer Weg von
den mündlichen Vorträgen des Petrus bis zu den schriftlichen Aufzeichnungen seines Begleiters nach seinem Tod."

Nun freilich, daran „muß man sich bei der Einzeluntersuchung stets erinnern", sagt Wernle. Das heißt mit anderen Worten: Man muß von Fall zu
Fall stets so argumentieren, wie es der hypothetische Zweck erfordert.
Denn wenn es den Anschein haben konnte, als nehme Wernle eine prinzipielle kritische Stellung gegenüber der Wunderfrage ein, so gilt das nur,
sofern durch diese der petrinische Ursprung des Markusevangeliums be-
einträchtigt werden könnte. Er hält nämlich sonst „das Wunder an sich"
maximal aufrecht und glaubt, die Andersdenkenden in seiner Argumentation dadurch überzeugen zu können, daß er ihre Intelligenz oder ihren
guten Willen in Zweifel zieht:

„Heutzutage darf gesagt werden, daß Vieles, was sich früher für historische
Kritik ausgab, aus dogmatischer Beschränktheit und Voreingenommenheit
hervorging. Einerlei, wie jeder das Wunder sich deuten und zurechtlegen
mag, soviel steht fest, daß die Geschichte Jesu voll von Wundern war, daß
bei dieser Person und in dieser Zeit die Grenzen des Möglichen, Wirklichen
unendlich weiter waren, als ein spießbürgerlicher Verstand sie zu ziehen
beliebt" (S.205).

Doch offensichtlich bezieht Wernle seine Behauptung, „daß bei dieser
Person und in dieser Zeit die Grenzen des Möglichen, Wirklichen unendlich weiter waren, als ein spießbürgerlicher Verstand sie zu ziehen beliebt", nur auf das Markusevangelium, jedoch nicht auf Matthäus, sondern
nimmt vielmehr den Standpunkt ein:

„Was Matthäus darüber (scil. das Markusevangelium) hinaus hat, ist bloß geeignet, die Treue des Markus in besseres Licht zu stellen" (S. 198).

Doch nun tritt Wernle einen leichten taktischen Rückzug an; überraschend erklärt er plötzlich:

„Es ist ja auch gar nicht behauptet, daß Markus alle Nachrichten von Petrus hat" (S. 206).

Vor Tische klang es freilich anders. Und nach Tische noch einmal:

„Markus ist das eigentlich petrinische Evangelium" (S. 208).

Den Beweis dafür ist Wernle uns freilich schuldig geblieben.

Hinzu kommt nun noch, daß die Auffassung vom petrinischen Ursprung des Markusevangeliums aus einem anderen gewichtigen Grunde nicht aufrecht zu halten ist. Die Übereinstimmung im Wortlaut der Logien und ganz allgemein aller Redebestandteile zwischen Markus auf der einen Seite und Matthäus und Lukas auf der anderen Seite ist so frappant, daß die Behauptung, jener habe sie aus mündlicher petrinischer Überlieferung, diese aber hätten sie aus der schriftlichen Redequelle entnommen, nicht Stich hält. Die Gesetze der mündlichen Überlieferung sind infolge ihres verfließenden Charakters, ihrer Streubreite, „dem Schicksal aller mündlichen Tradition", so grundlegend von der Form der schriftlichen Weitergabe verschieden, daß eine durchgehende verbale Gleichheit als Ergebnis beider Überlieferungsformen ausgeschlossen erscheint. Kontinuierliche wörtliche Übereinstimmung läßt daher keinen andern Schluß zu als den auf Benutzung einer schriftlichen Quelle.

VII. Der psychologische Reflexionsbeweis

Das ist der Beweis, von dem die Begründer der Markushypothese am meisten Gebrauch machen – und am wenigsten sprechen, aus dem einfachen Grunde, weil er der subjektivste, problematischste und fragwürdigste von allen ist. Er stellt einen wahrhaft mühsamen, dornenreichen Weg dar, auf dem sich Hindernis auf Hindernis vor den Markusprotagonisten auftürmt und sich ihnen eine Crux interpretum nach der anderen entgegenstellt.

Wir hatten eingangs unserer Darstellung gesagt, der Forscher, der die Markushypothese beweisen wolle, befände sich nicht gerade in einer beneidenswerten Lage; denn er habe eine geradezu ungeheure Beweislast zu tragen. Wer sich die von uns auf den Seiten 15–25 zusammengestellte Auflistung der Probleme, die zu lösen den Markusvorkämpfern oblag, noch einmal vergegenwärtigt, der mag schwanken, ob er sie wegen ihres Mutes bewundern soll oder ihnen lieber warnend zurufen: „Lasciate ogni speranza, voi ch'entrate."

Griesbach hatte es leichter gehabt, indem er die hundertachtzig markinischen Überhänge als Zusätze des Markus zum Text des Matthäus und

Lukas deutete (entsprechend dessen Neigung, „paraphrastikōs exprimere ac planius et distinctius exponere") und umgekehrt die Überhänge des ersten und dritten Evangelisten als Auslassung des Markus aus deren Text ansah, sowie alle anderen Divergenzen entsprechend nach dem gleichen Prinzip.

Vor den Markusvertretern aber lag nun eine kaum zu bewältigende Sisyphusarbeit, wenn sie in allen diesen Fällen das Gegenteil beweisen wollten. Denn welche methodische Möglichkeit hatten sie dabei? Es blieb ihnen nur eine einzige: zu versuchen, psychologisch glaubhaft zu machen, daß in allen diesen, fast unzähligen Fällen Matthäus und Lukas die Ändernden gewesen seien, entweder beide gleichzeitig oder jeweils einer von ihnen, sei es in Form von Auslassungen oder Zusätzen oder Änderungen am Text des Markus.

In der Sprache der Markusanhänger hieß es dann so wie bei Wernle: „Entweder Lukas las sie nicht in seiner Quelle; dann hat er nicht unsern Markus vor sich gehabt. Oder er las sie, *ließ sie aber mit Absicht weg.* Dann müssen sich Anzeichen, daß er sie las, zeigen, und *Gründe, weshalb er sie ausließ, nennen lassen"* (Synopt. Frage S. 4; Hvhbg. v. Vf.).

Hier bei Wernle erreicht diese psychologisierende Beweismethode ihren Gipfelpunkt. Er ist es auch, der dieses Argumentationsverfahren ausdrücklich zum Prinzip erhebt:
„Fast immer ist es der Autor selbst, dessen Reflexion samt ihren Motiven wir erkennen können" (S. 37; Hvhbg. v. Vf.).

Von Lukas' Benutzung des Markusevangeliums behauptet er:
„Auch hier läßt sich sagen, daß er *mit beständiger Reflexion, aber ohne feste Tendenz* seine Vorlage umgestaltet" (S. 36).

Desgleichen:
„Es hat sich ergeben, daß Lukas *mit beständiger Reflexion* seine Vorlage begleitet hat" (S. 58).

Und er fügt hinzu:
„Ganz dasselbe wird sich von Matthäus herausstellen."

Im folgenden Satze erkennt man dann bereits, aus welchem Grunde er dieses Urteil und Resultat präjudiziert hat:
„Was Wunder, wenn nun *diese Reflexion oft genug sich zusammenfand"* (S. 58), d. h. die des Matthäus und Lukas.

Auf diese Weise erspart Wernle sich „oft genug" die doppelte Motivation.

Dieses „Gründefinden" wird nun eine der Hauptaufgaben der Markusvertreter beim Einzeldurchgang durch die Evangelien, wohlgemerkt: Gründe, weshalb Matthäus und Lukas etwas aus dem Evangelium des Markus ausgelassen oder hinzugesetzt haben sollen.

Wo aber findet man sie, da in den Evangelien nicht ein einziges Wort darüber steht? Und was wissen wir denn nun objektiv über die Motive und die gedanklichen Erwägungen der Evangelisten, von denen sie bei der Konzeption ihrer Werke bewegt und getrieben worden sind? Wir müssen ehrlicherweise zugeben: Wir wissen nichts darüber.

Konnte man sie denn aus den Evangelien erschließen? Eben hierin lag die Gefährdung – nein, mehr als das: die tödliche Gefahr, nämlich die, daß man im Sinne der Hypothese psychologisierte. Denn je nachdem, von welcher Quellentheorie man ausging, mußte das Ergebnis des Erschließens ganz verschiedenartig ausfallen. So konnte man mit Hilfe dieser psychologisierenden Argumentationsmethode im Grunde jede Quellentheorie „beweisen". Und so war es schon bei der Schriftlichen Urevangeliumsmethode der Fall gewesen; auch Eichhorn und Herbert Marsh hatten es verstanden, die Hypothesenschnüre zu ziehen und „Gründe" der Evangelisten anzuführen, die hypothesenkonform waren, d.h. geeignet, die Unstimmigkeiten ihrer Quellentheorie zum Stimmen zu bringen.

Und sogar Griesbach war nicht frei davon gewesen, obgleich die Gunst seiner Hypothese ihm weniger Veranlassung dazu bot. So begründet er z.B. die Auslassung der Kapitel 1 und 2 des Matthäus und Lukas durch Markus damit, daß dieser sich allein auf die kerygmatische Wirksamkeit Jesu habe beschränken wollen:

„Omittuntur haec capita integra, quia Marcus res a Christo, tanquam doctore publico, gestas enarrare tantum voluit" (Commentatio S. 371).

Desgleichen erklärt er das Übergehen der Bergpredigt durch Markus dadurch, daß sie diesem, der nur ein kürzeres Werk habe schreiben wollen, zu weitschweifig gewesen sei und außerdem vieles umfaßte, das sich in erster Linie nur auf die Zuhörer der Bergpredigt bezog:

„Marcus, ad Matth 4,21 progressus, seponit Matthaeum et transit ad Lucam, quoniam orationem Christi in monte habitam, quae apud Matthaeum hic sequitur, praeterire decreverat. Nimis enim verbosa videbatur ei, exiguum libellum scripturo, et multa praeterea complectitur, quae proxime ad eos tantum homines pertinebant, qui Christum coram in monte loquentem audirent" (S. 371). Es entbehrt nicht der Delikatesse, daß diese Begründung Griesbachs später wörtlich von Holtzmann übernommen wurde: „Insbesondere war ihm die Bergpredigt zu lang." S.o. S. 74).

Man kann also nicht der Markushypothese einen besonderen Vorhalt daraus machen, daß sie sich ebenfalls des psychologischen Reflexionsbeweises bediente; denn sie sind allzumal Sünder gewesen. Aber der Teufel steckt hier, wie überall, im Detail – oder genauer: en gros et en détail. Denn die Vorkämpfer der Markustheorie sind in dieser Hinsicht Gefangene ihrer eigenen Hypothese, und es gibt kein Entrinnen für sie; denn es oblag ihnen und niemand konnte es ihnen abnehmen, den Beweis zu erbringen oder evident oder wenigstens glaubhaft zu machen, aus welchem Grunde Matthäus und Lukas in hundertachtzig Fällen die Überhänge aus dem Markusevangelium übereinstimmend fortgelassen haben, in fünfunddreißig Fällen dem Text des Markus genau das gleiche Wort hinzugesetzt haben,

in weiteren fünfunddreißig Fällen den Text des Markus durch ein übereinstimmend anderes ersetzt haben,

in zweiundzwanzig Fällen an demselben Wort, das sie mit Markus gemeinsam benutzten, die gleiche kleine Modifikation vornahmen.

Welche andere Möglichkeit hatten sie als die, reflektierend „im Sinne der Evangelisten" zu denken, wie Wernle es behauptet hatte: „Fast immer ist es der Autor selbst, dessen Reflexion samt ihren Motiven wir erkennen können?"

Aber hier liegt ein Error in persona vor; denn tatsächlich ist es ja nicht die Reflexion der Evangelisten, die wir erkennen können, sondern die ihrer Interpreten. Sie erlauben sich, für jene zu denken, und lassen sie so reflektieren, wie sie reflektiert haben müßten oder könnten – wenn die Markushypothese richtig wäre, also in hypothesenkonformem Sinne. Solange es sich in der Form einer Mutmaßung hält und als solche vorgetragen wird, mag es erträglich bleiben. Sobald es jedoch mit apodiktischer Sicherheit als ein angemaßtes Wissen um die Motivationen der Evangelisten verkündet wird, überschreitet es die Grenzen des wissenschaftlich Zulässigen und bleibt ohne objektiven Beweiswert.

Die Schwierigkeit für die Vertreter der Markushypothese lag nun darin, daß es für sie ein *durchgehendes* Argumentationsprinzip war, bei dem es keine Gnade und kein Ausweichen gab. Sie befanden sich in einer Zwangslage, aus der ihnen niemand heraushelfen konnte. Beim Gesamtdurchgang durch die Evangelien hatten sie bei dem nicht endenwollenden Textüberhang oder -unterhang der einen wie der anderen Seite unaufhörlich nach „Gründen" zu suchen, weshalb es so war, und zu erklären, zu erklären, zu erklären... Eine wahrhaft nicht beneidenswerte Lage! Was Wunder, daß sie oft nicht weiter wußten und mit ihrer Psychologie am Ende waren. So ruft Wernle resigniert, ja fast verzweifelt aus: „*Alles läßt sich nicht erklären*" (S.61). Und: „*Wir dürfen nicht verlangen, die Motive des Bearbeiters stets zu erkennen*" (S.156). Vorher hatte es freilich zuversichtlicher geklungen: „*Fast immer ist es der Autor selbst, dessen Motive wir erkennen können*" (S.37). Und Wernle ist nicht der Einzige, der bei dem Ultimum refugium der festsitzenden Interpreten landet, dem „General Zufall": „*Vieles bleibt einfach Zufall*" (S.61).

In ähnlicher Lage hatte sich vor ihm bereits C.H. Weiße befunden. Bei der „Aussendung der Zwölf" nämlich hatte Markus (6,7) die paarweise Aussendung der Jünger durch den Hebraismus δύο δύο ausgedrückt. Diese Notiz fehlt übereinstimmend bei Matthäus und Lukas. Hier wußte Weiße nun allerdings auch keinen hypothetischen Ausweg mehr. So sah er sich denn zu dem Zugeständnis genötigt:

„Wir haben hier ausnahmsweise (sic!) allerdings das Beispiel einer Übereinstimmung des Matthäus und Lukas gegen Markus in einer ihnen mit
ihm gemeinsamen Stelle, was uns indes in unserer sonstigen Ansicht des
Verhältnisses der Synoptiker zu einander nicht irren darf, da diese Übereinstimmung unbedeutend und *unerklärbar genug ist, um für zufällig gelten
zu können"* (Evangelische Geschichte Bd. I S. 401; Hvhbg. v. Vf.).

Diese „Zufälligkeit" erhält nun ihre besondere Note dadurch, daß Weiße
in einem früheren Zusammenhang, bei der Darlegung der Traditions-
hypothese, eine ganz entgegengesetzte Bewertung des Zufalls als Erklä-
rungsmittels vorgenommen hatte. Dort heißt es bei ihm:
„Man hat zur Erklärung dieser Übereinstimmung auch hier zu der Annahme eines Typus der Tradition seine Zuflucht genommen. Aber schon
diese Annahme selbst enthielt das stillschweigende *Zugeständnis einer
höchst auffälligen Zufälligkeit in dieser Anschauung; da es sonst offenbar
näher läge, sich geradehin auf die faktische, chronologische Wahrheit zu
berufen"* (Evangelische Geschichte Bd. I S. 71; Hvhbg. v. Vf.).

Aber bei seiner von ihm selbst behaupteten Zufälligkeit kam es Weiße
nicht darauf an, „sich geradehin auf die faktische, chronologische *Wahrheit* zu berufen", sondern vielmehr darauf, sich in seiner „sonstigen Ansicht des Verhältnisses der Synoptiker zu einander nicht irren" zu lassen.

Dieser Mangel an Format der Motivationen, die von den Begründern
der Markushypothese den Evangelisten unterlegt werden, ist einer der
Haupteinwände, die man gegen ihre Psychologismen erheben muß. So,
wenn *Weiße*, weil er keinen besseren Grund zu finden weiß, zur Erklärung
der Schwierigkeit den *Lukas* der „Fahrlässigkeit" beschuldigt. Es handelt
sich dabei um die sogenannte „Lukanische Auslassung", das ganze zusammenhängende Stück Mk 6,45–8,26, in dem Markus nur mit Matthäus
parallel geht, das aber im Lukasevangelium keine Entsprechung findet.
Man konnte mit Recht erwarten, daß Weiße für diese behauptete „Auslassung" des Lukas eine nicht nur plausible, sondern eine fundierte Begründung anführen würde. Denn sofern sich nicht evident machen läßt,
aus welchem Grunde eine solche umfassende Auslassung im Umfang von
zwei Kapiteln durch Lukas erfolgt ist, bedeutet dies eine klare Durchbrechung der zugrundegelegten Markushypothese. Weiße erklärt es jedoch
auf eine ebenso überraschende wie niveaulose Weise:
„Bis zum Beginn der vermeintlichen Reisebeschreibung (Lk 9,51) war er
(scil. Lukas), zwar nicht ohne mehrfache Einschiebungen und auch ohne
eine sehr auffallende, *wahrscheinlich durch bloße Fahrlässigkeit (wenigstens läßt sich kein auch nur einigermaßen genügender Grund dafür auffinden) verschuldeten Lücke* (scil. 6,45–8,26) *im ganzen doch dem Markus gefolgt"* (Evangelische Geschichte Bd. I S. 88; Hvhbg. v. Vf.).

Man möchte hier Weiße an sein eigenes, oben angeführtes Wort erinnern,
„sich geradehin auf die faktische, chronologische Wahrheit zu berufen"

anstatt auf die Ausflucht „wenigstens läßt sich kein auch nur einigermaßen genügender Grund dafür auffinden"; denn wenn er sich einmal klar gemacht hätte, daß in der *ganzen „Lukanischen Auslassung"* Markus mit *Matthäus* konform geht, hätte er einen „einigermaßen genügenden Grund dafür auffinden" können. Auf jeden Fall wäre es besser gewesen für ihn, die Schuld bei sich selber zu suchen, anstatt Lukas der „Fahrlässigkeit" zu beschuldigen.

Aber *Matthäus* kommt bei ihm nicht viel besser weg. Die Perikope vom Scherflein der Witwe nämlich findet sich nur bei Lukas und bei Markus (12,41–44 par Lk 21,1–4), nicht jedoch bei Matthäus. Das ist vom Standpunkt der Markushypothese aus natürlich auffällig und bedarf der Erklärung, zumal es sich um eine besonders schöne Perikope sowohl der Form wie dem religiös-ethischen Gehalt nach handelt. Es erhebt sich also vom Standpunkt der Weißeschen Quellentheorie aus die Frage: Was hat den Matthäus veranlaßt, diese Perikope, die er hypothesengemäß bei Markus gelesen haben muß, zu übergehen? Weißes psychologische Erklärung lautet:

„Markus, dem Lukas auch hier mit vollkommener Genauigkeit folgt, hat ihr (scil. der Perikope) diesen Platz angewiesen auf Anlaß der in dem vorhergehenden Ausspruch erwähnten Witwen; *der Verfasser des ersten Evangeliums scheint sie über der langen, von ihm eingeschalteten Rede vergessen zu haben"* (Bd. I S. 588; Hvhbg. v. Vf.).

Und auch *Markus* läßt C. H. Weiße bei seinen psychologischen Motivationsschwierigkeiten nicht ungeschoren. Bei der Aussendung der Jünger (Mk 6,6–13 parr.) drücken Matthäus und Lukas die Abordnung der Apostel durch Jesus durch ein einfaches ἀπέστειλεν aus – er sandte aus – Markus dagegen durch ἤρξατο ἀποστέλλειν – er begann auszusenden (6,7). Dazu meint Weiße:

„Doch ist zuzugeben, daß das Mißverständnis allerdings schon bei *Markus, der hier, wie öfter, nur halb zugehört haben mochte* (scil. auf die Erzählungen des Petrus), zu beginnen scheint" (Bd. I S. 404; Hvhbg. v. Vf.).

Das ist nun freilich ein erstaunliches Zugeständnis Weißes; denn damit stellt er der Zuverlässigkeit seiner Hauptquelle Markus ja nicht gerade das beste Zeugnis aus, besonders durch das „*wie öfter* nur halb zugehört". Auch der von ihm so nachhaltig vertretene petrinische Ursprungsbeweis erscheint infolge der hierdurch in Frage gestellten Zuverlässigkeit des einzigen Kronzeugen Markus ja auch etwas in Mitleidenschaft gezogen zu werden.

Nun könnte man versucht sein, diese angeführten Beispiele als Ausdruck einer psychologischen Motivationsunsicherheit und -ratlosigkeit Christian Hermann *Weißes* zu erklären, aber bei Wernle und auch bei Holtzmann ist es damit nicht viel besser bestellt, d. h., es liegt nicht in der Person, sondern in der Sache begründet, also in der Unmöglichkeit, einen durchgehenden psychologischen Reflexionsbeweis durchzuführen. Es wird bei allen drei Begründern der Markustheorie auch hier deutlich, wie sehr sie Gefangene ihrer eigenen Hypothese sind; denn sie stehen unter dem unentrinnbaren Zwange ihres eigenen Prinzips, das Wernle ja so formuliert hatte:

„Oder er (der Evangelist) las sie, ließ sie aber mit Absicht weg. Dann müssen sich Anzeichen, daß er sie las, zeigen, und *Gründe,* weshalb er sie ausließ, *nennen lassen"* (s. o. S. 98).

Wir zeigen das noch an einigen anderen Beispielen auf:
Heilung des Blinden in Jericho (Mk 10, 45–53 parr.).

Bei Markus und Lukas handelt es sich um *einen* Blinden, der bei Markus den Namen Bartimäus trägt; bei Matthäus dagegen geht es um *zwei,* namentlich nicht genannte Blinde. Zu dieser Perikope des *Matthäus* gibt es eine Variante Mt 9, 27–31; auch hier sind es zwei namenlose Blinde, die von Jesus geheilt werden.

Dazu *Wernle:*

„Neu ist bei Matthäus die Zweizahl (dafür fällt der Name weg) und das Berühren der Augen. Die Zweizahl erklärte sich einfach aus Zusammenschmeißung(!) des Blinden in Bethsaida mit dem in Jericho – wenn nicht 9, 27–31 eine genaue Doublette da wäre. *Erklären kann ich mir das nur aus einem Versehen des Evangelisten.* Er wollte entweder die zwei Blindenheilungen des Markus zusammen vorwegnehmen in seinem Wunderzyklus und *vergaß nachher c. 20, daß er sie schon erzählt hatte,* oder – was noch wahrscheinlicher ist – er hat sie zuerst hier erzählt c. 20, und *erst zuletzt bei Revision des Buches* ganz wie den Taubstummen *nochmals nach c. 9 eingeschaltet, um die Wunderzahl 10* voll zu machen" (S. 169; Hvhbg. v. Vf.).

Ein Kommentar hierzu dürfte sich erübrigen.

Das zweimalige Krähen des Hahnes.

Bei der zwischengeschobenen Verleugnung des Petrus kräht der Hahn bei Matthäus und Lukas nur einmal, bei Markus dagegen zweimal (14, 69 und 72). Dazu *Wernles* Kommentar:

„Vom zweimaligen Krähen des Hahnes hat er (Lukas) in seinem Markus wohl noch nichts gelesen."

So schreibt Wernle auf Seite 33. Auf Seite 4f dagegen hatte es etwas anders geheißen, als Wernle auf das „defekte Exemplar" des Markus zu sprechen kam, das Eduard Reuss für Lukas angenommen hatte zur Erklärung der „Lukanischen Auslassung" (s. o. S. 127). Wernle:

„In Anbetracht dieser Gründe fällt die Hypothese, daß im Markusexemplar des Lukas bei der ‚Großen Lücke' ein Blatt ausgefallen sei, als überflüssig hin."

Wenn nun nach Wernles Meinung im Markusexemplar des Lukas noch nichts vom zweimaligen Krähen des Hahnes gestanden haben soll, so gilt

190

dasselbe ja auch für das Markusexemplar des Matthäus, denn hier kräht der Hahn ebenfalls nur einmal; folglich müßte Matthäus ja auch ein „defektes Exemplar" vorgelegen haben. Ob dieses doppelte Zusammentreffen nicht für Wernle ein hinreichender Anlaß gewesen wäre, seine Quellentheorie noch einmal zu überprüfen?

Berufung der ersten Jünger.

Bei der Berufung der ersten Jünger (Mk 1, 16–20 par Mt 4, 18–22) heißt es am Schluß der Perikope bei Matthäus: „Sie aber verließen alsbald das Fahrzeug und ihren Vater und folgten ihm" (scil. Jesus). Bei Markus dagegen: „Und sie ließen ihren Vater Zebedäus im Fahrzeug *mit den Lohnarbeitern* – μετᾶ τῶν μισϑωτῶν – und gingen ihm nach." *Holtzmann* behauptet nun im Sinne der Markushypothese, Matthäus habe diesen Überhang des Markus ausgelassen:

„… so auch Mk 1, 20 die gedungenen Leute, die doch bei den zerrissenen Netzen der drei Fischer am Platze sind, *da der Fischer als solcher das Netzeflicken noch nicht versteht"* (Synopt. Evangelien S. 111; Hvhbg. v. Vf.).

Nun, hätte Holtzmann als Begründung angeführt: „um den alten Vater bei ihrem abrupten Fortgang nicht bei der Arbeit allein zu lassen", so wäre es akzeptabel gewesen, aber seine andere Begründung ist nicht gerade überzeugend; denn das wären doch die ersten Fischer der Welt, die „als solche das Netzeflicken noch nicht verstehen". Zudem liegt hier ein sprachliches Mißverständnis Holtzmanns vor; denn καταρτίζειν heißt „in Ordnung bringen", wie es nach jedem Fischfang geschieht, um die Netze für die nächste Ausfahrt bereit zu machen; von „Netzeflicken" ist in der ganzen Perikope ebensowenig die Rede wie von „zerrissenen Netzen".

Verwerfung Jesu in Nazareth.

Bei der Verwerfung Jesu in seiner Vaterstadt (Mk 6, 1–6 par Mt 13, 53–58; cf. Lk 4, 16–30) sagen die Einheimischen von Jesus nach *Matthäus:* „Ist dieser nicht der Sohn des Zimmermanns?" Entsprechend *Lukas:* „Ist das nicht Josephs Sohn?" Dagegen heißt es bei *Markus:* „Ist das nicht der Zimmermann, der Sohn Marias?"

Holtzmann behauptet nun:

„Dagegen nahmen beide Seitenreferenten Anstoß an dem bei Markus ursprünglichen τέχτων, *als welcher daher bei Matthäus nicht sowohl Jesus selbst als sein Vater erscheint"* (Synopt. Evangelien S. 52; Hvhbg. v. Vf.).

Es ist nicht einzusehen, aus welchem Grunde Matthäus und Lukas an dem ehrbaren Beruf des „Tektōn" Anstoß genommen haben sollten. Markus tut es ja auch nicht und hält ihn offenbar für achtbar genug, um ihn sogar Jesus selbst zuzusprechen.

Dagegen dürfte wohl kaum zu bezweifeln sein, daß *Markus* Anstoß genommen hat, nämlich an dem „Sohn des Zimmermanns" (Matthäus) und

191

an dem „Sohn Josephs" (Lukas). Anders kann seine Formulierung „der Zimmermann, der Sohn *Marias*" – ὁ τέκτων ὁ υἱὸς τῆς Μαρίας überhaupt gar nicht verstanden werden. Es kann nur *Markus* sein, der hier eine Umwandlung vollzogen hat vom Sohn Josephs zum Sohn Marias, da der umgekehrte Vorgang nicht vorstellbar erscheint und die Interpretation Holtzmanns abwegig ist. *Es liegt hier u. E. ein sicherer Beweis für die Posteriorität des Markus vor.*

Das Gleichnis vom Feigenbaum.

In der Wiederkunftsrede heißt es bei Markus (13,28): „Vom Feigenbaum aber lernt das Gleichnis: Wenn sein Trieb schon zart ist und Blätter treibt, so merkt ihr, daß der Sommer nahe ist."

Die Lukasparallele lautet (21,29): „Und er sagte ihnen ein Gleichnis: Sehet den Feigenbaum *und alle Bäume*; wenn sie schon austreiben, könnt ihr im Zusehen von selbst merken, daß der Sommer nahe ist."

Wernle erklärt den Überhang des Lukas folgendermaßen:

„21,29 ergänzt Lukas zum Feigenbaum ,und alle Bäume', *da er mit Lesern rechnet, die vielleicht nicht stets einen Feigenbaum vor Augen haben*" (Synopt. Evangelien S. 13; Hvhbg. v. Vf.).

Der Text des Markus stimmt in vollem Umfang mit dem des Matthäus wortwörtlich überein (24,32). Wenn man die Interpretation Wernles ernst nähme, müßte man nach seiner Logik umgekehrt schließen, daß Matthäus und Markus mit Lesern rechneten, „die vielleicht stets einen Feigenbaum vor Augen haben".

Verhör vor dem Hohen Rat.

Das Verhör Jesu vor dem Hohen Rat endet bei Matthäus und Markus damit, daß alle Mitglieder Jesus der Todesstrafe für schuldig erachten. Bei Lukas fehlt dieser Passus. Es heißt dort (22,71–23,1): „Sie aber sagten: Was brauchen wir noch Zeugnis? Haben wir es doch selbst aus seinem Munde gehört. Und ihre ganze Versammlung stand auf und führte ihn zu Pilatus."

Dazu *Wernle*:

„In der Eile der Verkürzung hat Lukas leider die Hauptsache vergessen, nämlich daß das Todesurteil vom Synhedrium über Jesus gefällt wurde" (S. 34).

Nun, ein Todesurteil pflegt nicht gerade zu den Dingen zu gehören, die man „vergißt", und schon gar nicht „in der Eile der Verkürzung". Aber Wernles Bedauern darüber („leider") ist sachlich unbegründet: Lukas hat die richtige Fassung. Der Sanhedrin war nicht berechtigt, ein solches Todesurteil zu fällen, sondern nur der römische Procurator. Deshalb heißt es bei Lukas folgerichtig, daß sie „aufstanden und Jesus zu Pilatus führten" – offensichtlich in der Absicht, von diesem ein Todesurteil zu erwirken.

Es ist nun auch ergiebig, einmal bei allen drei Begründern der Markushypothese die Behandlung ein und desselben Themas hinsichtlich ihrer psychologisch reflektierenden Motivation durchzuverfolgen. Wir zeigen es an zwei Beispielen auf:

a) *Die Verfluchung des Feigenbaums* (Mt 21, 18–29 par Mk 11, 12–14. 20–21).

Sie wird bei Matthäus in einem Zuge berichtet: die Verdorrung erfolgt sofort auf der Stelle auf das Wort Jesu hin: „Nie mehr soll von dir Frucht kommen in Ewigkeit." Bei Markus dagegen vollzieht sie sich in zwei Etappen: Jesus spricht die Verfluchung aus auf dem Wege nach Jerusalem, wie bei Matthäus. Dann zieht er mit den Jüngern in die Stadt hinein und führt im Tempel die Austreibung durch. Erst am nächsten Tage, als er wieder mit ihnen am Feigenbaum vorbeikommt, sehen sie, daß er verdorrt ist „von der Wurzel auf".

Weißes Erklärung:
„So würde namentlich der Umstand eine Bedeutung erlangen oder durch einen ihm entsprechenden Anlaß motiviert erscheinen, daß wir bei Markus die Verfluchung des Baumes und die Erfüllung dieses Fluches an zwei ververschiedene Zeitpunkte verteilt finden, *welches beides im ersten Evangelium unverkennbar nur das Streben nach Kürze zusammengezogen hat*" (Evangelische Geschichte Bd. I S. 577; Hvhbg. v. Vf.).

Holtzmanns Erklärung:
„*Matthäus wollte die Geschichte zuerst ganz übergehen; als er ihr aber A Mk 11, 20 wieder begegnete, gab er sie zwar, aber zusammengezogen,* so daß er die zwei Akte, in welche das Ereignis zerfiel, in einen, und infolgedessen auch die beiden ersten, in A unterschiedenen Tage des Aufenthalts Jesu in Jerusalem in einen kontrahierte" (Synopt. Evangelium S. 198; Hvhbg. v. Vf.).

Wernles Erklärung:
„*Die Verfluchung des Feigenbaums läßt Lukas aus, weil er darin eine Doublette zum Gleichnis vom Feigenbaum 13, 6–9 sieht*" (Synopt. Frage S. 6).

Es ist erkennbar, wie stark die psychologischen Gründe der drei Interpreten sich voneinander unterscheiden und wie problematisch sie sind. Wernles Motivation, Lukas habe die Perikope übergangen, weil er darin eine Doublette zu seinem Gleichnis vom Feigenbaum gesehen habe, ist offensichtlich nicht stichhaltig; denn die beiden sind unvergleichbar; dieses trägt Parabelform, jenes aber wird als reales Geschehen berichtet. Ganz eine andere, davon unabhängige Frage ist die, ob nicht die Lukanische Form die ursprüngliche darstellt, von der die beiden anderen als entstellte Varianten anzusehen wären.

Weißes Erklärung „unverkennbar zusammengezogen" krankt daran, daß das „unverkennbare" textkritische Problem gerade in der Alternativfrage besteht: Hat Matthäus zusammengezogen, oder hat Markus getrennt und erweitert, indem er durch einen dazwischengeschobenen Zeitraum von vierundzwanzig Stunden den Verdorrungsprozeß quasi verständlich zu machen suchte? In diesem Falle müßte die Erweiterung des Markus „denn es war nicht die Zeit der Feigen" als ein erklärender Zusatz dafür angesehen werden, daß der Baum „nichts als Blätter" trug.

Dieses Empfinden hat auch *Holtzmann* gehabt; denn er kommentiert es so: „Das ὁ γὰρ καιρὸς οὐκ ἦν σύκων nötigt nicht gerade zur *Annahme eines, an sich ja wohl möglichen, Zusatzes*" (S. 91). Dieses ihm aufgekommene Bedenken, das gegen seine eigene Quellentheorie sprechen würde, fertigt er kurz damit ab, daß er das Hypothesenhindernis aus dem Wege räumt:

„Je unerklärlicher es ist, desto erklärlicher seine Auslassung bei Matthäus" (S. 91).

Das klingt etwas sibyllinisch, ist aber scharf im Sinne der Markushypothese gedacht. Denn Holtzmann unterstellt hier, daß es nicht nur für ihn selbst im Sinne seiner Quellentheorie unverständlich sei, sondern daß es dies auch für Matthäus gewesen sein müsse. Und eben weil auch dieser es als unerklärlich empfunden habe, sei es um so erklärlicher, daß er diese ihm unerklärliche Stelle fortgelassen habe.

Die zweite Behauptung Holtzmanns nun, Matthäus habe zuerst die Absicht gehabt, die ganze Geschichte zu übergehen (eben wegen ihres ersten unverständlichen Teiles), habe sich dann aber eines anderen besonnen, als er bei Markus auf den zweiten Teil dieser Geschichte stieß, und nun die beiden zusammengezogen, ist nichts anderes als ein angemaßtes, unfundiertes Spezialwissen über die Reflexionen des Evangelisten, mit dessen Hilfe Holtzmann die Divergenz zwischen dem geteilten Bericht des Markus und dem ungeteilten des Matthäus „hypothesengerecht" zu machen sucht.

b) *Der fliehende Jüngling.*

In dem Bericht über die Gefangennahme Jesu, der allen drei Synoptikern gemeinsam ist, steht bei Markus ein kleines, berühmtes Sondergut, die reizende, konkrete Szene vom fliehenden Jüngling, in dem man immer wieder Markus selbst hat sehen oder zumindest auf seine unmittelbare Augenzeugenschaft schließen wollen.

Wilke hatte sie als „Interpolation" bezeichnet; *Weiße* deutet ihr Fehlen bei Matthäus und Lukas als bewußte Auslassung durch diese beiden. Er nennt es einen „an sich geringfügigen *(wegen seiner Geringfügigkeit von den übrigen weggelassen) aber mahlerischen und charakteristischen Zug"* (Evangelische Geschichte Bd. I S. 449; Hvhbg. v. Vf.). Zugleich verwahrt er sich aber energisch dagegen, daß Markus ihn aus einer anderen Quelle haben könnte: *„Ein Zug ..., den es ihm aber gewiß nicht eingefallen wäre,* mit Weglassung anderer, viel wichtigerer, *ausdrücklich hinzuzusetzen,* wenn er die übrige Erzählung bereits anderwärts aufgezeichnet gefunden hätte."

Weiße muß es wissen, was Markus gewiß oder „gewiß nicht eingefallen wäre". Es liegt auch hier ein angemaßtes Wissen um Markus' Motive vor.

Holtzmann:

„Geschichte vom Jüngling, der sein Gewand verliert, *von den Anderen als unverständlich und unbedeutend übergangen"* (Synopt. Evangelien S. 108; Hvhbg. v. Vf.).

Holtzmanns Charakterisierung des Berichtes als „unbedeutend" stellt ein Synonym zu Weißes „geringfügig" dar. Aber offenbar ist ihm dieser Grund doch selbst zu geringfügig erschienen; so fügt er noch ein „unverständlich" hinzu. Wieso er aber diese konkrete Schilderung, die selbst Weiße als „mahlerisch und charakteristisch" bezeichnet hatte, als „unverständlich" hinstellt, bleibt wirklich unverständlich; denn sie enthält weder gedanklich noch darstellerisch irgendwelche Unklarheiten; sie ist schlechthin anschaulich, von Markus mit ganz wenigen Strichen gekonnt hingeworfen.

Wernle:

Wie erinnerlich, hatte Wernle ganz allgemein von der Darstellung des Markus gesagt: „Wenn je eine Darstellung den Eindruck erweckt hat, auf die Erzählung eines Augenzeugen zurückzugehen, so ist es die des Markus" (Synopt. Frage S. 204). Als „besonders überzeugendes" Beispiel führt er dabei den fliehenden Jüngling an:

„Der kleine Zug von dem Jüngling im Gefolge Jesu, der nachts entfloh in Gethsemane, da man ihn an seinem Hemd gepackt hatte, hat von jeher Anlaß zur Vermutung gegeben: hier erzählt Markus von sich selbst. Es ist das Wahrscheinlichste, was sich vermuten läßt, obschon zum Beweise unkräftig. *Die Parallelen haben beide diesen Zug ausgelassen, da er bloß für den Wert hatte, der dabei gewesen war"* (S. 204 f).

Dazu ist folgendes Grundsätzliche zu sagen: Das Problem, das hier vorliegt, ist für alle drei Begründer der Markushypothese in gleicher Weise doppelt gelagert; denn es geht ja hier 1. um die Frage: Warum ist diese kleine Szene von den Seitenreferenten *fortgelassen* worden? 2. Warum ist sie von *beiden,* die sie hypothesengemäß im Markus gelesen haben müssen, *übereinstimmend, aber unabhängig und ohne gegenseitige Kenntnis voneinander* übergangen worden?

Die Antwort Weißes und Holtzmanns auf diese Frage („geringfügig" sowie „unverständlich und unbedeutend") gibt weder einen ausreichenden noch zutreffenden Grund her; denn Weiße selbst bezeichnet schon den Zug als „mahlerisch und charakteristisch". Und so ist es in der Tat; denn dieser Einzelzug, dieses kleine Stückchen Detailmalerei von dem fliehenden Jüngling, der von den eindringenden Soldaten gepackt wird, sich loßreißt und dabei seinen Chiton in ihrer Hand läßt, gibt schlaglichtartig ein Stückchen Atmosphäre der turbulenten Szene des nächtlichen Überfalls wieder. Warum also sollten Matthäus und Lukas ihn fortlassen, wenn sie ihn bei Markus gelesen hätten?

„Weil er bloß für den Wert hatte, der dabei gewesen war", sagt Wernle, und: „Hier erzählt Marcus von sich selbst; es ist das Wahrscheinlichste, was sich vermuten läßt." Hier erkennt man bereits den Fehlerkreis, innerhalb dessen Wernle argumentiert. Denn warum ist es das Wahrscheinlichste? Weil Markus selbst dabei war; denn sonst hätte er diese Szene ja nicht gebracht, weil sie nur für den Wert hatte, der dabei gewesen war. Das einzig Zutreffende an Wernles Argumentation ist der kleine einschränkende Nebensatz: „obschon freilich zum Beweise unkräftig".

Es läßt sich zudem das Gegenteil davon beweisen, daß der Zug „bloß für den Wert hatte, der dabei gewesen war". Denn in dem gleichen Zusammenhang dieser Verhaftungsszene berichten *Matthäus* und *Lukas* – *in Übereinstimmung mit Markus* –, daß einer aus dem Gefolge Jesu das Schwert zog und dem Knecht des Hohenpriesters das Ohr abschlug, und Lukas weiß sogar zu berichten, daß es das rechte Ohr war (22,50). Daraus müßte man nach der Logik Wernles den Schluß ziehen, daß Matthäus und Lukas auch dabei gewesen wären, weil solche Züge „bloß für den Wert hätten, der dabei gewesen war". Folglich können sie nach der gleichen Logik Wernles den Zug von dem fliehenden Jüngling nicht fortgelassen haben; denn sie müssen ja – genau wie Markus nach Wernle – Augenzeugen der Verhaftungsszene gewesen sein. Und für den Verfasser des *Johannesevangeliums* müßte das dann in verstärktem Maße zutreffen, denn dort wird sogar berichtet, daß es Petrus war, der das Schwert zog und daß der Knecht des Hohenpriesters, dem er – in Übereinstimmung mit dem Lukasbericht – das rechte Ohr abschlug, Malchus hieß (18,10). Also Augenzeugen der Gefangennahme Jesu wird es genug gegeben haben, aber ob der Verfasser des Markusevangeliums dazu gehörte, wird zumindest durch Wernles Argumentation nicht erwiesen.

Denn hier spielt nun das zweite Problem mit hinein. Wernle stand ja nicht nur vor der Frage: Warum hat *Matthäus* die Szene vom fliehenden Jüngling fortgelassen? Oder: Warum hat *Lukas* es getan? Sondern das Problem, das ihm zu lösen oblag, lautet genau wie in den 179 anderen

Fällen der Markusüberhänge, die sich bei Matthäus und Lukas *nicht* finden: Warum haben sie es *beide übereinstimmend, unabhängig und ohne Kenntnis voneinander fortgelassen?* Das ist das synoptische *Grundproblem*, das uns ja stets von neuem entgegentritt und zu dem wir bereits eingehend Stellung genommen haben (s. o. bes. S. 131 f).

Wernle hatte bereits vorbeugend versucht, sich die doppelte Motivation des Matthäus und Lukas zu ersparen, indem er meinte: „Was Wunder, wenn nun diese Reflexion oft genug sich zusammenfand" (s. o. S. 185). Aber damit ist es nicht getan, und so leicht kann man es sich nicht machen. Eine *Doppelbezeugung* zweier Evangelisten, zumal wenn es eine *durchgehende* ist wie bei·Matthäus und Lukas, ist nicht durch psychologische Reflexionsbeweise zu entkräften, die an sich und durch sich selbst schon kein Gewicht haben. Weißes „Geringfügigkeit" und Holtzmanns „Unverständlichkeit und Unbedeutendheit" erledigen sich von selbst, da sie offensichtlich nur faute de mieux von ihnen aufgestellt worden sind; in gleicher Weise hat Wernles Argument, daß Matthäus und Lukas übereinstimmend kein Interesse an der Szene vom fliehenden Jüngling gehabt hätten, weil sie nicht Augenzeugen gewesen wären, sich als Fehlinterpretation erwiesen.

Aber seine Motivation deutet doch in eine etwas andere Richtung, die einen mehr prinzipiellen Charakter trägt als die Weißes und Holtzmanns. Denn Wernle hat offenbar den stark subjektiven Charakter des psychologischen Reflexionsbeweises als zu unsicher und daher unbefriedigend empfunden und *hält nun Ausschau nach einer mehr allgemeinen, verbindlichen Regelung des Problems.* Auf dieser Linie liegt folgende *grundsätzliche* Äußerung von ihm:

„Im allgemeinen läßt sich folgendes feststellen: Die zahlreichen Auslassungen von Detailzügen der Markusschilderung erklären sich am besten ohne gegenseitige Benutzung (scil. des Matthäus und Lukas). Hierin zeigt sich einfach der Unterschied des Erzählers aus erster Hand (scil. Markus) von seinen schriftlichen Nachfolgern. *Den Späteren sind eine ganze Fülle von kleinen Bemerkungen wertlos und unbedeutend, an denen der erste Erzähler mit größter Liebe hing.* (Woher weiß Wernle das?) So eine Anzahl Namen: Für Alphäus, den Vater des Levi, für die fremdartigen „Boargenes", für den Bartimäus, für Simon von Kyrene als den Vater des Alexander und Rufus, aber auch für die Herodianer und *vollends für den Jüngling, der nackt entfloh, war bei der zweiten und dritten Generation kein Interesse mehr vorhanden ... alle diese anschaulichen, farbigen Notizen, die den ersten frischen Erzähler kenntlich machen, sagen den Späteren nichts und werden daher übergangen. Aus dem Zusammentreffen des Matthäus und Lukas in der Auslassung zeigt sich gerade, wie nicht bloße Willkür des einen, sondern allgemeine gesetzmäßige Gründe die Verkürzung bestimmten"* (Synopt. Frage S. 58; Hvhbg. v. Vf.).

197

Nun hat Wernle also die rettende Formel gefunden: es waren *allge-meine gesetzmäßige Gründe"*, die „die Verkürzung bestimmten". Wenn wir damit einen angebbaren Sinn verbinden sollen, so kann diese Behauptung doch wohl nur dahin verstanden werden, daß es so etwas wie ein geistesgeschichtliches oder ästhetisch-stilistisches Gesetz geben soll, daß der Sinn für Anschaulichkeit sich proportional zum Abstand vom Zeitgeschehen verringert. Wir haben bereits in unserer Widerlegung des Ursprünglichkeitsbeweises diese Auffassung als unhaltbar erwiesen (s.o. S. 147–156).

Außerdem läßt sich rein sachlich Wernles Behauptung *widerlegen*. Wir zeigen es an dem Beispiel der Namen, an denen nach Wernle „bei der zweiten und dritten Generation kein Interesse mehr vorhanden war". Wir wollen dabei gar nicht an die Namensaufzählung in der Genealogie des ersten und dritten Evangelisten erinnern, für die nach Wernle kein Interesse mehr in der zweiten und dritten Generation hätte vorhanden sein dürfen, zumal sie auch noch divergieren. Aber konnte denn lange nach dem Tode Jesu noch Interesse für die Namen der Brüder Jesu vorhanden sein, die außer Jakobus nirgends hervortraten? Matthäus bringt sie (13,55). Und wie hypothesenwidrig ist es dann, daß Matthäus den Namen des Hohenpriesters Kaiphas nennt (26,57), obgleich Markus ihn nicht hat, sowie den Namen des Archelaos als Sohn Herodes des Großen (2,22).

Und nun gar Lukas: Bei ihm *alleine* kommen folgende Namen vor: Zacharias und Elisabeth (1,6), Augustus und Quirinius (2,1f), Symeon (2,25) und Anna (2,36), Tiberius und Lysanias (3,1), Hannas (3,2), der Pharisäer Simon (7,4), Johanna und Chuza (8,3; 24,10), Susanne (8,3), Maria und Martha (10,39), Zachäus (19,1), Kleopas (24,18). Und da behauptet Wernle allen Ernstes, der erste und der dritte Evangelist hätten die bei Markus stehenden Namen Alphäus, Bartimäus sowie Alexander und Rufus fortgelassen, weil „in der zweiten und dritten Generation kein Interesse mehr (für Namen) vorhanden" war?

Aber Wernle beschränkt sich zum Erweis seiner „allgemein gesetzmäßigen Gründe der Verkürzung" nicht auf die Namen allein, sondern spannt den Bogen noch weiter:

„Aber auch an der naiven Schönheit und Frische kleiner Momentschilderungen geht der *Sinn der Späteren, bloß auf das Wichtige, Lehrhafte bedachten,* vorbei. Wie Jesus Mitleid hat mit den Aussätzigen und hernach den doch rituell noch Unreinen mit heftiger Bewegung von sich stößt, wie der Gichtbrüchige von vier Männern hereingetragen wird, wie die Jünger sich einen Weg bahnen durchs Ährenfeld, wie Jesus gegen die Pharisäer sich umschaut voll Zorn und doch zugleich betrübt über ihre Verstockung; dann die Zahlenangaben: gegen zweitausend Schweine, und ob die Jünger um zweihundert Denare Brot kaufen sollen fürs Volk; der drastische Vergleich: kein Maler auf der Erde kann so weiß färben, wie die Kleider des

Verklärten waren; wie Jesus das Kind in seine Arme nimmt, wie er den Reichen ansieht mit einem Blick voll Liebe, wie Jesus nach Jerusalem voranschreitet, er allein, und die ihm Nachfolgenden sich fürchten; wie der Blinde, als man ihn zu Jesus ruft, seinen Mantel wegwirft, springt und zu ihm kommt; vom Esel, der angebunden war an die Tür außen gegen die Gasse; wie Pilatus sich erst wundert, daß Jesus schon gestorben ist und erst auf Erkundigung beim Hauptmann hin den Leichnam schenkt, das angstvolle Gespräch der Frauen auf dem Weg ..."

Das alles sind Züge, sagt Wernle, „die den ersten frischen Erzähler kenntlich machen" und an denen „der Sinn der Späteren vorbeigeht". Warum? Weil sie „bloß auf das Wichtige, Lehrhafte bedacht" waren.

Diese Behauptung Wernles läßt sich rein sachlich *widerlegen*. Wir führen als Gegenbeispiel die Vorgeschichte bei Matthäus und Lukas an. Wir finden bei *Lukas* eine Fülle konkreter Züge in der Verheißung der Geburt Johannes des Täufers und Jesu, so den Besuch der Maria bei Elisabeth, wie sie über das Gebirge wandert und wie es von Elisabeth heißt: als sie den Gruß der Maria hörte, da „hüpfte das Kind in ihrem Leibe". Wir weisen ferner hin auf die Geburt Johannes des Täufers mit dem Lobgesang des Zacharias „Gepriesen sei der Herr, der Gott Israels", sodann auf die Geburt Jesu selbst, als seine Eltern in dem „Katalyma", dem Ausspann, für das Kind keinen andern Platz finden konnten als in der Krippe; die anschauliche Szene mit den Hirten auf dem Felde, die Nachtwache hielten bei ihren Herden, und mit dem Engel, den die Herrlichkeit des Herrn umleuchtete. Sodann auf die Darstellung im Tempel mit der ergreifenden Gestalt des alten Simeon: „Nun entlässest du deinen Knecht, Herr, nach deinem Wort in Frieden." Und schließlich auf den Bericht vom zwölfjährigen Jesus im Tempel, wie er mitten unter den aufs höchste erstaunten, schriftgelehrten Rabbinen sitzt und sie eindringlich befragt ($\dot{\epsilon}\pi\epsilon\varrho\omega\tau\tilde{\omega}\nu\tau\alpha$) – „es waren aber alle außer sich, die ihm zuhörten" (2,27) –, derweil die sorgenden Eltern bei Verwandten und Bekannten nach ihm suchen „eine Tagereise weit", wie sie dann zurückkehren und ihn nach drei Tagen im Tempel finden und seine Mutter ausruft: „Kind, wie konntest du uns das tun! Siehe, dein Vater und ich suchen dich mit Schmerzen."

Das alles ist voller Konkretion und lebendiger, anschaulicher Detailzüge. Ist es denn zufällig, daß diese Schilderungen zu den beliebtesten Motiven der religiösen Malerei gehören?

In der gleichen Weise *Matthäus*: Die Erscheinung des Engels im Traum vor Joseph, die Magier aus dem Morgenland, die den Stern im Osten gesehen haben und nun kommen, den neugeborenen König zu suchen und ihm zu huldigen, der argwöhnische Herodes, der die Magier heimlich zu sich kommen läßt und sie ausforscht, das Wandern des Sternes vor ihnen her, „bis er an die Wohnung des Kindes kam; da stand er stille", die Huldigung selbst, indem sie „ihre Schätze öffnen" und ihm Geschenke darbringen: Gold, Weihrauch und Myrrhe, die abermalige Erscheinung des Engels vor Joseph, die Flucht der heiligen Familie nach Ägypten bei Nacht und Nebel, der rasende Zorn des Herodes, die Erscheinung des Engels vor Joseph in Ägypten mit dem Befehl zur Rückkehr, die Heimkehr in das Land Israel, die Furcht vor dem Nachfolger des Herodes und die Übersiedlung nach Nazareth.

Ist nicht auch das voll bildhafter Anschauung und malerischer Detailzüge? Nun könnte man einwenden, die angezogenen Beispiele stammten sämtlich aus der Vorgeschichte, aber in der Hauptgeschichte, den Berichten über die Wirksamkeit Jesu, also dem Teil, den Matthäus und Lukas mit Markus gemeinsam hätten, ließen sie sich nicht in gleicher Weise aufzeigen. Doch auch das ist zu widerlegen:

Wie anschaulich ist die Perikope vom Hauptmann zu Kapernaum: „Auch ich bin ein Mensch, der unter Befehl steht. Und ich selbst habe Soldaten unter mir, und wenn ich zu diesem sage: Marschiere!, dann marschiert er, und zu einem andern: Herkommen!, dann kommt er, und zu meinem Sklaven: Tue dies!, dann tut er's."

Oder die matthäische Perikope über die Tempelsteuer, wie Jesus zu Simon Petrus sagt: „Gehe hin an den See, wirf die Angel aus und nimm den ersten Fisch, der heraufkommt, und wenn du seinen Mund aufmachst, wirst du einen Stater finden." Desgleichen die Petrusfrage: „Wie oft muß ich meinem Bruder vergeben? Bis sieben Mal?" Und die Antwort Jesu: „Nicht bis sieben Mal, sondern bis siebzig mal sieben Mal." Sodann das anschließende Gleichnis vom Schalksknecht: Wie der Herr befiehlt, den Sklaven zu verkaufen samt Weib und Kind und allem, was er hatte. Wie der Knecht sich vor ihm zur Erde niederwirft und flehentlich bittet: „Habe Geduld mit mir; ich will dir alles bezahlen." Wie dieser selbe Knecht aber keineswegs Mitleid mit seinem Mitknecht empfindet, sondern ihn erbarmungslos ins Gefängnis werfen läßt und daraufhin der Herr empört zu ihm sagt: „Nichtswürdiger Knecht!" – und „aufgebracht übergab er ihn den Folterknechten".

Entsprechend bei Lukas: das Samariterdorf, das Jesus die Aufnahme verweigert, „weil sein Angesicht gen Jerusalem ging". Jakobus und Johannes, die Jesus fragen: „Herr, willst du, daß wir Feuer vom Himmel herabfallen und sie verzehren heißen?" Das Gleichnis vom barmherzigen Samariter: der Priester sah den Überfallenen halbtot liegen „und ging vorüber". Der Levit, der an den gleichen Ort kam, „sah ihn und ging vorüber". Dann der Samariter: „Er trat hinzu, verband seine Wunden, goß Öl und Wein darauf, setzte ihn auf sein eigenes Reittier, brachte ihn in seine Herberge und sorgte für ihn." Und am folgenden Tage „zog er zwei Denare heraus" und gab sie dem Wirt mit dem Auftrag: „Sorge für ihn!"

Das alles ist so voller Sinn für anschauliche Darstellung, daß die Argumentation Wernles und seiner Vorgänger Weiße und Holtzmann, die kleinen Einzelzüge hätten dem ersten und dritten Evangelisten „nichts mehr zu sagen gehabt", einfach nicht Stich hält. Sie zeigt zugleich, daß die Vertreter der Markushypothese ihre Behauptung an dem vorhandenen Material nicht genügend auf ihre Richtigkeit hin überprüft haben.

Zusammenfassend müssen wir feststellen: Es ist nichts dran an Wernles „allgemeinen gesetzmäßigen Gründen", nicht das geringste. Es gibt kein Gesetz der Verkürzung. Es läßt sich weder prinzipiell erhärten noch läßt es sich faktisch aufweisen – nicht einmal innerhalb und unter Zugrundelegung der Markushypothese. Und gerade hier liegt ja das eigentliche grundsätzliche Problem. Denn der ganze psychologische Reflexionsbeweis stellt eine riesengroße *Petitio principii* dar. Die Vorkämpfer der Markushypothese *gehen davon aus,* daß das zweite Evangelium die Vorlage des ersten und dritten gebildet habe. Von dieser Prämisse aus führen sie den Gedankengang in der Richtung weiter, daß deren Abweichungen vom Markusevangelium „Änderungen" nach der positiven oder negativen Seite hin darstellten, und deuten sie dementsprechend entweder als „Zusätze" oder als „Auslassungen". Auf solchen Vorüberlegungen fußend, suchen sie nun den von ihnen im Rahmen dieser Hypothese für möglich oder notwendig gehaltenen Gedankenbewegungen des Matthäus und Lukas nachzugehen, und strengen nun ihre Kombinationsgabe an, um zu erschließen, wie sie verlaufen sein müßten. Und aus ihrem psychologischen Ergebnis ziehen sie einen Rückschluß auf die Richtigkeit der Markushypothese und glauben nun, sie durch einen solchen durchgehenden, d.h. durch die ganzen synoptischen Evangelien sich hindurchziehenden psychologischen Reflexionsbeweis zur Evidenz gebracht zu haben. Der Circulus vitiosus schließt sich.

Und dabei war ihre gesamte Sisyphusarbeit von vornherein zum Mißlingen verurteilt; denn ihre Prämisse war falsch. So kam es zwangsläufig zu einer wahren Blütenlese von Fehlinterpretationen. Die ungeheure Mühe machte sich nicht bezahlt. Der psychologische Reflexionsbeweis wurde zu einem Irrgarten, aus dem man nicht wieder herauskam, und stellt das schmerzenreichste Kapitel der Markushypothese, ja die eigentliche Forschertragödie ihrer Vorkämpfer dar.

Wir meinen, daß es besser für sie selbst und für die Forschung an sich gewesen wäre, wenn ihr unterschwellig oft spürbares eigenes Wissen – oder doch Ahnen – um die Unzulänglichkeiten des psychologischen Reflexionsbeweises ihnen zum Anlaß geworden wäre, die Markushypothese von Grund auf neu zu überdenken.

Wir ziehen das Fazit aus unserer kritischen Analyse der „Beweise" für die Richtigkeit der Markushypothese: Kein einziger von ihnen hat sich als stichhaltig erwiesen. Sie sind nicht aufrechtzuerhalten – weder von der sprachlichen noch stilistischen noch kompositionellen oder gar psychologischen Seite her und ebensowenig hinsichtlich des „Hauptbeweises" der gemeinsamen Erzählungsfolge und am allerwenigsten des „grundlegenden" Beweises des petrinischen Ursprungs.

Ergebnis

Im ersten Teil unserer Untersuchung haben wir gesehen, daß Begründer, Neubegründer und Vollender der Markushypothese diese in eine ausweglose Situation hineinmanövriert hatten. Im zweiten Teil haben wir die von ihnen behaupteten „Beweise" widerlegt. Dementsprechend können wir feststellen: *Das zweite Evangelium besitzt nicht die Priorität vor Matthäus und Lukas und ist nicht ihre Quelle gewesen.* Daher lautet das Resultat unserer kritischen Überprüfung: *Die Markushypothese ist falsch – falsch nach Anlage, Durchführung und Ergebnis.*

Was heißt das: „Eine Hypothese ist falsch?"

Holtzmann hatte in seiner „Einleitung in das Neue Testament" 1885 trotz seines Widerrufs erklärt:

„Unter allen Umständen bietet die Zwei-Quellen-Theorie die *wahrscheinlichste* Lösung des synoptischen Problems" (S. 355).

Den gleichen Standpunkt vertritt Bornkamm:

„doch wird man schwerlich leugnen können, daß durch sie (scil. die Zweiquellentheorie) das synoptische Quellenproblem in seinen Grundzügen *am besten* gelöst ist" (RGG³ Bd. II Sp. 755).

Noch kühner war Wernle gewesen:

„Aber sicher ist, daß das dem Matthäus und Lukas über Markus hinaus gemeinsame Gut nicht durch eine gemeinsame verlorene Quelle und ebensowenig durch Benutzung des einen durch den andern zu erklären ist, sondern durch den *frei fließenden Markustext und das frei reflektierende Verhältnis beider Evangelisten zu ihm.* Auf ersteres macht uns die Textgeschichte aufmerksam; letzteres ergibt sich aus dem Vergleich des Lukas mit Markus. *Jede andere Hypothese ist darum falsch, weil sie überflüssig ist*" (Synopt. Frage S. 61).

Und am exaltiertesten von allen hatte Wilke versichert:

„Wir geben für alle Ewigkeit Brief und Siegel, daß unser Resultat das richtige sei" (Urevangelist S. 684).

Hierzu ist folgendes Grundsätzliche zu sagen: Es gibt keine Quellenhypothese der Evangelien, mit deren Hilfe man nicht sehr viel „erklären" kann. Auch die Urevangeliumshypothese vermochte das, wenn auch auf labyrinthisch verschlungenen Wegen. Eine Quellenhypothese würde ja auch gar nicht erst aufgestellt werden, wenn sie nicht imstande wäre, das synoptische Problem mehr oder minder zu „lösen". Aber: Es gibt hier zwar Abstufungen der Richtigkeit; die Wahrscheinlichkeitsgrade einer Hypothese sind jedoch relativ belanglos, wenn es um die entscheidende Frage der vollen Erklärbarkeit der Phänomene geht. Solange noch Residuen bestehen, die unerklärbar bleiben, ist eine Theorie falsch, weil sie bei ihrer letzten Probe an den faktischen Gegebenheiten des Textes ihre Richtigkeit nicht zu erhärten vermag. *Es gibt nur einen einzigen Maßstab für die absolute Gültigkeit einer Quellenhypothese: sie muß „aufgehen". Und das bedeutet, daß sie alle Phänomene des synoptischen Problems lückenlos erklären kann und daß keine offenen Fragen im Raume stehen bleiben.*

Wie ist es damit bei der Markushypothese bestellt? Sehen wir uns einmal unter diesem Gesichtspunkt die drei verschiedenen Auflagen der RGG an:

RGG[1]: „Natürlich ist das Ergebnis, das wir hiermit festgelegt haben ... *kein schlechthin reinliches* und in allen einzelnen Punkten überzeugendes. *Es bleiben vielmehr im einzelnen mancherlei Schwierigkeiten* ... Aber auch unter den Geschichtserzählungen gibt es fast keine Perikope, wo nicht wenigstens in dieser oder jener Kleinigkeit Matthäus und Lukas gegen Markus übereinstimmen. An einer Reihe einzelner Stellen hat der Bericht des Matthäus oder des Lukas auch Forschern, die an der allgemeinen Priorität des Markus festhalten, immer wieder den Eindruck der Ursprünglichkeit gemacht (z. B. scheint die Darstellung in der Perikope vom kananäischen Weibe vielen bei Matthäus ursprünglicher als bei Markus). An anderen Stellen kann man sich die Gründe nicht erklären, wie Matthäus und Lukas, vorausgesetzt, daß der Evangelist Markus ihre Quelle war, zu ihrer stark abweichenden Darstellung gekommen sind. Weshalb ließ z. B. Lukas die ganze Partie Mk 6,45 – 8,26 fort? *Das ist eine Frage, auf die noch niemand sichere Antwort hat geben können*" (Bd. II Sp. 705 Bousset; Hvhbg. v. Vf.). Desgleichen:

„Man wird sich mit dem Beweis der allgemeinen Abhängigkeit begnügen lassen müssen, auch wenn man *nicht alle Einzelheiten überzeugend ableiten kann,* und man wird sich gewöhnen müssen (!), auch einmal manches auf Zufall, Willkür und Laune der einzelnen Schriftsteller zu setzen, die man sich weder als allzu unselbständige Abschreiber ihrer Quellen noch als in jedem Augenblick überlegene Bearbeiter zu denken hat. *Damit soll nicht geleugnet werden, daß bei der Annahme der Markushypothese ungelöste Schwierigkeiten im einzelnen übrigbleiben.* Aber man wird sich auch im allgemeinen hier *mit einem ,wir wissen nicht' zufrieden geben müssen;* genug, daß jene Unsicherheiten im einzelnen nicht so stark sind, daß sie uns zu einer Revision der Gesamtauffassung zwingen" (Sp. 707 Bousset; Hvhbg. v. Vf.).

RGG[2]: „Jedoch dürften schon die genannten Hauptbeweise die Zweiquellentheorie sicherstellen, *auch wenn noch Schwierigkeiten bleiben und nicht jede Einzelheit restlos aufzuklären ist.* Zwar daß Matthäus und Lukas in der Überlieferung von Herrensprüchen öfter gegen Markus zusammenstimmen und dabei den besseren Text zeigen, erklärt sich gerade aus der Benutzung einer zweiten Quelle. Aber daß sie innerhalb der Erzählung nicht nur in so großen Abweichungen übereinstimmen, wie sie die Auslassung der drei Sonderstücke des Markus bedeuten, sondern auch im Detail in zahlreichen kleineren Auslassungen, Zusätzchen, Umstellungen und sonstigen Veränderungen, *ließ die Frage auftauchen, ob ihre Vorlage vielleicht gar nicht unser kanonischer Markus,* sondern ein bei ihnen noch treuer erhaltener „Urmarkus" war. Indessen hat sich diese Annahme aus synoptischer Vergleichung nicht beweisen lassen. Vielmehr wird sich ein Teil der genannten Übereinstimmungen von Matthäus und Lukas gegen Markus aus zwangsläufigem Zusammentreffen bei der planmäßigen Kürzung und besseren Stilisierung der Vorlage ergeben haben. Vor allem aber ist zweifellos, daß hier das Textproblem in die höhere Kritik hineinspielt: Matthäus und Lukas haben nicht genau den gleichen Markus-Text gelesen, den wir nach der letzten uns erreichbaren Überlieferung herstellen; sie können also sehr wohl *Ihren* Marcus wiedergeben, wenn sie von dem unsrigen abweichen" (sic!) (Bd. II Sp. 425 Klostermann; Hvhbg. v. Vf.).

RGG³: *„Auch die Zweiquellentheorie läßt im einzelnen zahlreiche Fragen offen ..."* (Bd. II Sp. 755; Hvhbg. v. Vf.). Desgleichen:
„In den bisher genannten Quellen geht das Ganze der Evangelien noch nicht auf. Schon Markus besitzt einiges wenige Sondergut (Mk 4,26–29; 7,32–37; 8,22–26). Dieser Sachverhalt kann zwar die These einer Benutzung des Markus durch Matthäus und Lukas nicht erschüttern. Wohl aber bestätigt er, daß der den beiden andern Evangelien vorliegende Markus nicht in allen Einzelheiten übereinstimmte und schwerlich ausnahmslos mit dem zweiten Evangelium unseres Kanons identisch war. Bereits die Tatsache, daß Markus an einigen Stellen nur einen Seitenreferenten neben sich hat, nötigt zu der Annahme, daß der Markustext des Matthäus und der des Lukas voneinander abwichen. (Folgen Beispiele.) Zeigen diese Beispiele, daß Markus schon vor der Verarbeitung durch Matthäus und Lukas eine Geschichte hatte, so beweisen Sondergut und Besonderheiten des Markus, die ihn von den beiden anderen abheben, ... auch eine Nachgeschichte seines Textes" (Sp. 756). Ferner:
„Freilich vermag diese (scil. die Zweiquellentheorie) die synoptischen Quellen und ihre Verarbeitung nur bis zu einem Stadium,

nicht bis zu den ersten Anfängen zurückzuverfolgen und *darf in keinem Fall im Sinne einer alle Differenzierungen erklärenden, gleichsam mathematischen Lösung verstanden werden*" (Bd. II Sp. 756 Bornkamm; Hvhbg. v. Vf.).

Kann es ein überzeugenderes Eingeständnis geben, daß die Markushypothese nicht aufgeht, als diese Bekundungen ihrer Exponenten? Allen dreien ist ein gewisses Unbehagen gemeinsam an der Diskrepanz zwischen ihrer grundsätzlichen Anerkennung der Markushypothese und dem trotzdem verbleibenden, nicht ausgeräumten Bewußtsein einer Insuffizienz ihrer Beweisführung. *Man kann diese Haltung geradezu als ein Generationsmerkmal der deutschen Neutestamentler in der ersten Hälfte unseres Jahrhunderts ansehen.* Und es war ein treffender Ausdruck ihrer allgemeinen Stimmung – man kann schon fast sagen: leichten Mißgestimmtheit – wenn Erich Fascher 1924 schrieb: „Die Zweiquellentheorie, der wir nie recht froh wurden ..." (Die Formgeschichtliche Methode S. 233).

Vom Jahre ihrer Begründung an durch Wilke und Weiße hatte die Markushypothese Fragen des synoptischen Problems hinterlassen, die nicht gelöst waren – weil sie nicht zu lösen waren unter ihren Voraussetzungen. Die Frage, die sich einem daher schon lange aufdrängte und jetzt unabweisbar im Raume steht, lautet: *Wie konnte es zur Entstehung der Markushypothese und zu ihrem Siegeszug im vorigen Jahrhundert kommen?*

Wir wenden uns nunmehr diesem Problem zu.

C. Die ideologischen Hintergründe der Markushypothese

Die Markushypothese ist so beweisbar falsch, daß man sich ernsthaft die Frage vorlegen muß: Wie war es möglich, daß diese Quellentheorie eine so weltweite Anerkennung erlangen konnte? Die Antwort lautet: Man muß die *ideologischen Hintergründe* suchen. Und die Lösung des Rätsels heißt: *David Friedrich Strauß*.

Wenn es je in der Geschichte der neutestamentlichen Forschung ein Schlagendes Wetter gegeben hat, so war es das Erscheinen seines „Leben Jesu, kritisch bearbeitet" (1835). Es hat auf seine Zeitgenossen den Eindruck einer alles in Frage stellenden theologischen Katastrophe gemacht. Nicht nur der Fachwelt, sondern der christlichen Welt überhaupt bemächtigte sich eine wahre Hannibal-ante-portas-Stimmung. Und eine bis dahin beispiellose Gegenwirkung setzte ein, um Strauß' Grundthese zu widerlegen: „Die Evangelien enthalten nicht Geschichte, sondern Mythen!"

Aber wer Strauß widerlegen wollte, der mußte scharfsinniger sein als er und eine ebenso gute Klinge führen, und zu beidem wollte viel gehören. So zog man es denn vor, ihn auf indirektem Wege zu treffen, indem man seine – Quellentheorie zu widerlegen suchte. Nun hatte Strauß, wie bereits oben gezeigt, überhaupt keine eigene Quellentheorie aufgestellt, sondern die Griesbachsche zugrundegelegt. Infolgedessen war der Mann, der dabei die Backpfeifen bekam – posthum und fünfundvierzig Jahre nach dem Erscheinen seiner „Commentatio" – Johann Jacob Griesbach.

Strauß hatte nämlich bei seiner kritischen Analyse der Evangelien den Grundsatz praktiziert: Ist der Inhalt nicht haltbar, so können auch die Quellen nichts taugen, worunter er die Gewährsmänner der Evangelisten verstand. Jetzt drehten seine Gegner den Spieß um und verfuhren ihrerseits (mit einer Inhaltsveränderung des Begriffs „Quelle") nach dem Prinzip: Ist Strauß' Quellentheorie falsch, so muß auch der Inhalt seines Werkes, seine gesamte Deduktion, falsch sein.

Dementsprechend brach urplötzlich, bereits im Erscheinungsjahr von Strauß' „Leben Jesu", der Sturm gegen die Griesbachsche Hypothese los, die sich bis dahin höchsten Ansehens erfreut hatte, und hielt mit fast unverminderter Schärfe bis zum Ende des Jahrhunderts an, und zwar mit einem emotionalen Einsatz, der für das Gebiet der wissenschaftlichen Quellenforschung kaum faßbar erscheint.

Der erste, der mit schwerstem Geschütz gegen Griesbach schoß, war Karl Lachmann, unbestritten einer der bedeutendsten Gelehrten seiner Zeit. Es läßt sich heute nicht mehr einwandfrei feststellen, ob seine scharfe Attacke gegen die Griesbachsche Quellenhypothese unmittelbar durch das Erscheinen von Strauß' Werk hervorgerufen wurde, aber auf jeden Fall gab sie den Auftakt zur Anti-Griesbach-Kampagne und hatte Signalwirkung sowohl der Form wie dem Ton nach. In seinem bereits mehrfach erwähnten, für die Begründung der Markushypothese durch C.H.Weiße folgenreichen Aufsatz in den „Theologischen Studien und Kritiken" (1835) „De ordine narrationum in evangeliis synopticis" nahm er in folgender Weise gegen Griesbachs Quellentheorie Stellung:

„Multo autem minus probandi sunt ... quibus placet Marcum esse ineptissimum desultorem, qui nunc taedio, modo cupiditate, tum neglegentia, denique vecordi studio inter evangelia Matthaei et Lucae incertus feratur et oberret. Nempe his quaedam Griesbachii disputatio sedulae subtilitatis specie inlusit, cum tamen minime ingeniosa sit, sed frigida tota et ieiuna" (S. 577) –

„Viel weniger aber kann man denen seine Zustimmung erteilen, die es für gut befinden, den Markus für einen ganz albernen Seiltänzer (Abspringer) zu halten, der einmal aus Überdruß, bald darauf aus Launenhaftigkeit, dann wieder aus Nachlässigkeit, schließlich aus blindem Eifer zwischen den Evangelien des Matthäus und Lukas hin und her pendelt. Allerdings haben diese Leute sich durch eine gewisse Abhandlung von Griesbach täuschen lassen, die den Anschein von Fleiß und Gründlichkeit erweckt, aber alles andere als geistvoll ist, sondern ganz trivial und inhaltsleer."

Noch zügelloser in der Bekämpfung der Griesbachschen Hypothese war Christian Gottlob Wilke in seinem „Urevangelist" (1838):

„Markus wäre (demnach d.h. nach Griesbach) nicht Abbreviator, auch nicht Epitomator, nicht Exzerptor, sondern – Kastrator der Nebentexte, oder wie sollte man den Verstümmler der geborgten Sätze und den Menger des Verstümmelten sonst nennen? Und diese Idee bestünde mit der Idee eines vernünftigen Schriftstellers? Und könnte geäußert werden, ohne den besonnenen, seine Mitreferenten an Genauigkeit bei weitem übertreffenden Verfasser des Fasels und Leichtsinns zu beschuldigen? Was sollte den Markus zu diesem Spiel mit Ausdrücken seiner Gewährsmänner und zu dem Entschlusse, aus ihren Worten einen Mischmasch zu machen, bewogen haben?" (S. 443).

Der zweite Begründer der Markushypothese, C.H.Weiße, beschränkte sich darauf, Lachmann seine volle Zustimmung auszusprechen und zu sagen, dieser habe sich über die „unter der Mehrzahl der Theologen gang und gäbe (Griesbachsche Hypothese) zwar hart, aber keineswegs ungerecht" ausgesprochen (Evangelische Geschichte Bd. I S. 39).

Am ausführlichsten nahm *August Tholuck* gegen Griesbach Stellung, der „fromme Tholuck", wie er in den Kreisen der Erweckungsbewegung genannt wurde, mit seinem Werk „Die Glaubwürdigkeit der evangelischen Geschichte, zugleich eine Kritik des ‚Lebens Jesu' von Strauß, für theologische und nichttheologische Leser dargestellt" (1837). Bei ihm wird es besonders deutlich, daß er durch sein Eintreten für die Markushypothese und seine Kritik an der Griesbachschen Quellentheorie niemand anders treffen will als *David Friedrich Strauß:*

„Es ist wahr", sagt er, „die Ansicht, daß das Evangelium Marci nur ein Mosaik aus dem ersten und dritten Evangelium sei, hat nicht wenige Kritiker für sich gewonnen, besonders seitdem Saunier als Interpret der Schleiermacherschen Vorlesungen zu Gunsten derselben aufgetreten war, und wenn auch D. Fr. Strauß auf den ersten Eindruck hin meint, Griesbach habe die Sache ‚zur Evidenz' gebracht, so ist dies nicht zu verwundern. Nichtsdestoweniger wird vielleicht den scharfsinnigen Mann eine genauere Erwägung zu der Einsicht führen, daß sich vielmehr die *Unrichtigkeit* dieser Hypothese zur Evidenz erheben läßt" (S. 248).

Nach dieser Captatio benevolentiae und dem Appell an den Scharfsinn, den er Strauß zuerkannte, bemüht sich Tholuck, seinerseits die Markushypothese „zur Evidenz zu erheben"; und das heißt für ihn, wie für alle Vertreter der Markushypothese, Griesbach ad absurdum zu führen. Er tut es mit der gleichen Methode der hyperbolischen Verzerrung wie Lachmann und Wilke:

„Und ein solches planloses Umherirren zwischen den Buchrollen zweier Vorgänger (Lachmann: inter evangelia Matthaei et Lucae incertus feratur et oberret), um bald rechts ein Sätzchen aufzuschreiben, bald links, sollte man bei einem antiken Schriftsteller, bei einem Manne zu erwarten haben, der so gut wie Lukas ein Apostelschüler gewesen? Doch es sei. Aber wie soll man sich nun die durch das ganze Evangelium hindurchgehende Variation des Ausdrucks erklären, der sich nicht in zwei Zeilen diplomatisch an einen der Vorgänger anschließt?" (S. 251). Ferner: „Und welchem Schriftsteller sollte es einkommen, beim Exzerpieren eines anderen, wo dieser κατῆλθεν hat, statt dessen εἰσπορεύονται zu schreiben, wo dieser ῥῖψαν, stattdessen σπαράξαν, wo der ἐγένετο θάμβος hat, ein ἐθαμβήθησαν an die Stelle zu setzen usw.? Einem Plagiarius, der seinen Diebstahl nicht will merken lassen? Einem englischen Grillenfänger, der den Schnitt seines Rocks schon darum abändern läßt, weil ein anderer den selben hat? Ja, aber einem ehrlichen, einem vernünftigen Manne doch sicherlich nicht" (S. 252).

Nach dieser „Beweisführung" gegen Griesbach tritt nun bei Tholuck unverhüllt die Nutzanwendung auf das eigentliche Anliegen seines Buches, die Widerlegung Straußens, hervor:

„Doch es ist genug gesagt, um zu zeigen, daß Dr. Strauß, wenn in irgend einem andern Punkte, so gewiß in Betreff des Evangelii Marci irre gegangen ist. Wir können auch kaum anders glauben, als daß der verständige Mann dieses sein Urteil später stark modifizieren oder zurücknehmen werde. Wir können uns aber auch nicht helfen, wir müssen es offen gestehen: sein Verfahren mit diesem Evangelium ist uns ein neuer, starker Beweis dafür gewesen, daß die Resultate des Kritikers häufig das Produkt einer Dialektik sind, welche ihren Gegenstand, wie die Peitsche den Kreisel, nach jeder Laune bald in diesen Winkel hineintreibt, bald in jenen" (S. 266).

Man sieht, hier steht die Sachlichkeit bereits in weiter Ferne, und von einer objektiven Bewertung der Griesbachschen Hypothese ist schon keine Rede mehr.

Auch ein bedeutender katholischer Forscher reihte sich in die Fronde gegen Griesbach ein: *Johannes Kuhn,* Professor für Neutestamentliche Wissenschaft in Tübingen, dem nachgerühmt wurde, zu den scharfsinnigsten Köpfen unter den deutschen katholischen Theologen zu gehören. Er nahm folgendermaßen zu Strauß' Identifikation mit der Griesbachschen Quellentheorie Stellung:

„Wenn sich freilich Strauß, gestützt auf Griesbach und das anatomische Resultat der synoptischen Vergleichung der drei ersten Evangelien, vorstellt, daß Markus seine Vorgänger so benutzt und seinen Evangelienbericht so zusammengestoppelt habe, wie wir zur Erleichterung der Übersicht das Ganze der drei ersten Evangelien in der Synopse zerschneiden, dann läßt sich allerdings die Nachricht des Presbyters Johannes von unserm Markus nicht so leicht aufrecht erhalten. Aber wer in aller Welt mag es glauben, daß Markus so mechanisch, so beispiellos äußerlich kompiliert habe? Man denke sich die Operation, welche Markus ihr gemäß vorgenommen haben müßte, und man wird jene absurd, diese aber so gut als unmöglich finden. Wenn damit bloß ein geistloses Verfahren dem Evangelisten angedichtet würde, so dürften wir weniger auf Zustimmung für unsere Protestation rechnen ... es ist mehr als Geschmack – und Geistlosigkeit, welche man dabei voraussetzt" (Leben Jesu, wissenschaftlich bearbeitet. 1838 S. 33).

Und nun legt Kuhn dar, wie nach Griesbachs Hypothese das Markusevangelium entstanden sein müßte. Hatte Lachmann Griesbach zugeschoben, daß er Markus zum Seiltänzer degradiere, so dichtet Kuhn ihm nun auch noch einen Zettelkleber an:

„Man müßte sich denken, Markus habe die beiden Rollen des Matthäus- und Lukasevangeliums in kleine Teile zerschnitten, diese in einem Topfe untereinander gemengt und aus dieser Mischung sein Evangelium hervorgehen lassen. Oder besser, er habe ein unbeschriebenes Pergament genommen, die einzelnen Matthäus- und Lukaszettelchen darauf geklebt und nach diesem Brouillon den Bericht gefertigt" (S. 34).

Nun könnte man zur Entschuldigung der angeführten unsachlichen Verzerrungen der Griesbach/Straußschen These vielleicht sagen, dies seien Entgleisungen, die aus der ersten Erregung über Strauß' revolutionäres Werk zu verstehen und daher nachzusehen seien. Nun, wenn diese Argumentation zutreffend wäre, dann müßten nach einiger Zeit Äußerungen solcher Art aufgehört haben und an deren Stelle eine ruhigere, objektive Beurteilung der Griesbachschen Hypothese getreten sein.

Das Gegenteil ist der Fall! Noch fünfundzwanzig Jahre später, 1863, greift der „Neubegründer der Markushypothese", *Heinrich Julius Holtzmann,* die pasquillistischen Äußerungen von Lachmann und Wilke wieder auf – um sich mit ihnen zu identifizieren:

„Man darf nur einmal der Hypothese (scil. Griesbachs) ins Einzelne ein paar Schritte weit folgen, so wird man Wilkes Urteil gerechtfertigt finden: ‚Markus wäre nicht Abbreviator, auch nicht Epitomator, nicht Exzerptor, sondern Kastrator … sonst nennen?' Treffend hat Lachmann gegenüber solchen Hypothesen erklärt, es werde dadurch unser zweiter Evangelist gemacht zum ineptissimus desultor, qui nunc … oberrat."

Und nun fügt Holtzmann den vielen Insulten, die Griesbach gegen Markus gerichtet haben solle, seinerseits noch einen weiteren hinzu; er dichtet Griesbach an, er habe Markus des geistigen Diebstahls beschuldigt:

„Hätte Markus sich in der Weise, wie die Griesbachsche Hypothese will, an dem Eigentum des Matthäus und Lukas vergriffen, so würde er doch sicherlich das eine oder andere Mal nachweisbare Contrebande darbieten" (Synopt. Evangelien S. 345 f).

Wir gehen nun noch zwanzig Jahre weiter zu dem prominentesten Vertreter und Exponenten der Markusthese, *Bernhard Weiß.* Wenn irgend, dann hätte doch von ihm eine emotionsfreie, objektive Stellungnahme gegenüber der Griesbachschen Hypothese erwartet werden dürfen. Sollte nicht jetzt, nachdem bereits zehn Jahre seit David Friedrich Strauß' Tod vergangen waren, der Sturm der Zeit gegen ihn sich endlich gelegt haben?

In Bernhard Weiß' „Matthäusevangelium" (Meyers Kommentar 1883 [7]) heißt es:

„Es ist freilich begreiflich, daß eine Kritik, welche nach ihren philosophischen Voraussetzungen darauf aus sein muß, den evangelischen Überlieferungsstoff in eine gestaltlose Sagenmasse aufzulösen, das Interesse hatte, das reiche geschichtliche Detail, welches unsere Quelle (scil. Markus) bietet und welches diesem Auflösungsprozeß den zähesten Widerstand entgegensetzt, als *wertlosen Aufputz eines manirierten Schriftstellers aufzufassen;* und dazu bot die *Griesbachsche Hypothese,* welche in unserem Evangelium nur einen künstlich mit dem Schein einer gewissen Selbständigkeit geschmückten Auszug erblickt, immer wieder eine willkommene Handhabe. Aber *vor einer vorurteilslosen Quellenkritik können*

diese Versuche, die weniger auf solide Gründe sich stützen als auf ge-
spreizten Witz, nicht bestehen" (Bd. I S. 50).

Dementsprechend lautet Bernhard Weiß' Gesamturteil über die Griesbachsche Hypothese:

„In der Tat nämlich bildet diese *in der Geschichte der Quellenkritik,* die
sonst trotz ihrer wunderlichen Irrgänge doch immer dies oder jenes Wahr-
heitsmoment zur Geltung brachte, *die einzige reine Verirrung,* die nur ein
reines Verständnis unseres zweiten Evangeliums lange verhindert hat"
(S. 39f).

Nun, mit der „vorurteilslosen Quellenkritik", die B. Weiß für sich in
Anspruch nimmt, ist es nicht gerade aufs beste bestellt. Man spürt, daß er
aus theologischem Engagement heraus schreibt und zwar „Griesbach"
sagt, aber David Friedrich Strauß meint.

Man könnte diese kontinuierliche Verunglimpfung der Griesbachschen
Hypothese nach Belieben fortsetzen, doch lassen wir es mit dieser Auswahl genügen, zumal die in gleichem Sinn lautenden Stellungnahmen der
drei verschiedenen Auflagen der RGG bereits oben (S. 14f) erwähnt
wurden. Man staunt über den Reichtum der Modifikationen, deren eine
böswillig verzerrende Darstellung fähig ist: Seine Gegner beschuldigten
Griesbach, er habe Markus zu einem Seiltänzer degradiert, zu einem Plagiarius erniedrigt, zu einem Grillenfänger, einem Topfmenger, Zerschnei-
der und Wiederzusammenkleber, zu einem Kastrator und Menger des
Verstümmelten, zu einem manirierten Schriftsteller, der nur wertlosen Aufputz gebracht habe, zu einem sklavischen Nachahmer und ohnmächtigen
Exzerptor ...

Und das alles wurde ausgerechnet Griesbach nachgesagt, der sich in
seinen Forschungen durch noble Sachlichkeit und reine Objektivität der
wissenschaftlichen Forschung ausgezeichnet hatte. Und nichts hatte ihm
ferner gelegen, als ein „Leben Jesu" im Sinne von Strauß zu schreiben.
Aber der Bannstrahl der konservativen Theologie, der jenem galt, traf nun
ihn. Griesbach hätte posthum also alle Veranlassung gehabt auszurufen:
Gott bewahre mich vor meinen Freunden! Die Tatsache, daß Strauß seine
Quellentheorie zugrunde legte, kostete Griesbach für hundertvierzig Jahre
seinen wissenschaftlichen Ruf. Man wollte Strauß, den „Großen Verder-
ber", widerlegen und stürzte sich auf Griesbach, den großen Erwerber,
um erbarmungslos auf ihn einzuschlagen.

Das Auffällige, ja Erschütternde an dieser ganzen Anti-Griesbach/
Strauß-Kampagne ist nun dies, daß keinem einzigen der persiflierenden
Kritiker jemals der Gedanke gekommen zu sein scheint, wie die Lage denn
nun aussähe, wenn ihre Kritik berechtigt wäre. Dann müßte nämlich das
umgekehrte Verhältnis statthaben. Denn es ist ja nicht damit getan, daß
man Griesbach vorwirft, welche Schmach er dem Markus angetan habe.
Selbst wenn man von der ironisierenden und karikierenden Verzerrung

absieht, so bleibt ja doch der von ihnen dargestellte Sachverhalt, das eigentümliche Bezugsverhältnis zwischen Markus und den beiden anderen Synoptikern, vollinhaltlich bestehen – und nur die Personalitäten würden ausgetauscht!

Nehmen wir einmal an, die Griesbachgegner hätten recht gehabt: Nicht Markus habe eine Auswahl aus Matthäus und Lukas getroffen, sondern diese beiden aus ihm. Was dann? Dann würden alle Insulte, die man von Markus abwälzen wollte, nunmehr zwangsläufig dem Matthäus und Lukas aufgehalst werden, und zwar in verdoppeltem Maße. Dann wäre nämlich nicht mehr Markus ein „Desultor, Plagiator, Kastrator, Kompilator", sondern 1. Matthäus und 2. Lukas. Und dann hätte man statt eines Schelmen deren zwei.

Aber diese zwangsläufige Konsequenz bei umgekehrter Sachlage hat sich offensichtlich keiner von Griesbachs Antagonisten bei ihrer hemmungslosen Verzerrung seiner Grundthese klar gemacht. Es ist übrigens erstaunlich genug, daß die Anhänger Griesbachs der naheliegenden Versuchung widerstanden haben, ein karikaturistisches Pendant zu der hyperbolisch ironisierenden Darstellung ihrer Gegner zu entwerfen und ihnen mit verdoppelter Wucht heimzuzahlen, was jene sich an unwürdigen Unsachlichkeiten gegen Griesbach vergeben hatten.

Aber es war gut, daß sie auf der sachlichen Ebene blieben. Denn der ganze, mehr als hundert Jahre währende Großangriff gegen Griesbach enthüllt ja doch einen ernstzunehmenden Tatbestand, nämlich den, daß die Vertreter der Markushypothese systematisch versuchten, durch unaufhörliche intellektuelle Disqualifikation eine ihnen theologisch mißliebige Quellentheorie ihres wissenschaftlichen Kredits zu berauben.

Albert Schweitzer sagt zu Eingang seiner „Geschichte der Leben-Jesu-Forschung": „Denn auch mit Haß kann man Leben Jesu schreiben" (S. 4). Das ist an sich keine überraschende Feststellung; denn an Jesus scheiden sich die Geister. Aber unerwartet kommt einem die schmerzliche Erkenntnis, die sich uns angesichts des nicht enden wollenden geschichtlichen Sturmlaufs gegen die Griesbachsche Hypothese unabweisbar aufdrängt: *Auch wissenschaftliche Quellentheorien der Evangelien können mit Haß geschrieben werden...*

Überflüssig zu sagen, daß auf dem Gebiet der Quellenerforschung nur das sachliche Gewicht der Argumente Geltung zu beanspruchen hat, wenn anders die Neutestamentliche Theologie eine Wissenschaft sein will. Und es bedarf erst recht keines Wortes, daß es für eine beanstandete These und Hypothese nur *eine* zulässige Form der Widerlegung gibt: den objektiven, stichhaltigen Gegenbeweis. Ironie, Satire und Karikatur aber beweisen weniger als nichts. Sie lassen nur die Vermutung aufkeimen, daß die Markushypothese weniger im Rationalen als im Emotionalen verankert sei. Welchen Haupteinwand hatte noch C. H. Weiße gegen Wilke geltend gemacht? „Solches Verfahren ist um so bedauerlicher, je unvermeidlicher es bei Unkundigen und noch mehr bei Übelwollenden den Verdacht erwecken muß, als könne eine Hypothese, die, um sich durchzuführen, solcher Gewaltsamkeiten bedürfe, unmöglich wohl begründet sein" (s. o. S. 42).

Nun liegt es nahe zu fragen: Warum war denn Strauß' Gegnern so viel an der Sanktionierung der *Priorität* des Markusevangeliums gelegen? Für ihr leidenschaftliches Markusengagement lagen zwei gewichtige theologische Gründe vor:

1. Strauß hatte in Übereinstimmung mit Griesbachs Quellentheorie Markus als das zeitlich letzte der drei synoptischen Evangelien angesehen und die „Details" der Schilderung des Markus, seine anschaulichen kleinen Ausmalungen (Griesbach: „paraphrastikōs exprimere"), als Zeichen einer fortgeschrittenen mythisierenden Ausgestaltung charakterisiert, da eine solche mit dem Grad der Entfernung von dem Erlebnisobjekt wüchse.

Wenn es nun aber den Markusanhängern gelänge, das Markusevangelium als das *älteste* der drei synoptischen zu erweisen und, darüber hinaus, sogar als die *Quelle der beiden anderen* aufzuzeigen, dann wäre mit einem Schlage die ganze Straußsche Argumentation hinfällig, und seine Behauptung des mythischen Charakters der Evangelien müßte sich damit als irrig erweisen. Und das heißt: Strauß' Grundthese wäre damit gestürzt.

2. Das Markusevangelium war im Vergleich zu Matthäus und Lukas das relativ legendenfreieste: Die ganze Vorgeschichte fehlte ihm, die Genealogie und die Geburtsgeschichten. Deren legendärer, mythisch ausgeschmückter Charakter war unverkennbar. Zudem differiert er bei Matthäus und Lukas beträchtlich.

Vor allem aber hatte das Markusevangelium keine „Nachgeschichte"; als einziges der drei Synoptiker wies es weder Auferstehungsberichte noch eine Himmelfahrt auf und es endete am leeren Grabe mit den Worten: „denn sie fürchteten sich". Und es folgte keine Fortsetzung...

Allerdings war diese Auffassung an eine Voraussetzung gebunden: Man mußte den Schluß des Markusevangeliums (16, 9–20) für unecht erklären. Griesbach, der den vorliegenden Schluß selbst als unecht ansah, hatte das plötzliche, unorganische Abbrechen des Evangeliums hinter Mk 16, 8 eine „clausulam abruptissimam" genannt und hinzugefügt: „Omnibus incredibile videri debebat Marcum sic finivisse commentariolum suum." Für die Vertreter der Markushypothese wurde es geradezu zu einer Prinzipienfrage, daß der Markusschluß unecht sein müsse; denn nur auf diese Weise ließ sich ihre antimythische und damit antistraußsche Interpretation des Markusevangeliums überhaupt durchführen.

Wenn nun ausgerechnet das älteste Evangelium, für das sie Markus erklärten, als maximal legendenfrei anzusehen war – jedenfalls in Relation zu den beiden anderen –, dann war damit auch in inhaltlicher Hinsicht die Straußsche These „Nicht Geschichte, sondern Mythen" als widerlegt und in ihr Gegenteil verwandelt anzusehen: Nicht Mythos, sondern Geschichte!

Von diesem leitenden Gedanken her richteten nun die Vertreter der Markushypothese ihr nachhaltiges Bemühen darauf, den Nachweis zu erbringen:

1. daß der Apostel Petrus der Gewährsmann und die unmittelbare Quelle des Markus gewesen sei,
2. daß die Logienschrift als Sammlung der Herrenworte von dem Apostel Matthäus persönlich aufgezeichnet worden sei.

Dadurch glaubte die neutestamentliche Forschung des vorigen Jahrhunderts, zwei hervorragende *Geschichtsquellen* gesichert zu haben: eine apostolische Quelle erster Hand und eine solche zweiter Hand. Und sie war überzeugt, aufgrund dieser beiden autorisierten Quellenwerke ein geschichtsgetreues Bild des „historischen Jesus" entwerfen zu können.

Mit dieser runden, in sich geschlossenen Hypothesenkonstruktion entsprach zwar die Evangelienforschung einem Glaubensbedürfnis der Theologie des vorigen Jahrhunderts, aber damit entfernte sie sich zugleich auch von dem unabdingbaren Grundprinzip der Wissenschaft, auch der Bibelwissenschaft, voraussetzungslos und tendenzfrei zu forschen – und das heißt im vorliegenden Falle: ohne Blickrichtung auf ein erstrebtes Glaubensziel. Diesen Anspruch kann die Markushypothese nicht erheben. *Sie ist erwachsen aus theologischem Engagement. Sie ist ein Theologumenon.*

D. Die Weiterwirkung der Markushypothese

Die Ausgangsfrage des vorigen Kapitels lautete: Wie war es möglich, daß diese Quellentheorie eine so weltweite Anerkennung erlangen konnte? Die Leitfrage unseres letzten Kapitels muß die sein: Wie konnte es bei der Vorherrschaft der Markushypothese verbleiben – bis auf den heutigen Tag? Ein charakteristisches Merkmal dabei war dieses, daß ihre Vertreter es offenbar im allgemeinen als Beweis der Richtigkeit gewertet wissen wollten, daß ihre These sich allgemeiner Anerkennung erfreute.

Jedoch war hier eine gewisse Einschränkung zu machen. Denn wenn sie sich dessen rühmten, so waren sie immerhin gezwungen, stets ein kleines, verschämtes „Fast" davorzusetzen. Es hatte in der Tat von Anfang an eine *Gegenströmung* gegeben, eine Gruppe von Antagonisten, die Widerspruch erhob. Zwar war sie quantitativ gering, aber qualitativ gewichtig und an lauter berühmte Namen geknüpft. Die gesamte Zweite Tübinger Schule gehörte ihr an; einmütig lehnte sie die Markushypothese ab. Nur Ritschl war umgefallen und hatte seinen abweichenden Standpunkt in einem Aufsatz in den „Theologischen Jahrbüchern" (1851 S. 480–583) dargelegt „Über den gegenwärtigen Stand der Kritik der synoptischen Evangelien". Er wurde darob von Christian Hermann Weiße mit dem zweifelhaften Lob bedacht: „Ein jüngerer, mit tüchtiger Kraft zur Selbständigkeit emporstrebender Zögling dieser Schule hat sich ihr (scil. der Markushypothese) unverhohlen zugewandt" (Evangelienfrage S. 85).

Sogar David Friedrich Strauß, der ja keine eigene Quellentheorie aufgestellt hatte, sondern die Griesbachsche seiner Untersuchung zugrunde legte, nahm – wenn auch spät, nein, zu spät! – 1864 in seiner „Volksausgabe" zum ersten und einzigen Male eingehender zur Quellenfrage Stellung und brachte jetzt explicite verschiedene Argumente gegen die Markushypothese vor.

Die Zweiquellentheorie kam überhaupt erst richtig zum Zuge, als die großen schwäbischen Forscher verstorben waren und damit die massive Opposition zum Erliegen kam. Das fällt zeitlich ungefähr zusammen mit dem Erscheinen von Holtzmanns „Synoptischen Evangelien" (1863). Ferdinand Christian Baur starb 1860, Albert Schwegler 1857, David Friedrich Strauß 1872. Und Eduard Zeller, der von 1842–1857 die „Theologischen Jahrbücher", das führende Organ der Tübinger, herausgegeben hatte, war notgedrungen zur Philosophie hinübergewechselt, da ihm in Tübingen eine Professur verwehrt und er in Marburg als theologischer Lehrer nicht zugelassen wurde. Als unerschütterlicher alter Kämpe aus der Zweiten Tübinger Schule ragte der einzige Norddeutsche unter ihnen, Adolf Hilgenfeld (1823–1907), in fast rudimentärer Weise bis in unser Jahrhundert hinein und führte, ohne zu wanken und zu weichen, auf einsam gewordenem Posten den Kampf gegen die Markushypothese bis an sein Lebensende fort.

Auch der Begründer einer neuen, ganz anderen Tübinger Schule, Adolf Schlatter (1852–1938), erwies sich als standhafter Gegner der Zweiquellentheorie. „Vater Schlatter", der nicht nur ein frommer Mann, sondern auch ein guter Gelehrter war, hielt bis zuletzt an der Matthäuspriorität fest. Er wurde deshalb als „Biblizist" verschrien.

Desgleichen nahm ein neutestamentlicher Forscher von höchstem wissenschaftlichem Rang, Theodor von Zahn (1838–1933), im Auslande bekannt als die Verkörperung deutscher Gründlichkeit, gegen die Markushypothese Stellung. Von seinen „fortschrittlichen" Gegnern wurde er deshalb als „konservativ" abgestempelt. Und Heinrich Julius Holtzmann hielt es für angebracht, hinsichtlich der Anhängerschaft Zahns zu erklären: „Hinter dem Gelehrten steht eine große Herde von Traditionalisten und Ignoranten" (Die Markushypothese in ihrer heutigen Gestalt, in: Archiv für Religionswissenschaft. 1907 S. 20).

Immerhin blieb die Zweiquellentheorie in Deutschland noch bis zum Ersten Weltkrieg hin umstritten. Sie erhielt ihre eigentliche geschichtliche Sanktionierung erst nach Kriegsende durch die *„Formgeschichte"*. Deren Begründer, Martin Dibelius (Formgeschichte des Evangeliums. 1919; 1933[2]) und Rudolf Bultmann (Geschichte der synoptischen Tradition. 1921, 1957[3]) übernahmen expressis verbis die Zweiquellentheorie und legten sie ihrer Beweisführung zugrunde:

Dibelius: „Die Forschung eines halben Jahrhunderts hat die Entstehung der Evangelien von einem bestimmten Gesichtspunkt aus untersucht und hat vermöge ihrer analytischen Methode ein weithin anerkanntes und in den Grundzügen relativ gesichertes Ergebnis in Gestalt der sogen. Zweiquellentheorie erarbeitet: Matthäus und Lukas sind beide von Markus abhängig und außerdem von einer aus dem Matthäus- und Lukastext zu rekonstruierenden Quelle, der nur postulierten Sammlung Q" (S. 8).

Bultmann: „Nicht nur das Ergebnis der synoptischen Vergleichung, die Zweiquellentheorie, wird dabei vorausgesetzt, sondern auch bei der Scheidung zwischen Tradition und Redaktion ist nicht ohne kritische Analyse auszukommen. Überhaupt treibt die formgeschichtliche Arbeit ihr Werk nicht im Gegensatz zur Literarkritik" (S. 3).

Unter dem Eindruck der Übernahme der Zweiquellentheorie durch die Begründer der Formgeschichte hat sich von Anfang an der Irrtum eingeschlichen, als ob es sich bei dieser nur um eine spezielle Modifikation, eine besondere „Methode", der Zweiquellentheorie handle. Jedenfalls ist ihr eine solche Charakterisierung von Anfang an auf den Weg mitgegeben worden durch ihren ersten Referenten und Rezensenten, Erich Fascher, in seinem Werk: Die Formgeschichtliche Methode. Eine Darstellung und Kritik (1924). So kam es dazu, daß lange Zeit hindurch in der Fachdiskussion von der Zustimmung zu der „Zweiquellentheorie besonders in der Gestalt der Formgeschichte" gesprochen wurde.

Man übersah jedoch dabei, daß hier die Zweiquellentheorie einen Funktionswandel und eine Umbewertung und Gewichtsverschiebung erfahren hatte. *Denn die Formgeschichte war keineswegs ein Ableger oder eine Spielform der Markushypothese;* es handelte sich bei ihr vielmehr um eine grundsätzlich *neue Quellenhypothese* in Gestalt eines *Regressus ante Evangelia.* Ein solcher war zuvor ernstlich nur von den Vätern der Schriftlichen und vor allem Mündlichen Urevangeliumshypothese sowie durch Schleiermacher mit seiner Diegesentheorie gewagt worden in der Absicht, das Vakuum zwischen den beiden Polen „Jesuserleben der Jünger" und „Schriftliche Fixierung dieses Erlebnisses" auszufüllen. In diesen uns unbekannten Leer- und Dunkelraum *vor* den Evangelien suchten nun auch die Urheber der Formgeschichte vorzustoßen, um ihn zu erhellen.

Hierbei legten sie eine *neue hypothetische Setzung* zugrunde, die ihr eigentliches quellenanalytisches Prinzip ausmacht, nämlich das „Prinzip der kleinen Einheiten". Es handelt sich dabei primär um eine *Perikopentheorie:*

Dibelius: „Die in den synoptischen Evangelien erhaltenen Geschichten ... sind zunächst als Einzelgeschichten überliefert worden" (S. 175).

Bultmann: „Die Urelemente der Synoptiker (sind) die Einzelstücke in Spruch und Erzählung" (S. 3).

Um diese nun literarkritisch und textanalytisch eruieren zu können, bedienten sie sich der Methode der redaktionsgeschichtlichen Untersuchung, die im gleichen Erscheinungsjahr wie Dibelius' „Formgeschichte" ihre klassische Ausprägung durch das grundlegende Werk von *Karl Ludwig Schmidt* erfahren hatte: „Der Rahmen der Geschichte Jesu" (1919). Schmidt vertritt darin denselben Standpunkt wie Dibelius und Bultmann: „Im ganzen gibt es kein Leben Jesu im Sinne einer sich entwickelnden Lebensgeschichte, keinen chronologischen Aufriß der Geschichte Jesu, sondern *nur Einzelgeschichten, Perikopen, die in ein Rahmenwerk gestellt sind"* (S. 317; Hvhbg. v. Vf.).

So kam es zu der lange andauernden Ehe der beiden Größen Formgeschichte und Redaktionsgeschichte. Sie hat ihre erschöpfende Gesamtdarstellung gefunden in der ungedruckten Dissertation von Joachim Rohde: Formgeschichte und Redaktionsgeschichte in der Neutestamentlichen Forschung der Gegenwart (Berliner Humboldtuniversität 1962.

Westdeutsche verkürzte Ausgabe: Die redaktionsgeschichtliche Methode. 1966).

Es liegt hiernach auf der Hand, welche Funktionsveränderung die Zweiquellentheorie in der Form- und Redaktionsgeschichte erfahren mußte. Diese hatte nun *zwei* Quellentheorien aufzuweisen, aber *von verschiedener Wertigkeit*. Die zentrale, tragende Funktion war dabei der *Perikopentheorie* zuerteilt worden. *Die Markushypothese erlitt eine Abwertung oder Umbewertung; sie sank von der fundierenden zur argumentierenden Hypothese herab.*

Wie kam es dazu? Nun, die Begründer der Form- und Redaktionsgeschichte konnten wegen ihres traditionsgeschichtlichen und formgeschichtlichen Beweisverfahrens nicht an der synoptischen Frage vorbeigehen; sie mußten ja ständig mit dem gegenseitigen Beziehungsverhältnis der drei ersten Evangelien zum Zweck der Argumentation operieren, zumal sie das Johannesevangelium von ihrer Deduktion ausgeschlossen hatten als durch die Formgeschichte nicht betroffen. *Dabei konnten sie nicht umhin, eine Lösung des synoptischen Problems als gegeben vorauszusetzen.* In Ermangelung einer besseren legten sie die Zweiquellentheorie zugrunde. Was blieb ihnen auch anderes übrig, zumal diese – auch wenn sie zu diesem Zeitpunkt noch nicht als allgemein anerkannt galt – doch auf jeden Fall als die „beste" oder „wahrscheinlichste" Lösung angesehen wurde, zumindest aber als eine solche, „mit der man arbeiten konnte".

Das fast tragisch zu Nennende dabei ist dies, daß die Begründer der Formgeschichte der Markushypothese selbst mit Skepsis und dem von uns oben geschilderten Unbehagen („der wir nie recht froh wurden") gegenüberstanden. Diese Reserve wird am deutlichsten bei Dibelius, wenn er von dem „in den Grundzügen *relativ* gesicherten Ergebnis" und der „*nur postulierten* Sammlung Q" spricht. Und auch Bultmann hatte ausdrücklich betont: „*Er (Lukas) legt nicht den Markus-Aufriß zugrunde*" (Synopt. Tradition S. 135). Mit einem solchen Beweismittel zu argumentieren, dem man selbst nur mit eingeschränkter Zustimmung und mit gewissen Bedenken gegenübersteht, ist für jeden Forscher mißlich. So konnte auch für die Formgeschichte eine gewisse Fehlerauswirkung in dieser Hinsicht nicht ausbleiben – ohne daß wir näher darauf eingehen – es hatte aber auch positive Rückwirkungen auf die Markushypothese selbst zur Folge. Denn durch die Grundthese der Formgeschichte vom Prinzip der kleinen Einheiten, die als Gemeindebildung anzusehen seien, wurde der petrinische Ursprungsbeweis gegenstandslos und wurde infolgedessen überwiegend als überholt angesehen. In diesem Sinne schreibt *Dibelius*:

„Markus hat also im Hauptteil seines Buches, der vom Wirken Jesu handelt, nach eigenem Ermessen Stücke der *in den Gemeinden erhaltenen Tradition* zusammengefügt" (S. 219; Hvhbg. v. Vf.).

Desgleichen Bultmann:

„Bei Markus ist noch deutlich zu erkennen, und man sieht es am besten am Vergleich mit Lukas, wie die *älteste Tradition* aus Einzelstücken bestand und der Zusammenhang das Sekundäre ist" (S. 362).

Als Ganzes hatte die Übernahme der Zweiquellentheorie durch die Formgeschichte eine weitreichende, tiefgreifende forschungsgeschichtliche Wirkung. Denn da sie ja im allgemeinen überhaupt nicht als primär neue Quellenhypothese erkannt worden war und ihre Beweisführung sowohl von Dibelius und Bultmann wie von Karl Ludwig Schmidt unter ausdrücklicher Berufung auf die Zweiquellentheorie erfolgte – obgleich diese für sie nur Mittel zum Zweck war –, trug dieser Umstand, gewissermaßen als Folgewirkung, zu einer sich verbreiternden Anerkennung der Zweiquellentheorie bei.

Daß ein solcher Zusammenhang tatsächlich vorlag, wird dadurch bestätigt, daß überall dort, wo die Formgeschichte Zustimmung fand oder gewann, gleichzeitig auch die Zweiquellentheorie anerkannt wurde – und umgekehrt: Wo sie keine Resonanz fand, erging es auch der Markushypothese entsprechend. Das erste war der Fall in der katholischen Forschung, das zweite in der anglikanischen.

Im Laufe der letzten fünfzig Jahre folgte dem raschen Siegeszug der Formgeschichte und der Zweiquellentheorie innerhalb des deutschen Protestantismus nun auch ein zunächst langsamer, dann aber in fast geometrischer Progression fortschreitender Bodengewinn auf seiten des Katholizismus, der ja traditionsgemäß durch die Jahrhunderte hindurch fast unentwegt an der Matthäuspriorität festgehalten hatte.

Zwar hatten sich vereinzelt schon früher katholische Neutestamentler in der Abwehr von Strauß' Mythentheorie für die Markushypothese eingesetzt, so vor allem Johannes Kuhn mit seinem „Leben Jesu, wissenschaftlich bearbeitet" 1838 (s. o. S. 209 f) und J. Gehringer (Synopt. Zusammenstellung der Texte der vier Evangelien. 1842), denen später einige andere folgten. Aber es blieb auf Ausnahmen beschränkt, von denen die Katholische Kirche offiziell abrückte. Denn noch kurz vor dem Ersten Weltkrieg wurde durch die beiden Dekrete der Päpstlichen Bibelkommission vom 19.6.1911 und 6.6.1912 die Markuspriorität als „durch kein Traditionszeugnis oder historisches Argument gestützt" abgelehnt und statt dessen die Priorität des Matthäusevangeliums betont; dieses sei „quoad substantiam" mit dem aramäischen Original identisch (Enchiridion Biblicum S. 388– 405). Und noch im gleichen Jahre 1912 mußte die Auflage von Tillmanns „Kommentar zur Heiligen Schrift des N.T. Die drei älteren Evangelien" zurückgezogen werden wegen F. Maiers positiver Berichterstattung und Stellungnahme zur Zweiquellentheorie.

Aber trotz der immer noch bestehenden offiziellen Ablehnung gewann auch in katholischen Kreisen unter der Einwirkung der kerygmatischen Ausrichtung der Formgeschichte die Zweiquellentheorie nach und nach Anklang und Anhang. Den entscheidenden Vorstoß unternahm dann 1930 Josef Schmid mit seiner Habilitationsschrift „Matthäus und Lukas". Heute kann derselbe Forscher in der letzten Auflage seiner „Einleitung in das Neue Testament" (1973) erklären, die Zweiquellentheorie werde auch von katholischer Seite „gegenwärtig allgemein als die wenigstens bestmögliche Erklärung des synoptischen Problems anerkannt" (S. 280).

Dem ist vorhergegangen, daß im Jahre 1943 – mitten in der blutigsten Zeit des Ringens im Zweiten Weltkrieg – als erhabenes Dokument der Zeitlosigkeit der Evangelienforschung die Päpstliche Enzyklika „Divino afflante spiritu" vom 30. September 1943 erschienen war mit dem Titel „Über die zeitgemäße Förderung der biblischen Studien" – De sacrorum bibliorum studiis opportune provehendis."

Man erkennt dabei unschwer, daß die deutsche Übersetzung „zeitgemäß" für „opportune" kein adäquates Äquivalent bildet, sondern darüber hinausgeht. Aber sie entsprach dem Empfinden der deutschen katholischen Forscher, von denen diese Enzyklika als die von ihnen lange ersehnte Magna Charta der Freiheit der wissenschaftlichen Evangelienforschung begrüßt wurde. Immerhin wird jedoch in dem Päpstlichen Rundschreiben mit vatikanischer Klugheit die Zweiquellentheorie mit keinem Worte erwähnt, aber es wird grundsätzlich die Berechtigung neuer Forschung anerkannt:

„Zu Unrecht behaupten daher Leute, die die Lage der Bibelwissenschaft nicht genau kennen, dem katholischen Exegeten unserer Tage bleibe nichts hinzuzufügen zu dem, was das christliche Altertum geleistet habe; im Gegenteil, unsere Zeit hat gar vieles vorgebracht, was einer neuen Untersuchung und einer neuen Prüfung bedarf und den heutigen Exegeten nicht wenig zu eifrigem Studium anspornt" (Ausgabe Lateinischer und deutscher Text S. 38/39).

Nunmehr konnte es nur noch eine Frage der Zeit sein, daß auch der Weg für die Formgeschichte grundsätzlich freigegeben wurde. Das geschah im Jahre 1964 durch die „Instructio de historica Evangeliorum veritate" der Päpstlichen Bibelkommission vom 21. April. Hierin wird die Formgeschichte sogar namentlich genannt:

„Ubi casus fert, interpreti investigare licet, quae sana elementa in „methodo historiae formarum" insint, quibus ad pleniorum Evangeliorum intelligentiam rite uti possit" (Bibl. Zeitschr. 9. Jhrg. S. 152).

Diesen „sana elementa" werden jedoch eine Reihe „*principia* philosophica et theologica *haud probanda*" einschränkend gegenübergestellt. Wir halten es daher für etwas zu euphemistisch interpretiert, wenn Josef Schmid von der Formgeschichte sagt: „Neuestens hat auch eine Instructio der

Päpstlichen Bibelkommission vom 21. 4. 1964 sie für grundsätzlich richtig erklärt" (Einleitung in das Neue Testament 1973[6] S. 292).

Es ist nun eine fast zwangsläufige, jedenfalls kaum anders zu erwartende Folge der sehr späten Übernahme der Zweiquellentheorie durch die katholische Forschung gewesen, daß diese dabei fast alle wesentlichen Irrtümer und Fehler der protestantischen Forschung teilte, die bereits aufgrund unserer Darlegungen im Beweisteil als erledigt anzusehen sind und deswegen hier keiner Erwähnung mehr bedürfen. Korrekturbedürftig sind jedoch einige Feststellungen, die selbst im Rahmen der Markushypothese als nicht haltbar oder schlechthin falsch anzusehen sind, so wenn neben Weiße auch Wilke · als Begründer der Zweiquellentheorie genannt wird (Schmid/Wikenhauser, Einleitung S. 279).

Es ist auch eine Umkehrung der tatsächlichen forschungsgeschichtlichen Gegebenheiten, wenn Josef Schmid behauptet:

„Schuld daran, daß sie (scil. die Zweiquellentheorie) nicht sofort die ihr gebührende Beachtung fand, trug das im Jahre 1835 erschienene „Leben Jesu" von David Friedrich Strauß, das lange Zeit die theologische Forschung beschäftigte. So konnte es geschehen, daß den Erfolg, den die beiden Forscher verdient hätten, erst der Göttinger Orientalist H. G. A. Ewald erntete" (S. 279).

Schmid zäumt hier das Pferd von hinten auf. Denn Wilkes „Urevangelist" und Weißes „Evangelische Geschichte" wurden ja gerade erst durch Strauß' „Leben Jesu" hervorgerufen als ausgesprochene Gegenschriften gegen ihn und zur ausdrücklichen Widerlegung der von diesem zugrundegelegten Griesbachschen Hypothese. Auch dürfte hier Josef Schmid eine Verwechslung zwischen Wilke und Ewald unterlaufen sein; denn der Mann, der den Ruhm der „Unsterblichkeit" erntete – und zwar bereits im Jahre 1841 durch Bruno Bauer – war ja gerade Wilke (und in zweiter Linie Weiße), nicht etwa Ewald, dessen einschlägige Werke zur synoptischen Frage überhaupt erst ein Jahrzehnt später erschienen, nämlich 1849/51 (s. o. S. 58 und 60).

Das gleiche Phänomen nun, das wir bei der katholischen Neutestamentlichen Wissenschaft feststellen konnten, daß Anerkennung oder Nichtanerkennung der Markushypothese kausal an die Zustimmung bzw. Ablehnung der „Formgeschichtlichen Methode" und deren Argumentation mit Hilfe der Zweiquellentheorie geknüpft war, zeigt sich auch in der anglikanischen Forschung. Im englischen Sprachbereich fand die Formgeschichte von Anfang an nur geringe Resonanz oder gar beträchtlichen Widerstand, und ebenso begegnete auch die Zweiquellentheorie nicht unerheblicher Skepsis und Kritik. Noch 1959 schreibt Hans Conzelmann:

„Aber außerhalb Deutschlands treffen wir eine geschlossene Front, welche die Formgeschichte keineswegs als Methode anerkennt, sondern als eine

Position auffaßt, über welche man zur Not diskutieren kann, wenn auch wenig Neigung dazu besteht, da die Formgeschichte als typisch deutsche Überspitzung, als Ausgeburt des kontinentalen Radikalismus gilt. Die Formgeschichtler sind – von drüben gesehen – eine kleine, etwas komische Sekte mit Mangel an gesundem Common sense. Auch diejenigen Neutestamentler, welche diese Methode positiv aufgenommen haben, verengern sie doch auf die formale Klassifizierung von Erzählungsformen und bestreiten, daß die formgeschichtliche Analyse zu historischen Echtheitsurteilen führen könne" (Zur Methode der Leben-Jesu-Forschung, in: Zeitschrift für Theologie und Kirche 1959 Beiheft I S. 7).

Auch wenn sich mittlerweile einiges darin geändert hat, so wird doch diese überwiegend ablehnende Haltung im englischen Sprachbereich noch 1970 bestätigt durch Laurentius Klein (Anglikanische Theologie im 20. Jahrhundert, in: Bilanz der Theologie Bd. II S. 135). Ebenfalls noch 1972 schreibt Hans Werner Braun von dem „verbreiteten Mißtrauen der angelsächsischen Neutestamentler gegenüber der Formgeschichte" (Theologie und Geschichte in der Überlieferung vom Leben Jesu, in: Evangelische Theologie Bd. 32 S. 128). Symptomatisch für diese anglikanische Reserviertheit ist die Tatsache, daß Bultmanns und Dibelius' formgeschichtliche Hauptwerke erst fünfzig Jahre nach ihrem ersten Erscheinen in englischer Übersetzung herauskamen – zugleich auch ein Zeichen, daß dort die formgeschichtliche Betrachtungsweise an Boden gewonnen hatte.

Wenn nun in Deutschland aus den angeführten Gründen die Kritik an der Markushypothese seit dem Ende des Ersten Weltkrieges fast ganz zum Erliegen gekommen war, zeigte die englischsprachige Forschung während der gleichen Zeit also das entgegengesetzte Bild. Englische Forscher sind es gewesen, die als erste auf den von uns herausgestellten Kardinalfehler Christian Hermann Weißes hingewiesen haben (s. o. S. 133 f und 143), auf seine „Lachmann-fallacy" und seinen „schoolboyish error of elementary reasoning at the very base of the ‚Two-Document-Hypothesis'" (B. C. Butler, Two-Document-Hypothesis). Diese „Lachmann-fallacy" wurde nun zu einem Hauptthema der englisch-amerikanischen Forschung. Hierin gehört N. H. Palmer: Lachmann's Argument (in: New Testament Studies 13, 1966/7, S. 368 ff), dem ein Jahr später W. R. Farmer folgte: The Lachmann-Fallacy (in: New Testament Studies 14, 1967/8, S. 441 ff).

Bereits 1964 war diesem Aufsatz das kritische Hauptwerk Farmers vorausgegangen: The Synoptic Problem. A Critical Analysis. Farmer beginnt sein entscheidendes Kapitel mit der zutreffenden Feststellung: „The Synoptic Problem is difficult, but not necessarily insoluble" (S. 199). Sein Forschungsziel ist folgendes:

„It is intended to encourage a serious reconsideration of a solution which was first formulated in the eighteenth century, flourished in the first half of the nineteenth century, but which for the past one hundred years has been eclipsed by the Two-Document-Hypothesis" (S. 202).

Das bedeutet also die Wiederaufnahme des Grundgedankens der Griesbachschen Hypothese, die in Deutschland „for one hundred years" maßlos bekämpft worden war. Es fehlte wohl bei uns ein wenig am englischen „Common sense".

Das Forschungs*ergebnis* William R. Farmers lautet:

„Mark wrote after Matthew and Luke and is dependent upon both" (S. 202).

Einen Beweis für die partielle Abhängigkeit des *Lukas* von *Matthäus* hat Farmer jedoch ebensowenig zu erbringen vermocht wie seinerzeit Griesbach, der es thematisch begrenzt hatte auf die beiden Auferstehungsberichte (s. o. S. 11).

Ganz allgemein kann man sagen: Es scheint sich in der amerikanischen Forschung eine beginnende Renaissance der Griesbachschen Hypothese abzuzeichnen oder zumindest eine neue Fachdiskussion um sie. Über hundertachtzig Jahre nach der Erstveröffentlichung von Griesbachs „Commentatio" wurde im „Journal of Biblical Literature" von zwei amerikanischen Neutestamentlern, C. H. *Talbert* und E. V. *Knight,* ein gemeinsamer Aufsatz publiziert unter dem Titel „Can the Griesbach-Hypothesis be falsified?" (Journal of Biblical Literature 91. 1972 S. 338–368). Dabei liegt der Ton auf *„Can".* Sie versuchen nämlich, Griesbach zu widerlegen, „or at least cast doubt upon the Griesbach-Hypothesis".

Ihnen antwortete zwei Jahre später in der gleichen Zeitschrift George Wesley *Buchanan* unter dem Titel: „Has the Griesbach-Hypothesis been falsified?" (Journal of Biblical Literature 93. 1974 S. 550–572). Und diesmal liegt der Ton auf *„Has been?"* Denn Buchanan versucht, den Widerlegungsversuch der beiden andern zu widerlegen. Das Ergebnis seiner kritischen Analyse ihrer Argumentation lautet:

„A careful study of this case against the Griesbach-Hypothesis suggests the verdict: *Not proved!"* (S. 572).

Wenn nun diese Wiederbelebung der Diskussion um die Griesbach-Hypothese ein Symptom der anwachsenden Skepsis gegenüber der Markushypothese ist, so war dies schon vorher nicht minder der Fall bei jenem Phänomen gewesen, das Grant treffend mit dem Namen der „Multiple Source Theories" bezeichnete. Diese Mehrquellentheorien spielten in der internationalen Fachdiskussion vor allem eine Rolle durch B. H. Streeters Werk „The Four Gospels" (1924) sowie durch Vaganays „Le Problème Synoptique" (1954) und von deutscher Seite in gleicher Weise durch Emanuel Hirschs „Frühgeschichte des Evangeliums" (1940/41; 1951²) und Heinrich Helmbolds „Vorsynoptische Evangelien" (1953). Obgleich diese Werke untereinander recht verschiedenartig sind, haben sie doch alle den gleichen quellenkritischen Ursprungsort. Es besteht nämlich im Prinzip Einigkeit darüber, daß die Zweiquellentheorie, von der sie ausgehen, zur Erklärung der immanenten Probleme der synoptischen Evangelien *nicht* ausreicht, sondern der Ergänzungen bedürfe. Anders sind die mehr oder minder vielfältigen Verbesserungsvorschläge der genannten Autoren auch gar nicht zu verstehen; sie versuchen ja nur, durch neue, zusätzliche Hilfshypothesen die ungelöst gebliebenen Restfragen zum Stimmen zu bringen, bis die Hypothese „aufgeht".

Dabei hängt über allen diesen „multiple sources theories" drohend die Gefahr eines ungewollten Endeffekts, daß nämlich ein Hypothesen*system* entsteht, das sich – ähnlich wie bei der Schriftlichen Urevangeliumshypothese – durch eine nicht mehr akzeptable Vielzahl von Auxiliartheorien selbst ad absurdum führt. So ist es bei Hirsch der Fall gewesen, so bei Helmbold und so auch bei Vaganay. Denn wenn der Ausgangspunkt der Mehrquellentheorien das Ungenügen an der Zweiquellentheorie war, so war nichts damit gewonnen, daß ihr Endpunkt nun der Überdruß an den (Zu-)Vielquellen wurde.

Bei der Suche nach diesen Ergänzungsformen zeichnete sich ein charakteristischer Unterschied zwischen der deutschen und angelsächsischen Forschung ab. Diese hatte mit ihrem ausgeprägten Sinn für Realitäten erkannt, daß sowohl in struktureller wie in essentieller Hinsicht das Lukasevangelium ein viel dankbareres Objekt für den Ansatz von Mehrquellentheorien bildet als das einheitliche, in sich geschlossene Markusevangelium. So stand bei ihnen das Streben und die Suche nach den Frühformen des dritten Evangeliums durchaus im Vordergrund, nicht nur bei Streeter, sondern auch bei seinen Vorläufern und Nachfolgern.

Da in der deutschen Evangelienforschung traditionsgemäß das Markusevangelium die absolute Schlüsselposition innehatte, wurde, wie der Gang unserer Darlegungen gezeigt hat, in der Vergangenheit immer wieder nach den „Frühformen" oder den Modalitäten einer „Urform" des zweiten Evangeliums gesucht, wobei man sich ja nicht mit einem „Protomarkus" begnügte, sondern, darüber hinausgehend, auch noch einen „Deuteromarkus", „Tritomarkus" usw. für erforderlich hielt – bis diese Suche sich von selbst totlief, da sie ja schließlich nicht ad infinitum fortgesetzt werden konnte.

Nachdem nun die Dehnungsmöglichkeiten der „Geschichtsquelle Markus" nachgerade erschöpft waren und sich herausgestellt hatte, daß der Kampf um die Erhaltung der Zweiquellentheorie nur noch mit Q weitergeführt werden konnte, wich die Forschung auf diese weitaus elastischere zweite Quelle aus und fand hier ein reiches Betätigungsfeld. Denn der Bann war ja gebrochen worden durch den Machtspruch von Bernhard Weiß: Die Spruchquelle enthielt auch Erzählungen" (s. o. S. 116 f).

Somit verlagerte sich das ganze Schwergewicht der Argumentation in diese Richtung hin, das heißt: In dem Maße, wie die Quelle Markus als Beweismittel stagnierte, florierte die Quelle „Q". Infolgedessen haben wir in den letzten Jahrzehnten vor allem im deutschsprachigen Raum ein Anwachsen der Q-Literatur zu verzeichnen, das selbst Wernle noch nicht im entferntesten ahnen konnte, als er 1899 den forschungsgeschichtlich so ungemein folgenreichen und weitwirkenden Satz formulierte: „Die – hypothetische – Quelle sei mit Q bezeichnet." So stellt diese „hypothetische Quelle" heute das meist umkämpfte Problem der Evangelienforschung dar, und die neutestamentliche Fachliteratur weist eine fast verwirrende Fülle von Forschungsergebnissen, Untersuchungen, Hypothesen, Erschließungen, Konstruktionen, Behauptungen und Vermutungen auf, die alle das intensive Fragen nach dem Wesen von Q zum Gegenstand haben: nach ihrer Gestalt, dem Umfang, dem literarischen Charakter, dem Inhalt, dem Zweck, dem Ziel, der theologischen Tendenz, dem Verfasser, dem Entstehungsort, der Entstehungszeit, ihren Vorstufen, ihren Modifikationen, ihren Wandlungen, ihrer Geschichte, ihrem Schichtencharakter, ihrer Beziehung zu Markus, ihrer Vergleichbarkeit zu den Evangelien (Evangelienschrift?, Halbevangelium?, Vollevangelium?), ihrer inneren Bestimmtheit (kerygmatisch?, didaktisch?, katechetisch?), ihrer Textanordnung, ihrer Sprache (aramäisch?, griechisch?), ihrem Wortlaut – kurz, es gibt kaum ein Problem von Q, das hier nicht aufgeworfen würde und auf das sich in der Literatur nicht auch eine Antwort fände, wenngleich recht divergierende und gegensätzliche. Nur auf *eine* Frage findet man keine Antwort: *Wo gibt es eine literarische Bezeugung für Q?*

So scheiden sich denn hier die Geister in zwei Lager: pro et contra Q. Denn an die Frage nach der literarischen Bezeugung schließt sich eine weitere an: *War eine Schrift von dem für die Aufrechterhaltung der Markushypothese erforderlichen Charakter von Q denn überhaupt existent?*

Diese ganze umfassende Q-Problematik wird von W.G.Kümmel in ebenso gedrängter wie erschöpfender Form dargestellt in der 17. („wiederum völlig neu bearbeiteten") Auflage seiner „Einleitung in das Neue Testament" (1973 S.37–49). Und hier werden auch sowohl die ganzen Verfechter wie Bestreiter einer schriftlichen Quelle Q namentlich aufgeführt (§5 S.22 Anm.8 sowie S.38 Anm.54 und 55). So stehen sich denn heute die Vertreter beider Richtungen mit völlig verhärteten Fronten gegenüber – tief uneins, Meinung gegen Meinung.

Hier wird nun der grundlegende Unterschied in der Geschichte der Markushypothese zwischen dem neunzehnten und zwanzigsten Jahrhundert deutlich. Den historischen Wendepunkt bildet genau das letzte Jahr des vergangenen Säkulums (1899), als Wernles „Synoptische Frage" erschien. Bis dahin war das *Markusevangelium* die in der Beweisführung *dominante Quelle* gewesen, weil diese für elastischer und variabler gehalten wurde als die Spruchquelle, die bis dahin, seit Weiße für seine Argumentation die Schleiermachersche Definition des Logosbegriffs zu Grunde gelegt hatte, als konstant gegolten hatte. Man operierte dementsprechend nur mit Ausweichformen in Gestalt von Vorstadien der *Geschichtsquelle Markus*, während die reine Form der Logienquelle solche nicht zuließ und höchstens zu Rückzugsbewegungen zwingen konnte, wie es bei Weiße der Fall gewesen war.

Nun aber sprach Wernle das Verdikt über die Urmarkustheorie aus als „bloß zur Erleichterung des synoptischen Problems" aufgestellt (s. o. S. 90) und vollzog mit dem gleichen Federstrich die Umbenennung und Umwandlung der Logienquelle zu „Q". Damit wurde er in der Tat zum Spiritus rector et intellectualis des *neuen Stadiums der Markushypothese*, die nun mit dem ersten Jahr des neuen Jahrhunderts ihren unaufhaltsamen Lauf nahm, nachdem Q durch den Machtspruch von Bernhard Weiß auch ihre innere, d. h. auf den Inhalt bezügliche Autorisation erhalten hatte.

So vollzog sich nun unter der Nachwirkung der von Wernle und Weiß herbeigeführten *Peripetie der Markushypothese* die weitere Entwicklung der Argumentationsbasis der Zweiquellentheorie *gegenläufig zu der im vorigen Jahrhundert. Nun wurde Q dominant*, da es sich als im höchsten Grade variabel erwies; *die Geschichtsquelle Markus dagegen,* deren Ausweichmöglichkeiten erschöpft und zudem widerlegt waren, *trat auf der Stelle* und wurde konstant. So ist es gekommen, daß noch heute in der Diskussion um die Markushypothese alle Argumente, die von seiten der Geschichtsquelle ins Feld geführt werden, fast ausnahmslos noch aus dem vorigen Jahrhundert stammen und unverändert die gleichen geblieben sind – ohne dadurch richtiger geworden zu sein. Die Beweiselemente zugunsten der Spruchquelle dagegen entstammen ganz überwiegend unserem Säkulum.

Dieses gewandelte Verhältnis der beiden fundierenden Faktoren der Markushypothese, ihre *qualitative Schwergewichtsverschiebung* von Mk zu Q, die in dem zur Perseveranz erstarrten Charakter der Markusbeweise und dem Progressionscharakter der Q-Argumentation ihren Ausdruck gefunden hat, dürfte in Verbindung mit dem bedeutsamen Moment der *quantitativen Ausbreitung* der Zweiquellentheorie *das eigentliche Charakteristikum der Weiterwirkung der Markushypothese in unserem Jahrhundert darstellen.*

Wenn man nun die rund hundertvierzigjährige Geschichte der Markushypothese in ihrer Gesamtentwicklung überblickt und von dem heutigen Stand ihrer Forschung auf die Ausgangsposition ihrer Begründer und deren Beweisführung zurückschaut, so kann man folgendes feststellen: *Es ist nach und nach ein Argument nach dem andern abgebröckelt.* In der Mehrzahl der Fälle haben sie sich durch die innere Entwicklung der Markushypothese von selbst erledigt; es ist fast nichts mehr übrig geblieben. Und es sind gerade die konstitutiven, für die Markuspriorität grundlegenden Elemente gewesen, die als erste fallen gelassen wurden, weil sie nicht mehr zu halten waren:

Welcher ernstzunehmende Forscher hält heute noch an dem petrinischen Ursprungsbeweis des zweiten Evangeliums fest? Die Behauptung hielt keiner Nachprüfung stand. Es war einfach schlagend und war durch keinerlei Räsonnement aus der Welt zu schaffen, daß das Matthäusevangelium weit mehr petrinische Elemente und eine stärkere Betonung des Petrusprinzipats enthält als Markus.

Die andere Hauptstütze der Zweiquellentheorie, der Dublettenbeweis, fiel von selbst in sich zusammen infolge der im Rahmen der geschichtlichen Entwicklung der Markushypothese unausweichlich sich ergebenden Zwangsfolgerung, daß nicht nur gegenseitige Kenntnis der beiden Hauptquellen vorauszusetzen war, sondern daß auch wechselseitige Beziehungen stattgefunden haben mußten mit der Übernahme von Redeelementen in die Markusquelle und von geschichtlich erzählenden Teilen in die Spruchquelle. Die säuberliche Trennung zwischen einer reinen Geschichtsquelle und einer reinen Logienquelle, die ja die Voraussetzung des Dublettenbeweises gewesen war, fiel in sich zusammen. Somit konnte aus dem Vorkommen von „Doubletten" kein Rückschluß auf die Herkunft a) aus einer Redequelle und b) aus Markus gezogen werden.

Der Sprachbeweis erwies sich als gegenstandslos, weil er aus einer fiktiven, nicht realen, künstlich konstruierten Quelle hergeleitet war, die keinerlei Beweiskraft besaß. Der Anschaulichkeitsbeweis beruhte auf der falschen, durch kein ästhetisch-stilistisches Gesetz zu erhärtenden Annahme, daß Anschaulichkeit der Darstellung ein Prioritätsmerkmal sei, während es de facto nur eine Frage des literarischen Könnens darstellt. Das Gleiche gilt vom Einheitlichkeitsbeweis.

Der besonders herausgestellte und in seiner fundierenden Bedeutung für den Markusvorrang immer wieder zäh verteidigte Beweis der gemeinsamen Erzählungsfolge war nur auf der Basis einer Petitio principii und eines Circulus vitiosus errichtet worden, indem er bereits voraussetzte, was erst noch zu beweisen war, und sich in der Beweisführung eines unleugbaren, elementaren Denkfehlers bediente.

Und der psychologische Reflexionsbeweis schließlich führte sich selbst ad absurdum aufgrund seines Subjektivitätscharakters und seiner nicht zulässigen und wissenschaftlich nicht vertretbaren Kenntnisanmaßung über die Motivationen der Evangelisten bei der Niederschrift ihrer Werke bis in alle Details hinein.

Wenn man nun unsere eigene Ausgangsposition noch einmal heranzieht, d.h. unsere Zusammenstellung über die Gesamtproblematik, die zu lösen den Begründern der Markushypothese oblag (s.o. S.15–25), und sie mit der heutigen Endposition der Markushypothese nach Ablauf ihrer hundertvierzigjährigen Geschichte kontrastiert unter der Fragestellung: „Ist ihnen die Überwindung dieses unüberwindbaren Problemmassivs gelungen?", so kann die Antwort naturgemäß nur lauten: Ganz im Gegenteil! Es sind drei Hauptmerkmale, die sich als gleichbleibende Charakteristika durch die gesamte Geschichte der Markushypothese hindurchziehen: das eigene Unbefriedigtsein von der getroffenen Lösung, der immer neue Zwang zur Selbstkorrektur und das jeder Mühe zum Trotz Niemals-Aufgehen der Quellentheorie. Es ist alles andere als eine geradlinige Beweisführung gewesen, die in den hundertvierzig Jahren die Geschichte der Markushypothese durchzog; es war vielmehr ein kontinuierliches Variieren von Möglichkeiten und auch Unmöglichkeiten, ein ständiges Wechseln und Wandern von einem Irrpfad zum andern. Ihre Vertreter haben eigentlich ständig an ihr herumgeflickt und sich redlich mit ihr abgequält – manchmal auch ein bißchen unredlich –, aber trotz aller neuen Anläufe und Hypothesenansätze wollte und wollte die Markushypothese nicht aufgehen, genau so wenig heute wie vor hundertvierzig Jahren.

Das zeigt sich auch wieder in den beiden letzten Auflagen der „Einleitung in das Neue Testament" sowohl von katholischer wie von evangelischer Seite, so wenn Kümmel von der großen Markuslücke bei Lukas zugeben muß: „Das Fehlen von Markus 6,45–8,26 ist freilich ‚rätselhaft'" (Einleitung[17] S.35) und von dem Sondergut des Markus: „Nur die Auslassung des Saatgleichnisses ist unerklärlich" (S.30f.).

Stärker noch tritt das bei Josef Schmid hervor, wenn er gesucht verharmlosend erklärt:

„Es bleiben am synoptischen Problem noch ein paar Randfragen, die sich nicht beantworten lassen, die aber bei dem, was die Zweiquellentheorie wirklich leisten will, keine Bedeutung haben" (S.289).

Nun, genau das gleiche hatten auch schon Weiße und Holtzmann und auch die drei verschiedenen Auflagen der RGG behauptet. Aber es kommt ja nicht darauf an, was eine Quellentheorie leisten *will*, sondern was sie leisten *kann*. Und es bleiben bei der Zweiquellentheorie zuviele Restprobleme ungelöst im Raume stehen. Und zuviele „Randfragen" wachsen sich schließlich zu einer Zentralfrage zusammen; denn in Bedrängnis gerät Josef Schmid angesichts der übrigen ungeklärten Residuen der Markushypothese:

„Es bleibt aber noch eine dritte Klasse von Übereinstimmungen zwischen Matthäus und Lukas zu nennen, bei denen die Erklärung durch selbständige Korrekturen und zufällige Übereinstimmungen des Matthäus und Lukas nicht so einleuchtend zu machen ist." (Es folgen Beispiele. Dann:) „Von den verschiedenen Versuchen, das in den Übereinstimmungen liegende Problem zu lösen, ist, nachdem sowohl die Urmarkus- wie auch die Deuteromarkus-Hypothese als unbrauchbar zu ignorieren sind, der

228

Lösungsversuch von Streeter (S. 239–331) zu nennen, der darauf hinweist, daß der uns erhaltene Text des Neuen Testaments keineswegs sicher überliefert ist. Es ist darum die Möglichkeit durchaus vorhanden, daß an einzelnen Stellen der eine Text, entweder der des Lukas an den des Matthäus oder auch umgekehrt, angeglichen worden ist" (S. 289).

Nun, das ist ein Trost, aber nur – wie Walther von der Vogelweide sagen würde – „ein kleines troestelin". Denn dieses Allerweltsargument kann man schlechthin bei sämtlichen Textstellen geltend machen; es ist jedoch nicht gewichtig genug, um einer Quellentheorie von der geschichtlichen Bedeutung der Markushypothese aus einer ausweglosen Situation herauszuhelfen.

Nun ist ein so wechselvoller, an Variationen reicher, in Kontrasten sich vollziehender geschichtlicher Verlauf, wie ihn die Markushypothese aufzuweisen hat, mit ihrem wiederholten Positionswechsel, ihrem mehrfachen Vor und Zurück und ihrem schließlich doch noch unbefriedigend bleibenden Ergebnis schon an sich keine besonders gute Referenz für eine Quellentheorie. Aber der Weg der Markushypothese ist in sich so widerspruchsvoll, daß er schon fast ein Moment der Selbstwiderlegung – einfach durch ihre Geschichte – in sich birgt.

Es ist deshalb besonders instruktiv, wenn man zum Schluß den historischen Gang ihrer Beweisführung rekapituliert und sich die Gesamtheit der prinzipiellen Fehler in ihrer erdrückenden Fülle noch einmal recht deutlich vor Augen hält: wie Weiße vergeblich versucht, die Nichtlogien-Elemente des matthäisch-lukanischen Überhanggutes über Markus als Logien zu tarnen und dadurch in seiner Hilfshypothese „Redenquelle" mit unterzubringen – wie er sich dann unter dem Gewicht der Ewaldschen Gegenargumente gezwungen sieht, sich selbst zu widerrufen, und nun einen Urmarkus konstruiert, um dort unterzubringen, was in der Logienquelle keinen Platz haben durfte, und noch verschiedenes Andere dazu, dem nun wieder *kein* Platz im *Urmarkus* zustand wie dem Sondergut des Lukas „Jüngling zu Nain" und „Dienende Frauen" – wie dann Holtzmann sich genötigt sieht, den Fehler Weißes zu korrigieren und diese falsch eingeordneten Perikopen wieder herauszunehmen, aber nun selbst einen eigenen, weitaus schlimmeren Fehlversuch unternimmt und seinerseits einen Urmarkus konstruiert, der noch viel umfassenderer Art ist, und diesen zu einer fiktiven, geschichtlich unrealen Quelle transformiert, indem er ihm nicht nur den kanonischen Markus zuordnet, sondern auch noch sämtliche matthäisch-lukanischen Parallelstellen zu diesem, und obendrein sogar noch die verkürzte Bergpredigt in den Urmarkus mit hineinnimmt mit dem Vorgeben, Markus habe sie nachher übergangen, weil sie ihm „zu lang" gewesen sei – wie Holtzmann dann die Redenquelle unter Ausschluß der Bergpredigt auf dem verstreuten Logiengut im Lukanischen Reisebericht aufbaut und behauptet, daß Matthäus und Lukas ihr Logiengut, das durch Markus gedeckt sei, nicht aus der Redenquelle, sondern aus jenem entnommen hätten, und dadurch das Gewicht der Redenquelle entscheidend herabmindert und sie hinter Markus zurücktreten läßt – wie dann Wernle seinerseits Holtzmann zu widerlegen sucht und die Urmarkushypothese für unhaltbar erklärt, weil „bloß zur Erleichterung des synoptischen Problems" aufgestellt – wie er die Priorität des Markusevangeliums unter Vernachlässigung der einzig möglichen synoptischen Vergleichsmethode durch Einzelvergleiche mit den beiden anderen Synoptikern durchführt, unter jedesmaligem Vorrang des zweiten Evangeliums als Tertium comparationis, und dadurch ein schiefes Bild der synoptischen Gesamtbeziehung gewinnt – wie er nun die Logienquelle umbenennt und umbewertet zu Q und dieser eine bereits vorausgegangene Geschichte zuspricht und bereits sieben verschiedene Modifikationen von Q aufstellt – wie er schließlich notgedrungen eine Kenntnis der Redenquelle von seiten des Markus zugibt, aber eine Benutzung derselben durch ihn entschieden bestreitet mit der Begründung, sie sei bereits in der Gemeinde in Umlauf gewesen und: „Die wichtigsten Herrenworte hat damals jeder Christ beim Eintritt in die Gemeinde auswendig gelernt" – wie dann Bernhard Weiß den Selbstwiderruf Christian Hermann Weißes bezüglich der von ihm der Redenquelle zugeordneten Nicht-Logiakyriaka seinerseits widerruft, als auf einem „Vorurteil" beruhend, und deren Herausnahme durch Weiße von sich aus rückgängig macht und nun offiziell erklärt: „Die Spruchquelle hat auch Erzählungen enthalten" – wie in der weiteren Diskussion Q sich zu einem „Halbevangelium" auswächst und als ein „Evangelium ohne Passion" bezeichnet wird – wie aber Bernhard Weiß diesen Einwand zu entkräften sucht, indem er die Perikope von der Salbung Jesu, die er Q zugeordnet hatte, zu einer Ersatzpassion erklärt – wie Q infolge des ihr inzwischen zugesprochenen Schichtencharakters sich quantitativ und qualitativ immer mehr ausweitet und damit die Führungsposition in der Zweiquellentheorie übernimmt – und wie nun die Urmarkushypothese nach der Selbstkorrektur Holtzmanns ganz zum Erliegen kommt – und zum Schluß der Kreis sich schließt, indem das Ende wieder zum Anfang zurückfindet, nämlich zu der Definition C. H. Weißes von der Logienquelle: „Wir halten uns nämlich überzeugt, daß alles den beiden Evangelisten unter sich, aber nicht mit Markus Gemeinsame dahin zu rechnen sei" (s. o. S. 51), und wie diese Funktion der Redenquelle, die Weiße nicht durchhalten konnte und darum wieder aufgab, nun von Q übernommen wird, so daß dann nachher die Encyclopaedia Britannica dementsprechend erklärt: „It is in any case wiser to regard „Q" as a mere symbol, *a convenient designation für the non-Marcan material, which is common to Matthew and Luke*" (1962 Bd. 10 S. 538, A. E. J. Rawlinson; Hvhbg. v. Vf.).

Wenn man diesen historischen Gang der Markushypothese in seiner ganzen Fehlerkumulation rückschauend überblickt, so stellt er sich uns als ein großes System von Aushilfen dar, ein fortgesetztes hypothetisches Experimentieren und Korrigieren, ein Lavieren und Manövrieren und ein nicht endenwollendes Argumentieren und Psychologisieren.

Mit welchem Ergebnis? Mit dem Ergebnis, daß ein Wanderer, der ihren labyrinthisch verschlungenen Wegen bis hierhin gefolgt ist, am Ende, wenn er mit Mühe aus ihnen wieder herausgefunden hat, feststellen muß, daß die Markushypothese dort wieder angelangt ist, von wo sie vor hundertvierzig Jahren ihren Ausgang genommen hatte.

E. Das Fazit

Wir sind in unserer Deduktion nunmehr an dem Punkte angelangt, wo es gilt, Abstand zu gewinnen, von aller quellenkritischen Einzelanalyse zu abstrahieren und die Markushypothese als *Ganzes* in ihrer theologischen Einbettung als geistesgeschichtliches Phänomen zu sehen. Denn man wird ihr ja nicht gerecht, wenn man sie nur als Gegenstand der philologischen Detailforschung betrachtet, obgleich sie, wie jede andere Quellentheorie auch, ihre wissenschaftliche Haltbarkeit zu erweisen hatte und dementsprechend auch von ihren Vorkämpfern in diesem Sinne argumentiert wurde. Aber zuerst und zuletzt muß sie in den historischen Gesamtrahmen ihrer Zeit richtig eingeordnet werden. Erst unter dieser Ganzheitsperspektive kann sie adäquat beurteilt werden.

So hatten wir bereits am Ende des vorigen Teiles unter der Fragestellung „Wie konnte es zu der Entstehung der Markushypothese kommen?" nach ihren ideologischen Hintergründen geforscht und festgestellt, daß sie in ihren Impulsen nur aus der Verflochtenheit mit dem großen Geisteskampf des vorigen Jahrhunderts zu verstehen ist, der durch das Erscheinen von David Friedrich Strauß' „Leben Jesu, kritisch bearbeitet" ausgelöst wurde.

Durch seine Grundthese „Die Evangelien sind keine Geschichtsurkunden, sondern Mythen" fühlten sich ja die gesamten, positiv bestimmten Evangelienforscher auf den Plan gerufen und erhoben sich nun einmütig, um ebenso einstimmig Strauß zu widerlegen. *Unter der Einwirkung dieses Anti-Strauß-Affektes wurde,* wie gezeigt, *die Zweiquellentheorie geboren.*

Aber damit noch nicht genug. Es war vielmehr das erklärliche Bestreben der Strauß-Antagonisten, nicht in der Negation stehen zu bleiben durch Beschränkung auf den rein philologischen Widerlegungsversuch, sondern darüber hinaus durch einen ganz großen *positiven* de facto – Gegenbeweis, Strauß' Mythentheorie als einen Luftstoß zu erweisen. Daher richteten seine Gegner – und wer war es damals nicht? – ihr heißes Bemühen darauf, aus dem Markusevangelium ein einwandfreies, wissenschaftlich absolut unanfechtbares Bild des geschichtlichen Jesus zu eruieren.

Als zwangsläufige Konsequenz hieraus ergab sich ein theologiegeschichtliches Faktum von außerordentlicher Bedeutsamkeit: die Begründung der historistischen Evangelienforschung – mit dem Erfolg, daß diese nun für einen Zeitraum von fast hundert Jahren die dominierende Stellung in der Neutestamentlichen Wissenschaft gewann. Die weitere, geistesgeschichtlich noch gewichtigere Auswirkung war das Aufkommen und Aufblühen einer in geradezu geometrischer Progression sich ausbreitenden Leben-Jesu-Forschung mit ihrer Hochblüte zu Beginn unseres Säkulums – bis zur Formgeschichte hin. Erst diese führte das Ende der historistischen Evangelienforschung herbei, indem sie erklärte: Die Evangelien sind nicht als Geschichtsurkunden anzusehen, sondern als Glaubensdokumente. Sie seien somit nicht historisch, sondern kerygmatisch zu würdigen; denn sie gäben nicht zeitgenössische Jesuserinnerungen der Jünger wieder, sondern bildeten den Niederschlag posthistorischer Christuserfahrungen der glaubenden Gemeinde.

In dieser Auffassung wurde die Formgeschichte unterstützt durch die Tatsache, daß unter den Händen der Leben-Jesu-Forschung das Bild des historischen Jesus, das sie auf Grund der Markushypothese hatte gewinnen wollen, mehr zerronnen als gewonnen war.

Hinzu kam ein Zweites: Was David Friedrich Strauß als Hauptelement seiner Kritik an den Evangelien besonders herausgestellt hatte, um ihren Negativcharakter zu erweisen, ihre Mythenbestimmtheit, eben das wurde nun in umgekehrtem Sinne von der kerygmatischen Theologie als programmatische Forderung übernommen, um durch Befreiung von den zeitgebundenen historischen Schlacken die überzeitliche Glaubenssubstanz der Evangelien um so reiner herausstellen zu können: die „Entmythologisierung".

Damit war für die Evangelienforschung der Anti-Strauß-Affekt in doppelter Hinsicht gegenstandslos geworden und erledigte sich; in gleicher Weise kam das Strauß-Trauma des vorigen Jahrhunderts zum Erliegen; die heutige Theologie steht nicht mehr unter diesem Bann.

Welche Folgerung für die Markushypothese ist daraus zu ziehen? „Unsere jungen und alten Markuslöwen mögen brüllen, so gut sie wollen ...", hatte D.Fr.Strauß im Anhang seiner Kritik des Schleiermacherschen „Leben Jesu" geschrieben (1865), nachdem er Holtzmanns „Synoptische Evangelien" gelesen hatte. Nun, man muß es den Begründern der Markushypothese lassen: sie haben in der Tat für ihre Sache gekämpft wie die Löwen. Und sie haben – unter der Perspektive ihres Zieles gesehen – einen guten Kampf gekämpft; denn was sie erreichen wollten, war ein großer Gedanke und des Schweißes der Edlen wert: das geschichtliche Bild Jesu.

Heute ist dieser Kampf geistesgeschichtlich und theologisch überholt – und damit auch die *Markushypothese*, die *das quellenhypothetische Beweisorgan der historischen Evangelienforschung* bildete – zumal sie philologisch ohnehin nicht zu halten ist. Jetzt hat sie auch in ideologischer Hinsicht nur noch historische Bedeutung. Es dürfte an der Zeit sein, daß wir sie nicht weiterhin anachronistisch fortbestehen lassen, sondern sie nunmehr in die Geschichte der protestantischen Evangelienforschung einordnen und ihr dort einen ehrenvollen Platz als großer Kampfhypothese der historistisch bestimmten Theologie zuweisen.

Welche Konsequenzen ergeben sich nun hieraus hinsichtlich der literar-kritischen Einschätzung des Markusevangeliums in seinem synoptischen Stellenwert? Hat Griesbach also recht gehabt? Nun, in der überspitzten Formulierung, daß „Marci Evangelium totum e Matthaei et Lucae commentariis decerptum esse", hat er nicht recht gehabt. Das zweite Evangelium stellt weder ein Exzerpt noch eine Kompilation aus dem ersten und dritten dar. Aber an der zeitlichen Posteriorität des Markusevangeliums ist nicht zu zweifeln. So haben denn Henry Owen und Johann Jacob Griesbach richtig erkannt, daß Matthäus und Lukas die Textvorlage des Markus gebildet haben. Und Griesbach hat dies in einer mit philologischer Akribie durchgeführten Textanalyse in der Tat zur Evidenz gebracht.
Allerdings genügte das noch nicht. Denn was weder David Friedrich Strauß noch die Zweite Tübinger Schule erkannt haben, ist dies, daß das *Markusevangelium eine* geistige *Neuschöpfung* von selbständigem Charakter darstellt. Es ist unter anderem Aspekt angelegt worden als Matthäus und Lukas und beschränkt sich unter Verzicht auf die legendäre Vor- und Nachgeschichte auf die alleinige Darstellung der kerygmatischen Wirksamkeit Jesu. Erst von dieser thematischen Begrenzung her wird überhaupt der Anfang des Markusevangeliums in seiner programmatischen Bedeutung allein verständlich: Ἀρχὴ τοῦ εὐαγγελίου Ἰησοῦ Χριστοῦ.
Das schöpferisch Entscheidende am zweiten Evangelium ist nun die kompositionelle Umgestaltung der verschiedenen Stoffelemente, die Markus, in freier Weise wechselnd, ungleichmäßig aus Matthäus und Lukas übernimmt und nun zu einer neuen, einheitlichen, in sich geschlossenen Kurzfassung des εὐαγγελίου Ἰησοῦ Χριστοῦ zusammenordnet. Die Übersichtlichkeit und Geradlinigkeit seiner Handlungsführung, die leichte Faßlichkeit und Anschaulichkeit seiner Darstellung machen es zum eingängigsten aller Evangelien und deuten in eine volksmissionarische Richtung.
Seine Tendenz der leicht verbessernden Hand, sein Prinzip der öfteren, erklärenden Zwischenschaltungen sowie die kleinen, konkreten Lichter, die Markus gerne aufsetzt – das „periphrazein" und „periphrastikos exprimere" Griesbachs –, der Mut des Verfassers zu quantitativer Stoffbeschränkung bei qualitativ erweiternder Ausmalung der Details lassen Markus als den Pädagogen unter den Evangelisten erscheinen. Eben darum hat das nach ihm benannte Evangelium seit eh und je die bevorzugte Rolle in Unterricht und Unterweisung gespielt.

Welche neue Situation ist nun durch den Wechsel im Prioritätsvorrang der Synoptiker für die Evangelienforschung entstanden? Zunächst ist das Markusevangelium neu einzuordnen. Als Gegenstand der Quellenforschung tritt es nunmehr in die zweite Linie. Dafür rücken Matthäus und Lukas in die erste Reihe vor.

Soll das nun heißen, daß wir die Zweiquellentheorie jetzt einfach umkehren und dort fortfahren, wo Griesbach stehen geblieben war? Das hieße die unmittelbare Folgewirkung unserer Kritik der Markushypothese falsch einschätzen. Sie hatte als Untersuchung des Beziehungsverhältnisses der drei synoptischen Evangelien zueinander zunächst nur die Funktion einer forschungsgeschichtlichen Flurbereinigung zu erfüllen und damit nach Klarstellung ihrer kausalen und temporalen Relation den Weg freizumachen für die weitere Forschung.

Wir wissen jetzt, woher Markus seinen Stoff hat. Aber nun tritt eine viel schwierigere, größere, umfassendere Frage an uns heran, und zwar mit verstärkter Mächtigkeit: *Woher haben denn Matthäus und Lukas ihren Stoff?* Nicht nur die ihnen gemeinsamen Elemente, sondern auch die divergierenden und differierenden, nicht nur die historisch berichtenden Stoffe, sondern auch den ganzen Logienkomplex, die Reden, die Parabeln, die Spruchreihen, die verlorenen Einzelsprüche – kurz, alles, was sie an Materialien bringen – woher haben sie es? Wir können es bis jetzt nur negativ beantworten – konträr zur Markushypothese: Auf jeden Fall nicht von Markus und „Q"! Aber in positiver Hinsicht bildet es bislang *ein noch ungelöstes Rätsel*.

Da unsere Untersuchung sich nur auf die synoptischen Evangelien bezog, kommt nunmehr noch die zweite große Komponente des Evangelienproblems hinzu: das *Johannesevangelium* mit seinem ganz anderen Traditionskreis. Und nun türmt sich das gesamte Problemmassiv der eigentlichen Grundfrage der Evangelien bergehoch vor uns auf: die Frage nach der *quellenmäßigen* Entstehung aller Evangelien, nicht nur der Synoptiker, sondern auch des Johannesevangeliums. Das ist das eigentliche *„Aenigma fundamentale Evangeliorum"*, dessen Klärung bisher noch aussteht und die uns, wie ich meine, wesentliche neue Einsichten vermitteln wird.

Es ist in den letzten Jahrzehnten wiederholt die Auffassung vertreten worden, daß eine weitere quellenanalytische Erforschung der Evangelien keine neuen Erkenntnisse mehr zu erbringen vermöge. Dementsprechend ist auch die Forderung erhoben worden, mit dem erreichten „Endergebnis" einen Schlußstrich unter die literarkritische Forschung zu ziehen. So schrieb bereits 1937 Kendrick Grobel:

„Das 20. Jahrhundert hat unserem Wissen über schriftliche Quellen der synoptischen Evangelien nichts hinzugefügt. Auch die seither erschienenen literarischen Untersuchungen haben diese Feststellung nur bestätigt" (Formgeschichte und synoptische Quellenanalyse, Forschungen zur Literatur des Alten und Neuen Testaments. N. F. 35. 1937).

Aus dieser Auffassung zog Ph. Vielhauer den Schluß:

„Die quellenkritische Arbeit an den Synoptikern hat mit der Zweiquellentheorie tatsächlich ihr Ende erreicht" (Theologische Literaturzeitung 80, 1955 S.652).

Und dieser Ansicht schloß sich noch 1973 Josef Schmid an:

„Die literarkritische Behandlung der synoptischen Evangelien während des 19. und des beginnenden 20. Jahrhunderts hat schließlich zu der Erkenntnis geführt, daß sie zu einem gewissen Abschluß gelangt ist, weil ihr Grenzen gesetzt sind, über die sie nicht mehr hinauskommen kann" (Schmid–Wikenhauser, Einleitung S.290).

Nun, es beruht auf einem Irrtum zu meinen, die Quellenerforschung der Evangelien könne bereits als abgeschlossen angesehen werden – im Gegenteil, sie tritt vielmehr in ein neues Stadium, in dem sich uns unter veränderter Perspektive eine neue Sicht und eine neue Wertung ergibt. Wir stehen in der Evangelienforschung nicht an ihrem Ende. Wir stehen – so meine ich – an einer Wende.

Literaturverzeichnis

Bauer, Bruno: Kritik der evangelischen Geschichte der Synoptiker 3 Bde. 1841/42. Abk.: Synoptiker.

Baur, Ferdinand Christian: Rezension von C.H.Weißes „Evangelischer Geschichte", in: Jahrbücher für wissenschaftliche Kritik. 1839 Sp. 161ff.

Bengel, Johann Albrecht: Gnomon Novi Testamenti. 1972. Abk.: Gnomon.

Buchanan, George Wesley: Has the Griesbach-Hypothesis been falsified?, in: Journal of Biblical Literature 93. 1974.

Bultmann, Rudolf: Die Geschichte der synoptichen Tradition. 1921, 1970[8]. Abk.: Synopt. Tradition.

Butler, B. C.: The Originality of St. Matthew. A Critique of the Two-Document-Hypothesis. 1951. Abk.: Two-Document-Hypothesis.

Conzelmann, Hans: Zur Methode der Leben-Jesu-Forschung, in: Zeitschrift für Theologie und Kirche. 1959 Beiheft I.

Dibelius, Martin: Die Formgeschichte des Evangeliums. 1919, 1933[2], 1959[3]. Abk.: Formgeschichte.

Eichhorn, Johann Gottfried: Über die drei ersten Evangelisten, in: Eichhorns Allg. Bibliothek der Biblischen Literatur. 1794.

Enchiridion Biblicum. Documenta Ecclesiastica Sacram Scripturam spectantia. Neapel und Rom 1927, 1954[3].

Ewald, Heinrich Georg August: Jahrbücher der biblischen Wissenschaft. 1849ff. Abk.: Jahrbücher.

—: Die drei ersten Evangelien, übersetzt und erklärt. 1850. Abk.: Drei Evangelien.

Farmer, William, R.: The Synoptic Problem. A Critical Analysis. 1964. Abk.: Synoptic Problem.

—: The Lachmann-Fallacy, in: New Testament Studies 14. 1967/8. Abk.: Lachmann-Fallacy.

Fritzsche, Karl August Friedrich: Matthaeus recensuit et cum commentariis perpetuis ed. K. A. F. F. Leipzig 1826.

—: Marcus recensuit et cum commentariis perpetuis ed. K. A. F. E. Leipzig 1830.

Gersdorf, Gotthelf: Beispiele zur Sprach-Charakteristik der Schriftsteller des Neuen Testaments, eine Sammlung meist neuer Bemerkungen. 1816.

Gieseler, Carl Ludwig: Historisch-kritischer Versuch über die Entstehung und die frühesten Schicksale der schriftlichen Evangelien. 1818.

Griesbach, Johann Jacob: Synopsis Evangeliorum Matthaei, Marci et Lucae una cum iis Joannis pericopis, quae omnino cum caeterorum Evangelistarum narrationibus, conferendae sunt. Textum recensuit J. J. Griesbach. Halle 1776, 1797[2], 1822[4].

—: Commentatio, qua Marci Evangelium totum e Matthaei et Lucae commentariis decerptum esse monstratur. Jenae 1789. 90. Wieder abgedruckt in: Commentatt., theolog. ed. Velthusen, Kuinoel et Ruperti. Vol. 1 Lips. 1794 „iam recognita multisque augmentis locupletata". Abk.: Commentatio.

—: Paschatos Solemnia pie celebranda civibus indicit Academia Jenensis: Inquiritur in fontes, unde Evangelistae suas de resurrectione Domini narrationes hauserint. Jenae 1783. Abk.: Resurrectio Domini.

Grobel, Kendrick: Formgeschichte und synoptische Quellenanalyse. Forschungen zur Literatur des Alten und Neuen Testaments N. F. 35. 1937.

Harnack, Adolf v.: Sprüche und Reden Jesu. 1907.

Helmbold, Heinrich: Vorsynoptische Evangelien. 1953.

Herder, Johann Gottfried: Vom Erlöser der Menschen. Nach unseren drei ersten Evangelien ... Nebst einer Regel der Zusammenstimmung unserer Evangelien aus ihrer Entstehung und Ordnung. 1796/7. Abk.: Erlöser der Menschen.

Hirsch, Emanuel: Frühgeschichte des Evangeliums. 1940/1, 1951[2].

Holtzmann, Heinrich Julius: Die synoptischen Evangelien. 1863. Abk.: Synopt. Evangelien.

–: Lehrbuch der historischen Einleitung in das Neue Testament. 1885, 1892[3]. Abk.: Einleitung N. T.

–: Die Marcus-Kontroverse in ihrer heutigen Gestalt, in: Archiv für Religionswissenschaft. 1907.

Jülicher, Adolf: Einleitung in das Neue Testament. 1894; Neubearbeitung in Verbindung mit E. Fascher. 1931[7]. Abk.: Jülicher / Fascher Einleitung.

Koppe, Johann Benjamin: Marcus non Epitomator Matthaei. 1782, 1789[2].

Kuhn, Johannes: Leben Jesu, wissenschaftlich bearbeitet. 1838. Abk.: L. J.

Kümmel, Werner Georg: Einleitung in das Neue Testament, 17. wiederum völlig neu bearbeitete Auflage der Einl. in d. N. T. von Paul Feine und Johannes Behm. 1973. Abk.: Eintung[17].

Lachmann, Karl: De ordine narrationum in evangeliis synopticis, in: Theologische Studien und Kritiken 1835. Abk.: De ordine narrationum.

Lohmeyer, Ernst: Das Evangelium nach Markus (Meyers Kommentar). 1967[17].

–: Matthäus (Meyers Kommentar). 1967[4].

Marsh, Herbert: Abhandlung über die Entstehung und Abfassung unserer ersten drei Evangelien. Aus dem Englischen übersetzt von Rosenkranz. 1803.

Owen, Henry, Rector of St. Olave in Hard-Street and Fellow of the Royal Society: Observations on the four Gospels. London 1764. Abk.: Observations.

Palmer, N. H.: Lachmann's Argument, in: New Testament Studies. 1966/7.

Päpstliche Enzyklika „De sacrorum bibliorum studiis opportune provehendis." Ausgabe deutscher und lateinischer Text 1943.

Papias-Fragmente: Eusebius hist. eccl. III 39; II 1 284. 290 f. Textausgabe aller Fragmente Harnack / Gebhardt: Patrum apostolicorum opera ed. maj. I 2. 1878[2]; E. Preuschen: Antilegomena. 1905[2]. Abk.: Papiasfragment.

Rawlinson, A. E. J.: Q, in: Encyclopaedia Britannica Bd. 10. 1962, S. 538.

Die Religion in Geschichte und Gegenwart. 1909–13, 1927–32[2], 1957–65[3]. Abk. RGG[1.2.3].

Reuß, Eduard: Geschichte der Heiligen Schriften Neuen Testaments. 1842, 1852[2].

Rohde, Joachim: Formgeschichte und Redaktionsgeschichte in der Neutestamentlichen Forschung der Gegenwart. Dissertation Humboldtuniversität Berlin. 1962. Westdeutsche verkürzte Ausgabe: Die redaktionsgeschichtliche Methode. 1966.

Schleiermacher, Friedrich: Über die Zeugnisse des Papias von unsern beiden ersten Evangelisten, in: Theologische Studien und Kritiken. 1832. Abk.: Über Papias.

Schmid, Josef: Einleitung in das Neue Testament, völlig neubearbeitete Auflage von Alfred Wikenhauser. 1973[6]. Abk.: Schmidt–Wikenhauser: Einleitung.

Schmidt, Karl Ludwig: Der Rahmen der Geschichte Jesu. 1919.

Schwegler, Albert: Rezension von Wilkes „Urevangelist", in: Tübinger Theologische Jahrbücher, hrsg. E. Zeller. Bd. 2. 1843.

Schweitzer, Albert: Geschichte der Leben-Jesu-Forschung. 1913, 1951[6]. Abk.: L. J.-Forschung.

Soden, Hermann, Frh. v.: Die wichtigsten Fragen im Leben Jesu. 1904.

Storr, Gottlob Christian: De fonte evangeliorum Matthaei et Lucae. 1794.

–: Über den Zweck der evangelischen Geschichte p.p. 1810[2].

Strauß, David Friedrich: Das Leben Jesu, kritisch bearbeitet. 2 Bde. 1835, 1838–39[3], 1840[4]. Abk.: Leben Jesu [1.3.4].

–: Das Leben Jesu für das deutsche Volk bearbeitet. 1864. Abk.: Volksausgabe.

–: Der Christus des Glaubens und der Jesus der Geschichte. Eine Kritik des Schleiermacherschen Lebens Jesu. 1865.

Streeter, B. H.: The four Gospels. 1924, 1940[4].

Talbert, C. H. und E. V. Knight: Can the Griesbach-Hypothesis be falsified?, in: Journal of Biblical Literature 91. 1972.

Tholuck, August: Die Glaubwürdigkeit der evangelischen Geschichte, zugleich eine Kritik des „Leben Jesu" von Strauß, für theologische und nichttheologische Leser dargestellt. 1837.

Vaganay, Léon: Le Problème Synoptique. 1954.

Weiß, Bernhard: Leben Jesu. 1882, 1902[4].

–: Matthäus (Meyers Kommentar). 1911[10].

–: Markus (Meyers Kommentar). 1901[9].

–: Lukas (Meyers Kommentar). 1909[9].

–: Die Quellen der synoptischen Überlieferung. 1908.

–: Die Quellen des Lukasevangeliums. 1907.

Weiß, Johannes: Das älteste Evangelium. 1903.

–: Die Predigt vom Reiche Gottes. 1900[2].

Weiße, Christian Hermann: Die evangelische Geschichte, kritisch und philosophisch bearbeitet. 1838. Abk.: Evangelische Geschichte.

–: Die Evangelienfrage in ihrem gegenwärtigen Stadium. 1856. Abk.: Evangelienfrage.

–: Rezension von Wilkes „Urevangelist", in: Berliner Jahrbücher für Wissenschaftliche Kritik. 1838.

Wellhausen, Julius: Einleitung in die drei ersten Evangelien. 1905.

Wernle, Paul: Die synoptische Frage. 1899. Abk.: Synopt. Frage.

Wilke, Christian Gottlob: Der Urevangelist oder exegetisch-kritische Untersuchung über das Verwandtschaftsverhältnis der drei ersten Evangelien. 1838. Abk.: Urevangelist.

Wrede, William: Das Messiasgeheimnis in den Evangelien. 1901, 1913[2]. Abk.: Messiasgeheimnis.

Autorenregister

Jürgen Roloff
Das Kerygma und der irdische Jesus
Historische Motive in den Jesus-Erzählungen der Evangelien
2. Aufl. 1973. 289 Seiten, kartoniert

„Roloff stellt durch eine Analyse der traditions- und redaktionsgeschichtlichen Gestaltungen biblischer Texte Grundzüge der Situation des Erdenlebens Jesu heraus, die in den Erzählungen der Evangelien bewußt festgehalten werden. In der neutestamentlichen Forschung macht sich wieder die Auffassung von einer deutlicheren Kontinuität zwischen Jesus von Nazareth und der urchristlichen Gemeinde bemerkbar. Roloff liefert in dieser Hinsicht einen wichtigen Beitrag."
Deutsches Pfarrerblatt

Thorleif Boman
Das hebräische Denken
im Vergleich mit dem griechischen
5. neu bearb. und erw. Aufl. 1968. 244 Seiten, kartoniert

„Für die alttestamentliche Theologie hat Thorleif Boman eine wichtige Grundfrage in Angriff genommen: die Eigenart der hebräischen Denk- und Vorstellungswelt darzustellen und mit der griechischen zu konfrontieren. Boman gibt hier viele anregende Gesichtspunkte, die eine sachgemäße Auslegung des Alten Testaments wesentlich fördern kann."
Pastoralblätter

Thorleif Boman
Die Jesus-Überlieferung
im Lichte der neueren Volkskunde
1967. 259 Seiten, kartoniert

„Erfreulich ist der Versuch des norwegischen Theologen, die Erkenntnisse der modernen volkskundlichen Erzählforschung im Sinne einer universitas litterarum für die Untersuchung des Neuen Testaments nutzbar zu machen. Boman faßt die Jesus-Überlieferung als volkstümliche Tradition von einer geschichtlichen Person auf und geht infolgedessen davon aus, daß man an diese Überlieferung auch Maßstäbe mündlicher Literatur anlegen kann.
Das Buch ist besonders als ein Beispiel für die Fruchtbarkeit interdisziplinärer Betrachtungsweise zu begrüßen."
Wissenschaftl. Literaturanzeiger

„Es finden sich in diesem Buch manche scharfsinnigen Beobachtungen, die Originalität ist nicht zu verkennen. Der Verfasser steuert unter anregendem Engagement zum Teil ganz neue Gesichtspunkte zur Diskussion über den Werdegang der Jesus-Überlieferung bei."
Literatur-Umschau

Vandenhoeck & Ruprecht

Göttingen
und Zürich